芗城年鉴

XIANGCHENG YEARBOOK

2023

中共漳州市芗城区委党史和地方志研究室　编

方志出版社
Publishing House of Local Records

图书在版编目（CIP）数据

芗城年鉴. 2023 / 中共漳州市芗城区委党史和地方志研究室编.—北京 : 方志出版社, 2023.12
ISBN 978-7-5144-6114-5

Ⅰ.①芗… Ⅱ.①中… Ⅲ.①区（城市）－漳州－2023－年鉴 Ⅳ.①Z525.74

中国国家版本馆CIP数据核字（2023）第253043号

责任编辑：顾 洁
责任校对：张玉霞
责任印制：梅中英
出 版 者：方志出版社
地 址：北京市朝阳区潘家园东里9号（国家方志馆4层）
邮 编：100021
网 址：http://www.zgfzcb.cn
发 行：方志出版社图书营销中心（010-67110500）
印 刷：漳州市正华网印有限公司
开 本：889毫米×1194毫米 1/16
印 张：16
字 数：472千字
版 次：2023年12月第1版
印 次：2023年12月第1次印刷
定 价：210.00元

芗城年鉴编纂委员会

主　　　任：石振棋　何才成

常务副主任：黄艺群　叶俊霞

副　主　任：唐胜春　林畅浩

办公室主任：韩海宗

委　　　员：区委、区政府各成员单位负责人（略）

《芗城年鉴（2023）》编辑部

主　编：韩海宗

副主编：林良益　吴汉明

编　务：林仕荣　林碧华　郑毅蓉　蒋林建　许舒琪

编辑说明

一、《芗城年鉴（2023）》以马克思列宁主义、毛泽东思想、邓小平理论、“三个代表”重要思想、科学发展观、习近平新时代中国特色社会主义思想为指导，坚持辩证唯物主义和历史唯物主义的立场、观点和方法，以实事求是为原则，力求全面、客观、系统记载芗城区2022年1月1日至12月31日自然、政治、经济、文化、社会和生态等发展情况。

二、《芗城年鉴》是由中共漳州市芗城区委员会、漳州市芗城区人民政府主办，中共漳州市芗城区委党史和地方志研究室编纂的地方综合性年度资料文献。《芗城年鉴》始创于2013年，《芗城年鉴（2009－2010）》为首卷，2023卷为第11卷。

三、《芗城年鉴（2023）》采用条目体结构，由类目、分目、条目组成，个别层次较多的，在分目之下增设二级分目。一般按行业或归口管理部门编排，类目下的分目除少数特殊行业外，一般按区辖一级单位编排。

四、《芗城年鉴（2023）》数字用法、标点符号用法分别采用国家标准《出版物上数字用法》（GB/T 15835—2011）、《标点符号用法》（GB/T 15834—2011），计量单位采用国家技术监督局1993年12月发布的《量和单位》系列国家标准（为保留各供稿单位数据的原始性，存在计量单位的元、万元、亿元及亩、公顷在表述中混用的情况）。

五、在人物类目中，在姓名后用符号“*”表示女性；在时间前用符号“—”表示该人物的任期停止，在时间后用符号“—”表示该人物的任期开始，无此标识则说明该人物的任期跨年。

六、《芗城年鉴（2023）》中所用的资料和照片，主要由全区各级机关、人民团体、企事业单位提供，部分由编辑人员采编。

七、《芗城年鉴（2023）》所涉数据来源多处，相关数据或有差异，应以芗城区统计局发布的数据为准。

12 月 20 日，区人大常委会主任曾勇平（前排左二）组织区十届人大代表在教师进修学校附属小学视察。图为视察现场

（区人大办 供图）

6 月 27 日，区政协主席刘建英（左二）在基层政协联络组现场观摩会中调研指导创城工作。图为调研现场

（区政协办 供图）

1月14日，全区党史学习教育总结会在区政府大楼会场召开。图为会议现场　（区委办 供图）

1月17日，中共漳州市芗城区九届委员会第三次全体会议在区政府大楼会场召开。图为会议现场　（区委办 供图）

2 月 9 日，芗城区 2022 年度区委工作会暨“产业发展项目建设攻坚年”动员大会在会展中心四楼召开。图为会议现场 （区委办 供图）

4 月 7 日，芗城区创建全国文明城市工作会在区政府大楼会场召开。图为会议现场 （区委办 供图）

9 月 9 日，芗城区党外知识分子联谊会第一次会员代表大会暨成立大会在区政府大楼会场召开。图为会议现场

（区委办 供图）

9 月 26 日，芗城区海峡两岸茶业交流协会第一届会员大会暨成立大会在区政府大楼会场召开。图为会议现场

（区委办 供图）

12 月 9 日，中共漳州市芗城区第九届委员会第四次全体会议在区政府大楼会场召开。图为会议现场

（区委办 供图）

◆庆祝红军进漳 90 周年系列活动

4 月 19 日，区关工委、市闽粤赣边区革命研究会、区老促会、区委党史方志室联合举办纪念红军攻克漳州 90 周年红色书籍进老区活动。图为浦南镇赠书现场

（区关工委 供图）

4 月 20 日，红军攻克漳州 90 周年主题纪念活动启动仪式在漳州古城举行（郑文典 摄）

4 月 20 日，区委老干部局、区老年书画摄影协会“纪念红军攻克漳州 90 周年”书画摄影作品展在区离退休干部活动中心举行（区委老干部局 供图）

4 月 20 日，红军攻克漳州 90 周年主题纪念活动启动仪式在漳州古城举行。图为区领导参观红军进漳展板

（郑文典 摄）

4 月 28 日，区文联、市区作家协会“纪念红军攻克漳州 90 周年”诗歌朗诵会在古城茶文化交流中心举办

（郑文典 摄）

◆项目建设

1月20日，漳州盈塑高端智造基地投产仪式举行　　（区委办 供图）

2月21日，芗城区“重中之重”项目工作会召开　　（区委办 供图）

4月1日，漳州市大数据中心项目启动仪式举行　　（区委办 供图）

6月30日，盈科智谷开工奠基暨台湾人才驿站揭牌仪式举行

（区委办 供图）

7 月 25 日，中荷铪科农业项目线上洽谈会召开　　　　（区委办 供图）

8 月 15 日，金峰开发区成立 30 周年暨招商签约活动举行　　　　（区委办 供图）

10 月 8 日，芗城区重点项目开竣工暨漳州智能制造产业园及配套项目开工仪式举行　　　　（区委办 供图）

9月14日，金峰开发区商业中心建设现场 （郑文典 摄）

10月17日，林语堂数字经济产业园项目建设现场 （郑文典 摄）

10月17日，傲农生物科技产业园建设现场 （郑文典 摄）

10月17日，三宝电炉技改项目建设现场 （郑文典 摄）

◆ 乡村振兴

2月17日，浦南镇园坑村林孔著文化公园一角
（郑文典 摄）

4月14日，浦南镇金沙村农业生产基地
（郑文典 摄）

4月2日，绿田园食用菌专业合作社菌房内，工人在采摘袖珍菇
（郑文典 摄）

4月2日，凤嘉园食用菌专业合作社菌房内，工人在采摘杏鲍菇
（郑文典 摄）

7月1日，蔡坑村村民在自家荔枝园察看荔枝果生长情况
（郑文典 摄）

7月20日，浦南镇金沙村果农为柑橘套袋
（郑文典 摄）

8 月 25 日，浦南镇路口微景观
（郑文典 摄）

9 月 5 日，天宝香蕉海　（郑文典 摄）

9 月 4 日，天宝镇洪坑村古村落
（郑文典 摄）

9 月 22 日，浦南镇双溪村休闲农庄
（郑文典 摄）

◆民生保障

芗城实验幼儿园瑞京园区　（郑文典 摄）

漳州市渡头小学　（郑文典 摄）

漳州市实验幼儿园　（郑文典 摄）

漳州市教师进修学校附属小学（芗城实验小学瑞京分校）　（郑文典 摄）

漳州市松柏小学　（郑文典 摄）

10 月 13 日，西桥街道养老服务照料中心揭牌（郑文典 摄）

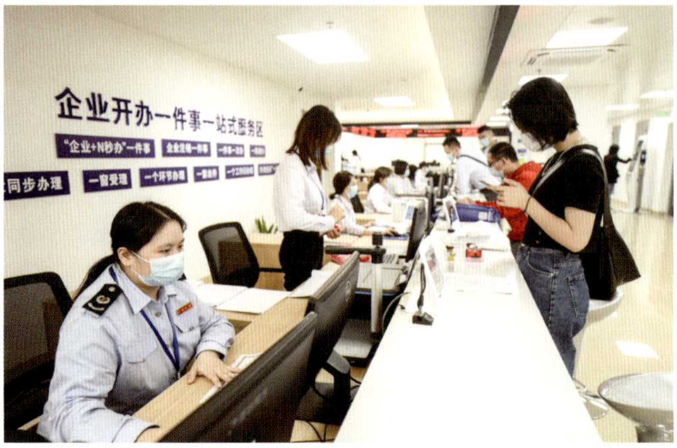

10 月 13 日，芗城区政务服务中心新址正式启用。图为服务现场 （郑文典 摄）

10 月 17 日，新建成的区妇幼保健院 （郑文典 摄）

漳州市湖滨小学 （郑文典 摄）

芝山第四幼儿园 （郑文典 摄）

6 月 9 日，天宝中心幼儿园开展课后延时服务。图为小朋友们在练习篮球操 （郑文典 摄）

6 月 16 日，金峰实验小学开展课后延时服务。图为学生在讲解党史 （刘钦赐 摄）

7 月 13 日，新桥中心小学暑托班开展课后延时服务。图为孩子们享受午餐 （郑文典 摄）

7 月 13 日，新桥中心小学暑托班开展课后延时服务。图为学生在老师指导下做手工折纸 （郑文典 摄）

◆文明新风

1月10日，东园社区开展居家养老腊八送温暖活动　　（巷口街道 供图）

1月14日，湖内社区开展新春送福活动　　（郑文典 摄）

1月15日，市太极拳协会开展新春送春联活动
（郑文典 摄）

3月3日，棉花画“非遗”进校园活动在芗城实小举行
（郑文典 摄）

4 月 11 日，志愿者开展文明交通督导 （郑文典 摄）

4 月 15 日，交通劝导志愿服务活动启动暨岗前培训会举行 （郑文典 摄）

9 月 7 日，金品社区开展迎中秋亲子活动 （郑文典 摄）

9月9日，“福满城”文创节暨金峰乐器展演活动举办　　（郑文典 摄）

9月21日，“非遗”项目漳州吟诵进校园活动在芗城实小举行　（郑文典 摄）

11月29日，群众在改造后的鑫荣小区西区健身休闲　　（巷口街道 供图）

12月9日，蒲公英普法宣传队在侨村法治公园排演节目　　（郑文典 摄）

◆文体活动

1 月 16 日，芗城区“学党史 办实事”暨 2022 年迎新春汇演举行 （郑文典 摄）

1 月 18 日，漳州古城“寻访朱子文化印记”新闻摄影采访活动启动仪式举行 （郑文典 摄）

2 月 14 日，芗城区第 31 届灯谜会猜举办。图为当晚的节目表演 （郑文典 摄）

2 月 14 日，芗城区第 31 届灯谜会猜举办。图为参加活动的人流 （郑文典 摄）

2 月 14 日，漳州古城府埕华南社区开展庆元宵文艺活动　　（郑文典 摄）

3 月 6 日，漳州古城北广场加禾社区开展迎“三八”文艺汇演　　（郑文典 摄）

5 月 29 日，芗城区教育系统喜迎二十大主题文艺汇演在市台演播大厅举行　　（郑文典 摄）

6 月 3 日，2022 年端午节划龙舟活动在巷口街道浦头港举行　　（巷口街道 供图）

8 月 8 日，2022 年福建省“全民健身日”活动漳州市芗城区分会场启动仪式暨芗城区第八届篮球联赛开幕式举行　　（区文体旅游局 供图）

9 月 9 日，“福满城”文创节暨金峰乐器展演活动在漳州古城举行　　（郑文典 摄）

9 月 23 日，“强国复兴有我”群众性主题宣传活动启动仪式在红星美凯龙举行　　（郑文典 摄）

11 月 24 日，“奋进新征程 建功新时代”芗城区书法美术摄影展在向阳剧场举办　　（郑文典 摄）

◆ 城乡建设

1 月 2 日，改造后的群裕小区　　（郑文典 摄）

1 月 9 日，改造后的新港花园　　（郑文典 摄）

8 月 21 日，改造后的新城花园小区　　（郑文典 摄）

11 月 17 日，改造后的大修厂宿舍小区　　（郑文典 摄）

11 月 17 日，改造后的国佳中心小区　　（郑文典 摄）

11 月 29 日，改造后的鑫荣小区西区　　（郑文典 摄）

谢溪头村旧貌　（芝山街道 供图）

谢溪头村新貌　（郑文典 摄）

渡头村旧貌　（芝山街道 供图）

渡头村新貌　（郑文典 摄）

康山村旧貌　（芝山街道 供图）

康山村新貌　（郑文典 摄）

林内村旧貌　（芝山街道 供图）

林内村新貌　（郑文典 摄）

前山村旧貌　（芝山街道 供图）

前山村新貌　（郑文典 摄）

上坂村旧貌　（芝山街道 供图）

上坂村新貌　（郑文典 摄）

1 月 29 日，芝山大桥建成试通车 （郑文典 摄）

7 月 8 日，胜利西路改造工程全线通车 （郑文典 摄）

10 月 10 日，西院湖生态园航拍 （郑文典 摄）

林语堂文化园　　（郑文典 摄）

联六线　　（杨纪翔 摄）

12 月 22 日，西湖生态园片区航拍　　（郑文典 摄）

◆经济发展

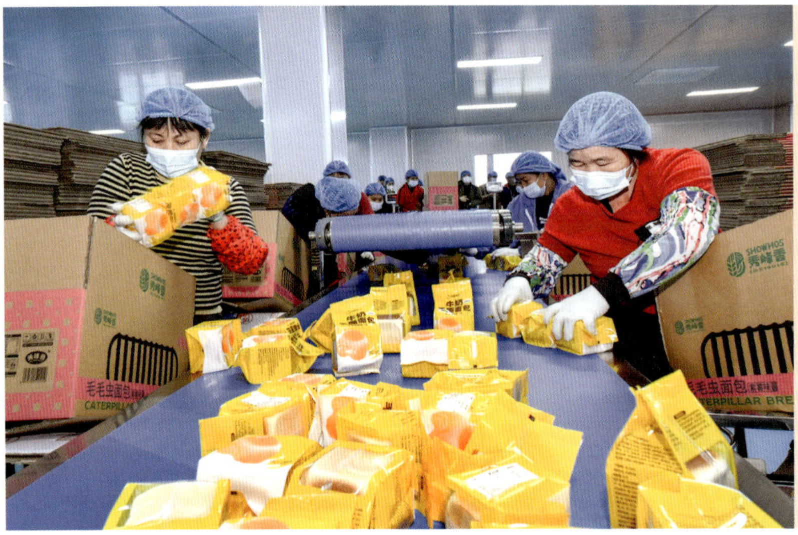

2 月 22 日，福建立熊食品有限公司的生产加工车间里，工人正在包装食品　（吴鹏 摄）

2 月 22 日，科华生产车间一角（郑文典 摄）

2 月 22 日，三宝集团智慧综控中心（郑文典 摄）

2 月 22 日，漳州众环科技公司生产车间　　（吴鹏 摄）

2 月 23 日，福建傲农生物科技集团股份有限公司生产车间　　（郑文典 摄）

2 月 23 日，东方智能仪表有限公司工作人员在生产线上工作　　（郑文典 摄）

2 月 24 日，漳州力展电子科技有限公司生产现场　　（郑文典 摄）

2 月 24 日，漳州南方机械有限公司生产现场　　（郑文典 摄）

4 月 19 日，众晟水产养殖
（郑文典 摄）

8 月 22 日，三宝广场建设现场
（郑文典 摄）

9 月 14 日，金峰开发区全景航拍 （郑文典 摄）

10 月 17 日，三宝钢铁厂区鸟瞰 （郑文典 摄）

特载

区委常委会工作报告……01
政府工作报告……06

专记

一座古城的“有机更新”……15
用文化点亮千年古城……18
纪念红军攻克漳州 90 周年芗城系列活动启动 19
芗城：“农文旅”融合绘新景……19
“改”出新面貌 “造”出新生活……21
漳州芗城：紧抓产业发展主线不放松……23
漳州芗城：打造高品质中心城区……23
打响“福”文化品牌 做强做优文旅经济
漳州：用闽南文化点亮古城……26

大事记

1 月……27
2 月……28
3 月……29
4 月……29
5 月……30
6 月……31
7 月……32
8 月……33
9 月……34
10 月……35
11 月……36
12 月……36

区情概貌

自然地理……38
地理位置……38
气候……38
环境质量……38
地理资源……38
农业资源……38
森林资源……38
矿产资源……39
水资源……39
旅游资源……39
文物古迹……39
建置沿革……39
历史沿革……39

行政区划 ······························ 39
国民经济与社会发展 ······················ 41
地区生产总值 ·························· 41
人口 ·································· 41
城镇居民人均可支配收入 ················ 41
财政收入 ······························ 41
税收收入 ······························ 41
农业 ·································· 41
工业和建筑业 ·························· 42
固定资产投资 ·························· 43
教育事业 ······························ 44
交通运输 ······························ 44
国内贸易 ······························ 44
对外经济 ······························ 45
文体卫生 ······························ 45
民生保障 ······························ 45
环境保护 ······························ 45
安全生产管理 ·························· 45

中国共产党芗城区委员会

综述 ·································· 46
概况 ·································· 46
学习宣传贯彻党的二十大精神 ············ 46
着力推动经济城乡协调发展 ·············· 46
服务经济社会发展 ······················ 47
重要会议 ······························ 47
概况 ·································· 47
区委九届三次全会 ······················ 47
区委九届四次全会 ······················ 47
区委常委会会议 ························ 47
区委工作会 ···························· 51
工作务虚会 ···························· 51
专题会议 ······························ 51
“重中之重”项目工作会 ················ 52
区委理论学习中心组学习会 ·············· 53
综合事务 ······························ 54
概况 ·································· 54
公务行文 ······························ 54
督查督办 ······························ 54
服务保障 ······························ 54
组织工作 ······························ 54
概况 ·································· 54
党员干部教育 ·························· 55
基层党建 ······························ 55
干部管理 ······························ 55
公务员管理 ···························· 55
党员发展 ······························ 55
人才工作 ······························ 56
宣传工作 ······························ 56
概况 ·································· 56
新闻宣传 ······························ 56
文化活动和典型选树 ···················· 56
社会宣传 ······························ 57
福文化宣传推介 ························ 57
精神文明创建 ·························· 57
文旅融合发展 ·························· 57
统战工作 ······························ 58
概况 ·································· 58
学习教育活动 ·························· 58
服务区域经济发展 ······················ 58
民主党派工作 ·························· 58
党外知识分子统战 ······················ 58
民族宗教工作 ·························· 58
服务民营经济 ·························· 58
新的社会阶层人士统战 ·················· 59
侨务工作 ······························ 59
华侨归侨侨眷等身份确认工作 ············ 59
机构编制管理 ·························· 59
概况 ·································· 59
机构改革 ······························ 59
事业单位改革管理 ······················ 59
编制调剂 ······························ 60

区直机关党建……60
概况……60
机关党支部建设……60
模范机关创建……60
党员教育……60
实践活动……60
老干部工作……60
概况……60
政治待遇保障……61
生活待遇保障……61
离退休干部作用发挥……61
组织活动……61
老年大学建设……61
精神文明建设……61
概况……61
新时代文明实践……61
未成年人思想道德建设……61
文明城区创建……62
社会志愿服务……62
党校工作……62
概况……62
干部教育培训……62
理论宣讲新课堂……63
教学研究工作……63
理论研究……63
党史和地方志工作……63
概况……63
红色廉政文化教育基地打造……63
红色故事经典诵读……63
党史书籍进老区……63
红军攻克漳州照片展示……63
年鉴编纂……64
地情服务……64
新闻工作……64
概况……64
主题宣传……64
对外宣传……64
新媒体宣传……64
芗城特色文化传播……64
专题宣传……65
公益宣传……65
宣传设备更新……65
档案工作……65
概况……65
新档案馆启用……65
档案收藏……65
档案专题数据库……66
档案服务……66
档案规范化管理……66
档案设施管理……66
关心下一代工作……66
概况……66
青少年党史学习教育……66
基层培训……66
暑期系列夏令营活动……67
青少年法治教育……67
随迁人员子女服务……67
走访慰问……67
助学活动……68
种子工程……68

芗城区人民代表大会

综述……69
概况……69
思想政治建设……69
区委决策部署落实推动……69
履职能力建设……70
重要会议……70
概况……70
十届人大二次会议……70
人大常委会会议……70
人大监督……77

概况 …… 77
财政经济审查监督 …… 77
民生事业审查监督 …… 77
法律实施情况监督 …… 78
代表工作 …… 78
概况 …… 78
代表履职 …… 78
代表联系 …… 78
参政议政 …… 78

芗城区人民政府

综述 …… 79
概况 …… 79
经济总量 …… 79
重要会议 …… 79
概况 …… 79
区政府常务会议 …… 79
政务协调 …… 80
概况 …… 80
督查督办 …… 80
政府法治建设 …… 80
政府信息公开 …… 81
政务服务 …… 81
概况 …… 81
政务服务中心整体搬迁 …… 81
政务异地联盟服务 …… 81
政务服务改革 …… 81
基层便民服务中心建设 …… 81
信访工作 …… 82
概况 …… 82
积案办理 …… 82
网络信访管理 …… 82

政协芗城区委员会

综述 …… 83
概况 …… 83
社情民意信息宣传 …… 83
文史资料工作 …… 83
重要会议 …… 83
概况 …… 83
委员会第二次会议 …… 83
常委会会议 …… 83
主席会议 …… 84
协商议政 …… 85
概况 …… 85
专题议政 …… 85
提案办理 …… 85
民主监督 …… 85
课题调研 …… 85
基层政协工作 …… 85

纪检监察

综述 …… 86
概况 …… 86
干部作风建设 …… 86
重要领域环节监督 …… 86
“四种形态”运用 …… 87
违纪干部处理 …… 87
涉粮案件查处 …… 87
巡察工作 …… 87
概况 …… 87
专项巡察 …… 87
巡察整改 …… 87

民主党派和工商联

中国国民党革命委员会漳州市委员会

芗城区总支部委员会…………88

概况…………88

社会服务…………88

走访慰问…………88

中国民主同盟漳州市芗城区总支部委员会…………88

概况…………88

参政议政…………88

社会服务…………88

中国民主建国会漳州市委员会

芗城区总支部委员会…………89

概况…………89

参政议政…………89

社会活动…………89

中国民主促进会漳州市芗城总支部委员会…………89

概况…………89

参政议政…………89

社会服务…………89

中国致公党漳州市芗城区总支部委员会…………89

概况…………89

参政议政…………89

社会服务…………89

中国农工民主党漳州市芗城区总支委…………90

概况…………90

参政议政…………90

组织活动…………90

社会服务…………90

九三学社漳州市芗城区支社…………91

概况…………91

参政议政…………91

社会服务…………91

台湾民主自治同盟漳州市委员会

芗城区支部委员会…………91

概况…………91

参政议政…………91

社会服务…………91

芗城区工商业联合会（总商会）…………91

概况…………91

基层组织建设…………92

民营企业服务…………92

公益事业…………92

群众团体

芗城区总工会…………93

概况…………93

职业技能竞赛…………93

劳模示范引领…………93

职工法律服务…………93

工会帮扶…………93

职工关爱…………94

女职工关爱行动…………94

工会经费管理…………94

共青团芗城区委员会…………94

概况…………94

团组织建设…………94

少先队工作…………94

特色活动开展…………94

青年创业服务…………95

芗城区青年企业家联合会成立…………95

社区志愿服务…………95

青少年关爱活动…………95

芗城区妇女联合会…………95

概况…………95

主题活动开展…………95

家庭工作…………96

基层维权服务…………96

妇女儿童关爱…………96

社会服务…………96

芗城区科学技术协会……96
概况……96
科普宣传……96
基层科普建设管理……96
学会服务站建设……97
芗城区社会科学界联合会……97
概况……97
社科普及工作……97
社科基地建设……97
社科课题研究……97
芗城区归国华侨联合会……97
概况……97
涉侨维权服务……98
涉侨台联络站成立……98
华侨联系服务……98
帮扶慰问……98
特色活动开展……98
芗城区台湾同胞联谊会……98
概况……98
台胞信息采集……98
档案家书征集……98
芗台联谊交流……99
台胞服务……99
台胞帮扶……99
芗城区文学艺术界联合会……99
概况……99
主题文艺活动开展……99
福文化宣传……100
文艺作用发挥……100
中国国际贸易促进委员会
漳州市芗城区委员会……100
概况……100
漳州国际商会芗城企业推荐加入……100
经贸活动组织……100
商务培训……100
芗城区残疾人联合会……100
概况……100
康复工作……101
残疾人帮扶解困……101
残疾人就业服务……101
残疾人居家托养……101
残疾人文体活动……101
残疾人权益保障……101
芗城区红十字会……102
概况……102
人道主义救助……102
应急救护知识培训……102
公益募捐……102
青少年志愿服务……102
芗城区计划生育协会……102
概况……102
基层计生队伍组织建设……102
生育帮扶……102
计生保险服务……102
计生法律援助……103
优生优育指导……103
儿童早期教育……103
家庭健康工作……103
金秋助学……103

法 治

政法委及综治……104
概况……104
平安芗城建设……104
特色品牌项目创建……104
重点公共区域管理……104
特殊人员帮扶……104
社会矛盾化解……104
金融领域监管……104
涉假卷烟监管……105
法治政府建设……105
概况……105

行政复议与行政诉讼 ······ 105
司法监督 ······ 105
政法领域改革 ······ 105
扫黑除恶斗争 ······ 106
刑事诉讼涉案财物管理 ······ 106
普法宣传 ······ 106
公安 ······ 106
概况 ······ 106
社会治安整治 ······ 106
道路交通整体社会防控 ······ 106
道路交通安全综合整治 ······ 107
道路交通隐患排查治理 ······ 107
重点车辆管理 ······ 107
电动自行车交通管理 ······ 107
交通执法 ······ 108
打击涉外刑事犯罪 ······ 108
矛盾纠纷排查化解 ······ 108
禁毒工作 ······ 108
户籍管理服务 ······ 108
检察 ······ 108
概况 ······ 108
经济秩序维护 ······ 108
社区联络服务 ······ 109
市域社会综合检察 ······ 109
未成年人检察工作 ······ 109
生态环境案件检察 ······ 110
刑事检察 ······ 110
民事行政检察 ······ 110
公益诉讼检察 ······ 110
诉讼监督 ······ 110
法院 ······ 110
概况 ······ 110
刑事审判 ······ 111
民商事审判 ······ 111
涉台案件 ······ 111
案件执行 ······ 111
金融领域诉源治理 ······ 111
诉源执源治理 ······ 111
执行便民服务中心建设 ······ 111
法务建设 ······ 112
司法行政 ······ 112
概况 ······ 112
调解体系构建 ······ 112
行政调解 ······ 112
社区矫正 ······ 112
社区矫正安置 ······ 112
社区矫正帮教 ······ 113
普法宣传 ······ 113
调解信息宣传 ······ 113
法律援助 ······ 113
公共法律服务 ······ 113

外事 侨务 台港澳事务

外事 ······ 114
概况 ······ 114
外国人入境申请服务 ······ 114
对外文化交流 ······ 114
侨务 ······ 114
概况 ······ 114
涉侨行政确认事项办理 ······ 114
退休归侨职工生活补贴申请 ······ 114
侨务档案管理 ······ 115
侨法宣传 ······ 115
海外联谊 ······ 115
侨史馆筹建 ······ 115
台港澳事务 ······ 115
概况 ······ 115
台湾省青年就业创业 ······ 115
民间文化交流 ······ 115
司法保障服务 ······ 116
台资项目建设 ······ 116

军 事

人民武装……117
概况……117
民兵队伍建设……117
国防教育……117
征兵宣传……118
新兵教育……118
拥军优属……118
人民防空……119
概况……119
防空知识宣传……119
防空项目审批……119
退役军人事务……119
概况……119
优抚安置……119
军休干部服务管理……119
双拥共建……119
服务站标准化建设……119
帮扶退役军人创业……119

经济管理

宏观经济管理……120
概况……120
产业链招商……120
项目管理……120
项目投资建设……120
数字经济核心产业发展……121
审计监督……121
概况……121
预算管理和财政政策执行审计……121
国有企业财务收支审计……121
固定资产投资审计……121
领导干部经济责任审计……122
专项审计调查……122
审计整改……122
统计调查……122
概况……122
企业入库审批……123
统计业务培训……123
人口变动情况抽样调查……123
住户调查……123
劳动力调查……123
统计执法督查……123
统计分析服务领导决策……123
市场监督管理……123
概况……123
工商行政管理……124
消费者维权工作……124
食品安全监管……124
农产品检查……125
入网餐饮检查……125
药品安全监管……125
反垄断工作……126
民生领域专项整治……126
价格管理……126
收费管理……127
价格认定……127
特种设备监管……127
计量器具监管……127
企业产品标准信息监管……127
企业认证监管……127
农贸市场监管……127
知识产权发展和保护……128
个体私营经济管理……128
概况……128
全国市场主体活跃度抽样调查……128
诚信企业创建……128

财政 税务

财政 …… 129
概况 …… 129
财政收入 …… 129
财政支出 …… 129
债务管理 …… 130
财政监管 …… 130
财政预算管理 …… 130
税务 …… 130
概况 …… 130
税费征管规范 …… 130
税务服务 …… 130

金 融

银行业 …… 131
概况 …… 131
农行漳州芗城支行 …… 131
中国银行漳州芗城支行 …… 132
兴业银行漳州分行 …… 132
漳州农商银行 …… 133
保险业 …… 134
概况 …… 134
人保财险芗城支公司 …… 134
人寿芗城支公司 …… 134

自然资源和生态环境保护

自然资源管理 …… 135
概况 …… 135
国土空间规划建设 …… 135
耕地保护 …… 135
不动产登记 …… 135
执法监察 …… 135
生态环境保护 …… 136
概况 …… 136
水污染防治 …… 136
大气污染防治 …… 136
土壤污染防治 …… 136
工业源污染治理 …… 136
生态环境损害赔偿 …… 136
环评审批 …… 136
生态保护 …… 137
生态环境督察 …… 137

农业 农村

农村工作 …… 138
概况 …… 138
脱贫攻坚成果巩固 …… 138
乡村振兴建设 …… 138
特色乡镇建设 …… 139
农村卫生环境整治 …… 139
传统村落保护 …… 139
农村基础设施建设 …… 139
农业产业 …… 139
概况 …… 139
农村集体产权制度改革 …… 139
产业发展建设 …… 139
农用土地专项清理整治 …… 140
农村土地经营权流转管理 …… 140
农村集体资产管理 …… 140
农业优新品种推广 …… 140
农业生产管理 …… 140
概况 …… 140
保障粮食生产 …… 140
农产品质量安全管理 …… 141
农业药肥管理 …… 141

兽药管理 …… 141
农业生产废弃物管理 …… 141
土壤质量监测 …… 141
农业安全生产管理 …… 141
林业管理 …… 141
概况 …… 141
地质灾害防治 …… 142
野生动植物保护 …… 142
森林保护 …… 142
水利 …… 142
概况 …… 142
水利发展规划 …… 142
重点水利工程建设 …… 142
冬春修水利建设 …… 143
河湖长制工作 …… 143
水土保持 …… 143
小流域流失综合治理 …… 143
水旱防治 …… 143
用水管理 …… 144
水资源污染治理 …… 144

工业和信息化

工业 …… 145
概况 …… 145
服务企业 …… 145
项目投资建设 …… 145
科技研发 …… 145
企业节能体系建设 …… 145
企业安全隐患排查 …… 146
通信服务 …… 146
概况 …… 146
中国移动通信集团芗城分公司 …… 146
中国电信股份有限公司芗城分公司 …… 146

卫生健康

综述 …… 147
概况 …… 147
中医药发展 …… 147
爱国卫生运动 …… 147
公共卫生服务 …… 147
老年人健康服务 …… 147
医疗项目建设 …… 148
生育奖励 …… 148
人口监测 …… 148
医药卫生体制改革 …… 148
概况 …… 148
信息化建设 …… 149
家庭医生签约 …… 149
疾病预防控制 …… 149
概况 …… 149
传染病报告 …… 149
疫苗接种 …… 149
疾病监测 …… 149
疾病防治 …… 149
妇幼健康 …… 149
概况 …… 149
妇女生殖健康服务 …… 150
普惠托育机构服务 …… 150
儿童保健服务 …… 150
卫生监督 …… 150
概况 …… 150
公共场所卫生监督 …… 150
职业健康监管 …… 150
新冠疫情防控 …… 151
概况 …… 151
分级分类救治 …… 151
疫情防控 …… 151

教育 科学技术

教育……152
概况……152
教育资源……153
教育督导……153
学前教育……153
义务教育……153
普通高中教育……153
特殊教育……154
民办教育……154
德育工作……154
师资建设……154
教育改革……154
校园安全管理……155
教育规划建设……155
科学技术……155
概况……155
高新技术企业培育……155
科创能力提升……155
科技服务……155

文化 体育 旅游

公共文化……156
概况……156
公共服务设施……156
群众文化活动……156
文艺创作活动……156
文化遗产保护……157
概况……157
文物安全修缮……157
文物安全检查……157
非物质文化遗产保护……157
历史文化遗产保护……157
体育……158
概况……158
体育设施建设……158
体育产业发展……158
全民健身……158
竞技体育……158
体育训练……158
旅游……158
概况……158
旅游项目建设……158
旅游品牌建设……159
旅游配套设施完善……159
旅游宣传……159

商贸服务

综述……160
概况……160
市场保供……160
农贸市场巩固提升……160
招商引资……160
产业服务……160
发展信息产业……160
国内商业贸易……161
概况……161
古城商圈经济发展……161
消费需求促进……161
企业品牌服务……161
电子商务……161
概况……161
电商培训……161
政策扶持……161
电商助农兴农……161
对外贸易……161
概况……161

出口信保合作 …… 162
经贸交流活动 …… 162
自主品牌培育 …… 162
供销合作 …… 162
概况 …… 162
春耕备供 …… 162
惠农综合服务项目 …… 162
基层供销建设 …… 162
乡村振兴工作 …… 162
脱贫攻坚成果巩固 …… 163
农村垃圾治理 …… 163
海峡两岸茶业交流协会成立 …… 163
供销系统安全生产监管 …… 163
历史遗留问题解决 …… 163
芗城区供销社系统财务管理中心成立 …… 163
粮食和物资储备 …… 163
概况 …… 163
储备粮管理 …… 164
粮库升级改造 …… 164
粮油质量专项检查 …… 164
粮储系统问题整改 …… 164

城乡建设

综述 …… 165
概况 …… 165
房屋征收安置 …… 165
保障房运营管理 …… 165
安置房建设 …… 165
建设工程消防审验 …… 165
房屋安全排查 …… 166
城市棚户区改造 …… 166
历史遗留问题解决 …… 166
安商一体化建设 …… 166
房地产业管理 …… 166
城市基础设施建设 …… 166
概况 …… 166
新区拓展工程建设 …… 167
生态工程建设 …… 167
交通工程建设 …… 167
排水设施建设 …… 167
房屋安全管理 …… 167
市政管理 …… 167
概况 …… 167
市容环境专项整治 …… 167
户外广告专项整治 …… 167
餐饮服务业联合整治 …… 167
市场周边联合整治 …… 168
城区建筑综合治理 …… 168
生活垃圾分类 …… 168
城市基础设施维护 …… 168
物业监督管理 …… 168
村镇建设管理 …… 169
概况 …… 169
传统村落保护利用 …… 169
芗城区建筑工匠协会成立 …… 169
农村建房安全管理 …… 169
农村公厕建设 …… 169
农村生活污水治理 …… 169
房屋安全筛查与鉴定 …… 169
建筑业管理 …… 169
概况 …… 169
建筑业发展扶持 …… 170
建设工程消防设计审验 …… 170
建设工程管理 …… 170
概况 …… 170
质量安全监督 …… 170
工地扬尘防治 …… 170

交通 邮政

交通运输 …… 171

概况 …… 171
交通基础设施建设 …… 171
审批服务 …… 171
运政管理 …… 171
交通综合执法 …… 172
安全生产专项整治 …… 172
邮政 …… 172
概况 …… 172
基础邮务类业务 …… 172
惠农合作 …… 172

社会生活

劳动就业 …… 173
概况 …… 173
就业服务 …… 173
劳动维权 …… 173
人才建设 …… 174
社会保障 …… 174
概况 …… 174
养老待遇 …… 174
社会保险 …… 174
社保基金监督管理 …… 174
医疗保障 …… 174
概况 …… 174
综合服务 …… 174
医保基金监管 …… 174
医保改革 …… 175
民政 …… 175
概况 …… 175
社会救助 …… 175
养老服务 …… 175
社区治理 …… 175
地籍管理 …… 176
老区建设 …… 176
社会组织管理 …… 176
婚姻登记 …… 176
公墓管理 …… 176

应急管理

安全生产监督 …… 177
概况 …… 177
安全监管计划落实 …… 177
重点行业领域专项整治 …… 177
汛期抢险管理 …… 177
安全生产检查 …… 177
企业安全生产标准化建设 …… 178
企业生产经营安全审批 …… 178
专题培训 …… 178
消防救援 …… 178
概况 …… 178
消防救援演练 …… 179
社会消防联勤一体化建设 …… 179
火灾防控 …… 179
消防安全宣传教育培训 …… 179
消防执法 …… 179
防震减灾 …… 179
概况 …… 179
防震减灾宣传 …… 180
应急演练 …… 180
房屋设施抗震设防 …… 180

国有企业管理

漳州金峰经济开发区 …… 181
概况 …… 181
重点项目建设 …… 181
园区基础配套建设 …… 181
招商引资 …… 182
资源要素保障 …… 182

园区行政服务 …………………………… 182
漳州金投集团有限公司…………………… 182
概况 ……………………………………… 182
企业发展 ………………………………… 182
项目开发建设 …………………………… 182
项目用地 ………………………………… 182
芗城区铁塘片区棚户区改造项目 ……… 183
芗城区金安片区棚户区改造项目 ……… 183
金秋路（金安路至宝兴路）
道路改造工程 …………………………… 183
金峰北路（北环城路至漳华路）
道路改造工程 …………………………… 183
浦南新镇（石天线）道路改造工程 …… 183
漳州市芗江物业服务有限公司………… 184
概况 ……………………………………… 184
餐饮服务 ………………………………… 184
人力资源服务 …………………………… 184
物业接管 ………………………………… 184
环境服务 ………………………………… 184
社会服务 ………………………………… 184

镇 街道

天宝镇………………………………… 185
概况 ……………………………………… 185
项目建设 ………………………………… 185
工程项目管理 …………………………… 185
产业培育 ………………………………… 185
高标准农田建设 ………………………… 186
企业发展服务 …………………………… 186
民生事业 ………………………………… 186
安全生产 ………………………………… 186
社会综合治理 …………………………… 186
浦南镇………………………………… 186
概况 ……………………………………… 186
项目建设 ………………………………… 186
乡村振兴 ………………………………… 187
生态环境管理 …………………………… 187
安全生产管理 …………………………… 187
民生事业 ………………………………… 187
法治工作 ………………………………… 187
东铺头街道…………………………… 188
概况 ……………………………………… 188
企业服务 ………………………………… 188
安全生产管理 …………………………… 188
人居环境整治 …………………………… 188
社会综合治理 …………………………… 188
民生事业 ………………………………… 189
老旧小区改造 …………………………… 189
街道武装工作 …………………………… 189
社区集体资产管理 ……………………… 189
西桥街道……………………………… 189
概况 ……………………………………… 189
党建工作 ………………………………… 189
重点项目建设 …………………………… 190
政务服务 ………………………………… 190
民生事业 ………………………………… 190
市容市貌管理 …………………………… 190
安全生产管理 …………………………… 191
社会综合治理 …………………………… 191
新桥街道……………………………… 191
概况 ……………………………………… 191
招商引资 ………………………………… 191
项目建设 ………………………………… 191
人居环境整治 …………………………… 191
物业管理机制创新 ……………………… 192
社会保障 ………………………………… 192
安全生产 ………………………………… 192
社会治理 ………………………………… 192
文明实践行动 …………………………… 192
基层党建工作 …………………………… 192
巷口街道……………………………… 192
概况 ……………………………………… 192

招商引资 …………………………… 193
城市建筑综合管理 ………………… 193
环境保护 …………………………… 193
文明城市创建 ……………………… 193
基层党建 …………………………… 193
文明实践阵地建设 ………………… 193
信访工作 …………………………… 194
安全生产专项整治 ………………… 194
社会救助 …………………………… 194
就业保障 …………………………… 194
国企退休人员移交管理 …………… 194
南坑街道……………………………… 194
概况 ………………………………… 194
重点项目建设 ……………………… 195
城乡建设 …………………………… 195
社会事业 …………………………… 195
生态文明建设 ……………………… 195
通北街道……………………………… 195
概况 ………………………………… 195
项目建设 …………………………… 195
招商引资 …………………………… 195
基层党建工作 ……………………… 195
党风廉政建设 ……………………… 196
民生事业 …………………………… 196
民生保障 …………………………… 196
生态环境整治 ……………………… 196
安全生产 …………………………… 196
纠纷调解 …………………………… 196
违法犯罪活动打击 ………………… 196
芝山街道……………………………… 197
概况 ………………………………… 197
产业发展项目建设 ………………… 197
招商引资 …………………………… 197
企业服务 …………………………… 197
基层公共法律服务 ………………… 197
社会综合治理 ……………………… 197
辖区安全生产 ……………………… 197
社会事业 …………………………… 197
石亭街道……………………………… 198
概况 ………………………………… 198
项目建设 …………………………… 198
用地保障 …………………………… 198
乡村振兴 …………………………… 198
环境治理 …………………………… 198
基础设施建设 ……………………… 198
民生事业 …………………………… 199
文化活动 …………………………… 199
安全风险防范 ……………………… 199

人 物

党政机关、团体负责人名表……………… 200
2022 年中共芗城区委各部门、
单位负责人名录……………………………… 200
2022 年芗城区纪律检查委员会、
监察委员会负责人名录…………………… 201
2022 年芗城区政府负责人名录 ………… 202
2022 年芗城区人大、政协及主要社会团体
负责人名录…………………………………… 205
2022 年芗城区国防、政法部门负责人名录 … 206
2022 年芗城区各镇（街）负责人名录 …… 207
2022 年芗城区各镇（街）下辖村（社区）
负责人一览表……………………………… 209

荣 誉

芗城区 2022 年度获市级以上表彰的
先进单位一览表…………………………… 216
芗城区 2022 年度获市级以上表彰的
先进个人一览表…………………………… 221

附 录

2022 年芗城区主要经济指标完成情况 …… 226
芗城区 2022 年规模以上工业企业名单 …… 227
芗城区 2022 年度纳税 200 万元以上企业名单 …… 231

索 引

主题索引 …… 238
表格索引 …… 250

区委常委会工作报告

——2022年12月9日在中国共产党漳州市芗城区第九届委员会第四次全体会议上

芗城区委书记　石振棋

我受区委常委会委托，向全会作工作报告。

今年来，在党中央和省委、市委的坚强领导下，区委常委会坚持以习近平新时代中国特色社会主义思想为指导，深入学习贯彻党的二十大精神，深刻把握“稳字当头、稳中求进”工作总基调，贯彻落实“疫情要防住、经济要稳住、发展要安全”总要求，深入开展“提高效率、提升效能、提增效益”行动，全力推进“两稳一保一防”，积极投身“产业发展项目建设攻坚年”活动和“七比一看”竞赛，做大做强“四大主导产业”，统筹推进城市品质提升和乡村全面振兴，加快补齐民生短板，高品质中心城区建设迈上新台阶。预计全年地区生产总值增长8%以上，完成规模以上工业总产值983亿元（不含电力）、增长10%，一般公共预算总收入32.15亿元、增长3%，地方一般公共预算收入19.21亿元、增长7%，固定资产投资310亿元、增长15.2%，社会消费品零售总额329亿元、增长5%，城镇居民人均可支配收入52276元、增长7.2%，农村居民人均可支配收入25945元、增长10%。具体工作如下：

一、突出主题主线，学习宣传贯彻走深走实

区委常委会坚持把学习宣传贯彻党的二十大精神作为今年工作的主题主线，忠诚拥护“两个确立”，坚决做到“两个维护”。一是迅速组织学习。认真组织全区各级各部门收听收看大会开幕式，聆听习近平总书记关于《高举中国特色社会主义伟大旗帜，为全面建设社会主义现代化国家而团结奋斗》的工作报告；党的二十大闭幕后，第一时间召开区委常委会（扩大）会议传达学习，结合芗城发展实际提出贯彻意见。把抓好干部教育作为重要任务，分层分类分专题开展干部轮训，组织全区村（社区）“两委”干部专题培训，发放《党的二十大报告学习辅导百问》等材料1850套，推动党的二十大精神入脑入心、走深走实。二是集中开展宣讲。突出以上率下，结合区委全面从严治党检查反馈、党建调研、项目落地、务虚谋划等主题，处级领导带头深入企业、校园等一线宣讲党的二十大精神。注重全面铺开，启动党的二十大精神“六进”活动暨“福小宣”授牌仪式，组建16支宣讲队伍奔赴各地，开展百名宣讲员进百村（社区）活动，让党的创新理论飞入寻常百姓家。三是全面造浓氛围。充分利用媒体资源，集中报道全区各战线学习宣传贯彻党的二十大的热烈反响；紧扣二十大主题，在新媒体平台开辟“学习直播间”为党员群众提供“指尖课堂”，开设“喜迎二十大·奋进新征程”“非凡十年”等新闻专栏，组织各镇街、科局主官立足岗位谈体会、谋发展，全面展现基层学习宣传贯彻党的二十大的良好风貌。四是突出以学促行。坚持学思用贯通、知信行统一，积极筹备区委九届四次全会，以推动高质量发展为主题，结合省、市文件精神谋划《决定》12个方面40条措施，把新发展理念贯穿到高品质中心城区建设的全过程。

二、突出实体经济，发展质量效益稳步提升

区委常委会坚持把发展经济的着力点放在实体经济上，积极投身“产业发展项目建设攻坚年”活动，1—9月全区“七比一看”总分全市第一。一是加快产业发展。坚持突出工业、突破工业，巩固优势产业领先地位，推动战略性新兴产业融合集群发展，做大做强食品加工、冶金新材料、高端装备制造、电子信息“四大主导产业”，1—10月全区“四大主导产业”总产值748.41亿元、超去年同期83.33亿元；三宝集团、傲农生物蝉联“中国民营企业500强”，佳龙科技入选第六批福建省制造业单项冠军产品名单。大力发展建筑业，出台促进建筑业持续健康发展若干措施，提供集中办公场所，配套用房补助、招商奖励、经营激励、晋升鼓励等政策，带动资质建筑业企业新增30家。持续繁荣商贸服务，依托漳州古城“国家级夜间文化和旅游消费集聚区”平台，开展6场“全闽乐购”促消费活动；加快布局楼宇经济、总部经济，八闽（漳州）不夜城开工建设，三宝广场主体封顶，芗江酒店年底投用；完成三宝、傲农等5家工业企业产销分离，预计可新增销售额超100亿元。二是强化项目带动。坚持“项目为王、项目为大、项目为重”，建立“重中之重”项目分级挂钩、定期会商、督查通报制度，1—10月17个省级、60个市级重点项目完成投资分别超序时进度17.9个和16.7个百分点；开竣工三宝新材料科技产业园等35个项目、总投资180.1亿元，其中亿元以上产业项目20个、总投资86.51亿元，以项目建设“加速度”稳住经济发展“基本盘”。坚持“一把手”“一盘棋”“一条链”招商，区委主要领导先后赴北京、上海、深圳等地外出招商14次，举办3场招商推介会和4场签约活动，发挥三宝、科华等龙头企业，以及盈科智谷、漳州智能制造产业园等专业运营商“以商引商”优势，成功签约芗城万福产业园等项目39个、总投资253.78亿元，为高质量发展积蓄动能。三是注重服务保障。坚持提前介入、主动对接，全力保障土地、资金等要素供给，累计报批用地4300亩，挂牌出让工业用地1533.69亩，处置批而未供土地1000余亩；顺利获批专项债券14.68亿元、中央预算内资金1.56亿元、基础设施投资基金2.04亿元，有力支持产业园区基础设施、学前教育、医疗卫健、老旧小区改造等领域重点项目；设立产业基金2支总规模5.2亿元，引领数字经济高质量发展。深化“放管服”改革，全力推进“多证合一”，落实首问责任、一次性告知、一窗受理、并联办理、限时办结、窗口无否决权等制度，政务服务全流程网办率达90.84%；施工许可阶段“一证两书”并联审批改革入选全市优化营商环境典型案例，“幼儿园入园一件事”改革获“新福建”平台推广。落实“百名干部挂百企”活动，扎实兑现稳经济一揽子政策，留抵退税5.02亿元、新增减税降费9.55亿元，兑现惠企资金2.13亿元，带动新增市场主体4635户，市场主体总量率先在全市突破10万户。四是实施创新驱动。坚持科技是第一生产力、人才是第一资源、创新是第一动力，加快实施创新驱动发展战略，强化企业科技创新主体地位，1—10月指导企业策划技改项目83个、总投资78.3亿元，全区规上工业企业R&D（研究与技术）经费内部支出总量13.51亿元，研发投入全市第一，新增国家高新技术企业68家、省级小巨人领军企业9家；响应“万才聚漳”战略，推行“英才芗聚”工程，出台F类高层次人才认定和支持办法，申报新增就业人才386名，兑现人才相关补助资金557.7万元。

三、突出统筹发展，城乡功能品质提档升级

区委常委会坚持市区一体、共同发展，统筹推进城乡建设，城乡环境更加宜居宜业宜游。一是城区面貌焕然一新。持续推动区域协调发展向更高水平迈进，“中国女排娘家”基地5幅地块启动开工，百里弦歌等城市更新步伐加快；金峰片区宝诺、浯沧、金浦地块征迁有序启动；西部片区18条道路、10所学校、6个安置房竣工验收，西湖生态园景观工程核心区力争元旦开放；东部益民片区3幅地块顺利出让；北部片区开漳圣王文化园启动提上日程，全域城市化进程不断加快。注重城市基础设施建设，完成元南市场周边等8条背街小巷、金宝花园等104个老旧小区改造提升，加快推进漳华路、北环城路、天宝高速引线等道路改造，钟法路、胜利西路（上坂路至惠民路）等市政道路完工通车；新增口袋公园23个、城市生态廊道1.5公里，龙文塔遗址公园建成开放，九龙公园地下停车场预计明年初投用。坚持文明城市“全面创建、全域创建、全民创建、全程创建”，推动区直挂钩社区、国企帮扶镇街，查处交通违法41.2万起，新增道路停车泊位5000余个，驾乘电动车头盔佩戴率达90%以上，顺利通过中央文明办复查验收；持续推进市域社会治理现代化，巩固国企“建管合一”无物业小区做法，开展物业评星定级活动，群众获得感不断提高。二是乡村振兴有序推进。强产业促振兴，启动松洲国学农旅产业园征迁，推进墨溪智慧农业等4个重点产业项目，石鼓山亲子公园开门迎客，浦南宏道（荔枝）、天宝后寨（蔬菜）入选市级“一村一品”专业村。兴基础促振兴，持续推进高标准农田和水利项目建设，累计完成城乡供水一体化管道铺设608公里，完成6.23公里农村道路以及8条农网10千伏线路改造，实现镇区5G和千兆光网全覆盖，上榜全国“数字乡村”百强县。优环境促振兴，持续深化农村人居环境整治提升五年行动，开展裸房整治1270栋，整治农村“两违”169宗涉土地面积436.37亩，清理卫星图斑451个涉耕地面积159.42亩，林语堂文化园获评国家AAA级景区。三是生态治理成效明显。全力开展“蓝天、碧水、净土”保卫战，扎实推进国家级生态文明示范区创建。蓝天战役稳定达标，开展餐饮油烟专项治理，完成三宝超低排放改造及30家VOCs企业废气设施处理升级，截至11月底，空气质量综合指数为2.83、同比改善8.4%、系近年最优。碧水战役实现突破，开展小流域污染溯源调查、散乱污企业排查整治，完成金宝园区污水处理厂及配套工程，实现国控断面均值达标、省控断面及2个市级水源地水质100%达标。净土战役扎实推进，深入贯彻落实《土壤污染防治法》，完成23个地块土壤调查、评审及备案，重拳打击非法采砂采矿，全力守护碧水青山。

四、突出利民为本，民生福祉保障更加殷实

区委常委会坚持在发展中保障和改善民生，着力解决好群众急难愁盼问题，不断实现人民对美好生活的向往。一是着力补短板。教育事业稳步发展，积极推进西桥中心小学等27个教育项目建设，通北中心幼儿园、湖滨小学、松柏小学等8所学校竣工投入使用，新增学位6825个；集团化办学加快发展，组建7个“1+1”紧密型教育共同体，成立1个初中办学集团和2个“名园+”学前教育联盟，实现优质教育资源互通共享。医疗短板加快补齐，持续深化医药卫生体制改革，北斗等3个基层卫生院改造有序推进，市人民医院门诊综合楼项目、妇幼保健院项目、公共卫生应急处置中心项目主体完工，首批全国基层中医药示范区创建工作扎实开展。养老服务更有质量，有序推进正兴智慧健康养老院项目建设，改造提升3个长者食堂（助餐点），完成西桥、通北两个街道养老照料服务中心建设，依托智慧居家养老服务平台为七类特定老年人提供服务10.53万人次。二是着力强保障。就业形势更稳定，健全就业公共服务体系，筹备专场招聘会15场提供就业岗位1.2万余个，全力推行稳企稳岗政策“免申即享”惠及5.3万人次职工1377.02万元。安

居保障更安心，化解鑫荣花苑等9个项目2840套房产历史遗留办证难题，完成西湖、利民佳苑等6700套安置房交付；率先在全市落实公租房租金减免，开展公租房实物租配解决了2569户家庭住房问题，实现公租房轮候对象全部销号。保障体系更健全，着力扩大城乡居民医保、社保参加覆盖率，全面提高城乡居民基本养老保险基础养老金标准，累计发放养老、失业保险金、被征地农民养老保障金和城乡低保金超6.96亿元。扎实开展双拥共建，成功蝉联省级双拥模范区“八连冠”，获评省级军民融合创新示范区。三是着力守底线。疫情防控慎终如始，严格按照国务院联防联控机制二十条优化措施和省二十九条措施，构建起提级指挥、上下融合、职责分明、扁平高效的指挥调度体系，有序开展防控工作，及时有效处置5轮疫情。安全责任压紧压实，严格落实安全生产十五条硬措施和省66条、市99条具体措施，聚焦建筑施工、特种设备、道路交通、燃气安全等重点行业领域和关键环节，全面开展隐患排查，累计督导检查2220次，同比增加60.99%，全区安全生产“四项指数”全面下降。社会秩序安定稳定，持续深化“四大竞赛、五大比拼”活动，开展夏季治安打击整治“百日行动”，纵深推进电信诈骗、养老诈骗、制售假烟等专项整治，上级交办“治重化积”事项104件已全部化解，诉源综合治理初见成效，民商事纠纷案件增速放缓，违法犯罪警情同比下降14.7%，刑事案件立案数同比下降16%；“老芗亲”法治共享家园经验做法获“学习强国”等主流媒体推广，党的二十大安保维稳任务圆满完成。粮食底线守住有方，出台调动农民种粮积极性十二条措施，开展餐桌污染、食品安全专项检查，扎实推进涉粮问题专题了解反馈问题整改，已完成问题整改20个。

五、突出示范引领，全面从严治党纵深推进

区委常委会坚持把全面从严治党主体责任扛在肩上、抓在手上，深入推进新时代党的建设新的伟大工程，全面夯实党的领导根基。一是加强班子队伍建设。区委班子始终以理论清醒保持政治坚定，带头严守意识形态工作责任制，先后召开区委理论学习中心组学习会28场，认真学习习近平总书记重要讲话重要指示批示精神58篇，深入开展《闽山闽水物华新——习近平福建足迹》《习近平谈治国理政（第四卷）》等专题研讨7次，忠诚拥护“两个确立”，坚决做到“两个维护”。始终严明纪律规矩，区委班子带头落实“双重组织生活”、述责述廉、全面从严治党集体谈话等制度；坚决执行民主集中制，贯彻落实“三重一大”议事规则、请示报告等制度，修订完善区委工作规则，提高议事决策质量和效率。二是树牢大抓基层导向。聚焦强基固本，研究出台《基层党建提质增效助推高质量发展三年行动计划》，开展基层党建“六项行动”工作，累计投入党建经费514万元打造瑞京、高校、张坑等34个党建品牌，常态化开展“达标创星”评选活动，选树174个四星、五星级党组织，推动基层党建工作全面提升。织密组织体系，推动210个小区党支部、100个区域性党建联盟构建近邻“朋友圈”，成立物流运输、电商、外卖行业党委，优化两新领域党组织“两个覆盖”质量；持续做好村级换届“后半篇”文章，组织村（社区）干部培训236人次，提升履职本领和服务能力。推进民主政治建设，发展全过程人民民主，支持人大依法履职，全面发展协商民主，深化工会、共青团、妇联等群团组织改革和建设，完善大统战工作格局，成立区知联会，顺利完成区工商联、民主党派换届。三是丰富文化宣传活动。主流舆论持续壮大，坚持内宣外宣齐发力、网上网下同推进，围绕党的二十大、疫情防控、七比一看等重点工作，推出“防控科普”“我们的新时代”等专栏，策划《芗城新闻》246期，相关报道被省级及以上媒体平台刊发366条次，为建设高品质中心城区凝聚奋进力量。文化事业繁荣发展，举办系列“福”文化主题活动，结合节庆日、庙会等活动开展锦歌等非遗项目展演，开发红军攻克漳州棋及线上小游戏，编辑出

版《红星照耀时——1932的漳州叙事》入选第五届福建文学好书榜。网络舆情管控有力，严格落实7x24小时网络舆情监看工作机制，联动政法、公安等力量开展网络安全应急演练，累计处置涉芗网络舆情109条。四是夯实党风廉政责任。发挥头雁效应，区委常委班子严格落实中央八项规定及其实施细则精神，自觉扛起“一岗双责”，带头履行党风廉政建设责任制，带队深入挂钩镇街、部门检查全面从严治党主体责任落实情况，定期对分管领域“一把手”开展廉政谈话，加固拒腐防变思想堤坝。持续纠治“四风”，强力正风反腐，及时传达学习违规改扩建南湖宾馆等文件精神，围绕疫情防控、乡村振兴、惠企帮扶等上级重大决策部署精准监督，扎实推进粮食购销、工程项目招标投标等领域突出问题专项整治，累计查处违反中央八项规定精神12起16人，形式主义、官僚主义问题7起10人，运用监督执纪“四种形态”批评教育帮助和处理301人次。创新监督方式，健全“1+X”监督、“室组地”联片协作等工作机制，出台加强“一把手”和领导班子监督的暂行办法，探索集体“三资”提级监督机制、开展村级小额工程招投标监管试点，打造“板凳坐下去、民情捞上来”等基层监督示范品牌。五是提振干事创业活力。树好选人用人导向，践行“一线干部考察纪实法”，鼓励“能者上、优者奖”，注重从产业发展、文明创建、疫情防控等重难点工作一线考察识别干部，选派289名干部到征地拆迁、专项整治等重难点工作一线墩苗历练，推动61名新录用公务员试用期满到村（社区）锻炼，1—10月累计提拔一线干部21名，占比达52.5%。深入推进干部作风“五不”问题专项整治，激励干部爱拼敢赢、实干担当，今年来以商引商、创城攻坚、七比一看等工作在全市作典型发言，各领域工作走在全市前列；引导广大干部坚决摒弃“大概、差不多、过得去”的模糊思维和躺平思想，营造想干事、能干事、干成事的良好氛围。

同志们，一年来，区委常委会工作取得的工作成绩，是党中央和省委、市委正确领导的结果，是全区广大党员、干部抢抓机遇、团结奋进的结果，各位区委委员、候补委员对常委会工作给予了真诚帮助和大力支持。在此，我代表区委常委会，向同志们表示衷心的感谢！

新思想引领新时代，新使命开启新征程！我们要更加紧密地团结在以习近平同志为核心的党中央周围，坚持以习近平新时代中国特色社会主义思想为指导，传承弘扬伟大建党精神，始终牢记“两个确立”，坚决做到“两个维护”，凝心聚力、实干担当，踔厉奋发、勇毅前行，为全方位推进高质量发展超越，奋力谱写高品质中心城区建设新篇章作出更大贡献。

政府工作报告

——2022 年 12 月 21 日在漳州市芗城区第十届人民代表大会第二次会议上

芗城区人民政府区长　何才成

各位代表：

现在，我代表芗城区人民政府，向大会报告政府工作，请予审议，并请区政协委员和列席人员提出意见。

一、2022 年工作回顾

2022 年是党的二十大召开之年，是实施“十四五”规划的深化之年，也是本届政府依法履职的开局之年。一年来，在市委、市政府和区委的坚强领导下，在区人大依法监督和区政协民主监督下，我们坚持以习近平新时代中国特色社会主义思想为指引，认真开展迎接党的二十大召开和学习宣传贯彻党的二十大精神各项工作，坚决落实“疫情要防住、经济要稳住、发展要安全”重要要求，深入推进“产业发展项目建设攻坚年”活动和“七比一看”竞赛，按照区第九次党代会的决策部署，统筹抓好疫情防控和经济社会发展，有力战胜一系列风险挑战，较好完成了区十届人大一次会议确定的各项目标任务。预计全年实现地区生产总值 867 亿元，增长 8% 以上；农林牧渔业总产值 25 亿元，增长 6%；规模工业总产值（不含电力）972 亿元，增长 10% 以上，规模工业增加值（不含电力）增长 9.7% 以上；固定资产投资 310 亿元，增长 15.2%；一般公共预算总收入 32.15 亿元，同口径增长 3%；地方一般公共预算收入 19.21 亿元，同口径增长 7%；实际利用外资完成 1300 万美元，增长 11.6%；外贸进出口 115.8 亿元，增长 5%；社会消费品零售总额 323 亿元，增长 6%；城镇居民人均可支配收入 52276 元，增长 7.2%，农村居民人均可支配收入 25945 元，增长 10%。节能减排降碳各项任务有序推进。

一年来，我们以竞赛促发展，实体经济稳中有进。以实施“七比一看”竞赛为抓手，引导全区上下在经济建设主战场晒成绩、拼干劲、争先锋，全力以赴推动经济稳增长，竞赛得分排名全市前列。工业转型蹄疾步稳，坚持突出工业、突破工业，着力抓龙头、铸链条，新增规模工业企业 29 家，四大主导产业完成产值 793 亿元，增长 13.06%，三宝集团三次蝉联“中国民营企业 500 强”荣誉称号；扎实推进金峰工业园区标准化建设，实施 41 个基础配套项目，完成投资 50 亿元，改造提升漳华路、天宝高速引线等一批重要道路，新改建工业厂房 70 万平方米；突出科技赋能，工业技改投资增长 25.9%，新培育国家级高新技术企业 68 家、省“专精特新”中小企业 3 家。建筑产业加速集聚，出台区级促进建筑业持续健康发展若干措施，完成建筑业产值 124 亿元，增长 19.8%，新增资质建筑企业 24 家。第三产业稳步发展，新增新上限上商贸企业 111 家、规模以上服务业企业 37 家，三产增加值增速保持全市前列；鼓励生产企业实行产销分离，三宝云商、傲农饲料批发完成注册纳统，三宝云商销售额超百亿元；推动文旅深度融合，漳州古城入选国家级夜间文化和旅游消费集聚区。现代农业做优做强，深入实施现代农业发展三年行动，创建市级家庭农场示范场 3 家、农民合作示范社 1 家，培育市级农业龙头企业 9 家；新增“三品一标”产品 5 个，新建高标准农田 800 亩。

一年来，我们抓项目稳投资，发展动能持续增强。坚持项目为王、项目为大、项目为重，全力以赴抓项目、扩投资、促转型。聚焦效益优选资，紧盯投资强度、亩均效益、单位能耗等关键指标，加强“一把手”招商、产业链招商、以商引商，全年新签约项目 118 个、总投资 248 亿元，其中 10 亿元以上项目 9 个；盈科智谷产业园、漳州智能制造产业园、万福产业园等一批优质项目相继签约落户。聚焦要素强保障，统筹协调土地、资金、能耗等资源要素，全年获批土地成片开发3300余亩，完成土地农转用报批4189亩，出让、划拨土地6000余亩，处置批而未供土地1000余亩，清理盘活闲置土地、低效用地近1300亩，完成建筑物征迁面积40万平方米；金投集团参股设立漳州数字经济产业基金、漳州科技孵化基金，基金规模合计5.2亿元；谋划专项债项目13个，获批资金14.68亿元。聚焦问题促攻坚，建立区“重中之重”项目会商机制，全力攻坚项目建设，市级以上重点项目完成投资258亿元；三宝新材料、语堂数字经济等项目顺利开工，盈趣智能制造基地、傲农水产等一批产业项目竣工投产。聚焦改革优服务，推进工程建设项目审批制度改革，压缩审批时限80%，联动18个省、49个县实现政务服务“跨省通办”，经验做法获全省宣传推广；践行“妈妈式”服务理念，新增减税降费9.55亿元，兑现各类惠企资金2.13亿元，落实“安商一体化”要求，建设安商房面积32.5万平方米；实施“英才芗聚”工程，出台区级高层次人才评价认定支持办法，新认定省、市高层次人才36人。

一年来，我们优功能提品质，城乡建设齐头并进。以实施乡村振兴战略和开展常态化文明城区创建为抓手，推动城乡功能完善、颜值提高、品质提升。基础配套提档升级，加快百里弦歌片区、漳州古城历史文化街区更新步伐，接续完成104个老旧小区、259个背街小巷点位改造修复；新改建钟法路、胜利西路等15条市政道路，施划智慧停车位5000余个，新增口袋公园23个；九龙公园地下停车场、龙文塔遗址公园建成投用，西湖生态园景观核心区将于元旦开园，群众对城市功能的期盼得到有效满足。城市管理更加精细，深入推进“一支队伍管执法”，推动行政执法“攥指成拳”；扛稳扛牢创城“主战场”责任，查处违反“门前三包”问题2.8万起、车辆违停19万起，整治农村裸房1377栋、空中缆线1.2万处，处置“两违”面积60万平方米；巩固提升芝山街道生活垃圾分类省级示范片区创建成果，新建生态垃圾屋（亭）72座，天宝镇试点推进全域垃圾分类，城市形象得到显著提升，获评全省村庄清洁行动成效突出区，并顺利通过中央文明办复查验收。乡村振兴全面推进，完成24个村庄规划编制，改造提升天宝、浦南乡村振兴精品示范线路，白南线、泰浦路完成改造并顺利通车，石鼓山亲子乐园、墨溪智慧农业等项目有序推进，浦南10公里芗野漫道初具规模；持续稳固脱贫基础，脱贫村村集体收入均超过20万元，脱贫劳动力就业率达97.9%，内生发展动力明显增强，迈向更高质量脱贫。生态环境持续改善，国省控断面和饮用水源地水质全部达标，空气综合指数同比改善8.4%；深入打好污染防治攻坚战，开展小流域污染源溯源排查，完成660余个入河口登记造册，开工建设西区污水处理厂三期项目，完工30个涉气企业改造治理项目，金峰电镀厂、龙溪轴承厂污染地修复治理项目顺利完成。

一年来，我们办实事增福祉，民生保障更加有力。围绕群众急难愁盼，用心用情用力保障和改善民生。突出扩供给，稳步推进32项为民办实事项目，竣工投用8所中小学和幼儿园，新增学位6825个；改扩建7所基层医疗卫生机构，市人民医院门诊综合楼、公共卫生应急处置中心和区妇幼保健院等项目主体完工；新建3所长者食堂，通北、西桥街道养老服务照料中心投入社会化运营；改造提升文化馆、青少年校外体育活动中心、许地山纪念馆等一批文化活动场所，区档案馆新馆建成投用，民生供给内容不断丰富。突出提品质，教育“双减”等综合改革深入推进，核减校外培训机构92家，核减率78%；推动21所城乡中学、幼儿园成立3个办学（园）集团，初步实现优质教育资源互通共享；建设“5G+智慧急救平台”，推动公立医院检查检验结果互认，形成省、市、区三级医疗机构高效协同救治体系；未成年人保护工作扎实推进，在全市率先开展全国未成年人保护示范区创建。突出兜底线，实施稳企稳岗行动，发放各类稳就业补贴2313万元，城镇新增就业1.02万人；加强困难群体兜底，落实各类救助保障资金4995万元；强化安居保障，11个商品房项目4318套房产历史遗留办证难题实现清零，西湖、团结北庙片区6700套安置房交付使用，铁塘、金安片区2750套安置房完成建设，2569户公租房轮候对象全部实现销号。突出优治理，扎实开展信访“治重化积”、养老诈骗打击整治等专项行动，全省毒品问题预警通告地区顺利摘帽，芗城公安分局获评“全国优秀公安局”，南台社区、珠里社区入选“全国民主法治示范社区”，漳州古城立体巡防体系在《人民日报》上刊发推广；深入推进安全生产专项整治三年行动，辖区安全生产四项指数全面下降，田寮村入选“全国综合减灾示范社区”；坚持以快制快处置疫情，调整优化各项防控措施，交出大战大考合格答卷；扛稳粮食安全政治责任，军粮仓储物流中心项目建设稳步推进，整治土地卫片违法图斑1115亩，整改森林图斑问题192个，耕地“非农化”“非粮化”初步得到遏制；加快创建食品安全城市，推动漳州古城创建省级食品安全示范街；大力弘扬拥军优属、拥政爱民光荣传统，实现省级“双拥模范城”八连冠。

一年来，我们转作风提效能，自身建设不断加强。落实全面从严治党主体责任，严格执行中央八项规定及其实施细则精神和省市实施办法，精打细算过紧日子，“三公”经费支出持续下降。组织修订《区政府工作规则》，扎实开展干部作风“五不”问题专项整治，畅通“能上能下”渠道，干部干事创业精气神得到激扬提振。坚决扛起政治责任，从严从实抓好经济责任、自然资源资产审计反馈问题整改。自觉接受区人大、区政协和社会舆论监督，认真听取区政协专题议政性常委会意见，办理人大议案建议70件、政协提案55件，办复率、满意率均为100%。与此同时，国防动员、退役军人事务等工作扎实开展，机构编制、史志研究、保密、物价、供销、档案、慈善、老龄、残疾人、工青妇、红十字、科协、计生协、台港澳侨、民族宗教等各项事业也取得新成效。

各位代表！过去一年，我们始终坚定信心、踔厉奋发、勇毅前行，顺利开启了本届政府的新征程，以扎实的成绩喜迎党的二十大胜利召开。这是市委、市政府和区委正确领导、区人大和区政协大力支持的结果，是全区人民团结奋斗的结果。在此，我代表区人民政府，向全区干部群众，向各位人大代表、政协委员，向离退休老同志、各民主党派、工商联、人民团体、无党派人士，向驻区人民解放军、武警官兵和消防救援指战员，向所有关心、支持和参与芗城各项事业建设的海内外朋友，表示衷心的感谢和崇高的敬意！

在肯定成绩的同时，我们对困难和问题也要有清醒的认识，主要是：龙头企业偏少，辐射带动作用不够明显，产业发展动能不强、人才支撑不足等深层次矛盾仍然突出；城市新经济、新业态规模不大、层级不高；现代农业产业化程度较低、品牌不精、融合发展不足；生态环境保护依然任重道远；群众在就业、医疗、托育、养老、住房等方面还面临不少难题；政府自身建设有待加强，少数干部斗争本领不强、实干精神不足，不完全适应新形势新要求，等等。对此，我们将保持强烈的忧患意识和对标意识，以更有力的举措加以改进解决。

二、2023年主要工作安排

2023年是全面贯彻落实党的二十大精神的开局之年，开好局、起好步至关重要。我们要坚持以习近平新时代中国特色社会主义思想为指导，全面贯彻落实党的二十大精神，认真落实习近平总书记对福建工作的重要讲话重要指示精神，坚持稳中求进工作总基调，立足新发展阶段，完整、准确、全面贯彻新发展理念，服务和融入新发展格局，更好统筹疫情防控和经济社会发展，更好统筹发展和安全，加快建设现代化产业体系，全面深化改革开放，大力提振市场信心，突出做好稳增长、稳就业、稳物价工作，加强生态文明建设，持续保障和改善民生，有效防范化解重大风险，全方位推进高质量发展，加快建设高品质中心城区，努力在漳州建设现代化滨海城市征程中贡献芗城力量。

2023 年经济社会发展的主要预期目标为：全区地区生产总值增长 7.5% 左右；农林牧渔业总产值增长 5% 左右；规模工业总产值增长 10% 左右；规模工业增加值增长 9.7% 左右；固定资产投资增长 8% 左右；一般公共预算总收入增长 7% 左右，地方一般公共预算收入增长 5% 左右；实际利用外资完成 1400 万美元左右；外贸进出口增长 6% 左右；社会消费品零售总额增长 6.6% 左右；城镇居民人均可支配收入增长 7.2% 左右，农村居民人均可支配收入增长 9% 左右；完成年度节能减排降碳任务。在具体实施中我们还要力争更好更快一些。

围绕上述目标，要以开展“产业发展项目建设提升年”活动为抓手，突出抓好以下五个方面工作：

（一）做强实体经济，构建更有活力的产业体系

持续培育优势产业。夯实工业硬支撑，谋划实施 60 个工业项目，推动三宝 1680mm 热轧特殊钢卷板生产线、众环健康智能等项目加快建设、尽快投产；提速三宝新材料、万福、盈科智谷、语堂数字经济等产业园区建设，推动产业链条化布局、集群式发展，力争新增新上规模工业企业 30 家；落实“亩均论英雄”评价结果运用，倒逼低效企业转型、落后产能退出，逐步改造提升工业园区内 51 家低效企业；突出企业科技创新主体地位，推动创新链产业链人才链深度融合，力争培育国家级高新技术企业 35 家、专精特新“小巨人”企业 2 家、科技“小巨人”企业 3 家。打造现代服务业升级版，以新经济产业园为载体，加快引进更多有竞争力、有带动力的平台企业，推动建设总部经济、平台经济聚集区；以三宝海西物流园为核心，加快现代物流产业融合发展，打造区域性物流中心；壮大顺应消费趋势的幸福产业，推进漳州古城、西湖生态园等新型文旅商业消费聚集区建设，力促三宝广场、芗江酒店尽快建成投用；以创建国家级旅游休闲街区为抓手，进一步打响漳州古城名片，做活亲子游、研学游等旅游新产品，延展“温泉 +”产业链条，探索发展温泉康养产业。加快培育建筑业新动能，鼓励本地建筑企业晋升或增项资质，提高市场综合竞争力，集中力量向外延伸、拓展市场，积极对外承揽重大工程项目；发展建筑业总部经济，吸引更多优质建筑企业落户芗城。培育壮大战略性新兴产业，着力打造新一代信息技术、人工智能、生物技术、新能源、新材料等增长引擎；大力发展数字经济，推动金峰开发区争创省级数字经济核心产业集聚区，开展食品加工、冶金新材料等产业数字化改造，打造更具竞争力的数字产业集群。落实“双碳”战略，推动经济社会发展绿色转型，倡导绿色低碳生活方式，严控“两高”产业布局，推动工业、交通、住建等领域向绿色化转型升级，力争培育国家级绿色工厂 1 家、省级绿色工厂 3 家。

持续释放内需动能。着力恢复和扩大消费，突出提低、扩中、调高“三轮驱动”，多渠道增加城乡居民收入，持续增强消费能力；常态化开展全闽乐购活动，支持汽车、家电、食品等消费提质升级；持续改善消费条件、创新消费场景，激发重点商圈发展新活力，支持发展夜间经济、首店经济、品牌连锁经济。着力扩大有效投资，全年安排区级以上重点项目 223 个，年度计划投资 307 亿元；实施重点项目分级管理和领导挂钩责任制，推动项目建设提速增效，力争傲农生物科技产业园等 8 个市级以上重点项目年内投产或部分投产；完善招商图谱和目标企业库，开展产业链招商、行业协会招商、产业园招商、驻点招商、以商引商，力争全年签约项目 80 个以上、总投资超 200 亿元；健全多元化投融资机制，积极争取地方政府专项债券、中央预算内投资、政策性贷

款资金补助，用好漳州数字经济产业基金、漳州科技孵化基金，有力拓宽融资渠道；完成18个项目共计2500亩土地农转用报批，加快盘活批而未供土地、低效用地、低效厂房，为优质产业项目腾出发展空间。

持续优化发展环境。落实“两个毫不动摇”，注重围绕市场主体需求精准施策，深化“千名干部挂千企”活动，梳理解决一批困扰企业发展的痛点堵点难点问题，实实在在为企业解难题、办实事，构建亲清政商关系。推进工业园区标准化建设，严格实施新供工业用地“标准地”出让，提速35个总投资54.68亿元的园区基础配套项目建设，全方位提升园区对产业的吸附和承载能力。强化育才引才用才留才，实施“英才芗聚”工程，提高人才自主培养质量和能力，以建设区级人才综合服务平台为抓手，一站式提升人才安居、就医、子女就学等服务，打造“近悦远来”的人才集聚新高地。深化“放管服”改革，推进“数字政府”建设，扩宽政务服务“跨省通办”事项覆盖面，优化“一窗受理”和“一件事”套餐集成服务，推动工程项目建设更多环节链条并联并审，着力打造“能办事、快办事、办成事”的“便利芗城”。落实知识产权全链条保护，建立失信市场主体退出机制，营造更加公平公正法治化营商环境。

（二）提升城市能级，建设更高品质的中心城区

增强城市发展活力。主动融入闽西南协同发展区建设、厦漳泉都市圈一体化和漳州市“一核两翼”发展格局，紧抓厦漳泉城际铁路R1线（漳州段）规划建设契机，加快集聚站点周边人气商机，提速与大都市圈互联互通步伐。稳步推进城市更新和城中村改造，力争启动上墩、铁塘、宝珠园、古塘、洋竡等片区征迁，优先导入城市产业，推动产、城、人深度融合发展。积极推进开漳圣王文化园项目建设，带动中心城区向北纵深拓展，进一步拉开城市发展框架，实现与北部新城建设生态互享、产业互融、文化互联。深化芗台优势产业合作，支持信华食品、雅歌乐器、精益珍食品等在芗台企深耕发展；以漳州古城台湾特色一条街为载体，引导台商台青来芗就业创业，在深化交流合作中推动芗台各领域融合发展。

优化城市功能品质。着力强基础，谋划实施242个城建领域项目，力争完成年度投资187亿元；全域推进海绵城市建设，启动建设南坑易涝点整治工程、九龙江防洪工程芗城段（一期）等4个防洪防涝项目，有效提升城市韧性和承载能力。着力提颜值，深入实施城市内河水环境治理，巩固提升黑臭水体整治成效，加快推进西湖生态园景观工程、九龙江西溪北岸生态治理等项目建设，推动城市更加生态宜居。着力保畅通，改造提升丹霞路、厦门路等6条市政道路，稳妥开展公交微枢纽选址和建设，实施交通安全岛驻足区降平“微改造”，打造高效便捷的城市交通网络体系。着力促安居，接续推进67个老旧小区、3个棚户区改造，加快建设漳华新村、金峰花园北区等安置房，让群众更加宜居暖居。

加强城市精细管理。提升城市形象气质，坚持常态长效、全域创建，广泛发动群众参与文明城区建设，扎实做好创城总评迎检各项工作；深入开展城镇生活垃圾分类，推动垃圾分类成为社会新风尚；加强日常监督考核，力促道路清扫保洁市场化运作科学规范、运行有效。抓好城市秩序管理，持续开展交通秩序综合整治，规范车辆行驶和停放秩序，让道路交通更加高效、安全；落细落实“两违”铁三角和五级巡查机制，坚决遏制新增违建，有效治理存量违建，推动“两违”综合治理取得新成效；提升城市管理服务，深化“红色物业”管理模式，持续提升无物业小区“国企管家”服务水平，开展物业服务星级评定，着力构建质价相符、优胜劣汰的物业服务市场竞争机制，提升行业整体服务质量。

（三）聚力乡村振兴，创建更具特色的示范样板

加快破解发展瓶颈。攻坚“土地分散化”难点，深化农村土地制度改革，进一步落实集体所有权、稳定农户承包权、放活土地经营权，推动农村土地多形式、全方位流转，实现土地规模化集约化发展经营。攻坚“农村融资难”卡点，试点开展村集体资产股权质押、个人股权质押、土地承包经营权抵押贷款，为农村发展输送更多金融活水。攻坚“集体经济弱”堵点，推动天宝、浦南探索实施“跨村联建”，实现产业组合联动、相互赋能，力争更多村集体经济收入达到50万元。攻坚“发展效益差”痛点，实施新型农村经营主体提升行动，引导企业与合作社、家庭农场、农户之间抱团发展；推动电子商务进农村，借力新媒介拓宽销售渠道，让更多农产品出村进城；开展农业品牌建设行动，聚焦水果、食用菌、淡水养殖等优势产业，培育培优一批产品优势突出、影响力强、知名度高的农产品品牌。

加快推进全域振兴。严格落实“四个不摘”要求，常态化落实动态监测，坚决防止出现规模性返贫。深入开展乡村振兴示范创建，大力发展设施农业、特色农业、智慧农业、休闲农业，推动特色优势产业全链条升级，提速晨科太鲲蛋鸡产业园、万怡农业智慧园、云佳安食用菌产业基地等项目建设，力促天宝智慧农业、渔业养殖和浦南小微农业产业园等项目尽快完工。推进现代农业经营体系、社会信用体系建设，培育更多新型农业主体和农业产业化联合体，力争全年新增省级家庭农场6家、农民合作社5家。全方位夯实粮食安全生产根基，坚决遏制耕地“非农化”“非粮化”，稳妥推进违法违规占用耕地存量处置；推动军粮仓储物流中心项目竣工投用，提升粮食储备保供能力；实施土地综合开发，持续推进“园改耕”，力争新增耕地面积890亩，新建高标准农田1000亩，完成粮食播种面积9200亩，扎实提升粮食综合生产能力。

加快建设宜居乡村。强化各级环保督察反馈问题整改攻坚，确保13个省级督察反馈问题按时交账销号。落实河（湖）长制，统筹辖区水资源、水环境、水生态协同共治，实施芗城区（恒坑、珠里）流域水环境整治工程，推动金宝园区污水处理厂、城乡供水一体化等项目开工建设、完工投用。强化大气污染防治，全面抓实“减排、降尘、禁烧、治油烟”等防治举措，坚决打好打赢蓝天保卫战。强化土壤污染源头防控和监管执法，严厉打击危废、医废非法倾倒等违法行为，推进受污染耕地治理修复和利用，扎实守好一方“净土”。落实农村住房建设管理“两统筹、两统管”，坚决遏制农村乱占耕地建房违法行为，持续开展裸房整治，加强村庄规划管理和总体风貌管控，推动美丽乡村成色更足。

（四）增进民生福祉，绘就更加暖心的幸福底色

完善社会保障体系。落细落实就业优先政策，深入实施“马兰花创业培训计划”，推动职业技能培训质效双升；加大公益性岗位开发力度，强化就业困难群体兜底帮扶；加强新就业形态劳动者权益保障，完善大中专毕业生、退役军人等重点群体就业体系，促进高质量充分就业，力争新增城镇就业人口1万人。提升社会救助服务水平，落实全民参保计划，健全分类分层的社会救助体系，强化妇女、儿童、老年人等群体关爱服务，促进社会福利慈善事业、残疾人事业全面发展。有序推进公益性生命公园建设，更好统筹群众多元化需求和节地生态需要。持续做好拥军优抚安置工作，巩固提升省级“双拥模范城”创建水平。

发展教育文体事业。扩大优质学位供给，新改扩建23所中小学、幼儿园，力争新增学位1万个以上。着眼中心城区“入园难”，推行国有企业领办普惠性公办幼儿园新模式，实现学前教育普及普惠、安全优质发展。贯彻落实“双减”政策，巩固学科类培训机构压减成果；完善集团化办学机制，打造集团化办学新品牌；引导民办义务教育规范发展，推动义务教育减负、提质。深化职普融通、产教融合、科教融汇，探索“校企一体”

人才培养模式，推进现代职业教育高质量发展。提升教育服务水平，擦亮课后服务、“入学（园）一件事”等优质服务品牌；加强师德师风建设，充分发挥教育基金会平台作用，推动更多优秀教师成长成才。突出文体惠民，完善社区“15 分钟健身圈”，支持发展竞技体育和体育产业，改造提升文体基础设施，积极举办各类文体活动，不断丰富群众文体生活。扎实做好文物和文化遗产保护工作，实施国家重点文物保护单位“三防”工程，完成林氏宗祠、莲花池山遗址等 4 处国保点安防建设，加快简大狮避难所修缮提升，改造提升新华东路（岳口段）等历史文化街区，切实把辖区历史文化资源保护好、传承好、利用好。

提升健康服务水平。因时因势优化疫情防控措施，认真落实新阶段疫情防控各项举措，保障好群众的就医用药，重点抓好老年人和患基础性疾病群体的防控，着力保健康、防重症。持续扩容优质医疗资源，加快公共卫生应急处置中心、市人民医院传染病区等项目建设，推动区妇幼保健院、市人民医院门诊综合楼竣工投用，力争新增医疗床位 450 张。以创建全国基层中医药示范区为抓手，推动建设更多基层精品中医馆，鼓励支持东铺头、通北社区医院做优做强，让群众就近享有多层次多样化健康服务。着眼“一老一小”，推动构建居家社区相补充、医养康养相配合的养老服务体系，提速正兴智慧养老、芝山日间照料中心、浦南区域养老中心等项目建设，力争新增养老床位 600 张；强化托育机构规范化指导管理，鼓励发展普惠性托育服务机构，推动托育行业有序良性发展。

创新基层社会治理。贯彻落实总体国家安全观，全力防范化解重大安全风险，持续推进应急管理体系和能力现代化。健全多元化矛盾纠纷调解机制，加强和改进信访工作，持续攻坚化解信访积案，推进扫黑除恶常态化，依法严惩群众反映强烈的各类违法犯罪问题，有效防范化解“五类风险”。坚持常态化减灾和非常态化救灾相统一，加快推进南山消防站建设，巩固提升安全生产专项整治三年行动成果，牢牢守住安全生产底线。落实食品安全分级分层包保机制，实施食品放心工程，深化“餐桌污染”治理，积极争创国家食品安全示范城市。有效防范化解重大经济金融风险，推动房地产市场平稳发展，加强金融、地方债务风险防控，守住不发生系统性风险的底线。认真开展全国第五次经济普查，准确掌握区情区力。进一步铸牢中华民族共同体意识，加强和改进党的民族工作，扎实做好外事、侨务、对台、全民国防教育、国防动员、国防后备力量建设、退役军人服务保障、支前双拥等工作。

（五）优化服务效能，打造更加满意的高效政府

强化政治建设。坚持把学习宣传贯彻党的二十大精神作为当前和今后一个时期的首要政治任务，学深悟透“五个牢牢把握”的重要要求，深刻领悟“两个确立”的决定性意义，切实把思想和行动统一到党的二十大精神上来。坚持党的集中统一领导，扛稳扛牢政府系统全面从严治党主体责任，及时发现、着力解决“七个有之”问题，贯彻落实意识形态工作责任制和保密工作责任制。

强化法治建设。突出尊法学法、守法用法，发展全过程人民民主，规范重大行政决策程序，依法接受人大及其常委会监督，自觉接受政协民主监督，主动接受监察监督、巡察监督、社会监督，加强司法监督、审计监督、统计监督，推动建设更高水平、更高质量的法治政府。

强化作风建设。深化干部作风“五不”问题专项整治，坚持以实绩论英雄，发挥绩效考核和效能督查作用，旗帜鲜明为担当者撑腰、为干事者鼓劲，让“躺平式干部”不敢躺、不能躺；严格落实“三个区分开来”，激励干部敢于担当、积极作为。加强实践锻炼、专业训练，注重在重大斗争中磨砺干部，增强干部推动高质量发展本领、服务群众本领、防范化解风险本领。

强化廉政建设。持之以恒加固中央八项规定

堤坝，抓住“关键少数”以上率下，持续深化纠治“四风”，重点纠治形式主义、官僚主义，坚决破除特权思想和特权行为。紧盯权力集中、资金密集、资源富集的重点领域和关键岗位，推进审计监督全覆盖。坚持政府过紧日子，严控和压缩“三公”经费支出，更好节用裕民。

各位代表！时代赋予重任，人民寄予重托，唯有矢志不渝、笃行不怠，方能不负时代、不负人民。让我们更加紧密地团结在以习近平同志为核心的党中央周围，在市委、市政府和区委的坚强领导下，坚定信心、同心同德，埋头苦干、奋勇前进，为全方位推进高质量发展，加快建设高品质中心城区而努力奋斗！

《政府工作报告》有关注解

1.“七比一看”竞赛：比征地拆迁与耕地保护、比项目招商、比工业攻坚、比项目攻坚、比争取资金、比乡村振兴与生态建设、比新增“四上”企业，看高质量发展成效。

2. 专精特新：指中小企业走专业化、精细化、特色化、新颖化的发展路子。

3. 三品一标：指无公害农产品、绿色食品、有机农产品和农产品地理标志。

4. 安商一体化：指采用“土地招拍挂＋回购房源安置”方式建设安置型商品房。

5. 门前三包：指责任人在责任区范围内包市容市貌整洁、包环境卫生整洁、包绿化亮化完好的工作机制。

6. 两违：指违法用地、违法建设。

7. 四个不摘：指不摘责任、不摘政策、不摘帮扶、不摘监管。

8. 双减：指减轻学生作业负担和压减学科类校外培训机构。

9. 治重化积：指治理重复信访，化解信访积案工作。

10. 安全生产四项指数：指事故发生起数、人员受伤率、人员死亡率、直接经济损失。

11. 非农化、非粮化：指违规将耕地用于非农业活动、非粮食作物生产的行为。

12.“三公”经费：指政府部门人员因公出国（境）经费、公务车购置及运行费、公务招待费。

13. 干部作风“五不”问题：指干部队伍中“履职不担当、工作不碰硬、落实不见效、能力不适应、内心不敬畏”等五个方面的问题。

14. 双碳：指碳达峰、碳中和。

15. 两个毫不动摇：毫不动摇巩固和发展公有制经济，毫不动摇鼓励、支持、引导非公有制经济发展。

16. 放管服：指简政放权、放管结合、优化服务。

17.“一件事”套餐：指通过梳理整合、流程再造、跨部门信息共享，将原先需要多个部门办理的事项整合为一个窗口统一办理，实现一次告知、一套材料、一窗受理、一次联办、一口出件的个性化、集成化、便民化的新型政务服务模式。

18. 一核两翼：“一核”指芗城区、龙文区、台商投资区、高新区全域和龙海城区等引领漳州城市发展的“主核”，“两翼”是指港城片区和长泰片区。

19. 海绵城市：指城市能够像海绵一样，在适应环境变化和应对雨水带来的自然灾害等方面具有良好的弹性。

20. 两统筹、两统管：指县统筹、乡统管，地统筹、事统管。

21. 入学（园）一件事：指通过App、公众号等渠道，提交招生录取事项申报等材料，实现足不出户完成入学（园）报名。

22.“三防”工程：指安防、消防、防雷工程。

23. 五类风险：指政治安全、社会治安、社会矛盾、公共安全、网络安全五类风险。

24. 五个牢牢把握：牢牢把握过去5年工作和新时代10年伟大变革的重大意义、牢牢把握习近平新时代中国特色社会主义思想的世界观和方法论、牢牢把握以中国式现代化全面推进中华民族伟大复兴的使命任务、牢牢把握以伟大自我革命引领伟大社会革命的重要要求、牢牢把握团结奋斗的时代要求。

25. 两个确立：确立习近平同志党中央的核心、全党的核心地位，确立习近平新时代中国特色社会主义思想的指导地位。

26. 七个有之：搞任人唯亲、排斥异己的有之；搞团团伙伙、拉帮结派的有之；搞匿名诬告、制造谣言的有之；搞收买人心、拉动选票的有之；搞封官许愿、弹冠相庆的有之；搞自行其是、阳奉阴违的有之；搞尾大不掉、妄议中央的也有之。

27. 三个区分开来：把干部在推进改革中因缺乏经验、先行先试出现的失误和错误，同明知故犯的违纪违法行为区分开来；把上级尚无明确限制的探索性试验中的失误和错误，同上级明令禁止后依然我行我素的违纪违法行为区分开来；把为推动发展的无意过失，同为谋取私利的违纪违法行为区分开来。

28. 四风：形式主义、官僚主义、享乐主义和奢靡之风四个方面问题。

一座古城的“有机更新”

古城一角　叶文法 摄

近日，漳州古城保护发展咨询委员会揭牌，会集了传统文化保护领域的诸多专家学者。这意味着漳州古城的保护发展有了更雄厚的智力支持，漳州古城的品牌也有望得到进一步提升。

作为全国首个国家级文化生态保护区——闽南文化生态保护实验区的重要组成部分，漳州古城位于漳州市芗城区，总面积53公顷，是该市一张独具特色的文化与建筑名片。漳州古城核心区内的台湾路—香港路历史文化街区，入选首批“中国历史文化街区”，并荣获“联合国教科文组织亚太地区文化遗产保护项目荣誉奖”；2017年，漳州古城保护建设（一期）项目荣获中国人居环境领域最高奖——住建部“中国人居环境范例奖”。

2021年3月，习近平总书记在福州三坊七巷历史文化街区考察时强调，保护好传统街区，保护好古建筑，保护好文物，就是保存了城市的历史和文脉。本期《深读》带你走进漳州古城，看其如何在自身的“有机更新”中，更好地延续整个城市的历史和文脉。

历史　千年不易其址

漳州自唐垂拱二年（公元686年）建州，距今已有1300多年历史。唐贞元二年（公元786年），即建州100周年时，漳州州治迁徙至如今古城所在之地。据府志记载，此地“大江南旋而东注，诸峰北环而西顾，山川形胜极佳”。此后，漳州古城“千年不易其址”。

长期以来，漳州作为闽西南的区域性政治经济中心，城区发展繁荣。由此带来的闽南文化、侨文化的兴盛，也体现在古城建筑之中。如今，漳州古城仍旧保留着自唐宋时期以来“枕三台、襟两河”的自然风貌、“以河为城、以桥为门”的筑城形制，以及明清时期九街十三巷的传统街区网格。其中，延安南路、香港路、青年路等还建成了“五脚距”（骑楼）式“竹篙厝”，带有强烈的地域特征。

古城内不少建筑、牌坊有着独特的文化故事。其中，最出名的便是位于香港路的“尚书探花坊”。牌坊以青白石相间建造，顶部置鱼形脊饰，檐翼角起翘自然，上有悬山顶，下为吊花柱，造以仿木结构，记载着漳州历史上首位尚书——明代南京礼部尚书林士章的生平，400 年来屹立不倒，激励着漳州一代代学子。

厚重的文化底蕴与保存完好的古城街区，使漳州在 1986 年与福州同时成为国务院公布的第二批国家历史文化名城。

“唐宋古城、明清街区、民国风貌、闽南韵味、侨台同辉”在漳州古城得到了很好的体现。走在古城的街巷，透过古朴的红瓦，仿佛能够触摸到千年前的漳州文脉，仿佛能够与先人跨时空对话。

在很长一段时间里，古城内部的修缮工作一直在推进，但大多限定在单个小项目或者文物上。古城的整体保护工作，2011 年才起步。

当年，为契合漳州市建设“水城、绿城和历史文化名城”，打造“田园之都、生态之城”的战略部署，该市通过了漳州古城保护开发决策，为古城提出了打造文化旅游综合体的目标定位。

2012 年，漳州古城保护开发有限公司成立，负责古城保护开发具体项目的实施。为更好保护古城的风貌，公司专门邀请浙江省古建筑设计研究院的专家前来古城考察。

“古城虽然整体比较破旧，但里面有居民，有传统的商业业态，有古建筑，这是国内比较少有的，应当更好地保存下来。”专家们经过走访论证，于 2013 年完成了《漳州古城保护与有机更新规划设计》，提出了“有机更新”的设计理念。

有机更新，即在古城保护开发的过程中，在保护修缮古建筑的基础上，最大限度地保留原住民与商铺，不破坏它固有的商业业态，尽可能保留古城的原汁原味。

建筑　胭脂砖的背后

2014 年 9 月，《漳州历史文化名城保护规划（2013—2030 年）》获省政府正式批复同意，以“科学规划、综合保护、有机更新”为理念的古城保护开发工作由此正式启动。

“修旧如旧、建新如旧，是我们保护性开发的核心。”漳州古城保护开发有限公司董事长吴明文在接受本报记者采访时说。

正式动工之前的准备工作，便花费了他们不少心血。

他们委托厦门大学建筑与土木工程学院等 4 家规划设计单位联合进行古城修建详细规划和建筑单体方案设计。经过多次讨论修改，才最终确定方案。同时，邀请熟悉传统建筑的专业队伍，负责整体施工作业，力保还原最真实的古城。

“用了胭脂砖，才有正宗的闽南味。”时任古城保护开发有限公司古建旧料收集工作组负责

近处的古城与远处的高楼交相辉映　易欣　摄

人的陈小杰说。

他告诉记者，漳州古城所需的建筑材料主要为“三头”，分别是老砖头、老石头、老木头。其中，老砖头的收集最为困难。提起闽南风格，红色是毋庸置疑的主色调。在漳州古城中，随处可见的骑楼廊柱都以烟炙砖为首选。烟炙砖因砖色光泽似胭脂，又名“胭脂砖”，以窑烧制成，最能表现传统闽南建筑的风格。

古建旧料收集工作组跑遍了全市的旧料场和拆迁项目，收集古大厝的用材，并进行系统分类编号。但古城改造工程涉及房屋面积大，用料需求大，且收集来的旧砖因由不同砖窑烧制而成，规格难以统一，无法满足改造的整体性要求。与此同时，胭脂砖工艺烦琐、成本高企，目前，在市场上已很难找到烧制厂家。

为此，公司材料采购组通过各种渠道，走访了闽南地区40多家砖窑，逐一了解、沟通，最终决定与漳州几处砖窑的负责人开展合作，摸索制作胭脂砖。

“烧制的温度、时间、纹理要如何控制，都只能靠一次次实践、一次次试错来得出经验。”陈小杰说，要烧出规格统一、纹理清晰、不变形的砖要费很大功夫。历经5个月、4个批次的实验，终于制出理想中的胭脂砖，解决了古城建筑用料的问题。

截至目前，漳州古城保护开发（一期）项目共实施大小项目180多个，累计完成投资约30.74亿元，完成文庙泮池片区环境整治，古城东、西、南、北四个入口广场和停车场建设，道路改造14条，沿街立面整治约3.4万平方米，修缮加固约1.1万平方米，新建建筑约7.9万平方米，以及东宋河文化景观带示范段建设，并配备游客中心、旅游公厕、休憩连廊等设施。

文化　灯谜馆进古城

“古城的保护，不只是建筑的修缮，更重要的是要留存它保留至今的文化痕迹，让人们看到古城就看到了浓厚的闽南文化风味、民俗。”芗城区政府党组成员、古城管委会副主任詹立群告诉记者，“古城内的文化、民俗，是我们要传承与弘扬的重点。”

历史上，漳州多项非遗就诞生于古城；如今，漳州非遗展示馆、漳州木偶艺术表演馆、漳州古城微雕艺术馆、漳州南词传习所、漳州木版年画传习所、漳州锦歌传习中心、漳州古城文艺交流中心等陆续在古城开放，剪纸、漳绣、竹编、手工笊篱等各色非遗表演令人应接不暇。

据悉，下一步，古城还将进一步挖掘、融合漳州本地的朱子文化、侨台文化、非遗文化、红色文化等多种文化形式，碰撞出更多“文化+”的可能。

“展馆进古城，给了我们更多施展拳脚的空间。”漳州市灯谜协会会长郑明义表示。

早在1981年，漳州市就成立了国内首个灯谜协会。2000年，芗城区被命名为“中国灯谜艺术之乡”。2012年，漳州灯谜艺术博物馆从其他地方迁入古城。在古城核心区的漳南道巷内，一座两层的“番仔楼”就是如今灯谜馆所在地。

“漳州拥有悠久的猜灯谜传统。灯谜馆内，我们收集了许多关于灯谜的古籍，其中不少是孤本、珍本。”郑明义说，“灯谜是国粹之一，我们一直想要选择一个具有人文底蕴的地方，以更好地促进灯谜文化的传承与发展。这座番仔楼，建筑外观就很有特色，还有不小的场地给我们展示和做活动，我们就决定搬过来了。”

如今，灯谜协会将灯谜历史、猜谜学习、互动等功能都引入了灯谜馆，“我们还开设了灯谜兴趣班，在周末、寒暑假让小学生们到馆里学习灯谜文化，很多家长也听得津津有味”。

“走进古城，为灯谜带来了更多层次的受众，也让更多人有机会了解灯谜文化。”郑明义介绍，今年元宵灯谜会将在古城泮池广场举办，与上一届比，相信能够吸引更多人参与。

人气　留存古城味道

春节期间，古城悄然抹上了红妆，家家户户

门前贴上了春联与福字，檐下红灯笼的穗子随风轻荡，邻里街坊相见都喜气洋洋互道新年好。

“留存住古城的味道，很重要的是留住烟火气。”在詹立群看来，文化的传承和发展，最重要的载体是人。“相比有些地方将原住民全部迁出，漳州古城大部分原住民没有外迁。在保护和开发的同时，我们希望保留住古城这份人气。”

目前，古城内仍有1.7万余名居民。改造对于他们来说，是让家园更加舒适了。

原来的古城，因为房屋建造时间较早，大部分没有下水道，生活用水直排带来了街道、河道的脏污。同时，房屋以砖木结构为主，经过时间磨砺，具有不小的安全隐患。

“这是我从小生活到大的地方，是老漳州人的记忆。”杨老伯说，他的爷爷辈就住在古城了。“古城中的每一片砖墙、每一块石板，我都深有感情。”

“如今，古城变了样，又好像没有变。”杨老伯说，以前脏污坑洼的道路不见了，取而代之的是干净平整的石板路；以前破旧的楼房被重新修缮，经历了初春的雨，老厝的红砖更亮了。而不变的，是家的感觉。

“古城就是我的家，以后我们还要继续在这里生活下去，因为我们的根在这里。”杨老伯说。

“要留住人气，就要让他们住得更安心、更舒适。”吴明文介绍，在古城的改造升级中，除了完善旅游配套设施外，也更注重人居环境的改善。

2019年，古城核心区域开始实行非机动车限行管理，在9:00—22:00间限制非机动车以及摩托车进入古城核心区域。

“一期的改造工作已到收尾阶段，古城的名声也慢慢打响，电动车限行可以带来更安全的游览体验。”吴明文认为，“同时，因为古城特殊的房屋结构，电动车在古城内充电会带来消防隐患，进行统一合理的管控，可以让居民在古城住得更安全。”

“漳州古城选择‘有机更新’的方式，让原住民留存，这需要后续付出更多的努力来经营与维持，需要我们一步一步地进行探索和尝试，寻找到一条保护与开发融合得最好的路。”吴明文介绍，下一步，古城还将立足东宋河沿线的天然温泉资源，规划建设多功能温泉酒店，打造“漳州温泉古城”文化旅游品牌。

用文化点亮千年古城

地方政府如何把握好城市文脉，做好古建筑、古街区的保护工作？近日，本报记者专访了漳州市政协文化文史和学习委秘书科科长、漳州古城保护发展咨询委员会委员李海光。

记者：保护古城对于文化传承的意义在哪？

李海光：城市是人类社会物质文明和精神文明的结晶，是一种独特的文化现象。作为历史文化的载体，它能体现社会经济发展过程的文化景观。中华文明历史悠久，源远流长，由此带来的“古城”遍及全国。古城是区域文明发达程度的重要载体，从这个意义上看，保护古城就是保护中华文明中源源不断的创造力、生存力。

记者：保护古城应当着重把握哪些方面？

李海光：习近平总书记指出，一个城市的历史遗迹、文化古迹、人文底蕴，是城市生命的一部分。文化底蕴毁掉了，城市建得再新再好，也是缺乏生命力的。要把老城区改造提升同保护历史遗迹、保存历史文脉统一起来，既要改善人居环境，又要保护历史文化底蕴，让历史文化和现代生活融为一体。

古城保护的目的不仅仅在于建筑风貌上的修复，更在于生活上的延续和文化上的传承，以及商业上的繁荣。特别是应深入挖掘地方特色文化，提升古城文化内涵，让古城持续“活化”起来。

漳州市提出“用闽南文化点亮千年古城”，通过古城保护传承，让一代又一代人能够从文化遗产中触摸到文化脉搏，感悟到先人的智慧与文化的魅力，从中得到启发与鼓舞，从而增强民族自豪感与文化自信。

记者：下一步，古城保护还需怎么做？

李海光：除了保护，还应进一步挖掘文化内涵，增加与当地文化的融合度，打造双赢的局面。例如，引入更多非遗技艺等特色文化符号，为古城增添厚重感。同时，让保护和创新相融合，让古城保护与经济发展相融合，打造特色文化链条。

（摘自 2022 年 2 月 11 日《福建日报》第 9 版 撰文：杨凌怡 刘钦赐 郑文典）

纪念红军攻克漳州 90 周年芗城系列活动启动

4 月 20 日上午，“赓续红色血脉 汲取奋进力量”之“红星照耀”——纪念红军攻克漳州 90 周年芗城系列活动在漳州古城西广场启动，通过举行红色书刊画册赠送仪式、观看主题文艺演出、参观图片展和先进事迹展、体验“红军攻克漳州战役棋”红色文创产品等形式，拉开了芗城区纪念红军攻克漳州 90 周年系列活动的序幕。市委副书记黄水木出席并宣布活动启动。

据悉，此次系列活动将持续至 5 月份，芗城区坚持线上线下统筹结合，综合运用各类媒介，大力宣传红军攻克漳州的光辉历史。活动期间，将举办“光影传奇”电影展播、“红色印记”书画摄影作品展、“青春之歌”《红星照耀时》线上读书交流会、“薪火相承”线上诗歌朗诵会、“棋开得胜”红色文创真人秀、“红色传承”进基层线上宣讲活动、“再现经典”芗城党史故事线上活动等十大主题活动，通过重温红军攻克漳州这段历史，缅怀革命先烈的丰功伟绩，进一步发扬爱拼敢赢精神，赓续艰苦奋斗作风，以更加昂扬的斗志、务实的作风，努力开创经济社会发展新局面，以实际行动迎接党的二十大胜利召开。

本次活动由市委宣传部、市委史志室、市文旅局、芗城区委、芗城区政府主办，来自一线的基层干部群众、离退休老干部和志愿者参加了活动。

（摘自 2022 年 4 月 21 日《闽南日报》头版头条 撰文：李伟 林昕蓉 刘钦赐）

芗城：“农文旅”融合绘新景

傍晚时分，漫步在漳州市芗城区天宝镇珠里社区的木栈道上，万亩“香蕉海”尽收眼底。微风吹拂，香蕉叶沙沙作响，“绿海”泛起层层涟漪，令人心旷神怡，这里是国家地理标志产品天宝香蕉的原产地。

“珠里社区的香蕉种植历史悠久，具有皮薄、肉软、香甜、无芯等特点，远销海外。”珠里社区党支部书记、居委会主任林保成说。为了促进产业融合发展，他们充分发挥天宝香蕉协会的牵头作用，加强与欧瑞园食品、精益珍食品、金峰食品、大西洋食品等公司的合作，开发天宝香蕉初加工和精深加工产品，推动天宝香蕉产业附加值提升，助推农民稳步增收。

土地革命时期，芗城区是闽南工农苏维埃政权所在地、闽南革命斗争的中心区、游击战争和红军攻克漳州的主战场。芗城现有老区镇 3 个，老区村 33 个，老区村面积占 65%。

珠里社区作为天宝镇的一个重要老区村，依托万亩“香蕉海”和当地特色文化，开发起近郊旅游，拉动休闲消费。如今，文化游、民俗游已

2022 年 8 月 23 日，南山村千年铁树和千年威惠庙　（郑文典 摄）

成为珠里社区的特色致富产业。村民除了种植香蕉，还做起了旅游接待业务，收入大幅提高。村民林财勇告诉记者，“香蕉海”为村民带来了旅游商机。以前大家都外出务工，现在纷纷返乡创业，有的村民做起了香蕉批发生意，有的开起了餐馆，不仅收入提高还能享受家乡优美的生态环境。

在芗城区石亭街道南山村，一个“农文旅”融合规划正在紧锣密鼓实施中。

位于芗城区石亭街道北面的南山村是一个有着千年历史的古村落，村里拥有千年铁树、千年威惠庙、千年古井等古迹。南山村规划将千年唐风文化、闽南古村落文化串联在一起，采用“村民股份合作社 + 专业化机构 + 社会资本”模式，打造“养殖 + 种植 + 服务 + 文旅”一体的南山特色产业群，建设“农文旅”产业融合示范村。

“这几年，南山村水产养殖产业做得不错，是鲈鱼养殖特色村。”石亭街道党工委宣传委员陈金发说，南山村通过打造特色渔家乐、农家乐，吸引游客到此参观游玩。通过农业和旅游业的结合，拉长产业链条，提高村民收入水平。

芗城区农业农村局局长郭一鸣告诉记者，“农文旅”融合是在尊重农业产业功能基础上，合理开发利用农业、文化、旅游资源，形成“以农促旅、以文兴旅、以旅兴农”的发展之路。目前，芗城区正重点推进农业产业转型、农村人居环境整治、农村基础设施完善及“农文旅”开发，形成“一村一品”发展格局。

（摘自 2022 年 7 月 14 日《福建日报》第 2 版　撰文：黄小英　刘钦赐）

漳州连续几年推进老旧小区改造，并探索改造后的长效管理机制，取得良好社会效果，提升了人民群众的获得感、归属感和幸福感——

“改”出新面貌 “造”出新生活

改造后焕然一新的群裕小区 （郑文典 摄）

小区渐老去 居民盼改造

“下水道破损经常堵塞，早就应该重新开挖铺设了。”5日傍晚时分，芗城区金宝花园的陈福平大爷像往常一样要去公园纳凉，不过，他先拐到小区中央的工地现场查看了一下改造进展。

金宝花园位于南昌路与钟法路交叉路口，系市区中心繁华地带，小区始建于上世纪90年代末，占地5万多平方米，共10多幢住宅楼，在当时是名气较大的高档小区。

20年弹指一挥间，曾经的漂亮小区已渐渐老去，规划布局落伍、道路破损严重、设施设备老旧失能、下水管道经常堵塞、适老配套缺乏、绿化带杂草丛生、车位严重不足等众多问题成为民生痛点。

一路之隔的人民新村小区同样也是始建于上世纪90年代末，去年改造后焕然一新，让小区里包括陈福平在内的许多居民羡慕不已。今年初，在众多住户的期盼中，金宝花园终于被列入2022年度老旧小区改造项目。

上个月，在挖掘机的轰鸣声中，芗城区2022年度老旧小区改造项目正式开工了，此次共将改造提升包括金宝花园在内的113个老旧小区。

夏日炎炎，现场十几名工人各自忙碌着，挖掘机在清理渣土，有的工人正在铺设、预埋管线，有的工人在搬运管道。“目前正在施工的是开挖道面，重新铺设排水管，而且是雨污分流。”现场施工管理人员洪高生介绍说，改造内容包括道路改造、海绵城市改造、停车场改造、景观绿化改造、化粪池改造、智能化系统、阳光房、栏杆修缮、物业用房等。

据负责老旧小区改造的省七建公司项目经理王卫东介绍，此次改造的113个老旧小区大部分为上世纪70—90年代国有企事业单位宿舍，小部分为80—90年代商品房住宅小区。这些老旧小区分布零散，遍布巷口、西桥、南坑、通北、新桥等各个街道，其中，巷口街道涉及小区31个，通北街道涉及小区48个，东铺头街道涉及小区17个，南坑街道涉及小区10个，西桥街道涉及小区4个，新桥街道涉及小区3个，改造后将大大提升旧城区形象，提高居民生活质量，改善城市环境。

旧貌换新颜　提升幸福感

芗城区是漳州市的中心市区，建区早，老旧小区较多。老旧小区改造事关民生福祉，这几年来，芗城区不断加大改造力度与步伐，其中2020年改造40个，2021年改造38个，此次又启动113个，让广大群众实实在在感受到这个民生工程带来的福利。

夏日的下午，在距金宝花园不远处的新城花园里，彩色透水混凝土篮球场上，几个放假的学生正在打篮球，你投我拦，好不热闹；而在另一边的休闲小公园里，几位大爷、大妈在树下纳凉聊天，好不惬意。

新城花园同样建于上世纪末，总建筑面积19万平方米，共计35栋，涉及2100户，曾经是漳州市区规模较大、绿化环境及景观设计最好的商品房小区之一。去年初，该小区被列入2021年老旧小区改造项目，随后，负责改造的省七建公司众多施工人员进场了，道路白改黑了，绿化景观重新设计了，雨污分流重新布管了，违章搭盖拆除了，经过几个月的施工，小区住户惊奇地发现，整个小区就好像穿上了新衣衫，面貌焕然一新。

“这个篮球场原先是水泥铺设的，破损严重，四周杂草丛生，此次重新铺上彩色透水混凝土，安装新的篮球架，边上开辟了一个休闲小公园，

江景花园施工现场　　（郑文典 摄）

而且四周还重新种植了新的绿化树，现在成了小区最热闹的休闲健身场所。”王卫东笑着说，通过人性化的改造，小区基础设施更加完善，防灾减灾更加完备，居住环境更加整洁，为小区居民尤其是老年人的生活带来了诸多便利。

傍晚时分，与金宝花园一路之隔的人民新村的“人民大食堂”准时开放了，小区内三三两两的住户陆陆续续开心地过来就餐。

王卫东说，这个食堂是人民新村结合老旧小区改造，回收利用场地开办的一个社区食堂，现在由芗江物业公司进驻管理，解决小区一些留守老人的吃饭问题。

“千言万语道不尽我们的感激之情！感谢项目部在老旧小区改造中的所有努力，你们想群众所想，急群众所急，真不愧是为民办好事办实事的国有企业！”日前，省七建公司老旧小区改造项目部收到新城花园小区老人协会的感谢信。感谢信情真意切，对新城花园小区改造后的规划布局、功能设备、绿化美化等非常满意。

国有物业接管　巩固改造成果

老旧小区之所以设施破损、没落老去，除了使用时间过久以外，管理也是一个因素。

芗城区住建局副局长吕硕介绍说，这几年来，芗城区所改造的老旧小区都属于2000年以前建成的，有些小区零散、规模不大，属于无物业小区。

“小区改造提升后，蜕变为美丽家园，但今后如何维持？如果没人管理，脏乱差现象会不会反弹？违章搭盖会不会又冒出来？”这是许多群众普遍担忧的问题，也是王卫东一直在思考的问题。这几年来他一直负责芗城区的老旧小区改造，熟悉市区的每一个老旧小区，甚至一些躲在巷子里甚少人知道的微型老旧小区，他都能准确地叫出名字。

针对这种担忧，芗城区有关部门一直在研究破解之策。2020年，芗城区决定成立一家国有物业公司——芗江物业，专门进驻管理改造后的无物业小区，探索长效管理机制。当年4月，人民

新村成为芗江物业进驻的第一个老旧无物业小区。因这家物业公司是国企，所以被市民亲切地称为“红色物业”。

“这个举措非常好，‘红色物业’有公益属性，群众较信任。”不过王卫东也坦言，有点规模的老旧无物业小区接管问题不大，但有些无物业小区只有一两幢楼，由物业团队来管理，成本太高。

“这两年来已陆续进驻了多个改造后的无物业小区，如人民新村、群裕小区等。”芗城物业董事长黄志清说，为了取得住户的信任，他们还尝试“先服务、后买单”模式，先把小区管理好，这样改造后的小区面貌才能更好地保持下去。服务做到位，住户就会自觉交纳物业管理费了，这样才有可持续性。从目前来看，效果还不错，接下去将继续选择一些无物业小区进驻管理，把老旧小区改造这个民生工程的成果保护下来。

“改善细节提升品质，不断满足居民的需求。”吕硕说，根据规划，明年将启动2000—2005年建成小区的改造，让人民群众生活更方便、更舒心、更美好。

（摘自2022年8月11日《福建日报》第11版
撰文：萧镇平 洪晓虹 刘钦赐 郑文典）

漳州芗城：紧抓产业发展主线不放松

10月8日，漳州市芗城区举行重点项目开竣工暨漳州智能制造产业园及配套项目开工仪式。此次共有开工项目7个、竣工项目5个，总投资236.6亿元，年度投资15.5亿元。

作为漳州市的主城区、老城区，十年来，芗城区倾力打造高品质中心城区，与此同时，突出工业、突破工业，全方位推进高质量发展。

主导产业做大做强，形成了食品加工、冶金新材料、高端装备制造、电子信息四大主导产业。全区规上工业企业由十年前的162家增加到现在的243家，规上工业总产值实现翻番，率先在漳州市各县区中突破1000亿元。

工业新城加速崛起。芗城区瞄准金峰开发区经济主战场，持续深化体制机制改革，解决企业“急难愁盼”问题。去年，开发区综合发展水平跃升全省第六位，获评全省首个“国家级绿色工业园区”。

创新能力持续提升。芗城区打通产学研链条，推进三宝钢铁与中冶建研院、欧瑞园与漳州职业技术学院深度合作；支持高耗能企业节能减排，鼓励传统企业技改升级。十年来，累计实施技改项目262个，总投资338亿元。截至去年底，培育国家级高新技术企业66家、省级高新技术企业68家、省级创新型企业14家，数量位居漳州市前列。

“产业发展还是要紧抓工业这条主线。”芗城区委书记石振棋说，金峰开发区已成立30周年，目前已形成四大主导产业。今后将发挥产业龙头效应，延伸整个产业链，推动芗城区产业发展。

（摘自2022年10月12日《福建日报》第1版
撰文：萧镇平 杨凌怡 刘钦赐）

漳州芗城：打造高品质中心城区

作为漳州市的主城区、老城区，十年来，芗城区牢牢把握高质量发展的总基调，全力以赴突出工业、突破工业，提速城市更新和乡村振兴，着力补齐民生短板，加快推进高品质中心城区建设，持续提升人民群众的获得感和幸福感，谱写新时代城市发展的崭新篇章。

精耕细作　城区变大变美

这几天，位于芗城区西湖片区的康山安置小

区很热闹，谢溪头社区300多户居民开心地选房，他们明年初就可以入住新房。“变化太大了，十年前这边还是郊区，都是土路，现在交通便利，小区配套完善，村民也变居民了。”谢溪头社区党支部书记谢麟鹏感叹道。

西湖片区总面积约7380亩，是芗城区西部老旧工业小区、城中村、棚户区改造提升而来。目前，当地高标准配套的6个安置小区8000多套住宅已全部建成，正在分房；20条道路和11所学校全面推进，引领漳州西部，营造集聚文化旅游、商务休闲、教育健康特色的绿色城市片区。十年前破旧的棚户区，如今是新兴城市副中心。

2011年，芗城区城区面积为33.41平方公里，2021年突破65平方公里，翻了一番；常住人口从56.6万人增长到64.2万人，城镇化率突破90%。

芗城区扩大了，大的不仅仅是体量，还有质量。

新建了23条城市主次干道，改造了200多个老旧小区和162条背街小巷，建成了23个主题新颖、富有本土特色的口袋公园……十年来，芗城区格局更大、定位更高，规划理念超前、建设标准更严，中心城区吸纳、承载和辐射功能显著增强，风貌品质有效提升，生态环境质量持续向好，城乡一体化和区域协调发展的新格局基本形成。

“十年来，我们持续拓展发展空间，金峰开发区加快扩区步伐，西湖、益民、女排娘家基地等城市板块加速崛起，连续6次获评‘省级文明城区’。”芗城区副区长陈燕惠说。

埋头苦干　工业提质增效

位于金峰开发区的漳州三宝集团厂区，耐腐蚀热轧卷板项目施工现场热火朝天，自动化锅炉车间内钢花四溅，控制室里不时传来操作指令，满载钢条的大型挂车鸣笛驶离……

冶金新材料产业是漳州三大战略支柱产业之一，芗城是其重要产业聚集区，其中规模最大的当数三宝集团。1999年，民营小厂三宝钢铁成立，2012年更名为三宝集团股份有限公司。这十年是三宝集团快速腾飞的十年，现已跻身中国民营企业500强、中国制造业企业500强、福建省百强企业、福建省制造业百强企业。“得益于政府的好政策，三宝这十年来才能快速发展，取得这些成绩。”三宝集团党委书记林军表示。

作为芗城区重要的产业聚集地，金峰开发区的面积从十年前的32.41平方公里扩大到66平方公里，形成了北斗工业园、金宝工业园、南山工业园、浦南工业园“一区四园”，接管全区所有规上工业企业243家。

十年来，芗城区观大势、谋全局、闯新路，坚持以供给侧结构性改革为主线，大力实施创新驱动发展战略，优化经济结构，培育优势产业，工业发展提质增效。

芗城区市中心滨江夜景　白志强 摄

芗城区芝山新城　（郑文典 摄）

“2021年，全区规模工业总产值1039.6亿元，同比增长6.16%，总量居全市第一。”芗城区工信局局长欧阳思嘉说，芗城区突出工业、突破工业，目前已形成食品加工、冶金新材料、高端装备制造、电子信息“四大主导产业”，区域布局不断优化，重点地区龙头带动作用进一步增强。截至目前，全区有国家级高新技术企业115家、省级高新技术企业68家、省级创新型企业14家，引进重大研发机构企业2家、省级企业技术中心及分中心10家、市级企业技术中心7家，重新认定省科技小巨人领军企业29家，今年共有90家企业获得科技型中小企业备案认定。

民生为本　书写幸福答卷

城市在变大，产业在发展，市区常住人口不断增长，漳州市区基础教育资源供不应求。十年来，芗城区补齐短板，向“教育强区”目标扎实迈进。

傍晚时分，位于腾飞路的通北中心幼儿园门口，家长们排队接孩子放学。该幼儿园今秋开学前刚建成投用，是芗城区新改扩建的64个教育民生项目之一。

“历史欠账太多，教育存在较大的短板，如学前教育，十年前，漳州市区仅有公办幼儿园6所，只能提供几百个学位，但适龄儿童有近5000人。”芗城区教育局局长曾超说，面对公办学校学位紧缺的状况，芗城区前置规划、腾挪资产、修缮提升，推动新学校项目补充跟进，将原校园项目扩容升格，使老校园更换新颜，总共投资30多亿元，新增学位超3万个。

福建漳州闽光钢铁公司生产车间　（白志强 摄）

除了教育领域，十年来，芗城区社会事业全面发展，民生短板不断补齐。全区66家公办村卫生所全部实现标准化建设，建成12个基层中医馆、7个街道养老服务照料中心、81个农村幸福院和74个居家社区养老服务站。

“我们持续增进民生福祉，下阶段，芗城区将始终保持昂扬奋进的精神状态，凝心聚力、实干担当，接续谱写高品质中心城区建设新篇章，以优异成绩迎接党的二十大胜利召开。”芗城区委书记石振棋信心满满地说。

（摘自2022年10月12日《福建日报》第5版
撰文：萧镇平　刘钦赐）

打响“福”文化品牌 做强做优文旅经济

漳州：用闽南文化点亮古城

传承弘扬“福”文化，漳州亮点多多。10月14日，漳州举行全市“福”文化工作推进会暨“用闽南文化点亮漳州古城”行动计划推进会，与会嘉宾还走进漳州古城，探寻漳州文脉的“福”文化密码。

漳州是国家历史文化名城，古城是全国第一个国家级文化生态保护区——闽南文化生态保护实验区的重要组成部分。古城里现有木偶戏馆、非遗展示馆、灯谜馆、微雕馆、文庙等数十个蕴藏“福”文化密码的场馆。

“创造偶人世界，指头灵活十分，飞禽走兽有表情，何况旦生净丑……”这是郭沫若1962年对漳州市木偶剧团高超技艺的赞誉。

“布袋木偶戏是我国现存的珍贵而又古老的艺术品种，在南宋时就已经传入漳州，清朝中期兴盛，并且出现以‘福春’‘福兴’‘牡丹亭’为主的三大流派。新中国成立以后，漳州各地陆续成立布袋木偶剧团，漳州布袋木偶戏也成为集木偶表演、木偶制作、木偶布景等于一体的综合性表演艺术。”漳州木偶艺术展示馆负责人岳思毅说。

在漳州灯谜馆，大家被琳琅满目的谜条所吸引，纷纷开动脑筋。

灯谜，又称“文虎”，故猜谜又有“射虎”之雅称，是一种具有启迪智力、增广学识、陶冶情趣等功能的文字游戏。灯谜历史悠久，自唐朝传入漳州，盛于明清，经久不衰，因此芗城区位列全国首批“中国民间艺术（灯谜）之乡”。

“漳州灯谜馆是迄今海内外收藏灯谜资料最多的灯谜馆，还有三大镇馆之宝，被海内外谜友称为‘中华灯谜第一馆’。”漳州灯谜艺术博物馆工作人员郭巧晶自豪地说。

如何在传承弘扬“福”文化，深入开展全面实施“用闽南文化点亮千年漳州古城”行动计划中，活用这些传统文化元素，并转化为高质量发展的动力？

“芗城区持续把‘福’文化融入城市高质量发展、乡村振兴中。打造一批以人民新村、群裕小区为代表的‘福’文化小区，建成81所农村幸福院，依托漳州古城打造‘福’文化街区，利用微雕艺术馆、灯谜艺术博物馆等场馆开展‘福’文化宣传创作和艺术体验，将‘福’字融入文旅场所，凸显‘福’文化主题氛围。”芗城区委常委、宣传部长李昭君说。

（摘自2022年10月20日《福建日报》第9版
撰文：萧镇平 杜正蓝）

大事记

1月

3日，芗城区举行2022年第一季度重点项目集中开竣工活动。11个项目集中开竣工，总投资81.55亿元；项目涵盖社会民生、产业项目、基础设施等多个领域。市委常委、政法委书记张慧德，区领导石振棋、何才成、曾勇平、刘建英等出席项目集中开竣工活动。

6日，省慈善总会常务副会长艾国清、副会长林晓带队到芗城区开展“慈善情暖万家”走访慰问活动。

10日，2022年漳州市招商大会暨项目签约活动举行，此次大会采用主会场+16分会场签约模式。

10日，古城商圈基础设施改善提升工程之一的芳华里小巷改造项目完工。改造后，既保留了小巷原有的风貌，也有效改善了周边居民生活，让这条承载众多老市民生活记忆的小巷芳华再现。

11日，浦南镇双溪村获评“全国乡村治理示范村”，市委常委、宣传部部长、统战部部长吴卫红为其授牌。

11日，芗城区工商联（总商会）第六次代表大会召开。

12日，省农业农村厅“两直两前”实践调研组来到芗城区开展为期10天的调研实践活动。

13日，芗城区召开工作通报会暨2022年老干部春节慰问大会。

16日，“芗江飞歌春意浓”芗城区“学党史·办实事”暨2022年迎新汇演举行。

17日，芗城区党史学习教育总结会召开。区委书记、党史学习教育领导小组组长石振棋出席会议并讲话，强调要深入学习贯彻党的十九届六中全会和中央政治局专题民主生活会议精神，按照中央和全省、全市党史学习教育总结会议部署要求，认真总结全区学习教育成效，巩固拓展学习教育成果，奋力谱写高品质中心城区建设新篇章。

24日，由芗城区委宣传部主办的2022年芗城区文化科技卫生“三下乡”集中服务活动启动仪式在天宝镇大寨村举行。

27日，漳州市图书馆与漳州市风景园林中心在西院湖生态公园内共同设立的市民共享书屋开放。市民共享书屋（西院湖）首次投入图书2500册，设有成人借阅区和未成年人借阅区。这是继霞漳书屋（华蒙书院）以来，漳州市图书馆设立的第二个城市书房，可与漳州市图书馆实现通借通还。

29日，漳州市芝山大桥正式建成试通车。芝山大桥起点位于南江滨路，终点位于瑞京路与芝山南路交叉口，路线全长1281.211米，设计速度40千米/小时，双向6车道，为沥青混凝土路面。全线设置跨江大桥长981.6米，主塔高69.5米。该项目主桥采用“时空之门”双塔双索面斜拉桥，两个塔柱空间呈现反对称曲线，桥塔横桥向采用水滴形钢索塔，上塔柱采用空间曲线线型，造型独特。芝山大桥还是连接漳州中心城区与南山文化生态园的一条重要通道。大桥将有效提高老城区出城的通车效率，减轻城市交通压力，方便市民日常出行。

1月，经省政府同意，芗城天宝香蕉特色小镇被列入福建省特色小镇清单。

1月，芗城区首张异地营业执照通过芗城区行政服务中心“跨省通办”专窗成功办理，这是芗城区行政服务中心同全国17个省、47个县（市、区）签订省际联盟“跨省通办”合作协议后，为本地群众办理完成的首单异地办证业务。

1月，芗城区教育局、芗城区融媒体中心在全区中小学、幼儿园广泛开展以“虎虎生威过大年 生态之城新芗城”为主题的芗城区少年儿童书画作品评选活动。

2月

9日，芗城区召开2022年度区委工作会暨“产业发展项目建设攻坚年”动员大会，贯彻落实全市2022年“产业发展项目建设攻坚年”动员大会精神，动员全区上下集中精力谋发展、心无旁骛抓落实，奋力推动新一年各项工作在全市挑大梁、当先锋、打头阵。区委书记石振棋作动员部署，区长何才成主持会议。区人大常委会主任曾勇平，区政协主席刘建英等区领导参加会议。

11日，由共青团漳州市委主办、共青团芗城区委承办的“‘就’在漳州”企业开放日暨返乡大学生职业体验活动顺利开展，吸引了近40名省内外漳籍优秀学子参与。

14日，作为漳州市委宣传部“用闽南文化点亮千年漳州古城”系列活动之一，由芗城区委、区政府主办，以“开漳大吉、福满芗江”为主题的芗城区第三十一届基层灯谜会猜活动在漳州古城隆重拉开序幕，在做好疫情防控的前提下，市民们来到古城，赏花灯猜灯谜，喜气洋洋庆元宵。

15日，芗江物业联合东铺头街道县后社区在人民新村“幸福大食堂”举办了“乐享福文化 暖心汤圆庆元宵”主题活动，同社区居民包汤圆、品汤圆，度过一个难忘的元宵佳节。

16日，芗城区监察委员会召开第二届特约监察员聘请会议，聘请12名特约监察员。区委常委、区纪委书记、区监委主任黄平源出席会议并为特约监察员颁发聘书。

16日，市委常委、组织部部长蔡亚东到芗城区调研基层党建工作，强调要深入学习贯彻党的十九届六中全会精神，以及省市党代会精神，强化党建引领，提升基层社会治理水平，加快实施乡村振兴战略，努力在高质量发展上迈出新步伐。区委常委、组织部部长肖扬权参加调研。

18日，芗城区迎来一名西藏籍高校毕业生入职区事业单位。区人社局组织召开西藏籍高校毕业生来芗入职座谈会。

18日，福建省人力资源和社会保障厅公布第五批国家级充分就业社区名单，芗城区东铺头街道金宝社区上榜。

21日，芗城区召开乡村振兴暨农村建设品质提升推进会，谋划推进乡村振兴和农村建设品质工作再上新台阶。

21日，芗城区召开2022年区“重中之重”项目工作会，深入贯彻落实市委、市政府“产业发展项目建设攻坚年”活动和“七比一看”竞赛要求，进一步强化“项目为王、项目为大、项目为重”工作导向，动员全区上下明确重点、压实责任、强化举措，千方百计上项目、促投资，以项目“大干快上”助推全区经济高质量发展。区委书记石振棋出席会议并讲话。区长何才成主持会议。区人大常委会主任曾勇平，区政协主席刘建英参加会议。

25日，省水利厅党组成员、副厅长陈水树带队到芗城区调研水利行业监管体系建设工作，并召开全省水利监督工作现场会。区长何才成陪同调研。

2月，区城管局二大队联合浦南镇、石亭街道办事处开展“两违”集中整治行动，共拆除违建面积5500平方米，出动执法人员90余人，钩机2台，气割2组。

3 月

1日，省政府公布了第七批省级非物质文化遗产代表性项目名录188项，漳州中药炮制特色技术成功入选。

1日，市政协党组副书记、副主席陈跃鸿，副主席何伟燕、戴鹏飞带领视察组到芗城区视察“产业发展项目建设攻坚年”活动推进情况。

3日，省残联党组成员、副理事长林峰带队到芗城区调研“爱心助残驿站”建设工作。

7日，市产业发展项目建设攻坚年动员大会召开，回顾总结2021年“产业发展项目建设年”活动开展情况，动员全市上下开年就要开跑、起步就要冲刺，接续开展“产业发展项目建设攻坚年”活动，以攻坚的姿态抓产业、上项目、促发展。会上宣读了《中共漳州市委 漳州市人民政府关于对2021年“产业发展项目建设年”活动表现突出的集体和个人给予记功（嘉奖）的决定》。芗城区获县（区）第一名。

7日，县级交叉巡察十组进驻芗城区天宝镇召开工作动员会，开展第二批巡察工作，巡察时间40天。

9日，芗城区召开2022年度区委工作会暨“产业发展项目建设攻坚年”动员大会，贯彻落实全市2022年“产业发展项目建设攻坚年”动员大会精神，动员全区上下集中精力谋发展、心无旁骛抓落实，奋力推动新一年各项工作在全市挑大梁、当先锋、打头阵。区委书记石振棋作动员部署，区长何才成主持会议。区人大常委会主任曾勇平，区政协主席刘建英参加会议。

9日，新桥街道诗浦社区联合芗城第二实验小学等单位，开展学雷锋主题活动，让雷锋精神走进校园。活动邀请全国劳模赖水顺，开展了一堂别开生面的专题讲座。

10日，芗城区选育新时代文明实践站示范点活动启动仪式在芗城区新时代文明实践中心举行。

31日，芗城区委常委、副区长、金峰开发区党工委书记黄艺群在金峰开发区主持召开2022年第一场“云招商”视频洽谈会。会上，采取领导远程致辞、屏对屏对接洽谈、在线解答政策等方式，为客商提供“线上+线下”虚拟考察、政策解读、答疑解惑等服务。

3月，由国家卫生健康委基层卫生健康司、健康报社主办的“2021年基层卫生健康优秀创新案例”公布入选结果，芗城区浦南镇中心卫生院、天宝镇中心卫生院、通北社区卫生服务中心和东铺头社区卫生服务中心推选的4个案例入选。

4 月

1日，漳州市举行2022年第二季度招商项目集中签约和重点项目集中开竣工活动，芗城区1个项目参加集中签约，13个项目参加集中开竣工，总投资49.9亿元。

2日，芗城区教育系统召开疫情防控工作会，对教育教学、宣传教育、物资保障等近期校园疫情防控工作以及“清明节”假日期间的疫情防控工作进行强调部署。

3日，漳州市举行2022年第二季度招商项目集中签约和重点项目集中开竣工活动。芗城区1个项目参加集中签约，13个项目参加集中开竣工，总投资49.9亿元。

12日，芗城区启动初中教育集团化办学工作，成立“芗城区初中教育集团暨紧密型城乡初中教育发展共同体”。这是对芗城实小、闽南师大附小两大“名校+”集团化办学的延续和拓展，也是芗城区进一步促进初中教育优质均衡发展和推动城乡义务教育一体化发展的重要举措。

14日，芗城区涉案企业合规第三方监督评估机制专业人员聘任仪式在芗城区人民检察院举行，标志着涉案企业合规改革试点工作再向前推进一步。

15日，芗城区召开“重中之重”项目工作推进会，传达贯彻市委、市政府工作检查现场会精神，进一步统一思想、扎实举措，全力推进“重中之重”项目建设，为全区经济高质量发展提供有力支撑。

15日，漳州团市委、芗城团区委、芗城区交警大队联合开展“文明有礼 志愿先行”创城文明交通劝导志愿服务活动启动仪式暨岗前培训会。

20日，“赓续红色血脉 汲取奋进力量”之“红星照耀”——纪念红军攻克漳州90周年芗城系列活动在漳州古城西广场启动，现场举行红色书刊画册赠送仪式，组织观看主题文艺演出、参观图片展和先进事迹展、体验“红军攻克漳州战役棋”红色文创产品等。

24日，由市委文明办、团市委、芗城区委文明办、芗城团区委联合举办的漳州市社区志愿服务站培训交流会在芗城区会展中心举行。培训交流会以线下线上相结合的方式开展。

24日，新桥街道党工委、新桥街道新时代文明实践所联合漳州市新桥中心小学开展“航天点亮梦想 创新引领未来”主题活动。

25日，福建省公布第四轮第三批平安县（市、区）名单，芗城区榜上有名。

26日，芗城区教育团工委成立大会暨少先队总辅导员聘任大会举行。

26—29日，民革芗城总支、民盟芗城总支、民建芗城总支、民进芗城总支、农工党芗城总支、致公党芗城总支、九三学社芗城支社、台盟芗城支部等8个民主党派芗城区基层组织先后召开换届大会，总结过去五年的工作，部署今后一个时期的目标任务，选举产生了新一届领导机构和领导班子。

28日，由漳州市慈善总会和芗城区慈善总会联合开展的以“慈善送暖环卫工、致敬城市点亮人”为主题的2022年“慈善情系环卫”慰问活动在漳州体育场西侧广场举行。

29日，芗城区委常委、宣传部部长李昭君带领区委文明办、各镇街主要领导赴晋江市学习考察文明城市创建工作。

4月，龙文塔遗址公园建设及周边道路铺设基本完工。改造后的龙文塔遗址公园为居民提供休憩、游览、锻炼的场所。该项目自2018年3月开工，位于漳州华侨新村南侧，博爱道西侧，处于漳州府城中轴线和龙溪县轴线之间。实际用地面积4517.63平方米，总建筑面积3300平方米，含地面建筑及地下1层停车场，地下停车位共77个，其中普通停车位61个、电动汽车停车位16个，将一定程度缓解周边片区停车难问题。

4月，芗城区人社局联合区工信局、电力公司对连续生产的规模以上工业企业、重点项目进行全面摸底。同时对全区首批46家采取积极措施稳定职工队伍、春节期间连续生产、春节当月用电量不低于上个月用电量75%的规模以上工业企业给予一次性稳定就业奖补219.05万元。芗城区人社局从快从简办理奖补手续，首批46家企业219.05万元奖补资金全部发放到位。

4月，漳州市丹霞云邸项目开工建设，预计建设周期36个月，计划2025年3月完工。

5月

5日，市委书记张国旺深入芗城区、龙文区督查推进全国文明城市创建工作。

6日，全国台联副会长、省台联会长江尔雄到芗城区就“迁台记忆”文献征集工作展开调研。市委统战部二级巡视员沈诏坤、市台联会长方丽云、区委常委李昭君陪同调研。

9日，芗城区召开全区餐饮业联合整治行动工作部署会，分析餐饮业工作面临的形势及存在的突出问题，对联合整治行动进行再研究、再部署。

12日，芗城区教育局拟就《芝山街道三所新建小学施教区划分方案》的实施举行听证会。

16日上午，芗城区新时代基层干部乡村振兴主题培训班开班。区级农村工作领导小组成员单位负责人，原市、区级脱贫村的干部和帮扶干部，农业行政执法、经营管理、农技推广、动物疫病防治、农产品质量监管类干部等 80 余人参加开班式。

18 日，省妇联党组成员、副主席赖前斌带队到芗城区开展妇女儿童维权工作调研。

19 日，芗城区离退休干部党工委、区老促会、区老年大学、区关工委联合举办纪念红军攻克漳州 90 周年暨“赓续红色血脉、汲取奋进力量”文艺演出。

19 日，芗城区召开学习贯彻习近平总书记在庆祝中国共产主义青年团成立 100 周年大会上的重要讲话精神座谈会，深入推进芗城区共青团事业发展。

21 日，芗城区 2022 年事业单位公开招聘工作人员笔试正式开考，本次考试计划面向社会公开招聘事业单位工作人员 81 名，共有 3362 名符合招考条件的考生参加笔试。

25 日，芗城区举行档案馆新馆揭牌仪式。区委书记石振棋、区长何才成共同为芗城区档案馆新馆揭牌。区领导曾勇平、刘建英、肖扬权、刘南煌、杨志辉、杨美恋等参加。芗城区档案馆共 3.5 层，总投资约 3000 万元，建筑面积约 5000 平方米，新馆能满足未来 50 年全区档案保管需求，符合“爱国主义教育基地、档案安全保管基地、档案利用服务中心、政府信息公开中心、电子文件管理中心”等“五位一体”功能定位，为推动档案工作惠民利民、讲好芗城故事、服务全区经济社会发展打下了扎实基础。

25 日，漳州市实验幼儿园芗城分园暨通北中心幼儿园、芗城区芝山第四幼儿园两所芗城区属公办幼儿园举行开园揭牌。区领导石振棋、何才成、曾勇平、刘建英，市教育局局长黄江辉参加揭牌活动。

27 日，“智造未来 慧聚芗江”芗城区招商推介会在厦门举行，区长何才成出席会议并致辞。

28 日，漳州市芗城区自然资源局与漳州万利达生活电器有限公司、漳州视瑞特光电科技股份有限公司、福建海量消防器材科技有限公司、福建漳福科技有限公司 4 家企业分别签订国有建设用地使用权出让合同，累计出让面积 189.621 亩，累计成交价款 5059 万元。

29 日，由漳州市芗城区教育局主办的喜迎二十大主题文艺汇演在漳州电视台演播厅举行。全区教育工作者及师生代表用精彩纷呈的文艺节目，向社会展示了芗城教育系统推进“五育并举”、落实“双减”政策以来的丰硕成果。

29 日，芗城区 60 对亲子家庭齐聚浦南镇双溪村，亮出“防疫三码”，穿上亲子装，共同开启属于孩子们的六一亲子跑彩虹旅程。

30 日，芗城区青年企业家联合会成立大会暨第一次会员大会举行，为青年企业家搭建一个相互沟通、相互学习和资源共享的平台。

30 日，北京大学新农村发展研究院联合阿里研究院举办《县域数字乡村指数报告》发布会，芗城区榜上有名。

5 月，省委书记尹力赴漳州体育训练基地看望了第 48 次来漳集训的中国女排教练员和运动员。省长赵龙参加。

5 月，芗城交警在市区 37 个主要路口安装交通安全小喇叭。

5 月，芗城区委党校联合区直机关党工委、区教育局、新桥街道党工委、浦南镇党委开展“纪念红军攻克漳州 90 周年主题宣讲进基层”活动。

6 月

5 日，2022 年漳州市直义务教育学校现场生成随机号仪式结束。

6 日，漳州市不动产登记中心颁发了第一本居住权不动产登记证明，标志着居住权制度在漳州正式落地。

6 日，区长何才成带队前往漳州三中、芗城中学就高考备考工作进行调研指导。

9 日，福建省科学技术厅公布了拟入围 2022 年福建省科技小巨人企业的名单，金峰开发区有 9 家企业榜上有名。分别是漳州市威华电子有限公司、漳州市必兴钢管家具有限公司、漳州科华技术有限责任公司、福建康之味食品工业有限公司、漳州市富存家居制品有限公司、福建金桥门业有限公司、漳州市集龙塑胶股份有限公司、漳州永生利家具有限公司和漳州力展电子科技有限公司。

10日，区委人才工作会议召开。

12日，2022年漳州市直义务教育学校现场摇号录取工作在漳州五中开展。

15日，漳州市区胜利路人行道开始分段开放试通行，改造后的人行道样貌焕然一新。

15日，市委书记张国旺深入芗城区、龙文区督查推进全国文明城市创建工作，强调要深入学习贯彻习近平总书记关于精神文明建设和城市工作的重要论述，坚定必胜信心，补齐短板弱项，全力攻坚冲刺，坚决打赢创建全国文明城市攻坚战，常态化推动创建工作全面提升。

18日，第七届世界闽商大会在福州举行。漳州市共有5个项目参加大会现场签约，其中包括芗城2个项目，分别为芗城区福建科宝金属制品有限公司冷轧硅钢及金属制品深加工项目和芗城区八闽（漳州）不夜城项目。

21日，“中国·海峡第五届‘龙江杯’（漳州）工业设计创新大赛”在漳州举办大赛启动仪式，宣布大赛正式启动。本次大赛由福建省工业和信息化厅与漳州市人民政府共同主办，漳州市工业和信息化局、漳州市科学技术局、芗城区人民政府承办。

24日，副区长方龙俊带队前往芗城实验中学、外国语学校等考点，巡视中考考场考前准备工作。详细了解疫情防控、考务环境设置、后勤服务保障等落实情况。

24日，芗城区委理论学习中心组（扩大）学习会召开。区处级领导，各镇街党政主要领导，金峰开发区分管领导，区直各单位主要负责同志，区委宣传部、政法委及区司法局有关干部参加学习会。

25日，根据公安部、省公安厅、市公安局部署，芗城区公安机关快速响应，启动夏季治安打击整治“百日行动”统一行动。副市长、市公安局局长林晓东，区委常委、政法委书记戴木典深入行动一线督导。

25日，《漳州锦歌集锦》出版首发活动在芗城区文化馆旧馆举办，区委常委、宣传部部长李昭君参加活动。

25日，由市商务局、市工信局、市文旅局、市农业农村局与市供销社指导，芗城区人民政府主办，芗城区商务局承办的“全闽乐购·万企百日惠福品”漳州市系列活动暨2022“全闽乐购·惠享芗城”古城商圈促消费活动在漳州古城启动。

26日，市禁毒委、市委宣传部、市公安局、团市委、市妇联、芗城区禁毒委在古城联合开展以“健康人生　绿色无毒”为主题的第35个国际禁毒日集中宣传活动。

27日，“福企聚芗江，智创新未来”芗城区招商推介会在福州举行。在签约仪式上，万福产业园（芗城）项目、福建省供销农业研学试点基地项目等7个项目完成现场签约，涵盖智能制造、农业研学、新能源、医疗等领域，总投资约22.3亿元。

28日，漳州市芗江物业服务有限公司特邀请芗城区消防救援大队在下碑新村开展形式多样、富有实效的“安全生产月”应急演练活动。

6月，我国钢铁行业权威媒体中国冶金报社发布2022年度中国钢铁企业品牌榜，三宝集团股份有限公司凭借多年积累的行业实力获评“2022中国卓越钢铁企业品牌”。

7月

1日，2022年芗城区民办义务教育学校电脑随机派位招生的随机号生成工作在芗城区教育局举行。

1日，区政协副主席杨燕明带领部分区政协委员，就2022年区政协重点提案“进一步优化营商环境，全面激发消费活力，推动漳州古城夜间经济繁荣”进行现场调研督办。

1日，福建傲农集团举行庆

祝中国共产党成立101周年暨“七一”主题活动。区委常委、组织部长肖扬权参加活动。

5日，芗城区“喜迎二十大 建功新时代”职工系列文体活动圆满落幕。为充分展示芗城区职工奋发向上的精神风貌，引导全区职工积极投身“产业发展项目建设攻坚年”活动和“七比一看”竞赛，以优异成绩迎接党的二十大胜利召开，芗城区总工会联合区文体旅局、区直机关党工委、团区委、区妇联、区台联举办“喜迎二十大 建功新时代”职工系列文体活动，全区共有100多名职工参加。比赛项目有乒乓球、羽毛球、篮球。经过竞赛角逐，乒乓球项目由天宝镇代表队夺魁，羽毛球项目和篮球项目分别由芗城区人民法院代表队和芗城区教育系统代表队夺得桂冠。

12日，芗城区召开全国未成年人保护示范区创建工作推进会，全区未成年人保护委员会成员及各镇（街道）分管领导参加会议。

15日，芗城区统战系统举行“爱乡爱企促发展 同心同行兴万村”行动启动仪式。

16日，文化和旅游部发布第二批国家级夜间文化和旅游消费集聚区公示名单，漳州古城入选。

25日，团区委举办的北大校友见面会暨扬帆计划优秀大学生代表经验分享会活动在芗城区青年之家——古城闽台文化交流中心开展。区委常委、宣传部长、北大校友李昭君与北京大学经世致用实践团8名学子进行亲切交流。

26日，芗城区芝山街道金品社区格林兰庭小区、金品花园小区、永鸿三江城小区、万科玖龙台小区分别召开第一次妇女代表大会，成立小区妇女联合会。

27日，芗晟医疗集团社区康养中心暨通北街道养老服务照料中心正式揭牌成立。

28日，芗城区2022年度军地防汛救灾暨超标洪水综合演练在九龙江西溪江滨生态公园水仙花大桥段举行。

30日，芗城区“新农人”素质提升工程首场活动在天宝镇珠里社区党群活动中心开展。

8月

4日，由共青团中央维护青少年权益部一级巡视员张蔚红带领的国务院未保办评估验收组成员，来到芗城区，就芗城区创建全国未成年人保护示范区工作进行评估验收。省民政厅二级巡视员许胜、漳州市政府一级巡视员张翼腾陪同调研。

5日，中央统战部副部长、全国工商联党组书记、常务副主席徐乐江，全国工商联党组成员、副主席李兆前率全国工商联调研组来漳，就漳州市民营企业和商会发展工作进行调研。

5日，芗城区召开《新型冠状病毒肺炎防控方案（第九版）》培训会。

10日，在收听收看全市林业改革发展工作现场会议暨市级林长会议后，区委书记石振棋立即主持召开全区林业改革发展工作暨区级林长会议，贯彻落实全省、全市会议精神，部署推进芗城区林业改革发展工作。区长何才成参加会议。

15日，金峰开发区举行成立30周年暨招商签约活动，共同回顾金峰开发区30年的流金岁月，共叙30年的发展历程，共画新时代经济发展美好愿景。

16日，在漳州市2022年度全国文明城市创建工作动员会后，芗城区立即召开全国文明城市暨省级文明城区创建工作动员会，迅速传达学习贯彻全市2022年度全国文明城市创建工作动员会议精神，进一步动员全区上下认清形势、鼓足干劲，推动全国文明城市、省级文明城区创建工作向纵深发展。区委书记石振棋主持会议并讲话，区人大常委会主任曾勇平、区政协主席刘建英参加会议。

18日，在第四届民营经济法治建设峰会上，中华全国工商业联合会、最高人民检察院联合发布《工商联与检察机关沟通联系机制典型事例（2019—2022）》，漳州市芗城区工商联、漳州市芗城区人民检察院共建沟通联系机制典型事例入选。

19日，为喜迎二十大、纪念中国共产党统一战线政策提出100周年，区委统战部举行《党史·统战·民进灯谜作品集》赠书活动。

23日下午，芗城区基层医疗单位“喜迎二十大，奋进新征程”书画展在石亭街道社区卫生服务中心举行。

25日，芗城区企业与企业家联合会第三届会员代表大会召开，全区企业家代表齐聚一堂，共商未来发展。漳州市企业与企业家联合会会长谢毅泰到会指导。区委书记石振棋出席会议并讲话。区长何才成、区人大常委会主任曾勇平、区政协主席刘建英参加会议。

8月，芗城区启动百里弦歌改造提升项目。百里弦歌片区改造提升项目位于闽南师范大学北侧、县前直街西侧、瑞京路南侧，总长度478米，地处老城区，为南北走向的城市巷道，居住密度高，两侧以民居、店面为主，项目计划总投资为1780万元。改造内容包含历史文化节点景观提升改造、建筑立面及背街小巷整治提升。改造后，百里弦歌片区将与古城核心区、古武庙、龙文塔遗址公园、侨村等有机串联，重现场地活力，延续漳州历史记忆，丰富漳州城市文化底蕴。

9月

1日，全区领导干部警示教育大会召开，传达贯彻全市领导干部警示教育大会精神，开展中秋、国庆“两节”节前廉政教育提醒。区委书记石振棋强调，党风廉政建设和反腐败斗争永远在路上，全区广大党员干部要坚持以习近平新时代中国特色社会主义思想为指导，牢记初心使命，发扬自我革命精神，坚定不移全面从严治党，为全方位推进高质量发展超越、加快建设高品质中心城区提供坚强保证，以实际行动迎接党的二十大胜利召开。

2日，芗城区“两新”领域行业党委正式成立并启动外卖行业“骑先锋”活动。

2日，芗城区召开“99公益日”活动动员培训会。倡议全区上下积极行动起来，参与“99公益日”活动，助力全区慈善事业发展。

2日，芗城区“双打”工作领导小组开展打击侵权假冒工作专项执法行动启动仪式，芗城区副区长、区打击侵权假冒工作领导小组组长杨志辉就专项行动提出要求。

7日，由福建省护理学会社区专委会、漳州市护理学会、芗城区卫生健康局、芗城区南坑街道社区卫生服务中心、芗城区妇幼保健院主办，南坑街道桃林社区居委会协办的以“喜迎二十大，科普向未来——关爱生命，共促健康”为主题的护理科普周义诊活动在桃林社区举行。

8日，“喜迎二十大，档案颂辉煌”暨芗城区“迁台记忆”档案捐赠仪式在芗城区档案馆举行，四位捐赠者向区档案馆捐赠两岸往来家书、两岸宗教文化交流照片等珍贵档案。

9日，芗城区党外知识分子联谊会第一次会员代表大会暨成立大会顺利召开。

16日，市卫健委联合市教育局、市财政局、市妇联共同启动漳州市适龄女性人乳头瘤病毒（HPV）疫苗免费接种项目，疫苗及相关接种费用均由省、市、县三级财政承担，接种者无需承担任何费用。

20日，市委书记张国旺带队到芗城区调研帮扶企业工作，强调要认真学习贯彻习近平总书记重要讲话重要指示精神，全面落实“疫情要防住、经济要稳住、发展要安全”重要要求，聚焦提高效率、提升效能、提增效益，持续深化“千名干部挂千企”帮扶活动，千方百计帮助企业解决困难问题，用心用情用力做好服务保障，培育发展壮大“专精特新”企业，为全方位推进高质量发展提供强劲动能，以实际行动迎接党的二十大胜利召开。

20日，在党的二十大即将召开之际，漳州市委统战部、芗城区委统战部为认真贯彻执行省委统战部、省总工会、省妇联、共青团省委的要求，进一步做好新就业形态劳动者权益保障和关心关爱工作，在芗城区新阶联举行“福来福见·福见如愿”新就业形态劳动者关爱行动暨帮助新就业形态劳动者实现“微心愿”捐赠仪式。漳州市委统战部副部长黄文龙，芗城区委副书记洪维椿出席了捐赠仪式。

22 日，芗城区人武部、区退役军人事务局等相关单位为二等功获得者、全国见义勇为模范颜国庆的家庭送去立功喜报和慰问金。

23 日，“喜迎二十大 共筑幸福梦”芗城区“强国复兴有我”群众性主题宣传活动在芗城区红星美凯龙广场启动。

23 日，芗城区政协举行首场专题议政性常委会会议，围绕“发挥人民调解作用，助力市域社会治理现代化”协商议政。

26 日，漳州市芗城区海峡两岸茶业交流协会第一届会员大会暨成立大会召开。市海峡两岸茶业交流协会会长刘文标、市供销社主任陈志参加会议，区委书记石振棋出席会议并讲话。

27 日，十届芗城区政协召开首场专题议政性常委会会议、第四次常委会会议，围绕“发挥人民调解作用，助力市域社会治理现代化”协商议政。区委副书记、区长何才成出席会议并讲话，区政协党组书记、主席刘建英主持会议。

9 月，中国企业联合会、中国企业家协会和全国工商联分别发布了“2022 中国制造业企业 500 强”和“中国民营企业 500 强”及“中国制造业民营企业 500 强”榜单。三宝集团和傲农集团榜上有名。在中国民营企业 500 强及中国制造业民营企业 500 强榜单上，三宝集团分别位列第 282 位和第 181 位，较 2021 年提升了 160 位和 69 位。在 2022 中国制造业企业 500 强榜单上，傲农集团位列第 451 名。

9 月，省教育厅印发《关于公布第二批省级“平安校园”认定结果的通知》，认定福建农林大学等 738 所学校（幼儿园）为第二批省级“平安校园”。漳州市 143 所学校榜上有名，其中芗城共 11 所学校上榜。

10 月

1 日，芗城区在区政府机关大院举行隆重的升国旗仪式，庆祝中华人民共和国成立 73 周年。

13 日，芗城区一批民生项目揭牌投用，涉及芗城区政务服务中心、3 所小学、2 个社区办公场所、1 个养老服务照料中心。

16 日上午，区委书记石振棋、区长何才成、区人大常委会主任曾勇平等区领导认真收听收看习近平总书记在中国共产党第二十次全国代表大会上的报告。芗城区各界通过多种方式收听收看开幕会。

18 日，区城市管理局、区环卫中心、南坑街道群兴社区共同组织开展了“喜迎党的二十大·普法宣传零距离”普法宣传进社区暨垃圾分类宣传进社区志愿服务活动。

20 日，芗城区残疾人托养服务备忘录签约暨残疾人日间照料中心揭牌，这是全区首家残疾人日间照料中心，标志着芗城区残疾人事业进一步提升。

23 日，芗城区政府与中国联通漳州分公司举行“数字芗城”战略合作框架协议签约仪式，助推芗城新型信息基础设施建设。区长何才成出席签约仪式。

24 日，芗城区举办 2022 年村（社区）“两委”干部培训班，全区村（社区）主干、村级集体经济组织负责人、村务监督委员会主任、市区两级驻村第一书记、乡村振兴工作队队员共计 236 人参加培训。

26 日，福建省工业和信息化厅公示第五批省级绿色制造名单，芗城区漳州众环科技股份有限公司和漳州盈塑工业有限公司拟入选第五批省级绿色供应链名单。

26 日，区委书记石振棋带队深入一线督查全国文明城市创建工作。

28 日，芗城区“名园 +”学前教育联盟启动仪式在漳州市芗城区实验幼儿园西桥园区举行。区属 13 所幼儿园组成 2 个学前教育集团，分别以漳州市芗城区实验幼儿园、漳州市芗城区第二实验幼儿园为核心园，开启学前教育联盟发展模式。

10月，中国企业联合会、中国企业家协会和全国工商联分别发布了“2022中国制造业企业500强”和“中国民营企业500强”及“中国制造业民营企业500强”榜单。三宝集团和傲农集团榜上有名。

11月

1日，芗城区在福建傲农生物科技集团股份有限公司举行学习宣传贯彻党的二十大精神“六进”活动启动暨“福小宣”授牌仪式。区委书记石振棋出席活动并宣讲党的二十大精神。市委宣传部分管日常工作的副部长周伟辉、市委宣传部副部长黄仲芳参加活动。

8日，漳州市芗城区人民政府通过关于收回芗城区澄观路13号部分国有建设用地的批复。

9日，芗城区召开残疾人联合会第七次代表大会，区委书记石振棋、市残联副理事长曾艺彬出席会议并讲话。

10日，漳州市首个社区关心下一代工作站在巷口街道东园社区挂牌成立。

11日，芗城区政府在荣成四季广场隆重举行大型城市商业综合体综合应急救援演练暨2022年“119”消防宣传月主题活动。

17日，芗城区红十字会在漳州古城北入口等人流量密集场所进行“救命神器”——自动体外除颤器的安装，并对相应场所工作人员进行紧急救护实操培训。

17日，为进一步深化“放管服”改革，提升服务质量，提高服务效率，漳州市住房公积金中心在全省率先推出共同提取业务。共同提取是指针对夫妻共同申请的住房贷款，夫妻双方通过签约授权后，在每年办理住房公积金“按年还贷”提取时，由其中一方发出提取申请，同时提取双方公积金账户相应金额，分别转入双方签约的银行卡内(但总提取额度最高不能超过一年的还款额)。

21日，芗城区在政府大院举行“欢迎驰援福州抗疫医疗队凯旋”仪式，迎接最美“逆行者”圆满完成任务凯旋。

21日，芗城区颁出了首张个体工商户变更经营者营业执照。《促进个体工商户发展条例》于11月1日正式施行，调整了变更经营者的方式，由原来的“先注销、后设立”，改为可以直接申请办理经营者变更登记。

23日，区委书记石振棋到芗城区部分学校宣讲党的二十大精神，并为学校师生讲授思政课。石振棋一行先后来到芗城实验小学公园校区、芗城区实验幼儿园新华西园区、芗城第二实验小学建元校区，实地察看“老校换新颜”及图书馆建设情况，详细听取学校基础设施建设、“双减”工作等情况汇报。

24日，“奋进新征程、建功新时代”芗城区书法美术摄影作品展在漳州古城文艺交流中心举行。

11月，作为2022年芗城区老旧小区改造项目之一的芗江新村改造基本完工。

11月，芗城区小学教师研读《义务教育课程标准（2022年版）》复赛活动在金峰实验小学举行，比赛旨在帮助老师对新课标有更深入的认识，并更好地践行在日常教学活动中。

12月

6日，党中央、全国人大常委会、国务院、全国政协、中央军委在北京人民大会堂隆重举行江泽民同志追悼大会。芗城区各地干部群众以各种方式收听收看，沉痛哀悼深切缅怀江泽民同志。

9日，中国共产党漳州市芗城区第九届委员会召开第四次全体会议。全会由区委常委会主持，区委书记石振棋讲话。全会听取和讨论了石振棋受区委常委会委托作的工作报告，审议通过了《中共漳州市芗城区委关于深入学习宣传贯彻党的二十大精神，加快建设高品质中心城区的决定》。石振棋就《决定（讨论稿）》向全会作了说明。

13日，以市政府副总督学、市教育局二级调研员叶景林为组长的“两项督导”市督导评估组，到芗城区开展教育“两项督导”督导评估并召开汇报会、座谈会。区长何才成出席会议并汇报工作。

13日，芗城区开展2022年“勿忘国耻 圆梦中华”国家公祭日线上公祭活动，通过点烛、献花、在线留言、敲响和平钟等方式，缅怀惨遭侵华日军屠戮的死难同胞和为抗日战争胜利献出生命的革命先烈与民族英雄，铭记历史事实，增强爱国情怀，珍爱和平生活。

20日，芗城区政协十届二次会议开幕。会议审议通过了区政协十届二次会议议程。

21日，芗城区人大十届二次会议开幕。会议听取区政府区长何才成所作的区政府工作报告，审查芗城区人民政府关于2022年国民经济和社会发展计划执行情况与2023年国民经济和社会发展计划草案的报告（书面），审查芗城区人民政府关于2022年财政预算执行情况与2023年财政预算草案的报告（书面）。

21日，市委常委、宣传部部长、统战部部长吴卫红带队前往通北中心小学腾飞校区调研朱子文化保护传承创新工作。市委宣传部领导周伟辉、陈惠贞等参加调研。

26日，区长何才成带队深入浦南镇、天宝镇，调研督导九龙江流域（芗城段）山水林田湖草沙一体化保护与修复工程。

12月，为积极发展夜间经济、更好满足夜间消费需求，芗城区城管局以创建全国文明城市为切入点，推动在漳州古城北口设立广场夜市，统一管理、统一规划，大力培育夜间经济特色主题街区，不断改善消费环境，充分发挥了带动就业、激活夜间消费的作用。

12月，芗城各街道纷纷开展“新思想耀八闽‘福小宣’在身边”宣讲活动，深入学习贯彻宣传党的二十大精神。

12月，芗城区政务服务中心在社保窗口推行“综合柜员制”经办模式，让参保人“进一扇门、取一个号、排一次队”即可实现养老保险、工伤保险业务通收通办，让群众享受到更加便捷高效的服务。

区情概貌

自然地理

【地理位置】

芗城区是漳州市政府的所在地。全区面积264.59平方千米。芗城区地理坐标为北纬24°29′14″—24°42′41″，东经117°29′03″—117°43′01″，位于福建省东南部，东与漳州龙文区步文街道交界，南与高新区九湖镇隔九龙江相望，西与南靖县靖城镇接壤，东北与长泰区武安镇相邻，北与华安县毗邻。

【气候】

2022年，芗城区总体气候特点为高温雨少，气象干旱阶段性发展，极端天气频发，气象灾害总体较重，年景较差。以暴雨、强对流和干旱为典型的灾害性天气导致全市受灾，造成一定的经济财产损失，并给农业、渔业、水利和电力等行业带来不同程度的影响。全年漳州市经历3个影响台风，台风影响时间偏晚，无台风登陆，影响台风个数偏少，影响程度偏轻。全年降水量1474.8毫米，比历年少129.4毫米，属正常年份，日最大降水量为63.1毫米（5月12日）。全年平均温度22.3℃，比历年高0.1℃，属偏高年份，日最高气温为39.7℃（7月24日），日最低温度为2.6℃（12月19日）。全年日照时数1884.8小时，比历年多74.1小时，属偏多年份。

【环境质量】

2022年，芗城区环境空气可吸入颗粒物平均值为37微克/立方米，二氧化氮平均值为19微克/立方米，二氧化硫平均值为6微克/立方米，PM2.5年平均值为23微克/立方米。全年，工业二氧化硫产生量975.14吨，排放量452.27吨，去除量522.86吨；工业氮氧化物产生量3276.47吨，排放量3121.29吨，去除量155.18吨；工业烟（粉）尘产生量123763.62吨，排放量672.81吨，去除量123090.81吨。区域环境噪声昼间平均等效声级Leq为55.7dB（A），质量等级为一般水平。芗城区道路交通噪声监测干线总长度25.69千米，监测路段17个，设监测点34个，平均等效声级60.8dB（A），对比上年下降5dB（A），质量等级为一级。

地理资源

【农业资源】

2022年，芗城区土地面积264.59平方千米。耕地面积1209.96公顷，粮食播种面积约621.6公顷，粮食产量3257吨。

【森林资源】

2022年，芗城区域林地面积10413.33公顷，森林覆盖率39.4%，活立木蓄积量31.49万立方米。

【矿产资源】

2022年，芗城区域重要矿产资源有地热、矿泉水、建筑用石料、饰面用花岗岩、砖瓦用黏土、耐火黏土、高岭土、泥炭等。

【水资源】

芗城区地处九龙江西溪、北溪下游，区内饮用水由漳州一水厂、金峰水厂、漳州二水厂提供，水源地分别为康山、谢溪头、吴浦。2022年，辖区内断面水质均达到功能区划标准，水质执行GB3838—2002《地表水环境质量标准》Ⅲ类标准。饮用水源实行水质月报制度，全年监测12次，水源地水质达标率100%。

【旅游资源】

2022年，芗城区主要旅游景点有漳州古城、林语堂文化园、漳州牛庄文创园、西院湖生态园、威镇阁等。其中，漳州古城于2022年入选国家级夜间文化和旅游消费集聚区。

【文物古迹】

芗城区有全国重点文物保护单位6个，为漳州石牌坊、漳州府文庙大成殿、漳州林氏宗祠、中国工农红军东路军领导机关旧址（芝山红楼）、莲花池山遗址、陈元光墓。省级文物保护单位11个：塔口庵经幢、中共福建临时省委旧址、霞东书院、蔡氏民居、松洲威惠庙中殿遗址、浦头大庙、路边威惠庙、官园威惠庙、中山桥及桥亭、简大狮避难所、鳌浦关帝庙。

建置沿革

【历史沿革】

南朝梁大同六年（540年），置龙溪县。唐垂拱二年（686年），建漳州，州治位于今云霄县西林村。唐贞元二年（786年），州治迁至龙溪县。

1949年12月26日，龙溪县设6区15镇27乡438保。

1951年6月，析龙溪县城关置漳州市（县级），属龙溪专区，辖20街。1956年2月，漳州市建立前锋、群勇、大同、瑞京、南山、桥南6个高级农业生产合作社。1958年8月，成立漳州市市郊人民公社。1960年5月，漳州市街道办事处改称街道人民公社。

1961年6月17日，龙海县天宝、浦南2个公社，九湖公社（今九湖镇）的上墩、前山2个生产大队，步文公社（今步文镇）店上生产大队和国营后房农场划归漳州市。10月，长泰古农农场溪园作业区划归漳州市。1966年6月1日，国营大房农场下放给漳州市。是年底，全市辖8个公社、2个国营农场、80个生产大队、10个作业区、4个街道人民公社。

1984年，实行政社分开，撤销人民公社建制，改建乡镇，生产大队改为村民委员会。成立天宝、浦南2个镇，芝山、石亭2个乡。1985年7月20日，撤销原县级漳州市建制，改设芗城区，隶属改革后的地级市漳州市，辖4个乡（镇）、5个街道办事处。

1992年4月创办金峰工业区。2019年12月，芗城区设东铺头、西桥、新桥、巷口、南坑、通北6个街道办事处，下辖77个社区居民委员会和8个村民委员会；设芝山、天宝、石亭、浦南4个镇，下辖16个社区居民委员会和74个村民委员会；金峰1个管委会。2021年6月22日，芝山、石亭撤镇设街道挂牌。至此，芗城区辖8个街道、2个镇、1个管委会。

【行政区划】

2022年，芗城区辖8个街道、2个镇、1个省级经济开发区管委会，共辖社区148个（其中南坑街道下辖社区21个、石亭街道下辖社区24个、芝山街道下辖社区18个、巷口街道下辖社区16个、通北街道下辖社区13个、新桥街道下辖社区13个、东铺头街道下辖社区11个、西桥街道下辖社区12个、浦南镇下辖社区6个、天宝镇下辖社区14个），辖行政村28个（其中石亭街道下辖行政村1个、浦南镇下辖行政村16个、天宝镇下辖行政村11个）。

表 1　　2022 年芗城区行政区划内辖村（社区）情况统计表

行政单位名称	辖区单位（个）	辖区单位名称
天宝镇	14 个社区	蕉芗、五峰田中、五峰山仔尾、大房白花、大房院山、天宝、山美、路边、后巷、珠里、茶铺、张坑、凤园、后塘（高新区代管：大房白花、大房院山）
	11 个村委会	塔尾、墨溪、田寮、过塘、大寨、月岭、盘谷、后寨、洪坑、仙都、埔里
浦南镇	6 个社区	浦南、后房大山、后房总山、布坑、浦林、蓬莱
	16 个村委会	浦南、渡东、诗朋、宏道、溪园、园坑、鳌浦、东坑、谢坑、金沙、后林、福林、浯沧、松洲、双溪、光坪
东铺头街道	11 个社区	金宝、师院、东铺头、龙江、县后、北桥、水仙花、南昌、西街、瑞京、瑞园
西桥街道	12 个社区	北京、延安、华南、西桥、旧桥、钟芬、南山、大桥、南星、加禾、南台、新华（高新区代管：南山、大桥、南星）
新桥街道	13 个社区	下沙、前锋、解放、红星、新竹、元南、华港、悦华、新城、诗浦、悦港、浦洲、榕御
巷口街道	16 个社区	甘棠宫、苍园、鑫荣、新浦、新锋、新华东、巷口、东园、民主里、岳口、塔后、东门、官园、浦头、九龙、市尾
南坑街道	21 个社区	腾飞、龙通、华元、东岳、洋筠、群裕、东关、漳糖、南坑、金冠、红旗、桃林、群兴、市后、福龙、北郡、岱山、农友、坑头、古塘、利民（2022 年新成立利民社区）
通北街道	13 个社区	湖内、芝山、和平里、北塔、金源、漳华、团结、延安北、宝珠园、高校、西洋坪、大同、金湖
芝山街道	18 个社区	金瑞、金永、惠民、金鑫、锦鸿、金品、悠乐、上墩、林内、康山、甘棠、前山、渡头、上坂、谢溪头、金峰、下碑、西院

续表 1

行政单位名称	辖区单位（个）	辖区单位名称
石亭街道	24 个社区	庐山园、寮里、田边、董坑、后园、秋坑、鳌门、扬美、龙秋、庵山、埔尾、塘边、高坑、乌石、仙景、北星、北斗、新厝、蔡坑、下高坑、丰乐、蔡前、下苍、香坂
	1 个村委会	南山
社区居委会小计	148	其中：大房白花、大房院山、南山、大桥、南星等 5 个社区由高新区代管
村委会小计	28	
合计	176	2 个镇计 27 个村委会、20 个社区，8 个街道计 128 个社区 1 个村委会。

全区 176 个村（社区），5 个社区由高新区代管；实际管理 143 个社区、28 个村。

国民经济与社会发展

【地区生产总值】

2022 年，芗城区实现地区生产总值 868.84 亿元，同比增长 8.0%；三次产业增加值分别为 11.95 亿元、380.32 亿元、476.57 亿元；同比依次增长 6.3%、9.3%、7.1%。三次产业比例由 2021 年的 1.65∶43.09∶55.26 调整为 2022 年的 1.38∶43.77∶54.85。制造业增加值同比增长 12.56%，电力、燃气及水的生产和供应业增加值同比增长 26.42%。辖区 8 家冶金新材料行业企业完成产值 596.08 亿元，同比增长 35.75%，拉动增长 18.82 个百分点；33 家电子信息行业企业完成产值 38.12 亿元，同比增长 30.30%，拉动增长 0.95 个百分点。第三产业增加值、农林牧渔业总产值增速在全市排名第一，地区生产总值增速排名第二，规模工业增加值、总产值增速排名第三。

【人口】

2022 年，芗城区人口继续保持较低增长。全区户籍人口 499294 人，常住人口 64.26 万人；出生人口 3402 人，出生率为 6.81‰；死亡人口 900 人，死亡率 1.80‰；自然增长率 5.01‰。

【城镇居民人均可支配收入】

2022 年，芗城区城镇居民人均可支配收入 52056 元，农村居民人均可支配收入 25721 元，同比分别增长 6.8% 和 9.1%。

【财政收入】

2022 年，芗城区一般公共预算总收入 33.29 亿元，同比增长 6.1%。地方一般公共预算收入完成 20.20 亿元，同比增长 11.9%。一般预算支出 31.21 亿元，同比增长 37.6%。

【税收收入】

2022 年，芗城区组织税费收入 163.72 亿元（其中税收收入 65 亿元），办理增值税留抵退税 5.27 亿元，社保费与非税收入 98.72 亿元，组织区财政口径税费收入 26.55 亿元。

【农业】

2022 年，芗城区农林牧渔业完成总产值 22.06 亿元，同比增长 6.9%，其中农业 13.96 亿元，同比增长 12.2%。水果产量

表 2　　2022 年芗城区户籍人口分布一览表

单位：户、人

	总户数（户）	总人口			年龄			
		合计	男	女	0-17 岁	18-34 岁	35-59 岁	60 岁及以上
芗城区	180910	499294	242127	257167	107375	84473	201973	105473
东铺头街道办事处	14828	42667	20396	22271	9699	6442	17345	9181
西桥街道办事处	12493	32334	15566	16768	5128	4487	13053	9666
新桥街道办事处	23436	64256	30272	33984	15368	10552	26216	12120
巷口街道办事处	29957	81538	38392	43146	17677	13313	33731	16817
南坑街道办事处	28744	78430	37283	41147	18287	13634	31551	14958
通北街道办事处	13333	34896	16733	18163	6695	5245	14102	8854
浦南镇	11074	30588	16026	14562	4955	5561	12500	7572
天宝镇	17251	48718	25392	23326	7999	8907	20105	11707
芝山街道	17077	44628	21055	23573	13925	8591	16415	5697
石亭街道	12717	41239	21012	20227	7642	7741	16955	8901

68681 吨，同比增长 10.3%；食用菌总产量 59426 吨，同比增长 21.4%；蔬菜产量 48378 吨，同比增长 2.2%。林业产值 0.93 亿元，同比下降 9.3%。牧业产值 8.29 亿元，同比增长 2.4%；肉类总产量 17274 吨，同比增长 4.5%；禽蛋产量 4605 吨，同比增长 4.4%。渔业产值 1.95 亿元，同比增长 1.2%。

【工业和建筑业】

2022 年，芗城区年产品销售收入 2000 万元以上的工业企业（以下简称规模工业）245 家，增长平稳，完成产值 974.03 亿元，产值累计同比增长 13.2%，增加值同比增长 12.9%，本年新增企业 28 家；产值超亿元企业 59 家，实现产值 911.26 亿元，占区属规模工业的 93.56%，对区属规模工业增长的贡献率 111.87%，拉动增长 15.88 个百分点。区属六大主导产业与两大战略产业企业数共计 223 家，占总企业数的 91.02%，完成产值 916.53 亿元，同比上升 15.55%。其中食品加工、建材家居、绿色纸业、医药健康、石油化工、装备制造等六大产业企业数共 182 家，占总企业数的 74.29%，完成产值 282.33 亿元，占全部规模工业产值 28.99%，同比下降 14.66%；冶金新材料、电子信息两大产业企业数共 41 家，完成产值 634.20 亿元，占全部规模工业产值 65.11%，产值同比增长 35.44%。

表 3　　芗城区 2022 年规模以上工业产值及增长速度表

单位：亿元

指　标	1—12 月	可比价增长
规模以上工业产值	974.03	13.20%
1. 轻工业	141.61	－6.47%
重工业	832.42	18.11%
2. 内资企业	854.31	21.63%
三资企业	119.72	－21.31

续表 3

指　标	1—12 月	可比价增长
3. 大中型工业企业	721.66	15.05
小微企业	252.37	11.68

2022 年，芗城区区属规模工业主要工业产品产量：家具 2400.61 万件，同比下降 22.43%；电工仪器仪表 1450.17 万台，同比下降 8.03%；钟 1177.38 万只，同比下降 4.12%；钢材 654.24 万吨，同比增长 9.41%；饲料 133.63 万吨，同比增长 18.53%；表 1917.66 万只，同比增长 40.52%；钢化玻璃 83.03 万平方米，同比上升 3.86%。

表 4　　芗城区 2022 年区属规模工业主要工业产品产量及其增长速度表

产品名称	单　位	产　量	比上年增长
饲料	万吨	133.63	18.53%
罐头	万吨	9.67	－8.79%
人造板	万立方米	106.13	2.55%
家具	万件	2400.61	－22.43%
纸制品	万吨	5.63	－12.42%
塑料制品	万吨	1.96	－20.07%
钢化玻璃	万平方米	83.03	3.86%
钢材	万吨	654.25	9.41%
电动机	万千瓦	27.63	－15.61%
电工仪器仪表	万台	1450.17	－8.03%
钟	万只	1177.38	－4.12%
表	万只	1917.66	40.52%

注：全年规模以上工业企业实现利润总额 29.96 亿元，同比下降（现价）64.95%。

表 5　　芗城区 2022 年区属规模以上工业企业实现利润及其增长速度表

指　标	利润总额（亿元）	比上年增长（%）
规模以上工业	29.96	－64.95
内资企业	16.10	－76.35
三资企业	13.86	－20.44

2022 年全区资质等级以上的总承包和专业承包建筑企业完成产值 123.41 亿元，同比增长 19%；房屋建筑施工面积 1280 万平方米，同比增长 14.1%，全年新签合同价款 178.9 亿元，同比增长 66%。

【固定资产投资】

2022 年，芗城区固定资产投资完成 307.64 亿元，同比增长 15.1%。第一产业投资额完成 0.56 亿元，同比增长 257%；第二产业投资 103.48 亿元，同比增长 36.7%，其中工业投资

103.48亿元，同比增长44%；第三产业投资203.6亿元，同比增长5.4%。房地产开发投资102.47亿元，同比增长37.9%。本年竣工房屋建筑面积73.17万平方米，同比下降42.15%。商品房销售面积86.81万平方米，同比增长11.2%。商品房销售额93.08亿元，同比增长13.6%。

表6　　芗城区2022年房地产开发和销售主要指标完成情况表

指　标	单位	绝对数	比上年增长（%）
本年完成投资	亿元	102.47	37.9
#建安工程	亿元	39.15	－20.9
#土地购置费	亿元	60.96	192.09
房屋施工面积	万平方米	624.48	－2.42
#住宅	万平方米	420.04	－0.93
新开工面积	万平方米	135.61	67.92
#住宅	万平方米	100.43	95.18
房屋竣工面积	万平方米	73.17	－42.15
#住宅	万平方米	56.43	－31.74
商品房销售面积	万平方米	86.81	11.2
#住宅	万平方米	60.75	2.02
待售面积	万平方米	39.92	－28.2
#住宅	万平方米	19.69	－21.58

【教育事业】

2022年，芗城区教育事业继续稳步发展。全区普通中学14所，在校生14059人；普通小学65所，在校生43270人；幼儿园197所，在园幼儿21760人；特殊教育学校1所，在校生112人。改善普通中学办学条件，全区普通中学拥有教学用计算机2404台，普通小学有6317台；图书藏量普通中学有431249册，普通小学有1159059册。竣工投用8所中小学和幼儿园，新增学位6825个，教育"双减"等综合改革深入推进，核减校外培训机构92家，核减率78%；推动21所城乡中学、幼儿园成立3个办学（园）集团，初步实现优质教育资源互通共享。

【交通运输】

2022年，芗城区交通货运稳定增长，全年完成货运量718万吨，全区公路运输货运周转量70858万吨千米；受新冠疫情影响，客运数量降低，全区客运量253万人次，公路运输客运周转量完成6943万人千米。

【国内贸易】

2022年，芗城区商贸流通业持续活跃，全区实现社会消费品零售总额331.62亿元，同比增长5.9%。其中：限额以上零售额80.75亿元，同比增长16.5%。限额以上单位分行业看，批发业销售额795.70亿元，同比增长39.1%；零售业销售额142.98亿元，同比增长19.9%；住宿业营业额2.37亿元，同比增长14.1%；餐饮业营业额4.07亿元，同比增长15.4%。在限额以上法人企业零售额中，机电产品及设备类同比增长120.1%，烟酒类同比增长 57.0%，书报杂志类同比增长 41.8%，汽车类同比增长 41.5%，中西药品类同比增长 30.4%。

【对外经济】

2022 年，芗城区外贸进出口总额完成 110.45 亿元，同比增长 2%。实际利用外资 1306 万美元，年度目标完成进度 71.72%。合同外资 21318 万美元。

【文体卫生】

2022 年，芗城区推动文旅深度融合，漳州古城入选国家级夜间文化和旅游消费集聚区。改造提升文化馆、青少年校外体育活动中心、许地山纪念馆等一批文化活动场所，区档案馆新馆建成投用，丰富民生供给内容。改扩建 7 所基层医疗卫生机构，市人民医院门诊综合楼、公共卫生应急处置中心和区妇幼保健院等项目主体完工。

【民生保障】

2022 年，芗城区人民生活水平继续改善，城乡居民收入逐步提高，城乡居民消费结构趋于合理，生活质量得到改善。新建 3 所长者食堂，通北、西桥街道养老服务照料中心投入社会化运营；实施稳企稳岗行动，发放各类稳就业补贴 2313 万元，城镇新增就业 1.02 万人；落实各类救助保障资金 4995 万元；强化安居保障，11 个商品房项目 4318 套房产历史遗留办证难题实现清零，西湖、团结北庙片区 6700 套安置房交付使用，铁塘、金安片区 2750 套安置房完成建设，2569 户公租房轮候对象全部实现销号。

【环境保护】

2022 年，芗城区生态环境持续改善，国省控断面和饮用水源地水质全部达标，空气综合指数同比改善 8.4%；深入打好污染防治攻坚战，开展小流域污染源溯源排查，完成 660 余个入河口登记造册，开工建设西区污水处理厂三期项目，完工 30 个涉气企业改造治理项目，金峰电镀厂、龙溪轴承厂污染地修复治理项目顺利完成。

【安全生产管理】

2022 年，芗城区通过层层落实安全责任，推进宣传教育，突出隐患排查治理，强化安全监管执法，严肃事故责任查处，坚决防范和遏制重特大事故发生。全年，发生各类生产安全事故 2 起，同比减少 7 起，同比下降 77.8%；死亡 2 人，同比减少 7 人，同比下降 77.8%，安全生产形势持续稳定向好。

（数据来源于芗城区统计局《统计公报》）

中国共产党芗城区委员会

综述

【概况】

2022年，中共芗城区委员会（以下简称中共芗城区委）高效统筹新冠疫情防控和经济社会发展，开展“产业发展项目建设攻坚年”活动和“七比一看”竞赛，做大做强“四大主导产业”，新开工漳州智能制造产业园等181个项目，新竣工三宝电炉技术升级改造项目等38个项目，老旧小区改造、“中国女排娘家”基地、西湖生态园景观工程等项目落地落实，“七比一看”竞赛总分蝉联全市第一名，被漳州市委、市政府记“集体二等功”。加强党的建设，面向全区党员干部开展多形式、分层次、全覆盖的教育培训，优化年轻干部培养机制，开展基层党建“六项行动”工作，打造党建品牌34个。实施8大类25项改革，其中重点改革事项9件，全面提高城乡居民基本养老保险基础养老金标准，推进国家级生态文明示范区创建，持续推进城市品质提升和乡村全面振兴，高品质中心城区建设迈上新台阶。

【学习宣传贯彻党的二十大精神】

2022年，中共芗城区委坚持把学习宣传贯彻党的二十大精神作为全年工作的主题主线，组织全区各级各部门收听收看大会开幕式，聆听习近平总书记关于《高举中国特色社会主义伟大旗帜，为全面建设社会主义现代化国家而团结奋斗》的工作报告。党的二十大闭幕后，第一时间召开区委常委会（扩大）会议传达学习，组织全区村（社区）“两委”干部专题培训，发放《党的二十大报告学习辅导百问》等材料1850套。结合区委全面从严治党检查反馈、党建调研、项目落地、务虚谋划等主题，处级领导带头深入企业、校园等一线宣讲党的二十大精神，启动党的二十大精神“六进”活动暨“福小宣”授牌仪式，组建16支宣讲队伍奔赴各地，开展百名宣讲员进百村（社区）活动。在新媒体平台开辟“学习直播间”为党员群众提供“指尖课堂”，开设“喜迎二十大·奋进新征程”“非凡十年”等新闻专栏，全面展现基层学习宣传贯彻党的二十大的良好风貌。

【着力推动经济城乡协调发展】

2022年，中共芗城区委将发展经济的着力点放在实体经济上，突出工业、突破工业，巩固优势产业领先地位，推动战略性新兴产业融合集群发展，做大做强食品加工、冶金新材料、高端装备制造、电子信息“四大主导产业”；坚持“项目为王、项目为大、项目为重”，建立每季度项目集中签约、集中开竣工制度，以及“重中之重”项目分级挂钩、定期会商、督查通报制度；坚持“一把手”“一盘棋”“一条链”招商，坚持市区一体、共同发展，统筹推进城乡建设，推动区域协调发展;坚持在发展中保障和改善民生，着力解决好群众急难愁盼问题；坚持把全面从严治党，严明纪律规矩，坚持选人用人导向，践行“一线干部考察纪实法”，深入推进干部作风“五不”问题专项整治。

【服务经济社会发展】

2022 年，中共芗城区委深化经济体制改革，实施创新驱动发展战略，强化企业创新主体地位，培优扶强食品加工、冶金新材料、高端装备制造、电子信息“四大主导产业”，出台促进建筑业持续健康发展若干措施，健全重点项目协调推进机制，出台《存量工业企业“亩均论英雄”评价和结果运用实施方案》。坚持人才是第一资源，响应“万才聚漳”战略，推行“英才芗聚”工程；深化区域协调发展，提速全域城市化进程，推动文明城市创建，推动区直挂钩社区、国企帮扶镇街，天宝镇试点推进全域垃圾分类，新增智慧停车泊位，深入推进乡村振兴，开展“蓝天、碧水、净土”保卫战，推进国家级生态文明示范区创建；深化“放管服”改革，落实首问责任、一次性告知、一窗受理、并联办理、限时办结、窗口无否决权等制度，施工许可阶段“一证两书”并联审批改革入选全市优化营商环境典型案例，“幼儿园入园一件事”改革获“新福建”平台推广；推动芗台融合发展，有序推进台资项目，搭建交流平台，打造漳州古城“台湾青年就业创业一条街”，设立“涉台法律服务点”“老芗亲”法治共享家园涉侨台联络站，保障台胞合法权益。深化社会民生改革，推进西桥中心小学等 27 个教育项目建设，组建 7 个“1+1”紧密型教育共同体，成立 1 个初中办学集团和 2 个“名园 +”学前教育联盟。深化医药卫生体制改革，开展 4 家社区卫生服务中心家庭病床试点。健全就业公共服务体系，推行稳企稳岗政策“免申即享”。聚焦住房安全，化解 10 个项目房产历史遗留办证难题，完成西湖、团结新苑等安置房交付，实现全区所有公租房轮候对象全部销号。健全养老体系，全面提高城乡居民基本养老保险基础养老金标准。推行乡镇（街道）“一支队伍管执法”改革，下放 108 项行政执法事项，持续推进市域社会治理现代化。开展物业评星定级活动，巩固国企物业“建管合一”做法，注重矛盾纠纷多元化解。扩大两新领域党组织“有效覆盖”，健全“1+X”监督、“室组地”联片协作等工作机制，开展集体“三资”提级监督机制、村级小额工程招投标监管试点，创新“板凳会”机制被列入全市基层监督典型案例。

重要会议

【概况】

2022 年，中共芗城区委召开全委会议 2 次，召开区委常委会会议 28 次，召开区委工作会 1 次、工作务虚会 1 次、专题会议 6 次、“重中之重”项目工作会 5 次，区委理论学习中心组开展集中学习 32 场。

【区委九届三次全会】

2022 年 1 月 17 日，中共芗城区委召开九届三次全体会议，专题研究福建省出席中国共产党第二十次全国代表大会代表候选人推荐人选名单。

【区委九届四次全会】

2022 年 12 月 9 日，中共芗城区委召开九届四次全体会议，区委书记石振棋代表区委常委会作工作报告，会议审议通过《中共漳州市芗城区委关于深入学习宣传贯彻党的二十大精神，加快建设高品质中心城区的决定》。

【区委常委会会议】

2022 年，芗城区委召开常委会会议 28 次，具体如下：

1 月 10 日，区委书记石振棋在芗城区政府 12 楼会议室主持召开区委常委会（扩大）会议，会议传达学习漳州市第十七届人民代表大会第一次会议和政协第十四届漳州市委员会第一次会议精神，以及市委书记张国旺在芗城代表团的讲话精神，安排部署芗城区落实工作。区处级领导，各镇街党政主要领导，金峰开发区党政主要领导及分管领导，区直各单位、金融单位主要负责人，各民主党派主委参加会议。

1月26日，区委书记石振棋在芗城区政府9楼会议室主持召开区委常委会会议，会议传达学习省十三届人大六次会议和省政协十二届五次会议精神，传达学习中央、省委及市委农村工作会议精神。会议要求，要补齐短板，筑牢底线，坚持党政同责，巩固拓展脱贫攻坚成果，加快推动同乡村振兴有机衔接，会议研究审议《2022年芗城区委和区政府为民办实事建议项目》《芗城区促进建筑业持续健康发展若干措施》和《2022年芗城区干部培训工作方案》。

2月18日，区委书记石振棋在芗城区政府9楼会议室主持召开区委常委会会议、2022年区安全生产委员会第一次会议、2022年区委统一战线工作领导小组第一次会议，会议传达学习习近平总书记在2022年世界经济论坛视频会议上的演讲，习近平总书记对党的建设研究工作作出的重要指示精神，习近平总书记在中共中央政治局第三十六次集体学习时的重要讲话精神，习近平在2022年春节团拜会上的讲话，以及《中共福建省委、福建省人民政府关于追授陈炜同志“福建省杰出人民教师”称号的决定》，会议传达学习《中共福建省委印发〈关于实施“提高效率、提升效能、提增效益”行动方案〉的通知》文件精神，传达学习《中共福建省委、福建省人民政府关于印发〈福建省弘扬“马上就办、真抓实干”优良传统作风若干规定〉的通知》《漳州市安全生产委员会关于印发〈中共漳州市委常委会及其成员安全生产职责清单〉的通知》精神，传达学习全国、全省、全市统战部长会议精神，中央民族工作会议、全国宗教工作会议、全省民族宗教局长会议和全市民宗工作会议精神，传达学习全省抓党建促乡村振兴电视电话会议精神，传达学习全国、全省、全市宣传部长会议精神，传达学习中央、省委、市委宣传部和中央、省、市文明办关于拓展新时代文明实践中心建设工作电视电话会议精神，传达学习《中共中央办公厅印发〈关于加强新时代廉洁文化建设的意见〉的通知》文件精神，听取芗城区2021年基层党支部建设工作情况汇报。

3月3日，区委书记石振棋在芗城区政府9楼会议室主持召开区委常委会会议，会议传达学习习近平总书记在中共中央政治局第三十七次集体学习时的重要讲话精神，习近平总书记在中央人大工作会议上的讲话精神，习近平总书记在中央党校（国家行政学院）中青年干部培训班开班式上的重要讲话精神，传达学习习近平总书记对政法工作的重要指示精神和中央、省委、市委政法工作会议精神，传达学习全国、全省、全市组织部长、网信办主任会议精神，听取全区2021年度基层党组织“达标创星”评定结果汇报，研究审议《芗城区2022年“产业发展项目建设攻坚年”活动实施方案及考评办法》《芗城区创建国家食品安全示范城市工作方案（2022—2023年）》。

3月29日，区委书记石振棋在芗城区政府9楼会议室主持召开区委常委会会议、九届区委全面深化改革委员会第三次会议、九届区委财经委员会第二次会议、九届区委教育工作领导小组第三次会议，会议传达学习习近平总书记在3月17日中共中央政治局常务委员会上的重要讲话精神，习近平总书记重要文章《在中央政协工作会议暨庆祝中国人民政治协商会议成立70周年大会上的讲话》，传达学习中央、省委、市委深改委有关会议精神，研究审议《中共芗城区委全面深化改革委员会2021年工作总结报告和2022年工作要点》，传达学习中央、省委、市委财经委有关会议精神，研究审议《中共芗城区委财经委员会2021年工作总结和2022年工作要点》，研究审议《中共芗城区委教育工作领导小组2021年工作总结和2022年工作要点》，传达学习《中共中央、国务院关于印发〈信访工作条例〉的通知》文件精神，研究审议《芗城区F类高层次人才评价认定和支持办法（试行）》。

4月15日，区委书记石振棋在芗城区政府9楼会议室主持召开区委常委会会议，会议传达学习习近平总书记在参加首都义务植树活动时的重要讲话精神，3月31日中共中央政治局常务委员会会议精神，《求是》杂志发表习近平总书记重要文章《坚持把解决好“三农”问题作为全党工作重中之重，举全党全社会之力推动乡村振兴》，传达学习《中共中央办公厅、国务院办公厅〈关于推动党史学习教育常态化长效化的意见〉的通知》文件精神，传达学习《中共中央、国务院关于营造更好发展环境支持民营企业改革发展的意见》《中共福建省委、福建省人民政府印发〈关于营造更好发展环境支持民营企业改革发展的若干措施〉的通知》文件精神，研究审议《芗城区推进绿色储粮、科学保粮三年行动工作方案》《区级领导“四下基层”工作制度》《区级领导出席各类会议活动工作制度》《关于进一步做好区级领导外事工作的实施意见》。

5月18日，区委书记石振棋在芗城区政府9楼会议室主持召开区委常委会会议、九届区委网信委员会第二次会议、2022年区委宣传思想工作领导小组（区委意识形态工作领导小组）第一次会议，会议传达学习习近平总书记在中共中央政治局第三十八次集体学习时的重要讲话精神，习近平总书记在4月29日中共中央政治局会议上的重要讲话精神，习近平总书记在5月5日中共中央政治局常务委员会会议上的重要讲话精神，习近平总书记对湖南长沙居民自建房倒塌事故作出的重要指示精神，习近平总书记在庆祝中国共产主义青年团成立100周年大会上的重要讲话，以及省、市学习贯彻习近平总书记在庆祝中国共产主义青年团成立100周年大会上的重要讲话精神座谈会议精神，听取芗城区房屋安全隐患排查整治工作情况汇报，研究审议《2022年全区网信工作要点》《区委宣传部2022年宣传思想工作要点》《漳州市芗城区落实省生态环境保护例行督察报告整改方案》。

6月6日，区委书记石振棋在芗城区政府9楼会议室主持召开区委常委会会议、九届区委教育工作领导小组第四次会议，会议传达学习习近平总书记在庆祝中国国际贸易促进委员会建会70周年大会暨全球贸易投资促进峰会上的致辞，习近平总书记在5月27日中共中央政治局会议上的重要讲话精神，习近平总书记在中共中央政治局第三十九次集体学习时的重要讲话精神，以及《关于加强新时代离退休干部党的建设工作的意见》文件精神，会议研究审议《漳州市芗城区“十四五”教育发展专项规划（2021—2025年）》，传达学习市委人才工作会议精神，传达学习省委办公厅、省政府办公厅《关于加强新时代关心下一代工作委员会工作的若干措施》文件精神，传达学习全国稳住经济大盘电视电话会议精神，传达学习省委、省政府印发《〈关于优化生育政策促进人口长期均衡发展的实施方案〉的通知》文件精神，传达学习省、市巩固拓展脱贫攻坚成果同乡村振兴有效衔接工作视频会议及全市乡村振兴工作推进会会议精神，研究审议《2022年全区治理“餐桌污染”、建设“食品放心工程”工作方案》。

6月29日，区委书记石振棋在芗城区政府9楼会议室主持召开区委常委会会议，传达学习习近平总书记系列重要讲话精神，中国共产党福建省代表会议精神，习近平总书记在金砖国家领导人第十四次会晤上的重要讲话精神，习近平总书记在全球发展高层对话会上的重要讲话精神，中国共产党福建省代表会议精神。

7月29日，区委书记石振棋在芗城区政府9楼会议室主持召开区委常委会会议暨区委理论学习中心组学习会，集中学习研讨《习近平谈治国理政》第四卷，深入学懂弄通做实习近平新时代中国特色社会主义思想。区长何才成，区人大常委会主任曾勇平、区政协主席刘建英和区委常委参加会议，区领导洪维椿、李昭君、蔡加立作重点发言，理论学习中心组其他成员作书面发言。

8月12日，区委书记石振

棋在芗城区政府9楼会议室主持召开区委常委会会议，会议传达学习习近平总书记在新疆考察调研时的重要讲话精神，习近平总书记在省部级主要领导干部“学习习近平总书记重要讲话精神，迎接党的二十大”专题研讨班上的重要讲话精神，习近平总书记在中共中央政治局第四十一次集体学习时的重要讲话精神，习近平总书记在中共中央党外人士座谈会、中央统战工作会议上的重要讲话精神，《求是》杂志发表习近平总书记重要文章《在庆祝中国人民解放军建军90周年大会上的讲话》，传达学习全市乡村振兴指导员工作启动仪式暨指导员代表座谈会会议精神，研究审议《芗城区基层党建提质增效助推高质量发展三年行动计划》《芗城区落实〈关于加强新时代廉洁文化建设的意见〉工作方案》《芗城区“十四五”残疾人保障和发展规划》《漳州市芗城区“十四五”民政事业发展专项规划》。

8月26日，区委书记石振棋在芗城区政府9楼会议室主持召开区委常委会会议，会议传达学习习近平总书记在辽宁考察时的重要讲话精神，《中共福建省委组织部关于印发〈传承“四下基层”优良作风，践行新时代党的群众路线——古田县推行干部“四同”实践锻炼的调研报告〉的通知》文件精神，《中共福建省委、福建省人民政府关于传承弘扬“晋江经验”支持泉州建设21世纪“海丝名城”的意见》文件精神，《人民日报》刊发福建省委书记尹力署名文章《弘扬“晋江经验”促进民营经济高质量发展》，传达学习省委常委、组织部部长邢善萍来漳调研指示精神及全市基层党建工作调度推进会精神，传达学习《中共福建省纪委办公厅关于印发〈新时代廉洁文化建设“五廉工程”实施方案〉的通知》文件精神。

9月7日，区委书记石振棋在芗城区政府9楼会议室主持召开区委常委会会议、2022年区委统一战线工作领导小组第四次会议，会议传达学习习近平总书记向2022年中国国际服务贸易交易会致贺信精神，8月30日中共中央政治局会议精神，全国“人民满意的公务员”和“人民满意的公务员集体”表彰大会精神，《中共中央办公厅、国务院办公厅印发〈关于规范村级组织工作事务、机制牌子和证明事项的意见〉的通知》精神，研究审议《关于成立芗城区党外知识分子联谊会的工作方案》，听取芗城区残疾人联合会第七次代表大会筹备工作情况汇报。

9月26日，区委书记石振棋在芗城区政府9楼会议室主持召开区委常委会会议、九届区委全面依法治区委员会第四次会议，传达学习习近平总书记重要文章，以及上级相关会议精神，研究部署芗城区贯彻意见，传达学习9月9日中共中央政治局会议精神，《求是》杂志发表习近平总书记重要文章《坚持和发展中国特色社会主义要一以贯之》，传达学习纪念福建省苏维埃政府成立90周年大会会议精神、十二届市委全面依法治市委员会第二次会议精神，研究审议《漳州市芗城区法治政府建设实施方案（2021—2025年）》《漳州市芗城区法治社会建设实施方案（2021—2025年）》。

10月14日，区委书记石振棋在芗城区政府9楼会议室主持召开区委常委会会议，会议传达学习习近平总书记为《复兴文库》作序言精神，习近平总书记在参观“奋进新时代”主题成就展时的重要讲话精神，习近平总书记致中国农民丰收节贺信精神，传达学习《中共中央办公厅关于印发〈推进领导干部能上能下规定〉的通知》文件精神。

10月24日，区委书记石振棋在芗城区政府12楼会议室主持召开区委常委会（扩大）会议，传达学习党的二十大精神和十九届七中全会以及省委、市委常委会（扩大）会议精神。区长何才成、区人大常委会主任曾勇平参加会议。

10月31日，区委书记石振棋在芗城区政府9楼会议室主持召开区委常委会会议，传达学习习近平总书记系列重要讲话精神，研究部署有关工作，传达学习10月25日中共中央政治局会议精神，习近平总书记在二十届中共中央政治局第一次集体学习时的重要讲话精神，习近平总书记在瞻仰延安革命纪念地时的重要讲话精神，传达学习《共青团中央印发〈关于推进县域共青团基层组织改革的指导意见〉的通知》文件精神，传达学习市文明委新时代文明实践中心科学化、规范化、制度化建设工作推进会会议精神。

11 月 17 日，区委书记石振棋在芗城区政府 9 楼会议室主持召开区委常委会会议，会议传达学习习近平总书记在第五届中国国际进口博览会开幕式上的致辞精神，习近平总书记在视察军委联合作战指挥中心发表的重要讲话精神，11 月 10 日中共中央政治局常务委员会会议精神，传达学习中央、省委、市委关于学习宣传贯彻党的二十大精神有关文件精神。

12 月 13 日，区委书记石振棋在芗城区政府 9 楼会议室主持召开区委常委会会议，会议听取共青团芗城区委员会 2022 年度工作情况汇报，听取芗城区妇联 2022 年度工作情况汇报，听取芗城区 2022 年党风廉政建设工作情况汇报，研究审议 2023 年党风廉政建设工作要点，听取芗城区 2022 年度信访工作情况汇报，听取芗城区 2022 年度食品安全工作情况汇报。

【区委工作会】

2022 年 2 月 9 日上午，芗城区召开 2022 年度区委工作会暨“产业发展项目建设攻坚年”动员大会，落实全市 2022 年“产业发展项目建设攻坚年”动员大会精神，动员全区上下集中精力谋发展、心无旁骛抓落实，奋力推动新一年各项工作在全市挑大梁、当先锋、打头阵。区委书记石振棋作动员部署，区长何才成主持会议，区人大常委会主任曾勇平、区政协主席刘建英等区领导参加会议。会议肯定芗城区 2021 年开展“产业发展项目建设年”活动所取得的成绩，宣读芗城区 2021 年度经济建设突出贡献奖、经济建设贡献奖、纳税大户以及先进集体和先进个人的表彰决定，部署 2022 年度全区“产业发展项目建设攻坚年”活动有关工作和农村工作，区领导分别向受表彰的企业、集体和个人颁奖，并下达 2022 年平安建设（综治工作）、安全生产和消防工作、生态环境保护目标责任书。区委、区人大、区政府、区政协领导，区法院院长、区检察院检察长，各镇街、金峰开发区、区直各单位领导班子成员，各村（社区）主干及下派驻村挂职干部，学校、医院、金融、通信等单位主要负责人，企业代表等参加会议。

【工作务虚会】

2022 年 11 月 12 日，芗城区委召开 2023 工作务虚会，深入学习贯彻党的二十大精神，分析形势、理清思路，集思广益、明确目标，统一思想、振奋精神，推动 2023 年工作顺利开局起步。有关区领导、各镇街及区直单位主要负责人结合学习贯彻党的二十大精神，围绕当前工作中的短板弱项和事关芗城未来发展的关键因素，讲认识体会、谈思路对策、提意见建议，达到统一思想、集中智慧、凝聚共识、汇集合力的目的。区处级领导，各镇街党政主要领导，金峰开发区党政主要领导及分管领导，区直各单位主要负责人参加会议。

【专题会议】

2022 年，芗城区委召开专题会议 6 次，具体如下：

2 月 23 日，区委书记石振棋在区政府大楼 9 楼会议室主持召开芗城区突出生态环境保护问题整改推进会。会议听取近期全区生态环境突出问题整改工作情况，分析当前存在的问题，安排部署下阶段工作。

7 月 5 日，区委书记石振棋在区政府大楼 12 楼会议室召开创城工作推进会，研究部署当前文明城市创建过程中存在问题的整改落实工作。区长何才成主持会议，区人大常委会主任曾勇平、区政协主席刘建英参加会议。区委常委、宣传部部长李昭君通报创城工作有关情况。

7 月 21 日，区委书记石振

棋在区会展中心二楼3号会议室召开乡村振兴工作推进会，深入学习贯彻习近平总书记关于实施乡村振兴战略的重要论述、重要指示批示精神，落实省委、市委有关工作要求和全市乡村振兴现场推进会议精神，回顾上半年全区乡村振兴工作情况，通报存在的突出问题，研究部署下半年重点工作任务。

8月16日，区委书记石振棋在区会展中心二楼3号会议室主持召开全国文明城市暨省级文明城区创建工作动员会，传达学习贯彻全市2022年度全国文明城市创建工作动员会议精神，动员全区上下认清形势、鼓足干劲，推动全国文明城市、省级文明城区创建工作向纵深发展。

9月19日，区委书记石振棋在区会展中心二楼3号会议室召开全区新冠疫情防控工作会议，进一步统一思想、强化举措，落实落细全区新冠疫情防控的各项工作，有效筑牢全区新冠疫情防线。

9月29日，区委书记石振棋主持召开全区重点工作专题会，传达学习全省经济发展和安全稳定会议及全市重点工作专题会精神，统筹推进高质量发展与高水平安全，研究部署党的二十大和国庆期间重点工作，着力防范化解重大风险，维护社会秩序安定稳定，确保全区群众生命安全和经济社会健康发展。区长何才成、区人大常委会主任曾勇平参加会议。区委副书记洪维椿部署国庆节、二十大期间安保工作，区委常委、副区长蔡加立部署国庆节、二十大期间安全生产工作，通报全区“七比一看”竞赛情况。

【“重中之重”项目工作会】

2月21日，芗城区召开2022年区“重中之重”项目工作会，研究部署2022年全区“重中之重”项目的具体工作，会议听取芗城区“重中之重”项目及区领导挂钩情况汇报，并对区“重中之重”项目情况进行点评。区委书记石振棋出席会议并讲话，区长何才成主持会议，区人大常委会主任曾勇平，区政协主席刘建英参加会议，挂钩区“重中之重”项目处级领导，各镇街党政主要领导、人大主席（工委主任），金峰开发区正科级以上领导，区直各单位主要负责人参加会议。

4月15日，芗城区召开“重中之重”项目工作推进会，传达贯彻市委、市政府工作检查现场会精神，通报区“重中之重”项目有关情况并听取区处级领导挂钩“重中之重”项目情况汇报。区委书记石振棋出席会议并讲话，区长何才成主持会议，区政协主席刘建英参加会议。挂钩区“重中之重”项目处级领导，各镇街党政主要领导，金峰开发区分管领导，相关部门主要负责人，区“重中之重”项目所属镇街（部门）挂钩领导参加会议。

6月29日，芗城区召开“重中之重”项目工作推进会，通报项目进展情况、梳理存在的问题，安排部署下阶段重点任务和推进措施，推动全区项目工作提档加速、大干快上，为全区经济稳增长提供有力支撑。区委书记石振棋出席会议并讲话，区长何才成主持会议，区人大常委会主任曾勇平参加会议。区委常委、副区长蔡加立通报区“重中之重”项目有关情况，挂钩区“重中之重”项目处级领导汇报项目进展情况、需要协调解决的问题及下一步工作计划。挂钩区“重中之重”项目处级领导，各镇街党（工）委书记，金峰开发区党政班子成员，相关单位负责人，区“重中之重”项目所属镇街（部门）挂钩领导参加会议。

9月20日上午，区委书记石振棋带队调研“重中之重”项目建设工作并召开座谈会。石振棋一行先后到漳华路改造项目、漳福汽车零部件生产项目、海量消防设备生产项目和视瑞特数字新媒体设备研发中心项目等地，实地查看项目建设进展情况，与相关负责人深入交流，详细了解项目建设中遇到的困难和实际问题，现场研究解决办法，并对下一步工作提出要求。区长何才成、区人大常委会主任曾勇平参加调研。挂钩区“重中之重”项目处级领导、各镇街、金峰开发区党政主要领导、区直各单位主要负责人、金峰开发区、自然资源局、生态环境局班子成员等参加活动。

12 月 14 日，芗城区召开“重中之重”项目工作推进会，通报项目进展情况，协调解决重点项目推进难题，推动重点项目建设提速提效。区委书记石振棋主持会议并讲话，区长何才成、区人大常委会主任曾勇平、区政协主席刘建英参加会议。区委常委、副区长蔡加立通报芗城区“重中之重”项目有关情况，挂钩区“重中之重”项目处级领导，各镇街、金峰开发区党政主要领导，相关单位负责人，区“重中之重”项目所属镇街（部门）挂钩领导参加会议。

【区委理论学习中心组学习会】

2022 年，芗城区委理论学习中心组召开学习会 32 场，分别为：

3 月 3 日，区委理论学习中心组召开专题学习研讨会，深入学习研讨习近平总书记在闽工作期间对漳州工作的重要指示批示精神，进一步明确努力方向，汲取强劲动能，奋力谱写高品质中心城区建设新篇章。区委书记石振棋主持会议并讲话，区领导蔡加立、黄平源、戴木典分别作重点发言。

3 月 9 日，区委理论学习中心组举行粮食安全工作专题学习会，学习会邀请闽南师范大学马克思主义学院教授景云作《福建省粮食安全保障现状与思考》专题讲座。石振棋、何才成、刘建英等区委理论学习中心组成员参加会议，各镇街主要领导，金峰开发区分管领导，区直各单位主要负责人，区委宣传部、区发改局（粮储局）、涉粮巡察相关单位干部参加学习会。

3 月 31 日下午，区委理论学习中心组（扩大）学习会召开，专题学习统计工作相关知识，区政府副区长、金峰开发区党工委第一副书记黄灿煌作专题讲座。区处级领导，各镇街党政主要领导、经济工作分管领导，金峰开发区分管领导，区直各单位主要负责人，区统计局班子成员，发改局、工信局、财政局、商务局、审计局、税务局主要领导及分管领导参加学习会。

4 月 15 日下午，区委理论学习中心组召开专题学习研讨会，集中学习研讨《习近平书信选集》第一卷。区委书记石振棋主持会议并讲话，区领导黄艺群、韩晓东、潘海鹰分别作重点发言。

6 月 24 日，区委理论学习中心组（扩大）学习会召开，学习会邀请漳州市委党校副校长、法学副教授庄建平作《传承·发展·超越——习近平法治思想解读》的专题讲座。区处级领导，各镇街党政主要领导，金峰开发区分管领导，区直各单位主要负责人，区委宣传部、政法委、区司法局有关干部参加学习会。

7 月 29 日，区委书记石振棋在芗城区政府 9 楼会议室主持召开区委常委会会议暨区委理论学习中心组学习会，集中学习研讨《习近平谈治国理政》第四卷，深入学懂弄通做实习近平新时代中国特色社会主义思想。区长何才成，区人大常委会主任曾勇平、区政协主席刘建英和区委常委参加会议，区领导洪维椿、李昭君、蔡加立作重点发言，理论学习中心组其他成员作书面发言。

8 月 5 日，区委理论学习中心组（扩大）学习会召开，学习会邀请漳州市委党校科社—党建教研室主任、副教授陈贤滨作《追寻领袖足迹·感悟思想伟力——学习〈闽山闽水物华新——习近平福建足迹〉》的专题讲座。区处级领导，各镇街党政主要领导，金峰开发区分管领导，区直各单位主要负责同志，区委宣传部有关干部参加学习会。

8 月 12 日，区委书记石振棋主持召开《中国共产党章程》学习研讨会，集中学习研讨《中国共产党章程》，深入学习领会习近平总书记关于党的百年奋斗重大成就和历史经验的重要论述，增强党的意识、党章意识、党员意识，更好地凝聚思想共识、增强前行动力。区长何才成、区政协主席刘建英和区委常委等同志参加会议，区领导黄平源、戴木典作重点发言，理论学习中心组其他成员作书面发言。

9 月 26 日上午，区委理论学习中心组召开学习会，深入学习习近平总书记在省部级主要领导干部“学习习近平总书记重要讲话精神，迎接党的二十大”专题研讨班上的重要讲话精神，研究部署芗城区学习宣传贯彻工作。区委书记石振棋主持会议并讲话，强调要把学习贯彻习近平总书记重要讲话精神作为重要政治任务，深刻领悟“两个确立”的决定性意义，以实际行动迎接党的二十大胜利召开。区长何才成、区人大常委会主任曾勇平和区委常委等同志参加会议，石振棋、何才成、韩晓东作重点发言，理论学习中心组其他成员作书面发言。

10月14日上午，区委书记石振棋主持召开区委常委会暨区委理论学习中心组学习会，集中学习研讨习近平《论党的宣传思想工作》《中国共产党宣传工作简史》。区长何才成、区人大常委会主任曾勇平和区委常委等同志参加会议，区领导洪维椿、肖扬权作重点发言，理论学习中心组其他成员作书面发言。

12月8日下午，区委书记石振棋主持召开学习贯彻党的二十大精神学习研讨会，集中学习研讨党的二十大精神，深刻把握党的二十大提出的重要思想、重要观点、重大战略、重大举措，进一步把思想和行动统一到党的二十大精神上来，推动全区上下持续掀起学习宣传贯彻的热潮。区长何才成、区人大常委会主任曾勇平、区政协主席刘建英和区委常委等同志参加会议，区领导蔡加立、黄平源、戴木典作重点发言。

综合事务

【概况】

2022年，芗城区委办公室（以下简称芗城区委办）围绕区委决策部署，发挥参谋、协调、督查、后勤保障职能作用，做好文字综合、党群、信息、报道、督查及后勤保障工作，提高服务领导、基层、群众的质量和水平。芗城区委办被中共福建省委办公厅、福建省人力资源和社会保障厅评为“全省党委办公厅（室）系统先进集体”，获评闽南日报社“2021年度宣传报道优秀单位”，连续六届被评为省级“文明单位”。芗城区委办报道组获福建日报社“2021年度十佳报道组”。

【公务行文】

2022年，芗城区委办继续强化为经济建设、创城整改攻坚、新冠疫情防控等中心工作的服务意识，完成领导讲话、文件、会议纪要等文字材料350余篇；编发《芗城信息》33期，其中，被《八闽快讯》《漳州信息》等上级刊物采用218条；整理汇总调研文章20余篇，编印《党建工作简报》《市域治理简报》24期。接收办理上级公文1200份，印发文号120件，纳入精简文件44份，流转书记批示件160余份。

【督查督办】

2022年，芗城区委办按照《2022年督查检查考核工作计划》，围绕重点工作督导办理领导批示件294件，实地督查10余次；受理群众来访20人次，跟踪办理群众信访件51件；对接市委督查室报送市委领导批示信访件反馈19件次，提交专题督查汇报材料10篇。

【服务保障】

2022年，芗城区委办对接公务接待71次、商务接待1次、军政座谈会1次，协助区直属部门完成多项接待任务；完成对芗江水岸餐饮服务公司的划转和管理，保障政府大院食堂的管理和有序运行，并负责经济责任审计组在芗城的后期保障工作。服务区委常委会会议28场，服务区委理论学习中心组学习会22场、学习研讨8场，服务专题讲座8场、全区性会议17场，参与区委重大公务活动的筹备、组织、协调等服务工作88次，参与组织、协助市、区各级会议211场。

（林良益）

组织工作

【概况】

2022年，芗城区委组织部按照相关的部署和要求，做好理论引领、基层基础、队伍素质、人才保障工作，制定教育卫生、产业集聚、乡村振兴、青年人才、技能人才等八大领域的人才政策，实现新增省、市高层次人才36人，在全市率先成立外卖、电商、物流运输行业党委3个，发展党员213人，打造“两新”领域“红色驿站”21个，为建设高品质中心城区提供坚强的组织保证。

【党员干部教育】

2022年，芗城区委组织部深入学习宣传贯彻党的二十大精神，广泛开展多形式分层次全覆盖的党员教育培训活动，开展研讨述学652场次，推动党的创新理论武装在芗城落深落实。选调520人次参加全国、省、市相关部门组织的培训，举办芗城区学习贯彻党的二十大精神专题研讨班、新时代基层干部乡村振兴主题培训、2021年度新录用人员初任培训等17期，累计培训7231人次。开展第二批农村发展党员违规违纪问题整顿排查工作，完成档案排查2338份。做好党的二十大代表推选考察工作，开展先进典型学习活动。开展走访慰问党员活动，走访慰问对象540名，发放慰问金435500元。组织集中颁发“光荣在党50年”纪念章仪式13场，颁发老党员纪念章172枚。

【基层党建】

2022年，芗城区委组织部深化实施城市党建“红色引领”行动、农村党建“绿色芗村”行动、两新党建“橙色暖企”行动、机关党建“金色先锋”行动、学校党建“蓝色筑梦”行动、离退休干部党建“银色焕彩”行动等党建工作“六项行动”，投入694万元打造党建品牌34个，在全市率先成立外卖、电商、物流运输行业党委3个，新成立“两新”组织党组织21个，撤销“空壳”党组织24个。强化党建引领网格治理，将新冠疫情、创城创卫等各类网格整合成“一张网”，推动1645名“两长一员”、3244名“双报到”党员融入基层一线。深化“党建强企”行动，24名处级党员领导和254名党员干部兼任两新组织党建工作指导员，持续打造三宝集团钢铁产业链党建联盟，深化傲农集团“五个嵌入”的党建工作法，打造“两新”领域“红色驿站”21个。其中，通北街道高校社区通过搭建“智慧管家”平台，推出“十送解忧”“未成年护苗行动”等多项精细化服务；西桥街道延安社区成立多元调解、志愿讲解、商铺管家等三支古城先锋队，打造党建引领乡村振兴示范线3条，创建示范点15个，推动村集体经济超过50万元的村占比突破20%；浦南镇“一藤五叶多瓜”全域乡村振兴项目落地见效。

【干部管理】

2022年，芗城区委组织部完成区直单位及镇街年度考核工作，并对2个镇开展领导班子换届“回头看”。提拔和使用干部63名，晋升职级156名。持续优化干部一线考察工作法，收集典型事迹80例。开展干部借调情况专项排查，及时清退借调干部。完善《到村任职选调生管理办法》，组织开展工作交流会，安排10名选调生代表分享优秀经验做法，并为全体到村任职选调生购置调研资料。

【公务员管理】

2022年，芗城区委组织部全面推进公务员平时考核工作，将平时考核结果作为干部选拔任用的重要依据，完成第一批26名基层锻炼人员期满考核工作，推进第二批36名试用期满人员到驻点村（社区）报到。完成55名军转安置、新考录、交流、调任等类型人员的公务员（参公）登记。落实公务员奖励有关文件精神，在2021年公务员年度考核奖励工作中，记三等功69人，嘉奖339人。

【党员发展】

2022年，芗城区委组织部持续强化基层一线发展党员，注重在非公企业和社会组织、高知识群体、35岁以下青年、妇女等群体中的发展党员工作，发展党员213人。

【人才工作】

2022年，芗城区委组织部研究制定年度人才工作要点22条、具体任务72项，完善全区人才工作联席会制度，组建26个成员单位联络员队伍、健全企业人才政策直通车制度，形成教育卫生、产业集聚、乡村振兴、青年人才、技能人才等八大领域的人才政策，走访傲农、科华、众环、正兴车轮等重点企业10家，实现新增省、市高层次人才36人，培育漳州市“双创之星”、首席科技官3名；举办芗城区工业企业经营管理人才综合能力提升专题培训班，组织45名企业家赴新加坡国立大学苏州研究院进行培训；推动区级人才全链条服务信息平台搭建，理顺形成F类高层次人才申报流程；推荐辖区10名高层次人才加入漳州市人才协会，推荐7名国务院特殊津贴专家、省级高层次人才加入省级人才项目专家评审库；落实党政领导联系专家制度，18名区党政班子成员分别联系42名省、市级高层次人才；协调解决省、市级高层次人才子女就学需求8人次。

（贺鑫磊）

宣传工作

【概况】

2022年，芗城区委宣传部健全完善督促整改、责任追究等机制，指导芗城区融媒体中心制作《看见福建·漳州古城》航拍视频，在“网信福建”各平台展播。组织开展“万屏共闪”、举办网络安全工作专题培训会、开设网安周宣传专栏等活动。组织重点网站平台、新媒体账号开展自查自纠，强化各类宣传思想阵地的管理，坚持和完善主管主办、属地管理制度，健全内容导向审查把关机制。综合运用媒体报道、公益广告等多种方式立体化、细节化讲述先进典型感人事迹，发挥外宣工作联席会议机制的作用，多渠道宣传介绍人文芗城，扩大芗城的知名度和影响力，担当起“举旗帜、聚民心、育新人、兴文化、展形象”使命任务，为建设高品质中心城区提供坚强思想保证和强大精神力量。

【新闻宣传】

2022年，芗城区委宣传部在重要新媒体平台开设《奋进新征程·建功新时代》《闽山闽水物华新·非凡十年》等栏目，全面展示党的十八大以来辖区在经济、政治、文化、社会、生态文明建设和党的建设等方面的成功实践和辉煌成就；开展典型人物、先进事迹宣传，其中《凝心聚力，实干担当——专访漳州市芗城区委书记石振棋》图文、视频，获得新华社、《福建日报》、海博TV等多媒体平台的广泛传播；围绕各个阶段重点工作，推出“筑牢共同防控疫情的严密防线”“防控科普”“革命老区·幸福乡村”“纪念红军攻克漳州90周年”“赓续红色血脉，汲取奋进力量”“我们的新时代”等专栏，其中“芗城融媒”微信公众号发布的各类疫情相关公告、推文，总浏览量超300万人次以上。全年，推出《芗城新闻》246期，《记者新观察》专题39期。

【文化活动和典型选树】

2022年，芗城区委宣传部参与组织“朱子与闽南”文化论坛暨第五届海峡两岸朱熹陈淳学术研讨会活动，举办《漳州锦歌集锦》出版座谈会，举办“用闽南文化点亮千年漳州古城”——2022年芗城区“文化和自然遗产日”端午节灯谜展猜活动；编辑出版的《红星照耀时——1932的漳州叙事》一书籍入选第五届福建文学好书榜；组织发动10个镇街、区直有关单位在各类宣传载体上持续做好“三节”、国庆等重要节点的社会宣传；通过中共福建临时省委旧址、党史（区情）展示馆、乌石暴动历史陈列馆等广泛开展爱国主义教育、理想信念教育和全民国防教育活动；组织开展文化科技卫生“三下乡”、基层灯谜会猜、“我们的节日”等文化惠民活动；国庆节举行升国旗仪式，各镇街代表及公检法、税务、城管等单位代表共300余人参加；配合做好“八闽楷模”“时代楷模”“漳州110”等宣传活动，做好“道德模范”“最美人物”“身边好人”等各类先进典型选树推荐、学习宣传。

【社会宣传】

2022年，芗城区委宣传部整合15个涉台元素旧址，打造锦歌、灯谜等非遗艺术，开展芗城区林语堂纪念馆建馆20周年暨林语堂诞辰126周年活动；立足千年漳州古城等本土文化资源，推出精品书籍、视频等，对外讲好芗城故事。其中，《漳州传》亮相中国外文局“丝路百城传”多语图书发布会，先后在伦敦、法兰克福、纽约、北京、上海、深圳等大型国际图书博览会上参展；《漳州古城：海滨邹鲁·爱拼会赢》在中央广播电视总台中文国际频道播出；《松洲书院：千年书院的文脉传承与乡村振兴》获新华网的全面报道，浏览量231万人次以上；视频直播《访古寻今：漫游漳州古城寻味闽南风情》，观看量79.4万人次以上；摄制《人文芗城》宣传片，创作《我想，我是遇见了幸福》《听水仙花开的声音》等音乐MV，总点击量均超100万人次；协助中新社福建分社做好《打造台胞台企登陆第一家园》采访活动，在中国新闻网、欧洲华文电视台刊发系列报道。

【福文化宣传推介】

2022年，芗城区委宣传部开展以“五福临门、福满芗城”为主题的“福”文化宣传推介活动20余场次，推动“福”文化与文旅、文创工作深度融合；创作少儿锦歌《福“见”少年》、锦歌表演唱《红军进漳颂》等“福”文化文艺精品；推出灯谜博物馆文创产品“福虎”挂件及“福虎”元素布袋等“福”文化文创产品；开展芗城区“福满城”文创节暨金峰乐器展演活动；在各小区设立“福”文化景观和“福”文化长廊，在芗城区部分景区和辖区的各大公园、文化景点等文旅场所布置“福”文化主题标志；推动浦南镇福林村、双溪村等一批乡村创建“共建共治，开启五福”家园；依托漳州古城，利用微雕艺术馆、木偶艺术馆、灯谜艺术博物馆、非遗文化展示馆等场馆开展“福”文化宣传创作和艺术体验。

2022年1月24日，2022年芗城区文化科技卫生“三下乡”集中服务活动在天宝镇举行
（芗城区委宣传部 供图）

【精神文明创建】

2022年，芗城区委宣传部持续推进移风易俗工作，推进“星级文明集市”创建，组织评选“最美小区”，开展“打造示范街区”“文明有礼、志愿先行”常态化交通劝导志愿服务等活动，深化文明城市创建工作。在新时代文明实践中心全面铺开道德宣讲，并开展“心安疫线，守护健康”主题活动；更新公益广告1582版，新增落地式公益广告71座、景观小品12座。全年，开展群众性主题活动1086场，开展选育新时代文明实践站示范点活动和各类芗城区文明实践志愿服务站培训交流会63场次。

【文旅融合发展】

2022年，芗城区委宣传部促进乡村文旅产业发展，结合节庆日、庙会、农村文化节、文化下乡等活动开展锦歌等非遗项目展演，举办全民健身赛事活动30场，组织编纂出版《漳州古城往事》《梦里家山》等图书，组织作家在芗城实小开展《漳州，一座幸福的城》主题讲座和文学公益课，组织机关单位开设“红星照耀漳州——纪念红军攻克漳州90周年”专题讲座，推动芗城区浦南镇双溪村、天宝镇珠里村创建福建省金牌旅游村，开发“红军攻克漳州棋”真人秀及线上小游戏，开发创作红军进漳小故事的二维动漫。

（戴海平）

统战工作

【概况】

2022年，芗城区委统战部围绕学习宣传贯彻党的二十大精神，在统一战线各领域开展“喜迎二十大、同心谱新篇”主题宣传教育，夯实共同思想政治基础。深度参与城市建设、产业发展、乡村振兴等工作，开创统战工作新局面。年内，成立党外知识分子联谊会，成立新阶联兼和式党支部，完成海外联谊云视频系统建设并投入使用，设立“老芗亲”法治共享家园涉侨台联络站。

【学习教育活动】

2022年，芗城区委统战部组织全区统战系统党员干部、民主党派、无党派人士开展“红军进漳90周年”纪念活动，持续深化民营经济人士理想信念教育；支持各民主党派开展“矢志不渝跟党走、携手奋进新时代”政治主题教育，引导新的社会阶层人士、宗教界人士开展“凝聚新力量、筑梦新时代”“爱党爱国爱社会主义”等系列主题活动。全年，举办主题教育活动75次、各类学习培训8次，培训党政干部和党外人士400余人次，“同心芗城”公众号发布相关信息424条。

【服务区域经济发展】

2022年，芗城区委统战部印发《芗城区统一战线开展“双招双引”行动实施方案》，筹建芗城区浦南乡贤促进会，引导乡贤回乡投资兴业，促进乡村集体经济发展。聚焦芗城区食品加工、冶金新材料、高端装备制造、电子信息“四大主导产业”，支持三宝集团建设新材料产业园引进配套下游项目。开展“爱乡爱企促发展、同心同行兴万村”主题行动，实施村企结对帮扶、回报家乡、商会进乡村、党派乡村行、民族村振兴等五大专项行动，全区16家企业（商会）与16个村结对共建，建立挂钩帮扶关系。

【民主党派工作】

2022年，芗城区8个民主党派于4月底全面完成换届工作，领导班子综合素质、年龄结构、知识结构等得到优化提升。区委统战部深化“同心社区”品牌创建，牵线八大党派与社区共建，开展共建活动32场，化解群众身边痛点难点问题48个。各民主党派提出提案、社情民意信息25件，发挥其参政议政的作用。

【党外知识分子统战】

2022年，芗城区委统战部在全市率先成立党外知识分子联谊会，为无党派人士、党外知识分子提供参政议政、展现才华的平台。

【民族宗教工作】

2022年，芗城区委统战部加快民族村污水整治、道路改造等项目建设进度，助力民族村振兴发展。先后举办“铸牢中华民族共同体意识”“民族团结进步宣传月”活动，制作《民族一家亲，同筑中国梦》《福籽同心爱中华》系列专题片，组织“福籽同心爱中华”主题演讲比赛。依法保护418家各类宗教、民间信仰活动场所的正常宗教活动，促进社会和谐。

【服务民营经济】

2022年，芗城区委统战部推动区工商联、检察院联合建立“321法治护航”新机制，该机制做法入选全国典型案例，在全国第四届民营企业法治建设峰会上推广，获评2022年度全市改革创新项目；研发“芗城区工商联”手机应用程序，帮助企业整合优质资源，提交的报告《更好发挥商会作用，助力地方经济高质量发展》获得中央统战部、全国工商联的肯定。芗城区工商联获评全省工商联系统先进集体，工商联单位三宝、傲农分别蝉联“中国民营企业500强”“中国制造业民营企业500强”，吉马集团林建能、点景科技柯志文获“福建省非公有制经济优秀建设者”称号。

【新的社会阶层人士统战】

2022年，芗城区委统战部开展“同心行”活动，推进佳龙科技、漳州头条、泾渭明律所等新阶联实践创新基地规范发展，成立新阶联兼和式党支部。引导新的社会阶层人士参与公益事业活动，举办“迎新春、送春联”等主题活动。

【侨务工作】

2022年，芗城区委统战部完成海外联谊云视频系统建设，实现与海外社团、侨领面对面沟通交流；在全市率先设立“老芗亲”法治共享家园涉侨台联络站，拓展侨胞台胞服务平台；面向海内外发布《关于征集“迁台记忆”和侨批档案文献的通告》，挖掘和丰富两岸历史档案文献。

【华侨归侨侨眷等身份确认工作】

2022年，芗城区委统战部依法办理华侨回国定居、华侨归侨侨眷身份确认、三侨生身份确认等25件。

（庄鸿）

机构编制管理

【概况】

2022年，芗城区统筹配置各类机构编制资源，全面深化镇街机构与事业单位的各项改革，根据各部门“三定”及机构编制调整情况，实时梳理机构编制管理信息系统数据，实现全区机构编制在线管理。至年末，全区设置党委机构12个，其中纪检监察机关1个，工作机关11个，人大机关1个，政府工作部门23个，政协机关1个，群团机关12个，街道8个，乡镇2个，各类事业单位281个。

2022年9月18日，民进漳州市委会、区委统战部在古城灯谜艺术馆开展“喜迎二十大 学党史猜灯谜”活动

（郑文典 摄）

【机构改革】

2022年，芗城区制定《芗城区乡镇（街道）“一支队伍管执法”改革工作方案》并梳理确定第一批、第二批赋权清单，共赋予乡镇（街道）行政执法事项108项。整合金融监管职能归口区财政局，增设金融工作股，并核增国有资产中心事业编制2名；重新核定区直机关工委领导职数及内设机构职责整合；深化行政复议体制改革，在区司法局增设行政复议与应诉股，在多元调处中心核增事业编制2个；深化建设工程消防技术服务改革，在建筑业发展服务中心增加工程消防技术服务职责，调剂核增事业编制2名。

【事业单位改革管理】

2022年，芗城区优化事业单位登记管理方式方法，重新核定16家参公单位事业的编制和人员结构，配合区委组织部做好参照公务员法管理单位重新报批工作。推进事业单位改革，对全区33个事业单位编制结构予以明确，对区直23个事业单位编制结构予以重新规范。开展事业单位登记管理和机关、群团赋码工作，完成事业单位法人年度报告公示140家，事业单位变更28家、设立5家和注销59家，机关群团变更15家。

【编制调剂】

2022年，芗城区调剂编制，以保障人大代表履职服务中心、气象预警信息发布、计算机审计中心等重点工作编制的需求和机构保障；重新核定中小学校幼儿园教职工的编制数，以适应芗城区基础教育高品质发展需要，推动"漳州市凤林小学"更名为"漳州市教师进修学校附属小学"，"东铺头中心幼儿园"更名"芗城第二实验幼儿园"，增设漳州市芗城区实验幼儿园"瑞京园区"，更好保障芗城教育事业健康发展。

（魏如颖）

区直机关党建

【概况】

2022年，芗城区委区直机关工委以"围绕中心、建设队伍、服务群众"为职能定位，持续深化模范机关创建活动，推动机关党建工作实现提质增效，实现129个党组织受到中共芗城区委的表彰。年内，成立党总支1个，兼合支部4个，党组织增补委员7名，调整党组织班子成员26名，发展党员29名，培养入党落实分子63名；颁发"光荣在党50年"纪念章20个；收缴党费952031元。

【机关党支部建设】

2022年，芗城区委区直机关工委运用党建督查检查、述职考评、评星定级的结果，全面规范基本组织、支部班子、基本制度、党员队伍、组织活动的建设，开展机关党组织评星定级，实现区直机关15个五星级党组织、30个四星级党组织、84个三星级党组织受到中共芗城区委的表彰。

【模范机关创建】

2022年，芗城区委区直机关工委以"转作风、优服务、树形象"为主题开展党建品牌创建，打造党建品牌示范点4个。开展机关党建"金色先锋"行动，推荐芗城区纪委监委、人民检察院、人社局机关体制机制创新优秀案例7个。

【党员教育】

2022年，芗城区委区直机关工委从严落实"三会一课"、主题党日等基本组织生活制度，组织全区机关党员干部观看红色电影、党员教育电视片6部，收看人数1.2万人次；与区委党校等联合开展"纪念红军攻克漳州90周年"主题宣讲进基层活动，强化政治理论学习；用好用活理论学习中心组等教育培训主阵地，推荐"乌石暴动陈列馆"和"珠里革命老区村"两个党员教育培训现场教学点，开展党章党规教育、家风教育和廉政警示教育；依托芗城区检察院警示教育基地，开展《公职人员纪法禁令200条》等学习，"四风"问题正反案例教育，廉政故事动漫画教育。

【实践活动】

2022年，芗城区委区直机关工委深化"我为群众办实事"实践活动，与芗城区文明办联合发布相关活动的通知，发动区直机关180余个机关党组织的2000余名党员到社区开展志愿服务。帮助挂钩的西桥街道南台社区解决办公用房问题。

（潘淑玲）

老干部工作

【概况】

2022年，芗城区推动创建"老党员工作室"9个，先后组建区人大、政协和老干局党支部联谊会，成立书画摄影协会临时党支部，推动区委组织部和纪检监察机关成立离退休党支部，推荐4个离退休党支部为省级离退休干部示范党支部，在金源社区开设首个社区老年大学。持续开展服务老干部的各项服务和保障工作，获全省老干部工作先进集体称号。至年末，全区享受老干部待遇有38名(含年内新增6名)。

【政治待遇保障】

2022年，芗城区委老干部局拍摄《爱我中华》微视频，在漳州市和芗城区电视台展播，并通过《福建日报》《福建老年报》和芗城融媒公众号等媒体宣扬老党员的个人典型事迹。

【生活待遇保障】

2022年，芗城区委老干部局看望住院离退休干部50人次，到老干部家中走访100多人次；为8名病故老干部做好善后有关工作，接待老干部及其子女的来访和信访20人次，帮助老干部和老干部遗属协调解决医疗费、抚恤金发放以及生活等方面的困难，发放各类慰问金、津补贴189.6万元。与漳州禾康智慧养老产业有限公司签订政府购买协议，老干部生活补贴标准提高至每人每月360元。

【离退休干部作用发挥】

2022年，芗城区委老干部局组建银发志愿服务队和在职党员先锋队，引导老同志围绕创城宣传、交通引导、卫生整治三个方向贡献力量。组织老干部参观浦南镇双溪村、园坑村等振兴乡村示范点，参观正兴养老院，正兴农业生态园和金峰经济开发区等社会经济项目。向区直机关23个离退支部发出动员，联合组建银发志愿服务队，投身新冠疫情阻击战。

【组织活动】

2022年，芗城区委老干部局以“红”文化为主题，举办“纪念红军攻克漳州90周年”书画展、离退休干部党支部书记培训班、纪念红色金融家高捷成座谈讲座。开展门球赛、乒乓球赛、棋牌竞赛等各类文体活动20余场次。

【老年大学建设】

2022年，芗城区投入30万元建设老年大学离退休干部党校，将政治理论学习纳入日常课程。在金源社区开设首个社区老年大学，解决社区老年教育薄弱的问题。

（周相明）

精神文明建设

【概况】

2022年，芗城区委文明办围绕文明培育拓展新时代文明实践中心建设工作，开展群众性主题活动1086场，开展道德模范宣讲活动28场次；评定区级“新时代好少年”15位；申报新一届区级以上文明村镇32个、文明单位（含非公有制经济组织、社会组织）96个、文明校园82个、文明社区137个；组织开展义诊、义剪、小区环境清洁行动等志愿服务系列活动235场次。

【新时代文明实践】

2022年，芗城区委文明办拓展新时代文明实践中心建设工作，协同相关部门制定工作方案和制度，组织福建省道德模范、中国好人、福建好人、新时代好少年在新时代文明实践中心开展道德模范宣讲活动28场次，开展学习实践科学理论、宣传宣讲党的政策、培育践行主流价值、丰富活跃文化生活等群众性主题活动1086场，开展选育新时代文明实践站示范点活动。在南坑街道群裕社区新时代文明实践站召开新时代文明实践中心（所、站）观摩培训会，规范新时代文明实践中心（所、站）建设。持续推进移风易俗工作，开展乡风评议专项行动、文化科技卫生“三下乡”等活动，评选“星级文明户”，深化“省（市）级文明乡风联系点”建设，推选田寮村为省（市）级联系点，下高坑村为市级联系点。结合宣传教化与道德实践，深入挖掘身边好人，入选“福建见义勇为好人”1人。

【未成年人思想道德建设】

2022年，芗城区委文明办围绕“育新人、展形象”主题，组织开展“关爱青少年月”活动、3月学雷锋活动、清明祭英烈、“童心向党”教育实践活动、我们的节日等系列活动，着力学生爱国情感培育和文明行为养成；组织爱心企业家慰问50名困难学生，发放慰问金4.2万元；芗

2022 年 6 月 11 日，漳州市、芗城区台胞同创城 （郑文典 摄）

城区新时代文明实践中心心理咨询服务平台组织“应对疫情未成年人心理干预”专家组，帮助求助者 26 位、疏导 320 余人；举办防溺水知识讲座及心肺复苏知识讲座；开展宣传《家庭教育促进法》、家庭教育读书会、团体沙盘亲子活动；举办 2022 年芗城区青少年弘扬“中华好家风”夏令营；推动 5 个乡村学校少年宫的规范化建设；举行“喜迎二十大，争做好队员”一年级新队员入队系列活动；评定 15 位同学为 2022 年芗城区“新时代好少年”。

【文明城区创建】

2022 年，芗城区委文明办围绕文明创建，以创城整改提升工作为重点，持续深化群众性文明创建活动，组织模拟实地测评，每月开展村居（小区）清杂、农贸市场专项整治、交通秩序专项整治、“空中缆线”专项整治、社区（小区）和主次干道大清洗、基础设施专项排查和文明餐饮专项整治等行动，通过中央文明办整改验收。

【社会志愿服务】

2022 年，芗城区委文明办弘扬“奉献、友爱、互助、进步”的志愿精神，开展“佳节尚文明，志愿关爱行”志愿服务关爱活动，培育和践行社会主义核心价值观；组织新时代文明实践中心（所、站）近 5000 人次开展协助抗疫志愿服务活动；结合“学雷锋月”组织开展义诊、义剪、小区环境清洁行动等志愿服务系列活动 235 场次；联合团区委、区交警大队，招募 46 位交通文明劝导志愿者，在 10 个重点交通路口开展文明劝导，助力城市交通畅通、有序；承办漳州市社区志愿服务站培训交流会，8 个街道、82 个村居的 100 名社区志愿服务站的青年志愿者代表参加，并在 2 个乡镇设立分会场；开展寻找新时代“最美志愿者”活动，获得 2022 年度福建省第六批五星级志愿者称号 1 名，获得漳州市四星级志愿者 8 名，获得 2022 年度漳州市三星级志愿者 2 名，“龙溪猎鼠护漳州志愿服务行动”获得 2022 年福建省新时代文明实践服务项目大赛优秀项目铜奖。

（韩树根）

党校工作

【概况】

2022 年，芗城区委党校按照干部培训工作计划做好全区党员领导干部教育培训和理论宣讲工作，先后组织主体班 8 期、各类专题班 11 期、下基层宣讲 24 次。深入推进党史学习教育常态化，先后组织开展专题学习 41 次、专题研讨 6 次，校委会成员上党课 2 次。

【干部教育培训】

2022 年，芗城区委党校建立完善专题培训，先后组织举办科级干部进修班 5 期、新提拔科级干部 1 期、中青年干部培训班 1 期，培训科级干部 350 人次；组织举办 2021 年度新录用人员初任培训、新时代农村基层干部培训等培训班 7 期，培训党员干部 372 人次；分 15 个分会场举办区管干部二十大精神专题研讨班，培训科级干部 687 名；7 至

8月份，开设线上培训班，在“福建网络干部学院”开设新时代基层干部培训班，培训党员干部2000余人次；11月份，先后组织村居（两委）赴长泰岩溪镇现场教学58人次，承接长泰城区党校科级进修班到芗城现场教学。

【理论宣讲新课堂】

2022年，芗城区委党校打造理论宣讲新课堂，于5月份以《赓续红色血脉·汲取奋进力量》为主题，联合芗城区直机关党工委、区教育局、新桥街道党工委、浦南镇党委、三宝集团、傲农集团开展“纪念红军攻克漳州90周年主题”进机关、进社区、进企业、进学校、进农村“五进”宣讲活动，培训人数450人次；组织教师赴各镇街、傲农集团开展党员发展对象授课4次；5名教师分10批次到全区10个镇街宣讲党的二十大精神。

【教学研究工作】

2022年，芗城区委党校组织教师聆听省、市委党校专家讲座，参加中央党校网络培训3次，省委党校培训2次，参加市校举办的业务研讨班等，以提高教师的业务素质和科研能力。9月，组织1名教师参加市校精品课评比活动；10月，邀请漳州市党校教学骨干到校进行新课试讲评课，1名教师录制微党课参加第十七届全省党员教育电视片观摩交流等实践活动，以提升党校教学水平。

【理论研究】

2022年，芗城区委党校联合芗城区委宣传部、农业农村局、党史方志室等多部门，定期开展教学研讨，撰写发表资政论文2篇。组织基层调研，其中《习近平总书记新时代家庭家教家风重要论述》和《纪念红军攻克漳州90周年，进一步弘扬红军革命精神的时代价值》获市委党校校级课题立项。

（倪素青）

党史和地方志工作

【概况】

2022年，芗城区委党史和地方志研究室（以下简称区委史志室）开展党史和地方志“存史、资政、育人”工作，先后完成《芗城年鉴（2021）》《芗城年鉴（2022）》的出版工作。以“喜迎党的二十大”“纪念红军攻克漳州90周年”为契机，联合区委宣传部等部门举行“红星照耀——纪念红军攻克漳州90周年系列活动”启动仪式，开展系列活动。

【红色廉政文化教育基地打造】

2022年，区委史志室拨付2万元经费，以“喜迎党的二十大”和“纪念红军攻克漳州90周年”为契机，发掘天宝镇风霜岭红军临时作战指挥所和“红军树”等红色资源优势和特色，在风霜岭打造红色廉政文化教育基地，展示红军攻克漳州这段辉煌革命历史，弘扬红军革命精神，为各单位开展“重走红军路”主题党日活动、研学活动等红色文化溯源之旅提供场所。

【红色故事经典诵读】

2022年，区委史志室收集漳州战役重点人物、典型故事12个，在芗城融媒等新媒体上推出“经典诵读”栏目，传承红色经典，赓续红色血脉。

【党史书籍进老区】

2022年，区委史志室联合芗城区老区促进会、关心下一代工作委员会等单位，向石亭街道、浦南镇、天宝镇发放《福建中央苏区纵横（芗城卷）》《中国共产党芗城历史（第二卷）》《漳州红色故事》《漳州市芗城区革命老区发展史》《大芹山上展红旗》等红色经典书籍800多册，弘扬革命精神，传承红色基因。

【红军攻克漳州照片展示】

2022年，区委史志室分六大板块，精选60多幅漳州战役照片，全面再现中国工农红军东路军攻克漳州的红色记忆，激励和动员广大干部群众从中汲取智慧和力量。

【年鉴编纂】

2022年，区委史志室根据“当年编纂、当年出版”的要求，完成《芗城年鉴（2021）》出版工作。《芗城年鉴（2022）》比往年提前2个月时间出版，在全市率先完成地方综合年鉴2022年卷的编纂出版工作。

【地情服务】

2022年，区委史志室聚集芗城本地红色老区村，拍摄“今日老区村”系列节目《革命老区，幸福乡村》，重点展现山美、珠里、龙秋、蔡坑4个老区村的乡村振兴发展现状，以红色精神促乡村振兴。

（许舒琪）

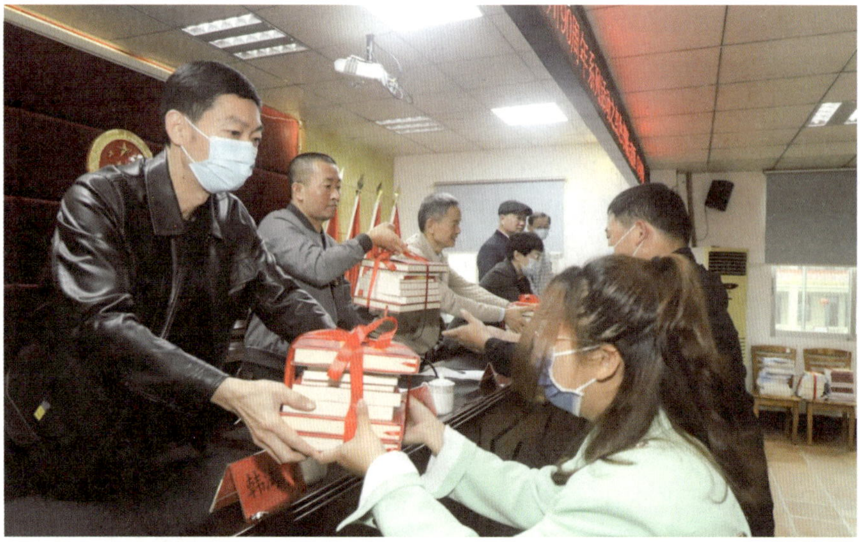

2022年4月24日，芗城区委党史方志室联合老促会、关工委等单位，开展芗城区纪念红军攻克漳州90周年系列活动之红色书籍进老区活动　（芗城区委党史方志室 供图）

新闻工作

【概况】

2022年，芗城区融媒体中心完成“芗城新闻网”IPv6升级改造，有力地提升新闻信息生产、传播、服务能力。推进传统媒体和新兴媒体深层次融合，发挥新闻舆论引导职能，全面深入地宣传报道芗城区经济和社会事业发展的新思路、新举措、新典型、新成效，为芗城区高品质中心城区建设提供舆论支持。全年，录制《芗城新闻》260期，《记者新观察》专题41期，监制《芗城乡讯》51期。

【主题宣传】

2022年，芗城区融媒体中心围绕党的十九届六中全会精神学习贯彻、新冠疫情防控、城乡建设、民生事业、征地拆迁、生态环保、学习宣传贯彻党的二十大精神等重点工作，在做好已开专栏的基础上，新开设“喜庆二十大”“闽山闽水物华新”“奋进新征程，建功新时代”“五福临门，福满芗城”等栏目21个，策划“创建文明城市”“新冠疫情防控”“深入学习宣传贯彻党的二十大精神”等主题报道20个。

【对外宣传】

2022年，芗城区融媒体中心在福建电视台、东南网等省级媒体刊播新闻138条，在漳州电视台、漳州人民广播电台、闽南网、漳州新闻网等市级媒体刊播新闻296条，为芗城区快速发展谋势造势，为讲好芗城故事营造浓厚的氛围。

【新媒体宣传】

2022年，芗城区融媒体中心精心运营“芗城融媒”微信公众号和视频号，开设专栏，制作图文并茂的新闻资讯，及时转载中央、省级、市级媒体重点报道，推出各类型推文2786条，刊播短视频231个，达到良好的社会宣传效果。

【芗城特色文化传播】

2022年，芗城区融媒体中心从古城历史建筑，红色文化，古城小吃，芗台情缘，非物质文化遗产，儒学文化传承6个方面进行深入挖掘芗城特色文化，完成系列专题片《用闽南文化点亮千年古城》的拍摄，有效地提升古城文化的内涵，其中《遇见芗城——主播带你走街穿巷逛芗城》获2021年度“福建省广播电视艺术奖”漳州评审电视播音与主持节目一等奖。

【专题宣传】

2022年，芗城区融媒体中心依托中心人才资源优势和技术手段，服务区委、区政府重点工作，先后采编形象片《又是一年春来到》，关于芗城区未成年人保护工作的专题片《精心守护祖国花朵 合理关爱幸福成长》，用于金峰经济开发区招商的宣传片《向上而生，点亮未来》，服务文明城市创建的系列短视频《文明在身边》，新冠疫情防控系列宣传短视频，营造喜迎党的二十大浓厚氛围的短视频《芗城区：逐梦五载"芗"约未来》《闽山闽水物华新·非凡十年之富美芗城篇》，汇报片《人防工作站》，政协视点《坚持协商为民助力打造幸福之城》，芗城"两会"宣传片《芗呈答卷》等专题宣传片。

【公益宣传】

2022年，芗城区融媒体中心运用各媒体平台资源播放《福吉报到》消防安全系列宣传片、芗城区创建文明城市倡议书、《芗城反诈小课堂》系列宣传片、《厉行节约反对浪费》、《热爱祖国同心共行》、《社会主义核心价值观》系列宣传片、《文明芗城有你有我》、《保密防线》等公益广告和标语。

【宣传设备更新】

2022年，芗城区融媒体中心启动融媒体超融合存储系统，更新采编网络系统；投入30万元采购直播设备、无人机、微单照相机等采编业务设备。

（蔡小华）

档案工作

【概况】

2022年，芗城区档案新馆于5月揭牌使用，"迁台记忆"档案资料征集工作进展顺利。成功接入全国档案查询利用服务平台，实现全国档案查阅利用"一网通办"。组织工作人员对全区2个乡镇、8个街道2022年度档案安全工作进行专项考核，组织全馆人员参与消防安全知识培训和灭火实操演练。在查档大厅举办"芗城区新冠疫情防控和脱贫攻坚档案图片展"，展示"馆藏部分珍贵档案"和"典型档案利用实例"。

【新档案馆启用】

2022年，芗城区档案馆于3月从钟法路财政综合大楼旧馆搬出，迁至大学路新馆，并于5月25日揭牌投入使用。新馆共有3.5层，总占地面积约5016平方米（建筑面积4216平方米、公共区域面积800平方米），建筑面积中，档案库房2384平方米、查档服务大厅732平方米、办公及其他功能用房1100平方米。

【档案收藏】

2022年，芗城区档案馆继续接收各机关、企事业单位2001—2010年纸质档案和数字化成果，接收芗城区2021—2022年度党史学习教育档案200份、新中国成立初期（1952—1953年）天宝镇各村地契珍贵档案近千份、全国第二次地名普查档案21473件、全区各政府职能部门信息公开资料1098份。联合芗城区委台港澳办、区台

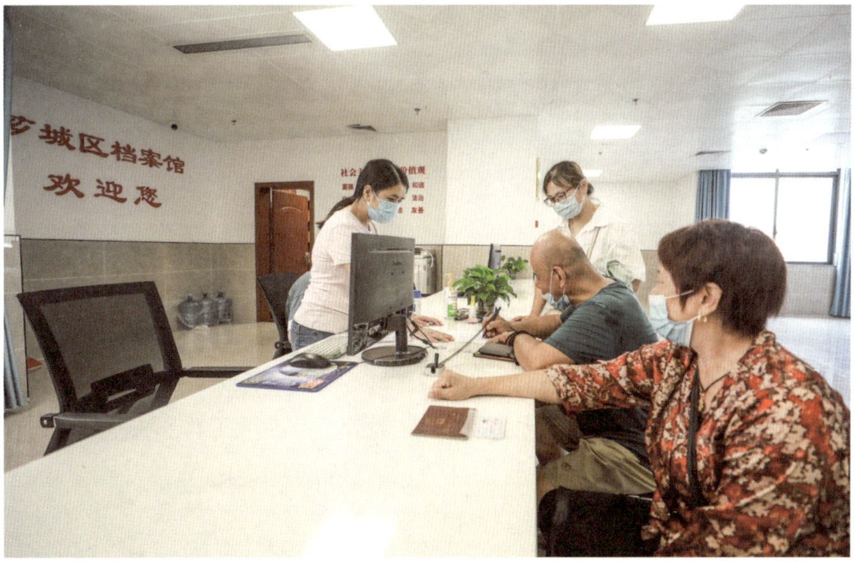

2022年7月12日，芗城区档案馆新馆接待查档群众　　（芗城区档案馆 供图）

联、区侨联发布《关于征集“迁台记忆”和侨批档案文献的通告》《“两岸信函”“迁台记忆”档案文献征集公告》，征集到涉台、涉侨档案资料1031件，以及反映芗城区供销社历史变迁的实物档案和照片档案上百件。

【档案专题数据库】

2022年，芗城区档案馆建立芗城区2020年度脱贫攻坚档案专题数据库，年内收集脱贫攻坚档案数据3273条、照片档案数据336条。

【档案服务】

2022年，芗城区档案馆以启用新馆为契机，优化服务方式，拓宽服务渠道，简化程序，升级档案数字管理系统，开辟退役军人绿色通道、特别预约通道，接待查档1960人次、利用档案1183卷、复制档案4822张（其中，民生档案查阅率占90%以上），为群众办理社保、财产继承、房产过户、领取优惠补贴等提供有力证明。

【档案规范化管理】

2022年，芗城区档案馆于6月底联合芗城区档案局、区水利局组成验收组，对九龙江防洪工程漳州段（二期）芗城段工程档案381卷进行现场验收；于8月初联合芗城区档案局、区退役军人事务局组织开展全区退役军人档案管理规范培训会，对2011年至2022年度纸质档案进行随机抽查，督促第三方档案服务机构完善芗城区退役军人档案规范化整理；于9月召开2022年度档案移交工作推进会，向芗城区27个单位档案员宣传关于档案移交接收工作的相关标准和要求，并对芗城区委办、文体局、供销社等单位档案进行验收，督促整改，确保档案符合进馆标准。

【档案设施管理】

2022年，芗城区档案馆按照相关的管理要求，为新馆库房配齐配好档案安全设施设备，新增手动三柱式密集架约1.28立方米、报纸柜27.04立方米、消毒设备1台，确保馆藏档案得到妥善保管。

（赵祝成）

关心下一代工作

【概况】

2022年，芗城区关心下一代工作委员会（以下简称芗城区关工委）实施“五老”关爱工程，推进“基层工作提升年”等活动，开展各项专题报告会和文艺活动，持续为青少年提供法律服务，联合相关单位开展助学奖学活动，各项工作开展顺利并取得良好的社会影响。

【青少年党史学习教育】

2022年，芗城区关工委联合相关单位开展党史学习教育系列活动，相继开展纪念红军攻克漳州90周年系列活动之红色书籍进老区活动、开展“传承红色基因、永葆初心使命”纪念红军攻克漳州90周年专题报告会、纪念红军攻克漳州90周年专题文艺活动、“传承红色基因争做时代新人”纪念红军攻克漳州90周年集邮展活动，在通北街道湖内社区举办“传承红色基因，争做时代新人”——2022年湖内社区党史学习教育活动及冬令营，在东铺头中心小学举办“童心永向党，筑梦向未来”东铺头中心小学喜迎二十大文艺会演，在通北中心小学举办“喜迎二十大，争做好队员”校园艺术节文艺会演，在芗城实验小学举行漳州市“青少年党史学习月”启动仪式，在漳州市溪园小学举行“传承红色基因，争做时代新人”——芗城区“青少年党史学习月”李林英雄事迹报告会，在漳州艺术馆举办“喜迎二十大奋进新征程——方寸忆峥嵘·集邮展”。

【基层培训】

2022年，芗城区关工委对“党建带关建”及村、社区关工委调整情况进行摸底，举办基层关工委骨干巡回培训——镇、街道及村、社区关工委“五老”骨干培训班，全区10个镇、街道及170个村、社区关工委全覆盖。

【暑期系列夏令营活动】

2022年，芗城区关工委联合相关单位组织举办暑期系列夏令营活动。其中：通北街道宝珠园社区“青少年党史学习月”公益夏令营活动；浦南镇松洲书院2022年芗城区青少年“中华好家风”主题教育系列活动——弘扬“中华好家风”夏令营活动；芝山街道惠民社区2022年“喜迎二十大，奋进新征程”主题系列活动——“筑梦新时代争做好少年”夏令营活动；区法院“芗法同行，扬帆筑梦”小法官夏令营；米宝教育举办“童心向党，启智未来”夏令营活动，联合区妇联、市图书馆举办七场“有福之家有福之娃”家庭家风系列讲座。

【青少年法治教育】

2022年，芗城区关工委与芗城区政法委、检察院、芗城公安分局、教育局、民政局等10部门联合印发《芗城区罪错未成年人临界预防与保护处分机制实施意见（试行）》和《芗城区未成年人综合保护工作体系实施意见（试行）》；配合政法机关建立“合适成年人”“未成年案件陪审、回访”和涉罪未成年人帮教等工作机制，对重点对象登记造册，掌握基本数据，了解分布规律，为风险隐患、诉讼和服务帮教工作提供依据，在新桥街道华港社区、通北街道漳华社区、延安北社区开展创建“四零”社区活动，在漳州市玉兰学校、漳州市芝山中心小学、漳州市溪园小学开展争当法治建设“五小明星”活动，累计开展法治关爱活动18场；联合市关工委关爱团、区教育局、漳州市强制隔离戒毒所等单位开展法治宣传进校园活动，到辖区内中小学校举办普法教育10场次；配合公检法部门，承担本辖区涉罪未成年人、受害未成年人“代理家长”（合适成年人），参与涉罪未成年人案件诉讼活动，维护其诉讼及合法权利40人次；联合团区委、区检察院部门向启航青少年社区工作服务中心购买青少年事务社工服务项目，为“五失”含重点青少年群体提供权益保障机构和关爱队伍，对辖区内有不良行为或严重不良行为、不捕不诉、因未达到法定刑事责任年龄不予处理的青少年开展法治教育、法律帮助、心理疏导、行为矫治等专业服务。

【随迁人员子女服务】

2022年，芗城区关工委在芝山中心小学举办“携爱同行·助力成长”关爱随迁人员子女服务项目，搭建具有综合功能的“重点青少年互助”平台，开展丰富多彩的志愿服务活动，有效提供心灵关怀、安全健康教育、亲子教育、课业辅导及各种形式的帮扶活动，开展个案25个，开展小组5次，帮扶青少年52人次。开展“爱童行·伴成长——暖冬慰问”关爱随迁人员子女研学活动，向随迁人员子女发放慰问金。开展“暑期伴成长·科技向未来”科技夏令营，学员20名，其中随迁人员子女学员有18名。

【走访慰问】

2022年，芗城区关工委联合区工商联于春节前夕开展“情

2022年6月24日，漳州市关工委、市教育局、芗城区关工委、区教育局联合在漳州市芗城实验小学举行漳州市“青少年党史学习月”启动仪式　（芗城区关工委 供图）

暖新芗城，关爱在行动”关爱月活动，走访慰问孤儿、单亲家庭子女和困难学生50人，每人发放慰问金700元及慰问品若干。

【助学活动】

2022年，芗城区关工委联合芗城区7个相关单位开展“关爱帮扶，助你成才”金秋助学活动，向61名学生发放助学金4.86万元；联合漳光塑胶公司关工委在北斗中学开展第22届漳光塑胶奖教、奖学、助学大会；联合芗城区慈善总会开展金秋助学活动，向68名大学新生发放助学金30.7万元；芗城区宏益爱心协会开展2022年度奖学助学活动，向66名考上大学的学子发放奖学金25.96万元，并对其中三名家庭经济困难的学子各发放助学金1万元；文昌阁奖学101人、助学15人，发放助学金26.2万元。

【种子工程】

2022年，芗城区关工委联合芗城区农业农村局，围绕农业生产技术应用和新品种、新技术信息推广，开展“种子工程”培训和实用技术推广，分别向芗城区闽兴果蔬专业合作社、宏昌水产养殖专业合作社、国章家庭农场授“种子工程示范点”牌匾；到漳州市芗城区鹏东家庭农场、漳州市芗城区漳州斗鸡繁育协会实地考察“种子工程”工作调研，并送市关工委参与示范基地评选。

（叶慧平）

芗城区人民代表大会

综述

【概况】

2022年，芗城区第十届人民代表大会常务委员会（以下简称芗城区人大常委会）强化使命担当，依法履职尽责，全年召开主任会议14次、常委会会议8次，听取审议“一府一委两院”专项工作报告12项，作出决议、决定12项，审议意见12件，开展各类调研、视察等20项，依法任免国家机关工作人员110人次（其中：任命、表决通过65人次，免职、接受辞职45人次），组织宪法宣誓6批66人次，任免人民陪审员6名。

【思想政治建设】

2022年，芗城区人大常委会坚持把党的全面领导作为人大工作的首要政治原则，坚持把党的十九届六中全会和党的二十大精神，中央和省委、市委、区委人大工作会议精神与省、市、区党代会精神结合起来，召开会议16次、理论中心组集中学习12场次，组织机关支部集体学习31场次，举办专题研讨2场次，上党课、开展宣讲7场次。

2022年8月8日，芗城区十届人大第一次镇街人大工作联席会议召开。图为区人大常委会主任曾勇平（前排左三）、副主任胡敦金（右二）、刘志明（左二）、刘南煌（左一）、雷黄文君（右一）和与会人员视察新桥街道养老服务照料中心　（芗城区人大办 供图）

【区委决策部署落实推动】

2022年，芗城区人大常委会围绕区委决策部署和“产业发展项目建设攻坚年”活动、“七比一看”竞赛等重点工作，依法做好重大事项决定和人事任免工作。依法依规选举、任免区人大常委会、“一府一委两院”国家机关工作人员。制定出台“一府一委两院”国家机关工作人员履职监督暂行办法，改进方式强化常委会任命人员履职情况监督，促进依法行政、履职尽责；根据区委安排，常委会班子成员分别挂钩“重中之重”项目，着力做好服务保障工作，推进项目进展；聚焦全区创城攻坚重任，抽调人大机关领导和干部成立督查组，常态化开展创城督促检查，发现问题1366条，推动整改1338条，跟踪督办中央和省、市督查问题653项，有力推动创城工作提质增效，助力顺利通过国家复查验收。

【履职能力建设】

2022年，芗城区人大常委会修订完善《漳州市芗城区人民代表大会常务委员会组成人员守则》，保障组成人员依法履行职责。组织机关干部参加上级人大组织的“助力实现‘双碳’目标，推进生态文明法治建设”、侨台民宗工作、财经以及办公室主任等专题培训班，着力增强人大机关干部的综合能力，提高服务保障常委会依法履职的水平。深化拓展党史学习教育和活动成果，践行优良作风，深入开展机关干部作风问题专项整治,强化争先创优意识。

重要会议

【概况】

2022年，芗城区第十届人民代表大会常务委员依法召开芗城区十届人大二次会议1次，召开主任会议14次、常委会会议8次，听取审议“一府一委两院”专项工作报告12项，作出决议、决定12项，审议意见12件，调整任免国家机关工作人员110人次（其中：任命、表决通过65人次，免职、接受辞职45人次），任免人民陪审员6名。

【十届人大二次会议】

2022年12月21日至23日，召开芗城区十届人大二次会议，180名代表出席会议。会议听取和审议漳州市芗城区人民政府工作报告，审查和批准漳州市芗城区人民政府关于2022年国民经济和社会发展计划执行情况与2023年国民经济和社会发展计划草案的报告，批准区2023年国民经济和社会发展计划，审查和批准漳州市芗城区人民政府关于2022年预算执行情况与2023年预算草案的报告，批准区2023年预算，听取和审议漳州市芗城区人民代表大会常务委员会、漳州市芗城区人民法院、漳州市芗城区人民检察院工作报告。会议选举吕雅莉（女）、林朝晖、高雪茹（女）为芗城区第十届人民代表大会常务委员会委员。会议表决通过林朝晖、赖志伟为芗城区第十届人民代表大会财政经济委员会组成人员。

【人大常委会会议】

第一次会议　1月28日上午，区十届人大常委会举行第一次会议。人事任免。审议、通过《漳州市芗城区人民代表大会常务委员会组成人员守则》。审议、通过《漳州市芗城区十届人大常委会代表资格审查委员会组成人员名单》。审议、通过《漳州市芗城区人大常委会关于同意区人民政府2022年度第一批新增政府债券资金安排使用方案的决定》。

第二次会议　4月2日上午，区十届人大常委会举行第二次会议。人事任免。听取和审议《关于2021年规范性文件备案审查工作情况的报告》。

第三次会议　6月28日上午，区十届人大常委会举行第三次会议。人事任免。听取区财政局局长陈梅受区政府委托所作的《芗城区人民政府2021年财政决算报告》和区人大财政经济委员会副主任委员林俊铭受区人大财政经济委员会委托所作的《关于芗城区人民政府2021年财政决算（草案）报告的审查意见》，经过审议，作出《审议意见》，要求区政府认真研究贯彻。表决通过《漳州市芗城区人民代表大会常务委员会关于批准2021年芗城区财政决算的决议》。听取区审计局局长洪忠华受区政府委托所作的《关于芗城区2021年度区级预算执行和其他财政收支情况的审计工作报告》和区人大财政经济委员会副主任委员林俊铭受区人大财政经济委员会委托所作的《关于芗城区2021年度区级预算执行和其他财政收支情况审计工作报告的审查意见》，经过审议，作出《审议意见》，要求区政府认真研究贯彻，并于当年十月将研究处理情况向区人大常委会报告。审议、通过《漳州市芗城区人民代表大会常务委员会关于批准芗城区政府债务限额管理及2022年第二批新增政府债券资金安排使用预算调整方案的决议》。听取区人大常委会人事代表工作委员会主任甘锦丽受区人大常委会主任会议委托所作的《关于接受王景联辞去芗城区第十届人民代表大会财政经济委员会委员职务请求的议案》，经审议表决通过：接受王景联辞去芗城区第十届人民代表大会财政经济委员会委员职务，报区人民代表大会备案。听取区人大常委会人事代表工作委员会主任甘锦丽受区人大常委会主任会议委托所作的《关于接受唐凌等辞去芗城区第十届人民代表大会代表职务请求的议案》，经审议表决通过：接受唐凌、王景联、詹艺勇、蓝晓华、张文龙辞去芗城区第十届人民代表大会代表职务，唐凌、王景联、詹艺勇、蓝晓华、张文龙的代表资格终止，予以公告。听取区人大常委会代表资格审查委员会副主任委员甘锦丽受区人大常委会代表资格审查委员会委托所作的《关于提请暂时停止芗城区第十届人民代表大会代表李艺灵执行代表职务的议案》，经审议表决通过：决定暂时停止李艺灵执行区人大代表职务，许可漳州市公安局芗城分局对其采取取保候审强制措施。听取区人大常委会人事代表工作委员会主任甘锦丽受区人大常委会主任会议委托所作的《关于接受杨怡静、黄淑荣、韩瑞发等辞去芗城区第十届人民代表大会常务委员会委员等职务请求的议案》，经审议表决通过：接受杨怡静辞去芗城区第十届人民代表大会常务委员会委员职务；接受黄淑荣辞去芗城区第十届人民代表大会常务委员会委员职务；接受韩瑞发辞去芗城区第十届人民代表大会常务委员会委员职务及代表资格审查委员会委员职务，报区人民代表大会备案。

第四次会议　8月30日上午，区十届人大常委会举行第四次会议。人事任免。审议、通过区十届人大常委会代表资格审查委员会《关于补选漳州市芗城区第十届人民代表大会代表资格的审查报告》，确认陈智兴、戴溪勇、吕雅莉、戴绍辉、林志明、魏冠莹等6位同志的芗城区第十届人

12月21日，漳州市芗城区第十届人民代表大会第二次会议召开　（芗城区委办 供图）

民代表大会代表资格有效，予以公告。审议、通过《漳州市芗城区人民代表大会常务委员会关于加强“一府一委两院”国家机关工作人员任职监督办法》。听取区政府常务副区长蔡加立所作的《芗城区人民政府关于区十届人大一次会议代表建议办理工作报告》，经过审议，作出《审议意见》，要求区政府认真研究贯彻。区政府应在收到审议意见之日起九十日内，将研究处理情况向区人大常委会提交报告。听取区发改局局长唐凌受区政府委托所作的《芗城区2022年上半年国民经济和社会发展计划执行情况的报告》和区十届人大财政经济委员会副主任委员林俊铭受区十届人大财政经济委员会委托所作的《关于芗城区2022年上半年国民经济和社会发展计划执行情况的审查意见》，经过审议，作出《审议意见》，要求区政府认真研究贯彻。区政府应在收到审议意见之日起九十日内，将研究处理情况向区人大常委会提交报告。听取区财政局局长陈梅受区政府委托所作的《芗城区2022年上半年财政预算执行情况的报告》和区十届人大财政经济委员会副主任委员林俊铭受区十届人大财政经济委员会委托所作的《关于芗城区2022年上半年财政预算执行情况报告的审查意见》，经过审议，作出《审议意见》，要求区政府认真研究贯彻。区政府应在收到审议意见之日起九十日内，将研究处理情况向区人大常委会提交报告。听取区政府常务副区长蔡加立所作的《芗城区人民政府关于铸牢中华民族共同体意识推动新时代民族工作高质量发展的工作报告》，经过审议，作出《审议意见》，要求区政府认真研究贯彻。区政府应在收到审议意见之日起九十日内，将研究处理情况向区人大常委会提交报告。听取区政府副区长蔡金山所作的《芗城区人民政府关于乡村振兴战略实施情况的工作报告》，经过审议，作出《审议意见》，要求区政府认真研究贯彻。区政府应在收到审议意见之日起九十日内，将研究处理情况向区人大常委会提交报告。听取区政府副区长方龙俊所作的《芗城区人民政府关于进一步减轻义务教育阶段学生作业负担和校外培训负担的工作报告》，经过审议，作出《审议意见》，要求区政府认真研究贯彻。区政府应在收到审议意见之日起九十日内，将研究处理情况向区人大常委会提交报告。听取区法院院长林银木所作的《漳州市芗城区人民法院半年工作报告》，经过审议，作出《审议意见》，要求区法院认真研究贯彻。区法院应在收到审议意见之日起九十日内，将研究处理情况向区人大常委会提交报告。听取区检察院检察长郭荣龙所作的《关于检察工作情况的报告》，经过审议，作出《审议意见》，要求区检察院认真研究贯彻。区检察院应在收到审议意见之日起九十日内，将研究处理情况向区人大常委会提交报告。会议对常委会组成人员联系代表工作和保密工作提出要求，强调常委会组成人员要按照《关于加强区十届人大常委会组成人员与人大代表联系工作的通知》（漳芗人大办〔2022〕29号）文件要求，加强与所联系的人大代表之间的沟通联系，广泛听取代表意见，支持代表依法履行职责，发挥代表作用；常委会组成人员要严格遵守保密纪律，妥善保管会议材料，凡属规定不应公开的内容，不得以任何方式泄露和传播。

第五次会议　10月26日上午，区十届人大常委会举行第五次会议。人事任免。审议、通过《漳州市芗城区人民代表大会常务委员会关于批准芗城区政府债务限额管理及2022年第三批新增政府债券资金安排使用预算调整方案的决议》。听取区审计局局长洪忠华受区政府委托所作的《漳州市芗城区人民政府关于2021年度区级预算执行和其他财政收支审计查出问题整改情况的报告》。听取区政府副区长蔡金山所作的《关于芗城区国有企业资产管理情况的报告》和区十届人大财政经济委员会副主任委员林俊铭受区十届人大财政经济委员会委托所作的《关于芗城区国有企业资产管理情况报告的审查意见》，作出审议意见，要求区政府认真研究贯彻，并在收到审议意见之日起九十日内，将研究处理情况向区人大常委会提交报告。书面听取区政府《关于芗城区国有资产管理情况综合报告》。听取区政府副区长蔡金山所作的《关于2022年度环境状况和目标任务完成情况的报告》，作出审议意见，要求区政府认真研究贯彻，并在收到审议意见之日起九十日内，将研究处理情况向区人大常委会提交报告。听取区监委主任黄平源所作的《芗城区监察委员会关于开展粮食购销领域专项反腐败工作情况的报告》。

第六次会议 11月18日上午，区十届人大常委会举行第六次会议。人事任免。审议、通过《漳州市芗城区人民代表大会常务委员会关于召开漳州市芗城区第十届人民代表大会第二次会议的决定》。听取区人大常委会人事代表工作委员会主任甘锦丽受区人大常委会主任会议委托所作的《关于接受林广文辞去芗城区第十届人民代表大会财政经济委员会委员职务请求的议案》，经审议表决通过：接受林广文辞去芗城区第十届人民代表大会财政经济委员会委员职务，报区人民代表大会备案。听取区人大常委会人事代表工作委员会主任甘锦丽受区人大常委会主任会议委托所作的《关于接受郭宏辞去芗城区第十届人民代表大会常务委员会委员职务请求的议案》，经审议表决通过：接受郭宏辞去芗城区第十届人民代表大会常务委员会委员职务，报区人民代表大会备案。听取区人大常委会人事代表工作委员会主任甘锦丽受区人大常委会主任会议委托所作的《关于接受陈细斌等辞去芗城区第十届人民代表大会代表职务请求的议案》，经审议表决通过：接受陈细斌、林广文、郭宏、李艺灵辞去芗城区第十届人民代表大会代表职务，陈细斌、林广文、郭宏、李艺灵的代表资格终止，予以公告。

第七次会议 12月2日上午，区十届人大常委会举行第七次会议。审议、通过区十届人大常委会代表资格审查委员会《关于补选漳州市芗城区第十届人民代表大会代表的代表资格审查报告》，确认高雪茹、张振拓、林朝晖等3位同志的芗城区第十届人民代表大会代表资格有效，予以公告。听取区财政局局长林广文受区政府委托所作的《漳州市芗城区人民政府关于调整2022年财政收支预算的议案》和区人大财政经济委员会副主任委员林俊铭受区人大财政经济委员会委托所作的《关于芗城区人民政府调整2022年财政收支预算的议案审查意见》，表决通过《漳州市芗城区人民代表大会常务委员会关于批准芗城区人民政府调整2022年财政收支预算的决议》。

第八次会议 12月15日上午，区十届人大常委会举行第八次会议。听取区人大常委会副主任雷黄文君所作的《关于补选黄中为漳州市十七届人大代表的议案》，以无记名表决方式，选举黄中为漳州市十七届人民代表大会代表，选举出的市人大代表的代表资格需报经漳州市人民代表大会常务委员会代表资格审查委员会审查，并经漳州市人大常委会确认后生效。审议、通过区十届人大二次会议议程、日程（草案），同意将会议议程（草案）提交区十届人大二次会议预备会议审议通过，将会议日程（草案）提交区十届人大二次会议主席团会议审议通过。审议、通过区十届人大二次会议各项名单（草案），同意将区十届人大二次会议主席团和秘书长名单提交区十届人大二次会议预备会议审议通过，将区十届人大二次会议主席团常务主席名单、执行主席分组名单、副秘书长名单、列席人员名单、上主席台就座人员名单（草案）提交区十届人大二次会议主席团会议审议通过。听取区发改局局长唐凌受区政府委托所作的《芗城区2022年国民经济和社会发展计划执行情况与2023年国民经济和社会发展计划（草案）》，经过审议，同意提交区十届人大二次会议审查通过。听取区财政局局长林广文受区政府委托所作的《漳州市芗城区人民政府关于2023年芗城区财政预算（草案）》，经过审议，同意提交区十届人大二次会议审查通过。讨论、通过《漳州市芗城区第十届人民代表大会常务委员会工作报告》。

表 7　　2022 年芗城区人大常委会人事任免情况表

时间	会议	任免事项
2022.01.28	区十届 人大常委会 第一次会议	决定任命：林畅浩为芗城区人民政府办公室主任；傅小林为芗城区发展和改革局局长；曾超为芗城区教育局局长；欧阳思嘉为芗城区工业和信息化局局长；陈田玲为芗城区民政局局长；郑柏苍为芗城区司法局局长；陈梅为芗城区财政局局长；杨文璐为芗城区人力资源和社会保障局局长；沈西旗为芗城区自然资源局局长；詹荣华为芗城区住房和城乡建设局局长；林建平为芗城区交通运输局局长；郭晋忠为芗城区水利局局长；郭一鸣为芗城区农业农村局局长；张婉瑜为芗城区商务局局长；沈淑惠为芗城区文化体育和旅游局局长；张振拓为芗城区卫生健康局局长；陈智兴为芗城区退役军人事务局局长；韩纯武为芗城区应急管理局局长；洪忠华为芗城区审计局局长；兰长金为芗城区市场监督管理局局长；洪建辉为芗城区统计局局长；刘永刚为芗城区城市管理局局长；王腾为芗城区人民政府信访局局长 决定免去：林建平芗城区退役军人事务局局长职务；戴成兴芗城区交通运输局局长职务 免去：陈成刚芗城区人民法院副院长职务；邱幼波芗城区人民法院副院长职务 任命：余宙平为芗城区人民检察院检察委员会委员；蔡合明为芗城区人民检察院检察委员会委员
2022.04.02	区十届 人大常委会 第二次会议	决定任命：郭艺泓为芗城区人民政府副区长 决定免去：杨波芗城区人民政府副区长职务 任命：林宝叶为芗城区人民代表大会常务委员会通北街道工作委员会主任 免去：詹艺勇芗城区人民代表大会常务委员会通北街道工作委员会主任职务 决定任命：詹艺勇为芗城区民政局局长 决定免去：陈田玲芗城区民政局局长职务 免去：邱志强芗城区人民法院审判委员会委员、审判员职务 接受：蒋伟强辞去芗城区第十届人民代表大会代表职务，其代表资格终止，予以公告
2022.06.28	区十届 人大常委会 第三次会议	决定免去：方锦洲芗城区人民政府副区长职务；郭艺泓芗城区人民政府副区长职务 任命：杨晓煌为芗城区人民代表大会常务委员会城乡建设环境资源保护工作委员会主任；吕雅莉为芗城区人民代表大会常务委员会华侨台胞民族宗教工作委员会主任

续表 7

时间	会议	任免事项
2022.06.28	区十届人大常委会第三次会议	戴溪勇为荔城区人民代表大会常务委员会巷口街道工作委员会主任；赖志伟为荔城区人民代表大会常务委员会南坑街道工作委员会主任；戴绍辉为荔城区人民代表大会常务委员会石亭街道工作委员会主任；刘名幸为荔城区人民代表大会常务委员会人事代表工作委员会副主任 免去：黄淑荣荔城区人民代表大会常务委员会城乡建设环境资源保护工作委员会主任职务；杨怡静荔城区人民代表大会常务委员会华侨台胞民族宗教工作委员会主任职务；王景联荔城区人民代表大会常务委员会巷口街道工作委员会主任职务；杨晓煌荔城区人民代表大会常务委员会南坑街道工作委员会主任职务；蓝晓华荔城区人民代表大会常务委员会石亭街道工作委员会主任职务；刘名幸荔城区人民代表大会常务委员会城乡建设环境资源保护工作委员会副主任职务 决定任命：唐凌为荔城区发展和改革局局长；蓝晓华为荔城区人力资源和社会保障局局长；王景联为荔城区退役军人事务局局长 决定免去：傅小林荔城区发展和改革局局长职务；杨文璐荔城区人力资源和社会保障局局长职务；陈智兴荔城区退役军人事务局局长职务 任命：吴雅莉为荔城区人民检察院检察委员会委员 免去：曾育力荔城区人民检察院检察委员会委员、检察员职务 免去：戴凤芝荔城区人民法院人民陪审员职务；沈建成荔城区人民法院人民陪审员职务 接受：王景联辞去荔城区第十届人民代表大会财政经济委员会委员职务，报区人民代表大会备案；唐凌、王景联、詹艺勇、蓝晓华、张文龙辞去荔城区第十届人民代表大会代表职务，唐凌、王景联、詹艺勇、蓝晓华、张文龙的代表资格终止，予以公告 接受：杨怡静辞去荔城区第十届人民代表大会常务委员会委员职务；黄淑荣辞去荔城区第十届人民代表大会常务委员会委员职务；韩瑞发辞去荔城区第十届人民代表大会常务委员会委员职务及代表资格审查委员会委员职务，报区人民代表大会备案
2022.08.30	区十届人大常委会第四次会议	决定任命：林国栋为荔城区人民政府副区长；周志平为荔城区人民政府副区长 任命：欧阳江华为荔城区人民法院审判员、审判委员会委员、副院长；沈全国为荔城区人民法院副院长；许华望为荔城区人民法院审判委员会委员；梁玉婷为荔城区人民法院审判员；陈家燕为荔城区人民法院审判员 任命：韩琦为荔城区人民检察院检察员、检察委员会委员、副检察长；卢淑娟为荔城区人民检察院副检察长；郑弘楠为荔城区人民检察院检察员

续表 7

时间	会议	任免事项
2022.10.26	区十届人大常委会第五次会议	任命：刘艺玲为芗城区人民法院审判员；刘宇莹为芗城区人民法院审判员 免去：朱灿明芗城区人民检察院检察员职务 任命：陈建安为芗城区人民法院人民陪审员；江佩珊为芗城区人民法院人民陪审员；梁铭华为芗城区人民法院人民陪审员；朱宝青为芗城区人民法院人民陪审员
2022.11.18	区十届人大常委会第六次会议	任命：林朝晖为芗城区人民代表大会常务委员会芝山街道工作委员会主任 免去：林广文芗城区人民代表大会常务委员会芝山街道工作委员会主任职务 决定任命：林广文为芗城区财政局局长；庄志强为芗城区卫生健康局局长 决定免去：陈梅芗城区财政局局长职务；郭一鸣芗城区农业农村局局长职务；张振拓芗城区卫生健康局局长职务 任命：黄东标为芗城区人民法院民事审判一庭（家事少年审判庭）庭长；郑洪为芗城区人民法院行政与生态环境审判庭（综合审判庭）庭长；肖基靖为芗城区人民法院漳州金峰经济开发区人民法庭庭长；陈立达为芗城区人民法院刑事审判庭庭长；刘洁燕为芗城区人民法院立案庭（诉讼服务中心）副庭长；林卯聪为芗城区人民法院刑事审判庭副庭长；谢文清为芗城区人民法院民事审判一庭（家事少年审判庭）副庭长；邹燕玲为芗城区人民法院民事审判二庭副庭长；黄建武为芗城区人民法院民事审判二庭副庭长；沈志兴为芗城区人民法院金融审判庭副庭长；王伟英为芗城区人民法院漳州金峰经济开发区人民法庭副庭长；林挺为芗城区人民法院巷口人民法庭副庭长 免去：黄东标芗城区人民法院立案庭（诉讼服务中心）庭长职务；张伟明芗城区人民法院刑事审判庭庭长职务；林宝平芗城区人民法院民事审判一庭（家事少年审判庭）庭长职务；许华望芗城区人民法院民事审判二庭庭长职务；施健凤芗城区人民法院金融审判庭庭长职务；韩建林芗城区人民法院刑事审判庭副庭长职务；陈立达芗城区人民法院刑事审判庭副庭长职务；叶勇前芗城区人民法院民事审判二庭副庭长职务；王伟英芗城区人民法院民事审判二庭副庭长职务；刘俊红芗城区人民法院金融审判庭副庭长职务；谢文清芗城区人民法院巷口人民法庭副庭长职务；李巧青芗城区人民法院巷口人民法庭庭长、审判员职务；李海宝芗城区人民法院审判员职务 接受：林广文辞去芗城区第十届人民代表大会财政经济委员会委员职务，报区人民代表大会备案

续表 7

时间	会议	任免事项
2022.11.18	区十届 人大常委会 第六次会议	接受：郭宏辞去芗城区第十届人民代表大会常务委员会委员职务，报区人民代表大会备案 接受：陈细斌、林广文、郭宏、李艺灵辞去芗城区第十届人民代表大会代表职务，陈细斌、林广文、郭宏、李艺灵的代表资格终止，予以公告

人大监督

【概况】

2022 年，芗城区人大常委会坚持正确监督、有效监督、依法监督，听取审议环保目标完成、计划预算执行、政府债务、国有资产管理、民事审判等 14 项工作报告，开展消防法“一法一例”执法检查，组织优化城区教育资源配置、公安“放管服”、市政道路及排涝排污工程建设、残疾人权益保障、为民办实事项目等 9 项视察活动，开展乡村振兴、县乡人大换届选举、普法、预决算审议意见落实情况、归侨侨眷权益保护等 13 项专题调研，紧扣法定职责、运用法治方式，助推高质量发展。

【财政经济审查监督】

2022 年，芗城区人大常委会开展税收完成情况、减税降费政策落实情况、税源培植情况、保就业情况、房地产业发展情况等调研，把准经济运行脉搏；落实新时代人大预算审查监督重点向支出预算和政策拓展的工作要求，专题调研计划执行、财政预结算、区级预算执行和其他财政收支审计查出问题整改落实等情况，听取审议专项工作报告，推动区政府增强预算编制的科学性和预算执行的严肃性。及时审查批准区政府债务限额管理，以及三批次新增政府债券资金安排使用预算调整方案，推动强化政府债务管理，实现稳增长与防风险长期均衡。调研国有资产管理工作，听取区政府关于国有资产管理情况的综合报告，审议国有企业资产管理情况专项报告，促进完善相关制度，提升国有资产监督管理水平，推动区属国有企业加快改革整合进程。召开企业界人大代表座谈会，动员企业界代表在助力产业招商、推动芗城经济社会高质量发展中当先锋、作表率；组织视察侨资企业发展情况，助推侨资企业转型提档、持续发展。

【民生事业审查监督】

2022 年，芗城区人大常委会开展促进中医药传承创新发展情况调研，推动深入挖掘本区特色中医药资源，凝聚中医药传承创新发展合力，形成的调研报告得到区委主要领导肯定并作出批示。开展民族工作调研，听取审议区政府《关于铸牢中华民族共同体意识，推动新时代民族工作高质量发展的工作报告》，提出审议意见，推动构筑新时代芗城民族工作新格局，促进各民族广泛交往交流交融。先后就减轻义务教育阶段学生作业负担和校外培训负担工作、城乡居民养老保险工作、防洪体系建设进展情况、乡村振兴战略实施情况等开展专题调研，组织视察全民健身计划（2021—2025 年）实施、养老服务机构建设及医养结合开展等情况，督促落实政策、补齐短板，推进相关工作落实落地。加大房地产项目不动产权登记历史遗留问题跟踪督办力度，维护购房者利益。听取审议区政府《关于 2022 年度环境状况和目标任务完成情况的报告》，督促持续做好生态文明建设各项工作。配合市人大开展燃气安全管理工作视察以及高中教育优质特色发展情况、“盘活闲置工业用地，提高亩均发展效益”等专题调研，及时回应群众关心关切，并提出意见或建议。

【法律实施情况监督】

2022年，芗城区人大常委会听取区监委专项工作报告，着力推动监察工作规范化、法治化。配合上级人大开展《中华人民共和国科学技术普及法》《福建省科学技术普及条例》和《中华人民共和国环境保护法》等执法检查，开展《漳州市市容和环境卫生“门前三包”责任区管理若干规定》贯彻执行情况工作督查、《漳州市城市公共停车管理规定》执行情况专题调研和生态环境保护、养老服务、涉台文物古迹保护等立法调研，确保相关法律法规在辖区得到有效实施。开展年度规范性文件备案审查自查工作，推进规范性文件备案审查信息平台建设，推动规范性文件“有件必备、有备必审、有错必纠”。全年受理群众来信来访17件次，落实转办交办督办，助力重要节点和重大节庆活动期间的维稳工作。

代表工作

【概况】

2022年，芗城区人大常委会高度重视发挥代表主体作用，丰富代表联系服务人民群众的内容和形式，支持代表履好职、尽好责，为代表依法履职、发挥作用提供坚实保障，深化代表联系工作，拓展代表参与常委会工作的深度和广度，邀请代表列席常委会，参与视察、调研、执法检查、听证等活动，各级代表响应区人大常委会的倡议和号召，助力全区新冠疫情防控、创城等工作。全年，区人大代表提出建议70件。

2022年9月14日，芗城区人大常委会召开企业界代表座谈会（芗城区人大办 供图）

【代表履职】

2022年，芗城区人大常委会通过代表履职培训、到谷文昌干部学院开班学习等多种方式组织代表学理论、学业务，持续增强代表政治素质和履职能力。完善人大代表联系选民制度，推进代表履职平台建设，指导各镇街多措并举，以“四好六有”为标准打造标准化活动室。全区共有代表活动室46个，建成以来收集社情民意465件，解决417件；落实代表待遇保障，下拨人大代表联系群众工作经费及履职补助经费等53.906万元，保障代表更好履行职责、为民服务。

【代表联系】

2022年，芗城区人大常委会严格程序，接受区人大代表辞职10名，依法补选区人大代表9名、市人大代表1名。下发《关于加强十届人大常委会组成人员与人大代表联系工作的通知》，明确联系对象、内容和方式，与代表沟通联系更紧密、形式更多样。常委会组成人员联系代表386人次。

【参政议政】

2022年，芗城区人大常委会积极拓展代表参与常委会工作的深度和广度，邀请代表列席常委会22人次，组织代表参与视察、调研、执法检查以及听证等活动417人次；及时梳理交办区十届人大一次会议代表所提的70件建议，并确定重点督办件5件由区人大常委会领导带队集中督办，解决重点问题。

（黄楚璇）

芗城区人民政府

综述

【概况】

2022年，芗城区人民政府统筹做好新冠疫情防控和经济社会发展，先后出台《芗城区主食产业化实施意见》《漳州市芗城区人民政府办公室关于调动农民种粮积极性稳定粮食生产十二条措施的通知》《芗城区农业优新品种推广实施方案》《芗城区积极应对疫情影响助力稳增长稳市场主体的若干措施》系列经济建设决策，推动全区经济实现高质量发展。党组理论中心组组织开展政治思想理论学习18次，稳步推进32项为民办实事项目，服务区人大、区政协组织开展视察活动，承办区人大代表建议70件、区政协提案55件。

【经济总量】

2022年，芗城区人民政府谋划专项债项目13个，获批资金14.68亿元，新增规模工业企业29家，新增减税降费9.55亿元，兑现各类惠企资金2.22亿元，市级以上重点项目完成投资258亿元。“七比一看”竞赛成果被漳州市委、市政府授予2022年度集体二等功。实现地区生产总值868.84亿元（其中，第一产业11.95亿元，第二产业380.32亿元，第三产业476.57亿元）。全年，工业增加值264.71亿元，农林牧渔业总产值22.06亿元，规模以上工业总产值974.03亿元，规模以上工业增加值同比上年增长12.9%，固定资产投资307.64亿元，社会消费品零售总额331.62亿元，外贸进出口总额完成110.45亿元，实际利用外资完成1306万美元，一般公共预算总收入33.29亿元（其中地方一般公共预算收入20.20亿元）。

重要会议

【概况】

2022年，芗城区人民政府召开23次区政府常务会议，由区长何才成主持。

【区政府常务会议】

2022年，芗城区人民政府召开常务会议23次，分别如下：

1月18日召开第1次常务会议，研究《2022年芗城区委和区政府为民办实事建议项目（送审稿）》等6个议题。

1月26日召开第2次常务会议，研究《芗城区政府债务限额管理及2022年提前批新增政府债券资金安排使用预算调整方案（送审稿）》等5个议题。

2月8日召开第3次常务会议，研究《关于表彰2021年度芗城区“六稳六保”及经济社会发展先进集体和个人的决定（送审稿）》等2个议题。

2月25日召开第4次常务会议，研究《芗城区2022年“产业发展项目建设攻坚年”活动实施方案和考评细则（送审稿）》等10个议题。

3月11日召开第5次常务会议，研究落实住户调查大样本轮换保障等7个议题。

4月1日召开第6次常务会议，研究《芗城区农村生活垃圾治理经费拨付方案（送审稿）》等7个议题。

4月28日召开第7次常务会议，研究《关于做好2022年全面推进乡村振兴重点工作的实施意见（送审稿）》等13个议题。

5月12日召开第8次常务会议，研究《芗城区2022年第二次国有建设用地使用权挂牌出让方案（送审稿）》等5个议题。

5月30日召开第9次常务会议，研究《2022年全区治理“餐桌污染”、建设“食品放心工程”工作方案（送审稿）》等10个议题。

6月19日召开第10次常务会议，研究《芗城区乡镇（街道）“一支队伍管执法”改革工作方案（送审稿）》等6个议题。

6月30日召开第11次常务会议，研究《芗城区妇女发展纲要（2021—2030年）（送审稿）》和《芗城区儿童发展纲要（2021—2030年）（送审稿）》等2个议题。

7月19日召开第12次常务会议，研究《2022年度绩效考评方案（送审稿）》等13个议题。

8月10日召开13次常务会议，研究《芗城区“十四五”民政事业发展专项规划（送审稿）》等10个议题。

8月24日召开14次常务会议，研究《芗城区2022年上半年财政预算执行情况的报告（送审稿）》等议题。

9月20日召开第15次常务会议，研究《漳州市芗城区法治政府建设实施方案（2021—2025年）（送审稿）》等7个议题。

9月30日召开第16次常务会议，研究《芗城区2022年第八次国有建设用地使用权挂牌出让方案（送审稿）》等议题。

10月13日召开第17次常务会议，研究《石亭金埔片区土地与房屋征迁补偿安置实施方案（送审稿）》等7个议题。

10月25日召开第18次常务会议，研究《芗城区政府债务限额管理及2022年第三批新增政府债券资金安排使用预算调整方案（送审稿）》等议题。

11月1日召开第19次常务会议，研究《芗城区存量工业企业“亩均论英雄”评价和结果运用实施方案（送审稿）》等11个议题。

11月17日召开第20次常务会议，研究《2022年漳州市芗城区营商环境攻坚提升12345行动方案（送审稿）》等5个议题。

11月28日召开第21次常务会议，研究《区委常委会委员食品安全工作责任清单（送审稿）》等7个议题。

12月12日召开第22次常务会议，研究《芗城区2023年政府工作报告（送审稿）》等8个议题。

12月29日召开第23次常务会议，研究芗城区纵四线、联十四线过境段公路PPP项目支出责任调整等8个议题。

政务协调

【概况】

2022年，芗城区人民政府办公室围绕区委、区政府中心工作，履行参谋助手、统筹协调、办文办会、督查督办、服务保障等职责，统筹推进党的建设、机关效能、信息公开等工作，提升服务水平，保障政府各项工作高效运转。

【督查督办】

2022年，芗城区政府围绕作风纪律、“七比一看”、新冠疫情防控、卫片整改等方面开展效能督查39次，问责8人次。对效能投诉件办理情况进行跟踪督促和回访，受理各类投诉6件，办结率100%。承办区人大代表建议70件、区政协提案55件，承办市人大建议8件、市政协提案12件，办结率100%。

【政府法治建设】

2022年，芗城区政府按照《关于加强行政规范性文件管理工作的通知》，审查备案政府及政府办行政规范性文件16件。接受公民、法人对区级政府机关行政行为的行政复议申请并做出复议决定，收到行政诉讼34件，办理行政复议29件。

【政府信息公开】

2022年，芗城区政府主动公开政府信息1473条（其中政府类公开328条、区直部门公开1145条）。在主动公开的政府信息中，机构职能类信息89条，政策、规范性文件类信息39条，规划计划类信息32条，行政许可类信息148条，重大建设项目、为民办实事类信息143条，民政扶贫救灾社会保障就业类信息24条，国土资源城乡建设环保能源类信息85条，科教文体卫生类信息142条，安全生产、应急管理类信息74条，其他类信息697条。

（蔡昕妤）

政务服务

【概况】

2022年，芗城区行政服务中心纵深推进“放管服”改革，实现省际联盟18个省、49个县，政务异地联盟服务顺利开展，并联审批改革做法在“新福建”平台及省政府网站上的“效能快车”栏目宣传推广。在社保窗口推行“综合柜员制”，实现经办业务按类别进行整合。推进10个镇街基层便民服务的改革，设置村（居）便民服务代办点180个。

【政务服务中心整体搬迁】

2022年，芗城区行政服务中心于9月29日至30日整体搬迁至芗城区益华路1号，于10月10日正式对外办理业务。新行政服务中心围绕创建全国文明城市工作目标，按照规范化、标准化建设，建筑面积约3500平方米，共设3层政务服务大厅，进驻部门30个，设服务窗口66个，进驻事项1341个。政务大厅根据功能要求设置专业服务区，为市民提供“一站式”快捷服务、“一窗式”集约服务、“一网式”智慧服务、24小时自助服务等主题服务，助力企业发展、带动招商引资。在大厅设置志愿服务站、咨询导办台、排队叫号、免费复印、休息等候、自助办件、母婴室、无障碍卫生间、无障碍电梯等便民服务设施，与原来的办事大厅相比，新的政务大厅服务环境更优质，配套设施更齐全，服务功能更完善，更具人文关怀，市民办事的体验感更好。

【政务异地联盟服务】

2022年，芗城区行政服务中心参与省际联盟，实现联盟18省49县，建立“异地受理、属地审批、就近取证”的服务模式，建立“跨省通办”工作机制。线上依托省网上办事大厅“跨省通办”服务专区和芗城区政务服务中心微信公众号“跨省通办”专栏，通过挂接平台事项清单，统一办事入口；线下建立“专窗、专人、专线”工作模式，完善跨省通办协调联动和帮办代办机制，为企业、群众提供咨询解答、线上线下申报指导、异地帮办代办等服务，解决企业、群众异地办事难题。通过“跨省通办”办件2182件，做法在《福建省机关效能建设工作简报》（2022年第7期）上获得宣传推广。

【政务服务改革】

2022年，芗城区行政服务中心推行施工许可阶段“一证两书”并联审批的改革，实现“建筑工程施工许可证核发”“特殊建设工程消防设计审查”和“城市新建民用建筑修建防空地下室审批”3个事项并联，将原本需提交的22项申报材料精简为18项，法定审批时限42个工作日压缩至当天出证，全年办理“三项并联”审批项目7个。对幼儿园入学报名流程进行全面梳理，依托“漳州通”App或“漳州教育微言”公众号便民服务平台，实现入园报名无纸化办理、全流程网办，接收办理幼儿园适龄儿童入学审核4000多人。在社保窗口推行“综合柜员制”，实现养老保险、工伤保险业务在一个服务窗口即能通收通办。

【基层便民服务中心建设】

2022年，芗城区行政服务

政务服务中心新址　（郑文典 摄）

中心管委会持续推进10个镇街基层便民服务的改革，现场提出改进意见，设置村（居）便民服务代办点180个，配置代办员300余名，完成代办服务事项33133件。

（张锦滋）

信访工作

【概况】

2022年，芗城区信访工作以社会治理创新为动力，依法及时就地解决群众合理诉求，各镇街召开镇街信访工作联席会议120次，梳理矛盾纠纷143件次，研究协调解决重要信访事项69件，部署保障工作71次，组织开展宣传宣讲活动52场，教育培训活动29场，各级党政领导处理群众信访589批8288人次（其中涉民营企业类127批7602人次），帮助企业解决困难81件，获福建省信访局关于信访热点调研报告评选组织奖。

【积案办理】

2022年，芗城区信访局将治重化积专项工作作为信访工作年度考核的重要内容，实行一对一督促指导，85件“治重化积”事项于年内全部完成化解。

【网络信访管理】

2022年，芗城区信访局全面治理网上重复信访，受理网上重复信访216件；严格履行信访事项“三见面”，让群众切身感受到信访诉求“有人管、有人办”，提升群众对责任单位和信访部门的满意度，网上信访群众满意率达94.4%；推进“最多投一次”首办责任制，有效解决群众信访事项470件，一次性办结率94.0%，平均办理天数9.8天。

（黄颖、颜钰洁）

政协芗城区委员会

综述

【概况】

2022 年，政协漳州市芗城区委员会（以下简称芗城区政协）开展专题协商调研并形成调研报告 6 篇，提案交办率、答复率均为 100%，反映社情民意信息工作成绩排名全市县区前列。统筹新冠疫情防控与台港澳侨界委员的联络联谊，助力招商引资、社会治理等各方面工作，为加快建设高品质中心城区贡献智慧和力量。

【社情民意信息宣传】

2022 年，芗城区政协制定《加强反映社情民意信息工作方案》，选聘首批特约信息员 10 名，拓展信息反映渠道。社情民意信息得到全国政协办公厅综合采用 2 篇、市政府主要领导批示 2 篇、省政协办公厅采用 3 篇、市政协采用 22 篇。

【文史资料工作】

2022 年，芗城区政协发挥“存史、资政、团结、育人”的社会作用，制作《坚持协商为民，助力打造幸福之城》政协委员视点专题片，充分发挥线上线上下各类媒体的宣传作用，讲好芗城故事，传递政协“好声音”。以纪念红军攻克漳州 90 周年为契机，整理编印文史资料《红军进漳纪实》，赓续红色血脉。

重要会议

【概况】

2022 年，政协芗城区第十届委员会依法召开委员会议 1 次、常委会会议 5 次、主席会议 13 次，依法履行政治协商、民主监督、参政议政的职能，助力芗城区经济社会高质量发展。

【委员会第二次会议】

2022 年 12 月 20 日至 21 日，政协第十届漳州市芗城区委员会第二次会议在芗城区会展中心召开。大会审议并通过十届芗城区政协常委会工作报告和提案工作情况报告，与会委员听取并讨论芗城区委书记石振棋的讲话和芗城区政府工作报告等。大会期间，与会委员以提案、小组讨论、委员读书活动等形式，围绕芗城区经济建设、社会事业发展等方面提出意见和建议；收到委员提案 86 件，立案 58 件。

【常委会会议】

2022 年，政协芗城区第十届委员会召开常委会会议 5 次，分别为：

4 月 25 日，十届芗城区政协召开第二次常委会会议，主要内容：学习贯彻习近平总书记重要文章《在中央政协工作会议暨庆祝中国人民政治协商会议成立 70 周年大会上的讲话》《中共中央办公厅印发〈关于加强和改进新时代市县政协工作的意见〉的通知》；审议通过《2022 年芗城区政协工作要点》《2022

年芗城区政协协商计划》；听取十届一次会议提案交办情况汇报；部署关于社情民意信息工作。

7月20日，十届芗城区政协召开第三次常委会会议，主要内容：专题学习《中国共产党政治协商工作条例》；听取2022年度重点提案督办情况汇报和芗城区基层政协工作联络组运行情况汇报；审议通过《芗城区基层政协工作联络组工作规则》。

9月23日，十届芗城区政协召开第四次常委会会议暨专题议政性常委会会议，主要内容：围绕“发挥人民调解作用，助力市域社会治理现代化”主题进行议政性协商；围绕“发挥农业龙头企业在乡村振兴中的作用”进行专题协商；审议通过相关建议案。

12月14日，十届芗城区政协召开第五次常委会会议，主要内容：审议通过《政协第十届漳州市芗城区委员会常务委员会关于学习宣传贯彻中国共产党第二十次全国代表大会精神的决议》；协商通过芗城区政协十届二次会议议程（草案）、日程（草案）、秘书长、副秘书长名单（草案）、常委会工作报告（草案）、提案工作情况报告（草案）、2022年度芗城区政协优秀提案；协商决定政协第十届漳州市芗城区委员会委员调整名单。

12月21日，十届芗城区政协召开第六次常委会会议，主要内容：听取芗城区政协十届二次会议各组召集人汇报有关报告讨论情况；审议通过芗城区政协十届二次会议提案审查情况报告（草案）、会议决议（草案）。

【主席会议】

2022年，政协芗城区第十届委员会召开主席会议13次，分别为：

1月18日，十届芗城区政协第二次主席会议召开，会议议题：研究通过政协十届一次会议各项支出的结算；研究会议室整修各项决算；研究年底慰问相关事宜。

2月17日，十届芗城区政协第三次主席会议召开，会议议题：研究芗城区政协2022年度调研协商课题。

4月14日，十届芗城区政协第四次主席会议召开，会议议题：研究确定芗城区政协2022年度重点提案；听取关于2022年芗城区政协常委会专题议政性协商课题的汇报；研究通过《芗城区政协关于进一步加强社情民意信息工作方案（试行）》；研究通过《2022年度区政协工作要点》及芗城区政协各委室主要工作安排；听取关于拨付挂钩社区工作经费的汇报。

5月30日，十届芗城区政协第五次主席会议召开，会议议题：传达学习全市县（区）政协主席工作座谈会精神，部署芗城区政协重点工作。

6月24日，十届芗城区政协第六次主席会议召开，会议议题：传达学习市政协社情民意信息工作会议；研究人事事项。

7月12日，十届芗城区政协第七次主席会议召开，会议议题：专题听取六个重点提案督办情况汇报。

8月3日，十届芗城区政协第八次主席会议召开，会议议题：传达学习意识形态领域工作相关文件精神；开展违反中央八项规定精神典型案例警示教育。

8月26日，十届芗城区政协第九次主席会议召开，会议议题：传达学习贯彻《关于深入落实“提高效率、提升效能、提增效益”行动开展干部作风“五不”问题专项整治的实施方案》。

9月23日，十届芗城区政协第十次主席会议召开，会议议题：审议《发挥人民调解作用，助力市域社会治理现代化》调研报告；审议《发挥农业龙头企业在乡村振兴中的作用》调研报告。

10月21日，十届芗城区政协第十一次主席会议召开，会议议题：审议2022年度对口协商调研报告；听取基层政协工作联络组有关事项的汇报。

10月25日，十届区政协第十二次主席会议召开，会议议题：传达学习贯彻党的十九届七中全会、党的二十大会议精神和省委、市委、芗城区委常委（扩大）会议精神；传达学习十九届中央纪委工作报告；部署新冠疫情防控、文明创建等工作。

11 月 8 日，十届芗城区政协第十三次主席会议召开，会议议题：芗城区政协 2023 年度务虚工作；部署 2022 年度绩效考评公众评议工作和 2022 年度“平安三率”提升工作。

12 月 13 日，十届芗城区政协第十四次主席会议召开，会议议题：讨论通过芗城区政协十届二次会议议程（草案）、日程（草案）、秘书长、副秘书长名单（草案）、邀请出席、列席会议人员名单（草案）、常委会工作报告（草案）、提案工作情况报告（草案）、2022 年度芗城区政协优秀提案；讨论通过芗城区政协十届二次会议人事安排有关事宜，委员界别小组调整名单。

协商议政

【概况】

2022 年，芗城区政协围绕区委、区政府确定的经济社会发展各项目标任务，广泛调研建言献策、凝聚协商共识。发挥委员优势作用，助力全区新冠疫情防控、招商引资、社会治理等工作开展，为加快建设高品质中心城区贡献智慧和力量。

【专题议政】

2022 年，芗城区政协举行十届区政协首次专题议政性常委会会议，邀请区政府主要领导、分管领导、区直有关部门与委员面对面聚焦问题，协商议政。

【提案办理】

2022 年，芗城区政协完善政协领导班子成员领衔督办重点提案制度，首次开展提案办理“回头看”工作，实现提案闭环管理，巩固提案办理实效，提案“三三”工作法在全市县（区）政协提案委员会第十五次联席会议上得到肯定推广。

【民主监督】

2022 年，芗城区政协突出协商式监督特色，选派委员参与幼儿园入学摇号、案件公开听证等各类民主监督活动 20 余场次。

【课题调研】

2022 年，芗城区政协落实年度协商计划，组织各界别委员开展《发挥人民调解作用，助力市域社会治理现代化》《提升配套服务水平，助力居家养老工作》《关于芗城区课后服务开展情况的调研》《聚焦老街情闽南味，繁荣古城夜间经济》《关于我区培育“专精特新”中小企业的调研》《发挥农业龙头企业在乡村振兴中的作用》6 个协商课题调研，形成一批高质量的协商建言成果，为区委、区政府科学决策、有效施策提供智力支持。

【基层政协工作】

2022 年，芗城区政协研究制定《基层政协工作联络组工作规则》，推动政协联络组工作制度化、规范化，为委员到基层一线履职提供制度性保障。依托社区（村）、委员企业等场所设置首批“委员议事点”13 个，方便政协委员、基层干部和群众就近开展协商议事活动；总结推广“基层开单、委员接单、政协交单”的“三单”工作法，有效引导委员精准服务基层治理。该创新做法获得省、市政协肯定，多次被《人民日报》《福建日报》《福建政协》等主流媒体关注报道。

（张溢亮）

纪检监察

综述

【概况】

2022年，芗城区纪委监委落实中央纪委和省、市纪委全会的部署，健全完善“1+X”“室组”联动监督、督查结果“每日一报”等机制，创新“板凳会”机制被市纪委作为基层监督典型案例在全市范围推广，“三个三”工作法等相关经验做法在第三季度全市纪检监察系统履职交流会上成果展示，整治噪声守护城市静夜有关做法被《中国纪检监察报》、中央纪委国家监委网站相继报道。实施新时代廉洁文化建设“十个一”行动，召开全区领导干部分级分类警示教育大会，提升警示教育针对性实效性。深挖本地特色传统文化资源，持续讲好正风肃纪反腐芗城故事。其中，《谷文昌家风：永不褪色的传家宝》廉政微视频获全国“清风廉韵”摄影展暨微电影展优秀作品提名奖。

2022年1月13日，芗城区纪委监委聚焦营商环境优化，组织纪检监察干部通过明察暗访、走访调查等方式开展专项监督检查，摸排了解惠企政策落实、政务服务作风等情况。图为区纪委监委干部在行政服务中心窗口了解相关情况　（芗城区纪委监委 供图）

【干部作风建设】

2022年，芗城区纪委监委成功打造“板凳会”机制，实行“五单”工作法，开展廉洁教育、政策宣传92场次，解决群众诉求44个。以群众“急难愁盼”问题深入推进“点题整治”，从严查处群众身边腐败和作风问题4起5人，督促职能部门办理群众留言145条，解决群众诉求58个，健全完善工作机制15项。

【重要领域环节监督】

2022年，芗城区纪委监委落实中央纪委和省、市纪委全会的部署，持续开展党风廉政建设和反腐败斗争。推进“金牌审理”创建，促进审查调查工作整体性提升。落实村级小额工程项目招投标监管试点，完善“室组地”联片协作工作机制，在营商环境建设、工程项目招投标、乡村振兴等重点领域组织开展常规巡察和交叉巡察，辖区纪检监察工作高质量发展。

【“四种形态”运用】

2022年，芗城区纪委监委精准运用“四种形态”批评教育帮助和处理321人次，第一至第四种形态分别占82.29%、7.38%、2.95%、7.38%。及时为2名受到诬告错告的党员干部澄清正名，激励干部担当作为。

【违纪干部处理】

2022年，芗城区纪委监委坚持纠“四风”树新风，常态化开展“1+X”监督检查，督促职能部门移送问题线索17条，查处“四风”问题14起18人。开展干部作风“五不”问题专项整治，用好“1+N”作风纪律综合督查、“五联系五比对”作风监督机制，查处不担当、不作为、乱作为党员干部12人。

（郑怡、张艺）

【涉粮案件查处】

2022年，芗城区纪委监委严肃查处粮食购销领域严重违纪违法案件，立案审查调查59件，其中科级干部3件，留置7人、移送司法机关5人，提出纪检监察建议8份。持续深化以案促改、以案促治，特别是针对涉粮案件暴露出的问题，督促粮储系统健全完善制度机制20余项，有力推动全区粮食领域深化改革、促进治理。

（杨开发）

2022年3月1日，芗城区纪委监委组织开展“养廉洁之心 扬巾帼正气”主题活动，推动崇廉尚洁的时代新风不断充盈。图为区纪委监委驻区人民检察院纪检监察组举办廉洁读书会

（芗城区纪委监委 供图）

巡察工作

【概况】

2022年，芗城区委制定《关于完善芗城区委巡察整改工作操作规程》《关于建立巡察集中整改问题清单机制的实施意见（试行）》《关于进一步加强巡察成果共享运用的规定（试行）》等制度性文件，规范巡察整改工作，推动巡察监督、整改、治理有机贯通。发挥巡察监督保障执行、促进完善发展的作用，首次启动对基层医疗卫生系统的专项巡察。全年，实施两轮4批次常规巡察和2批次县级交叉巡察，覆盖科级单位29个。

【专项巡察】

2022年，芗城区委开展“能力作风建设年”活动，在营商环境建设、工程项目招投标、乡村振兴、教育医疗等重点领域发现问题372个，移交问题线索10条，批评教育帮助和处理干部104人，督促被巡察单位完善制度144项，追回经济损失747.14万元。

【巡察整改】

2022年，芗城区委对八届区委巡察及九届第一轮巡察的整改工作进行再梳理，对尚未整改到位的12个单位集中下发巡察整改督办函，实现巡察反馈的1672个问题整改到位1614个。

（杨开发）

民主党派和工商联

中国国民党革命委员会漳州市委员会芗城区总支部委员会

【概况】

2022 年，中国国民党革命委员会漳州市委员会芗城区总支部委员会（以下简称民革芗城总支）于 4 月召开换届选举大会，选举出新一届委员会主委 1 人、副主委 4 人、委员 4 人，新增 3 名会员，提交社情民意信息 7 篇，被漳州市政协采用 6 篇，获得市级以上荣誉 1 人。

【社会服务】

2022 年，民革芗城总支响应市委、市政府创城行动号召，组织 30 多名党员投入创城活动，参与道路修补整顿工作、社区整治工作，巡查劝导占道经营、整治乱象电动车、治理背街小巷、清扫辖区道路、清除小广告等；与新城社区党总支签订共建合作协议，深入基层群众生活，更好地为群众服务。

【走访慰问】

2022 年，民革芗城总支于新年伊始，组织走访慰问退休老党员，并带去新春慰问品。于 9 月开展“金秋迎国庆·温暖贺重阳”国庆重阳双节同庆活动，慰问新城社区港口社 70 岁以上的老年人，同期开展“金秋送温暖，佳节献爱心”捐赠活动，走访慰问漳州市福康医院的在院患者。

（庄小静）

中国民主同盟漳州市芗城区总支部委员会

【概况】

2022 年，中国民主同盟漳州市芗城区总支部委员会（以下简称民盟芗城总支）下设三个支部（芗城中教支部、芗城小教支部、芗城经科支部），会员 93 人。

【参政议政】

2022 年，民盟芗城总支向漳州市“两会”提交提案 6 件，其中：《关于加强宠物饲养管理的提案》《关于进一步优化漳州市中小企业融资环境的建议》获漳州市政协年度重点提案；社情民意信息被采用 18 件，其中：被市政协采用 14 件、被省政协采用 1 件。

【社会服务】

2022 年，民盟芗城总支与芗城区南坑街道龙通社区居委会、天宝镇盘谷村签订同心共建协议，开展共建活动；在漳州一中芝山校区为骨干教师们举办一场“同心校园行——应急救护知识”讲座。开展“奉献滴关爱·共享一样蓝天”助残帮扶爱心活动，为芗城区蓝天学校 4 名重度残疾的学生上门开展心理辅导，并送上学习用品和生活用品。创办的芗城区“北溪书院”服务学生 1500 多人次，发动盟员参与新冠疫情防控。

（薛珠江）

中国民主建国会漳州市委员会芗城区总支部委员会

【概况】

2022年，中国民主建国会漳州市委员会芗城区总支部委员会（以下简称民建芗城总支）召开第六次会员大会，顺利完成换届工作，设总支委员6人，基层支部委员16名，会员90人。获得省级以上荣誉者3人。

【参政议政】

2022年，民建芗城总支提交社情民意信息14篇，被民建中央采用2篇、全国政协采用1篇、省政协采用2篇、市政协采用14篇；提交提案4篇。积极参与调研协商，充分运用调研协商形式履职尽责。通过座谈、实地调研等方式形成《重新设计中式学位服》等调研建议，受到全国政协、民建中央的高度重视。

【社会活动】

2022年，民建芗城总支组织走访慰问高龄会员，组织会员奋战在新冠疫情防控的各条战线，贡献民建力量。积极参与社区创城志愿服务工作，争做文明城市创建的践行者，以及组织参加“纪念红军攻克漳州90周年”活动，凝聚民建合力。漳州市政协委员、民建芗城二支部主委董金龙向小学及幼儿园捐赠书籍196套。

（吴庄龙）

中国民主促进会漳州市芗城总支部委员会

【概况】

2022年，中国民主促进会漳州市芗城总支部委员会（以下简称民进芗城总支）召开第六次会员大会，完成换届工作，设总支主任1人、副主任2人，下设支部4个，会员61人。

【参政议政】

2022年，民进芗城总支在芗城区委“两会”上提交提案5件，其中《进一步优化营商环境，全面激发消费活力，推动漳州古城夜间经济繁荣》被列为区政协重点提案，社情民意信息被采用18件，其中：被市政协、市委统战部、市委办采用12件；被省政协采用5件；被民进中央采用1件。获得民进福建省委会“政治交接·民进记忆”主题征文活动优秀奖2人。

【社会服务】

2022年，民进芗城总支与天宝镇过塘村、通北街道团结社区签订同心共建协议，分别向过塘村村委会、团结社区捐赠1万元以及一批书籍和慰问物资，助力乡村振兴和社区工作开展；组织会员中的教师赴芗城区过塘小学开展“送课下乡”活动，为学生们送上美术、体育等精品课程，为过塘小学“海西博文学习书屋”授牌，并捐赠一批文具及图书；继续打造微公益服务品牌，第六年成功打造“春联万家”微公益惠民品牌，组织书法家会员深入芝山社区为居民义务写春联；组织会员参与新冠疫情防控志愿服务100多人次，发动会员捐赠抗疫物资近10万元；组织会员深入过塘村开展创城志愿服务活动，投身创建全国文明城市攻坚行动；联合中共漳州市委统战部在芗城区元南社区、漳州市青少年宫开展核心价值观宣传教育活动。

（陈淑芬）

中国致公党漳州市芗城区总支部委员会

【概况】

2022年，中国致公党漳州市芗城区总支部委员会（以下简称致公党芗城总支）于4月完成换届选举，下设支部3个，共有党员81名（含新增党员2人）。

【参政议政】

2022年，致公党芗城总支提交社情民意信息、提案14篇。组织党员前往天宝镇大寨村等地开展实地调研，完成调研文章1篇，为深入实施乡村振兴战略献计出力。

【社会服务】

2022年，致公党芗城总支

组织慰问支部退休老党员；推进“同心社区”建设，向团结社区支持经费1万元；参与新冠疫情防控，支援一线参与抗疫，党派捐赠物资近6万元；踊跃参加创城工作，多名党员参加所在各挂钩街道社区的创城工作。

（曹艺祥）

中国农工民主党漳州市芗城区总支委

【概况】

2022年，中国农工民主党漳州市芗城区总支（以下简称农工党芗城总支）召开第五次党员大会，完成换届工作，设主任1人、副主任3人，下设支部4个，党员87名（含新增5名）；召开全委会议及全委(扩大)会议4次。

【参政议政】

2022年，农工党芗城总支完成《关于推进我市儿童青少年眼健康工作的建议》和《关于在漳州古城开发中进一步推动闽南文化运用的对策建议》2篇课题调研；提交集体提案2件、个人提案12件，其中：《关于进一步完善我市老旧小区升级改造配套建设的建议》提案被漳州市政协评为2022年度优秀提案。提交社情民意信息32篇，其中：被农工党中央采用4篇，被省政协、农工党省委会、中共漳州市委办公室、漳州市政协等采用20多篇。农工党芗城总支委党员被漳州市委统战部聘为“漳州统战信息员”1人、被芗城区政协和芗城区委统战部聘为信息员2人。

【组织活动】

2022年8月12日，农工党芗城总支组织30多名党员赴华安开展“矢志不渝跟党走·携手奋进新时代”政治交接主题教育现场学习调研活动；10月23日，组织全体党员观看红色革命教育主题影片《万里归途》，深化主题教育活动；组织骨干党员到漳州市博物馆、龙江精神陈列馆、李林事迹陈列馆等地参观学习。

2022年5月20日，芗城区委统战部、农工党芗城总支开展“矢志不渝跟党走 不忘初心送健康”义诊活动

（芗城区委统战部 供图）

【社会服务】

2022年，农工党芗城总支组织开展社会服务15次，参与的党员专家100多人次，服务群众2000多人次，服务在校中小学生34000多名。向共建“同心社区”通北街道团结社区捐赠活动经费人民币一万元，助力社区组织建设、创城工作等活动的开展。组织党员赴挂钩共建的浦南镇溪园村，慰问溪园村里所有80岁以上高龄老人和村里的五保户、低保户，给他们送上大米、食用油、口罩等慰问物资合计50多份。捐赠活动经费3000元支持溪园村北溪书院用于购买学生课桌椅，助力乡村教育。发挥医卫界别专家资源密集优势，组织内科、外科、五官科、针灸推拿、专业护理、公共卫生等十几名党员专家到团结社区开展义诊服务活动，并为社区群众发放健康知识宣传手册，并赠送口罩2000个，消毒卫生湿巾150包。重阳节前夕，组织总支党员医疗专家赴挂钩共建的浦南镇溪园村开展义诊服务活动，取得良好的社会反响。芗城区疾控中心支部委员联合市人民医院支部义诊队和奥特路（漳州）光学科技公司，为市区3.4万名在校学生免费筛查验光视力，赢得各校领导、学

生和家长的一致好评。

（詹清凉）

九三学社漳州市芗城区支社

【概况】

2022 年，九三学社漳州市芗城区支社（以下简称九三学社芗城支社）接受中国共产党的领导并与其通力合作，为芗城区的民生事业贡献组织力量。全社共有社员 19 名（新增社员 1 名，入社积极分子 2 名）。

【参政议政】

2022 年，九三学社芗城支社提供 2 篇社情民意信息作为重点提案摘报、党派提案，经九三学社漳州社市委提交漳州市政协十四届二次会议。在相关刊物发表理论研究 1 篇，被市政协采用社情民意信息 3 篇。

【社会服务】

2022 年，九三学社芗城支社社员张海霞向芗城区新桥街道、高新区及漳州小水滴公益协会捐赠抗疫款项及物资约 5 万元。组织社员前往天宝高速公路服务区慰问抗疫一线人员，送去慰问物资。9 月 26 日，组织医疗专家社员到天宝镇洪坑村开展“同心同行兴万村”义诊活动。重阳节前夕，组织看望慰问老社员。

（韩宇平）

台湾民主自治同盟漳州市委员会芗城区支部委员会

【概况】

2022 年，台湾民主自治同盟漳州市委员会芗城区支部委员会（以下简称台盟芗城区支部委员会）召开第三次盟员大会，选举主任委员 1 人、副主任委员 2 人、委员 5 人，共有会员 17 人。

【参政议政】

2022 年，台盟芗城区支部委员会参与芗城区政协开展的繁荣古城夜间经济课题调研，向芗城区政协大会提交团体提案 6 篇、社情民意 4 篇。

【社会服务】

2022 年，台盟芗城区支部委员会积极开展社会服务，为漳州团市委青春战“疫”行动捐款，组织会员在御龙天下小区进行志愿服务，在新民花园开展“情暖人间”新春慰问活动，在芗城区南坑街道桃林社区开展“志愿行动·助力创城”主题活动，开展“喜迎二十大·书香进校园”为主题的赠书活动，与通北街道团结社区联合开展“同心社区”共建活动，支持活动经费 1 万元，开展中国红十字救护员培训。

（许立强）

芗城区工商业联合会（总商会）

【概况】

2022 年，芗城区工商业联合会（总商会）（以下简称芗城区工商联）召开第六届代表大会，完成换届工作，全体执委 128 名，其中市、区两级人大、政协委员共 66 名。与芗城区检察院共建沟通联系机制，开展芗城区涉案企业合规改革试点，工作事例作为全国典型事例入选中华全国工商业联合会、最高人民检察院联合发布的《工商联与检察机关

2022 年 5 月 20 日，芗城区委统战部、九三学社芗城支社开展纪念红军攻克漳州 90 周年活动
（芗城区委统战部 供图）

2022 年 1 月 11 日，芗城区工商联第六次代表大会主席就职仪式（芗城区工商联 供图）

沟通联系机制典型事例（2019—2022）》。引导企业履行社会责任，推动非公有制企业参与公益事业，获评 2022 年省工商联系统先进集体。

【基层组织建设】

2022 年，芗城区工商联基层组织建设取得明显实效，芗城区工商联主席单位三宝集团获 2022 年福建省民营企业 100 强第 11 名、2022 年福建省制造业民营企业 50 强第 9 名；福建傲农生物科技集团股份有限公司获 2022 年福建省民营企业 100 强第 24 名、2022 年福建省制造业民营企业 50 强第 15 名、2022 福建省创新新型民营企业 100 强第 25 名；在世界第七届闽商大会上，芗城区工商联会员柯志文、林建能获“福建省非公有制经济优秀建设者”称号；福建万安实业集团有限公司董事长苏捷获得 2022 年福建省“优秀企业家”称号。

【民营企业服务】

2022 年，芗城区工商联制定常态化联系企业制度，走访企业 60 多家，协调相关部门及时解决企业生产和发展中遇到的问题，助力企业发展。开展“百家律所服务千家民营企业”专项活动，与芗城区司法局联合举行“百所联百会”法律服务合作协议签约仪式，2 家律师事务所与工商联所属商会、区工商联建立联系合作机制，民营企业法律顾问的覆盖面获得扩大。建立芗城区“百名干部挂百企”帮扶活动工作机制，通过建立干部挂钩帮扶企业制度，帮助企业解决生产经营及项目建设中存在的困难和问题。

【公益事业】

2022 年，芗城区工商联以实际行动践行企业的社会责任。开展芗城区“光彩事业”系列活动启动仪式暨“迎新春扶贫助困”活动，为辖区贫困户及百岁侨属等 30 名对象，发放物资及慰问金；慰问困难学生 25 人，发放慰问金 6.5 万元；开展“爱乡爱企促发展·同心同行兴万村”行动实施计划，16 家会员企业分别挂钩 16 个扶贫村，推动乡村振兴。全区 125 家企业为支持抗疫捐款捐物超 300 万元，为抗击新冠疫情做出企业贡献。

（蔡弢阳）

群众团体

芗城区总工会

【概况】

2022年，芗城区总工会推动构建和谐劳动关系，推动新建非公企业和社会组织工会175家，发展会员1706人，投入32.15万元建成“共享职工之家”4家。开展小微企业工会经费全额返还工作，向2297家小微企业返还工会经费340万余元，减轻企业负担。筹集慰问金140万元，助力全区新冠疫情防控工作，维护好全区人民群众的生命安全和身体健康。被省总工会授予2021年度福建省县级工会经审工作规范化建设特等奖单位，实施的芗城区天宝镇机关工会委员会2020年度经费收支情况审计项目获省总工会颁发优秀审计项目。

【职业技能竞赛】

2022年，芗城区总工会选送两家企业，参赛职工包揽漳州市“数字工匠”职工职业技能竞赛工业机器人系统操作员项目一、二、三等奖。发动和鼓励企业职工35人次参加省、市“五小”创新技能竞赛活动，提高职工技能素质。组织全区320多家企业2万多人次参加竞赛活动，其中一个项目和一家企业分别获得福建省“安康杯”先进班组、先进单位称号。

【劳模示范引领】

2022年，福建傲农生物集团股份有限公司生产车间主任张明浪获福建省五一劳动奖章，福建三宝钢铁有限公司人力资源部获福建省工人先锋号，漳州市东方智能仪表有限公司曾宇、福建成达兴智能科技股份有限公司曹克信获第二届“漳州工匠”人选。

【职工法律服务】

2022年，芗城区总工会健全职工法律援助工作站，完善“一庭一室四制度”及“劳动争议巡回法庭”，健全与区人社局、工商联“三方会议”等，签约律师事务所，为职工提供法律服务。开展工资集体协商工作，企业职工代表对工资集体协商的内容满意率90%以上。

【工会帮扶】

2022年，芗城区总工会开展“春送岗位”活动，搭建“工e就业”服务号，31家参与企业提供岗位76个。开展“夏送清凉”活动，筹集资金13万元对辖区户外劳动者职工开展“防暑降温”慰问活动。开展“金秋助学”活动，为10名困难职工子女发放2.6万元助学金。开展“冬送温暖”活动，“两节”期间筹集28.9万元走访慰问困难职工53名、单位企业17家；“五一”劳动节期间，慰问困难职工13名以及企事业单位4家，发放慰问金5.8万元。开展第十期职工医疗互助活动，为292人次发放补助金35万余元，并发动职工参加第十一期职工医疗互助活动，提高职工医疗保障水平。

【职工关爱】

2022年，芗城区总工会联合多部门共同主办“喜迎二十大·建功新时代”职工系列文体活动，共组建46支队伍、参赛职工450余人次。开展职工疗休养活动，组织400名职工代表参加疗休养活动。开展“微心愿”活动，为3名符合条件的台胞职工，每人慰问1000元，赠予每人价值1000元的物品。设立户外劳动者服务站点，配套设施齐全，方便广大户外劳动者。举办“芗青相伴·谊路有你”青年交友活动，50余名单身青年参加本次交友活动，为辖区单身青年搭建沟通交流的桥梁。

【女职工关爱行动】

2022年，芗城区总工会推动“妈妈小屋”关爱品牌向纵深发展，评选正兴医院“妈妈小屋”为“我最喜爱的妈妈小屋”，为其配备经费3万元。组织参与市总工会女职工工间操竞赛活动，正兴医院工会委员会获最佳活力奖。开展“玫瑰书香”女职工主题阅读活动，10名女职工代表参加此次阅读活动。开展妇女节主题活动，各镇（街）工会、卫生院在辖区内为女职工开展义诊、举行女职工拔河、游园等活动。组织开展课后延时服务，向21所学校课后服务60名教师发放补助金3万元。开展暑托班活动，投入4万元开展职工子女暑托班，联合芗城公安分局，开设“警心”快乐宝贝暑托班。

【工会经费管理】

2022年，芗城区总工会对29个基层工会2022年度工会经费收支情况进行审计，并出具审计报告，对存在的问题限期整改。开展工会经费专项督查工作，对全区50个基层工会2022年度工会经费使用情况进行督查，对发现的问题进行督查整改，发现、整改问题41条。

（严晓毓）

共青团芗城区委员会

【概况】

2022年，中国共产主义青年团芗城区委员会（以下简称芗城团区委）围绕“党政所需、青年所盼、团委所能”开展各项工作，年度绩效获优秀等次，综治平安获一类单位，获评市级以上荣誉126个，预防青少年犯罪工作、人才工作、乡村振兴工作考评位列辖区前茅，工作成效获主流媒体报道131次，上级团委和区委领导调研、参与团区委活动19场，工作成效获区委分管领导批示肯定及《漳州信息》《八闽团讯》刊登。

【团组织建设】

2022年，芗城团区委规范全区各级团组织建设，新增社会领域团组织28个；与团市委联合举办漳州团市委2022年度“送课下乡”活动暨芗城区基层团干部业务培训班，相关单位的负责人和160余名团员青年参加培训，实现三级团干部培训全覆盖；完善团员发展制度，发展团员463名，全部完成系统报到，实现团籍信息化管理；重视智慧团建系统运营，完成主题学习、星级创建和关系转接等各项任务；积极对接区教育局，推动区教育团工委成立。

【少先队工作】

2022年，芗城团区委成立芗城区少先队工作室，制定少先队名师包片入校指导督查制度，召开2022年度芗城区学校团队工作部署暨业务培训会，促进辖区少先队工作规范发展，推动少先队品牌打造及优质资源城郊共享。

【特色活动开展】

2022年4月23日，芗城团区委在天宝古寨农场举办“赓续红色血脉·汲取奋进力量”暨芗城区优秀青年团员重走红军路——纪念红军攻克漳州90周年主题活动，相关领导及40名漳州市华侨中学的学生参加本次活动。11月11日与芗城区总工会、区妇联、区人民法院、区民政局、区退役军人事务局、青年企业家联合会共同举办“芗青相伴·谊路有你”青年交友联谊活动。聚焦青年婚恋交友、娱乐健身，举办漳台百名青年集体婚礼、职工运动会等，助推海峡两岸融合发展，丰富青年职工文化。

【青年创业服务】

2022年，芗城团区委发挥桥梁纽带作用，联合区委人才办推动出台《芗城区青年人才引进培育的若干措施》，整合多方资源打造青年交流平台。推进扬帆计划，整合全区机关单位、规模以上企业等93家单位，发布优质实践岗位1046个，实现到岗实习462人。开展入企体验、经验分享、红色教育等活动6场，就社会治理、乡村振兴等课题出具调研报告3份。广泛对接高校团委，对接属地高校漳州职业技术学院与西桥街道共建，常态化为社区输送青年力量；聘任“乡村振兴青年先锋”8位，在天宝镇、浦南镇开展“新农人”培训5场，培训新农人166余名。开展“团干挂青企”活动，团区委机关干部走访青年企业60余次，指导青年英才创业项目，推报项目参与市级评选16个，其中5个获评市级优秀创业项目共获补助50万元。

【芗城区青年企业家联合会成立】

2022年，芗城团区委成立芗城区青年企业家联合会，招募会员72人，并与漳州天成人才科技投资集团有限公司、农商银行古城西支行签约战略合作协议，为芗城区青年企业家搭建政企互通、青企互助和资源共享的平台，为青创企业提供管理咨询、创业贷款等扶持。

【社区志愿服务】

2022年，芗城团区委发挥共青团组织优势，成立“福小宣”青年宣讲团，推动党的二十大精神“进学校、进社区、进企业”宣讲24场次。举办党的二十大精神系列活动之“习爷爷的故事我来讲”“福籽同心爱中华”活动，选送120余个优秀视频参与评选。成立青年志愿服务总队，常态化开展文明劝导、路面清杂等志愿服务，在册青年志愿者29716名发布活动322场，参与人数8141人次。成立外卖行业青年突击队，聘任116名外卖小哥作为“文明先行者”，助力城市文明创建活动。

【青少年关爱活动】

2022年，芗城团区委举办暑期公益夏令营、国学下乡等活动16期72场，覆盖青少年群体239人。筹资3.8万元开展金秋助学等关爱活动。筹资71万元购买不良行为青少年司法服务项目、困境青少年关爱项目和随迁人员子女服务项目，为芗城区35名轻微涉罪青少年、460名困境青少年和25名随迁人员子女提供专业服务。

（张文佳）

芗城区妇女联合会

【概况】

2022年，芗城区妇女联合会（以下简称芗城区妇联）以联系妇女、服务大局为总目标，突出引领、服务、联系三大职能，继续做好服务家庭、妇女儿童权益维护等重点工作。推选市级巾帼文明岗7个、漳州市“最美基层妇联执委”6名。成立芗城区第二个“家庭教育指导工作站”“漳州市家庭教育创新实践基地”。在芝山街道金品社区成立全省首个小区妇女联合会。芗城区妇联在全国妇联家庭家教家风建设座谈会上作典型发言。芗城区妇联获第十三届全国家庭工作先进集体、福建省妇联系统先进集体。

【主题活动开展】

2022年，芗城区妇联开展“巾帼心向党·喜迎二十大”主题党日活动，举办《家庭教育促进法》宣传公益讲座，开展“八闽巾帼红十百千万大宣讲”活动，组织巾帼宣讲员、三八红旗手等优秀女性到基层一线宣讲10场，受众2769人次。举办“喜迎二十大，双拥共佳话，弘扬雷锋精神，争当巾帼先锋”主题活动，并带领巾帼志愿者参与《家庭教育促进法》的现场普法宣传志愿服务。

【家庭工作】

2022年，芗城区妇联开展家庭教育实践活动，建立“区—镇街—村（社区）”三级家教服务网络，规范社区家长学校建设，推动构建覆盖城乡的家庭教育指导服务体系。持续开展“开心行动”项目，组建由20名导师组成的“芗城区妇联家庭教育宣讲团”，到各村（社区）、学校、企业开展公益家教讲座100场，推出家庭教育线上课堂5场。创新实施“星级家长评定”，评选出“五星家长”182名。推荐全省五好文明家庭、最美家庭、绿色家庭3户，各类优秀家庭12户。在成达职业培训学校举办为期2天的“2022年巾帼家政培训公益行——提升家庭照护能力”家政培训班，共有40多名妇女参加培训。

【基层维权服务】

2022年，芗城区妇联增强基层维权服务意识，落实事实无人抚养儿童生活保障情况，定期进行走访关怀、及时提供心理帮扶，推动“春蕾安全员”机制，建档关注春蕾儿童107人，芗城区妇联在全省检察机关“春蕾安全员”机制推进提效活动中作交流发言。

【妇女儿童关爱】

2022年，芗城区妇联开展“母亲健康1+1”公益募捐活动，筹集捐款2.46万元；联合漳州市农商行、芗城区疾控中心、浦南镇妇联等开展“爱心妈妈”活动，关爱农村困难留守儿童23名；春节期间，为37户困难群众发放慰问金2.8万元。

【社会服务】

2022年，芗城区妇联推进“农村建设品质提升年”行动，开展“好厝边”巾帼助力乡村振兴行动，广泛发动各级妇联巾帼力量，围绕乡村振兴“串点连线成片”，打造“美丽庭院”示范片，评选省级美丽庭院16户、市级美丽庭院50户；联合市妇联开展“美家美户·洁净家园”，广泛发动10个镇街广场舞大妈参与创城工作，向群众发出倡议书1000份，深入居民小区、楼道、绿化带，开展楼道宣传、清杂行动1235人次，深入背街小巷、主次干道，开展规范车辆摆放等志愿服务1564人次。各级妇联执委加入巾帼志愿者行列，开展创城志愿活动500余场。

（王招美）

芗城区科学技术协会

【概况】

2022年，芗城区科学技术协会（以下简称芗城区科协）有基层科协10个，企业科协18家，区级学（协）会9家，科普e站51家（其中科普中国e站2家、科普中国农村e站4家、科普中国社区e站35家、科普中国校园e站10家），社区青少年科学工作室4家，注册科普员208人，专兼职科普志愿者367人。全年，拨付省级基层科普专项资金7万元，拨付市级基层科普行动计划经费4万元，拨付区级基层科普活动经费31万元，创建“创新驱动服务站”全国级1家、省级1家。

【科普宣传】

2022年，芗城区科协围绕“创新争先、自立自强”主题，开展“全国科技工作者日”系列活动6场次，制作宣传横幅、展板14条次，发放各类科普宣传册、宣传材料200余份，发送“全国科技工作者”主题短信3万条；以“喜迎二十大·科普向未来”为主题开展“全国科普日”各项科普宣传活动11场次，发放宣传书籍、宣传册0.2万余本（册），发送“全国科普日”主题短信3.5万条，在全区上下营造浓厚的科普氛围，取得良好的宣传成效。

【基层科普建设管理】

2022年，芗城区科协开展科普志愿服务，拨付省级基层科普专项资金2万元用于社区全年开展科普宣传志愿服务活动，拨付3万元开展“千会扶千村”项目，拨付2万元实施“科普宣传栏”项目，用于浦南镇各村（居）科普宣传栏修缮及内容更新。拨付通北街道和平里社区、南坑街道东关社区各 2 万元的区级基层科普活动经费，以推动城乡科普服务体系建设，完善科普形式，丰富科普内容，提升公众科学文化素质。拨付区级基层科普活动经费 31 万元，推动辖区科普工作的深入开展，使科普工作逐步形成多样化、经常化和规范化。

【学会服务站建设】

2022 年，芗城区科协深入企业一线调研 4 次，召集相关企业负责人开展座谈会 3 场次，创建全国学会创新驱动服务站 1 家（中国电源学会漳州科华电气技术有限公司服务站）、福建省学会创新驱动服务站 1 家（福建省食品科学技术学会福建欧瑞园食品有限公司服务站）。

（张伟东）

芗城区社会科学界联合会

【概况】

2022 年，芗城区社会科学界联合会（以下简称芗城区社科联）组织有关社科单位、团体、基地人员，通过现场咨询、展板展示、实物展示、互动体验、社科普及资料发放等形式，利用各种媒体举办网上竞答、网上学习平台学习宣传等线上活动，广泛开展社科普及宣传咨询服务活动。全区建成新时代文明实践中心（所站）181 个，常态化开展学习实践科学理论、宣传宣讲党的政策、培育践行主流价值、丰富活跃文化生活、持续深入移风易俗等群众性主题活动，取得良好的社会宣传效果。

【社科普及工作】

2022 年，芗城区社科联先后联合相关单位在省级社科基地林语堂纪念馆举办 2022 年度社科普及周启动活动并开展系列宣传活动；举办“寿苏会——林语堂和苏东坡”活动，邀请闽师大台籍老师、“苏学”爱好者、漳州蕉海文旅发展有限公司领导等参加；联合漳州市林语堂文化研究会和芗城实验小学共同举办读书节启动仪式暨“五里沙文学社阅读基地”揭牌仪式活动；联合闽南师范大学文学院、闽南师范大学海外教育学院、漳州蕉海文旅发展有限公司等单位在林语堂纪念馆举办“丹青画扇绘诗意•彩墨油伞颂中华”主题活动；在芗城新时代文明实践中心举办福建省百场社科专题报告会（芗城专场）活动，邀请闽南师范大学陈再生教授作《汲取历史宝贵经验 弘扬伟大建党精神》的辅导报告。组织社科人员参加“三节”“三下乡”、全民阅读、灯谜节、“福”文化宣传推介、纪念红军攻克漳州 90 周年、“朱子与闽南”文化论坛暨第五届海峡两岸朱熹陈淳学术研讨等群众性文化活动，广泛深入宣传社会科学知识。开办公益性水仙花童声合唱团、少儿锦歌培训班、灯谜培训班，组织文化下乡、送戏下乡、灯谜展猜活动等群众文化活动，丰富社科宣传载体和形式。

【社科基地建设】

2022 年，芗城区社科联对林语堂纪念馆部分硬件设施进行改造提升（包括宣传展板、无障碍厕所、无障碍通道、玻璃外墙、纪念馆防水等），落实文化馆、校外体育活动中心的设施改造，推进许地山纪念馆、芗城革命历史博物馆消防工程建设。漳州灯谜艺术博物馆、林语堂纪念馆等市、区爱国主义教育基地常年对外免费开放。设立美术、书法、舞蹈等 7 种公益性文化课程，免费向各年龄段群众开放。

【社科课题研究】

2022 年，芗城区社科联组织芗城区委宣传部课题组撰写的《推进芗城区市域治理体系和治理能力现代化研究》、芗城区法院课题组撰写的《“四化闭环”家事纠纷多元化解机制研究》调研课题项目参加漳州市社科研究规划课题立项评选，分别获得三等奖、二等奖。

（陈皓晶）

芗城区归国华侨联合会

【概况】

2022 年，芗城区归国华侨联合会（以下简称芗城区侨联）

围绕各项工作职能，开展调研活动，形成《芗城区侨资企业发展情况调研报告》，结合综治、学雷锋、重阳节及主题党日活动等开展侨法宣传，初步完成芗城区侨史馆筹建会布馆方案，先后顺利接洽中国侨联、省侨联到芗城区调研指导工作。全年开展支部党员学习教育、党史教育、主题党日活动约40次，通过参观学习，增强干部职工廉洁自律意识，筑牢拒腐防变防线。

【涉侨维权服务】

2022年，芗城区侨联拨付6个街道侨联工作经费6万元。拨付巷口社区创市级“五有”侨胞之家1万元、通北金源社区创省“五有”侨胞之家1万元、巷口街道创省“五好”侨胞之家1万元，完成年初创建计划任务。拨付新桥街道华港社区0.5万元、榕御社区1万元，完成年初社区侨联小组升格侨联会计划任务。

【涉侨台联络站成立】

2022年，芗城区侨联老芗亲法治共享家园涉侨台联络站在芗城区侨联大厦揭牌成立，为涉侨涉台有关人士诉讼提供便利。

【华侨联系服务】

2022年，芗城区侨联投资16.65万元完成云视频会议系统建设，实现与海外社团视频连线沟通与联络，利用元旦、春节、清明节等传统节日慰问海外重点人士的亲属，并与有回漳探亲过节的海外重点人士联系，增进感情。

【帮扶慰问】

2022年，芗城区侨联为12人次发放华侨事务经费（侨眷）救助款2.88万元，为26人次发放贫困侨救助款6.24万元。切实巩固扶贫成果，开展定期走访慰问活动，继续巩固帮扶石亭街道对象1名。春节期间组团慰问重点走访部分侨联委员、侨界重点人士及重点侨企33人（家）次。

【特色活动开展】

2022年，芗城区侨联与漳州市侨联等相关单位联合在天宝镇珠里村开展“爱乡爱企促发展·同心同行兴万村”活动，发动东方科技集团向7名贫困学生发放助学金2万元，座谈、探讨乡村振兴发展新思路；与漳州市侨联联合开展“华侨华人故事邮展、侨批展”，辖区部分侨联委员、统战委员、侨联干事等近30人参加活动；与芗城区退役军人事务局、西桥街道办事处、西桥社区在芗城区侨联大院联合举办主题为“喜迎二十大·永远跟党走”文艺活动；组织单位全体干部职工与西桥社区全体工作人员集中收看党的二十大开幕式；举办为期15天的“喜迎二十大·华侨华人故事、侨批邮展”。

（杨红卫）

芗城区台湾同胞联谊会

【概况】

2022年，芗城区台湾同胞联谊会（以下简称芗城区台联）全面落实省、市、区对台工作的决策部署，做好芗台联谊交流交往工作，推动芗台融合发展。拓展芗台渊源，关心关爱台胞台企，助力惠台政策落地落实。建立健全定居台胞帮扶工作机制，全方位做好台胞服务工作。

【台胞信息采集】

2022年，芗城区台联根据省台联《关于启用福建省台胞信息系统的通知》的文件要求，开展全区定居台胞信息采集工作，完成信息录入率95%。通过信息采集，增强档案的完整性、可靠性和实用性，为今后更好服务台胞提供数据支撑。

【档案家书征集】

2022年，芗城区台联推动“迁台记忆”档案文献的抢救、保护、开发与利用，联合芗城区台港澳办、档案局广泛发动捐赠，接受天宝玉尊宫管委会捐赠的两岸玉尊宫及漳台宗教文化交流照片1000张，接受爱心台胞捐赠两岸家书11封、两岸家族照片19张、台湾郑氏族谱1本。

【芗台联谊交流】

2022年，芗城区台联通过开展多种形式的联谊活动推动民间交流。春节前夕，为17位老台胞给海峡对岸的亲人送去贺年明信片。组织台胞参观“科举制度在台湾——台湾进士专题展”，让广大台胞多层次、多角度了解两岸一家、文脉相通的史实。结合“三八妇女节”庆祝活动，组织台胞参观少数民族特色村寨、漳台交流基地官畬村和送坑村。联合芗城区总工会、文体旅游局、团区委、妇联主办“喜迎二十大·建功新时代”职工系列文体活动。选派、推荐台胞青年参加全国、省台联举办的夏令营，深化两岸青年交流。协助全国台联办好“我为基层治理献一策”新台青走基层（福建）研习营。协助福建师大闽台区域研究中心台湾文学所一行到芗城区开展调研。

【台胞服务】

2022年，芗城区台联帮助常住台胞了解子女在漳入学政策，为22名台籍初中生开具台籍子女证明，为2名外地就学的台籍考生办理加分手续。选派2名台籍企业家参加第四届海峡两岸工商合作论坛。

【台胞帮扶】

2022年，芗城区台联用足用好各项慰问帮扶政策，为1名家庭经济困难的在校台籍大学生申请助学资金，为7户特困定居台胞家庭实施帮扶，为18名生活确有困难的其他定居台胞申报中央、省两级补助慰问款3.5万元。下拨财政补助资金70万元，惠及老龄台胞350多名。

（黄林苹）

芗城区文学艺术界联合会

【概况】

2022年，芗城区文学艺术界联合会(以下简称芗城区文联）坚持文艺“两为”方向和“双百”方针，支持文艺组织开展各类文艺公益活动，举办、协办主题文艺活动3场次。配合漳州市文联和木偶剧团深入埔里小学开展文艺志愿活动，配合相关部门采访采集和整理非遗技艺、文史故事。撰写《以漳州文艺特色精品涵养精神文明的实践与探索》调研文章，为全市培育文艺精品提供有效的芗城方案，全面推动芗城区文艺工作健康发展，为建设高品质中心城区贡献文联力量。

【主题文艺活动开展】

2022年，芗城区文联与相关部门共同举办“赓续红色血脉、汲取奋进力量”——红军攻克漳州90周年主题系列活动，综合运用各类宣传媒介宣传红军攻克漳州的光辉历史和革命精神。承办“奋进新征程·建功新时代”为主题的书法美术摄影作品展，围绕党建引领产业发展、城市建设、乡村振兴、民生福祉和廉洁文化等多个方面，描绘芗城区蓬勃向上的社会图景。举办“日昇芗江”图片展，选用图片82幅，以“旧貌新颜”“军民奋战”“醉美西湖”三个篇章为主线，全方位多角度展现崛起的芝山新城和沧海化桑田的西湖生态园。

2022年9月8日，芗城区台联联合区档案馆接受台胞捐献“迁台记忆”档案文献

（芗城区台联 供图）

【福文化宣传】

2022年，芗城区文联通过多形式宣传“福”文化。在天宝镇大寨村开展2022年芗城区文化科技卫生“三下乡”集中服务活动，以春联的形式将福文化送至千家万户；参与芗城区“三节”期间“福”文化氛围营造，为广大人民群众送上新春的祝福；依托《芗城文艺》杂志推广“福星高照•福佑中华”主题公益宣传海报，并依托该杂志发动广大文艺工作者营造“福”文化的浓厚氛围。

【文艺作用发挥】

2022年，芗城区文联充分发挥文联系统文艺门类齐全、文艺资源丰富和文艺人才荟萃的优势，围绕巩固拓展脱贫攻坚成果乡村振兴和高品质中心城区建设，开展各类文艺公益活动，深入挖掘芗城丰富的文化内涵。其中，林语堂文学院通过开展活动和艺术创作，进一步挖掘林语堂文化内涵，打造芗城特色文化；组织作家深入学校、企业，开展文艺惠民服务，为芗城实小宣讲《漳州，一座幸福的城》主题讲座和文学公益课，为市直单位主讲《红星照耀漳州——纪念红军攻克漳州90周年专题讲座》。新冠疫情防控期间，全区广大文艺工作者积极行动，以多种艺术形式，将辖区众志成城抗击疫情的情景进行艺术创作，用艺术作品支持抗击疫情。

（杨海波）

中国国际贸易促进委员会漳州市芗城区委员会

【概况】

2022年，中国国际贸易促进委员会漳州市芗城区委员会（以下简称芗城区国际贸易促进会）坚持贸易与投资相促进、走出去与引进来并重，利用贸促平台优势，走访企业了解企业外贸需求，组织企业多形式参与各类商会，发挥企业外向型发展的桥梁作用。

【漳州国际商会芗城企业推荐加入】

2022年，芗城区国际贸易促进会推荐芗城区68家企业加入第二届漳州国际商会，推选副会长单位2名，常务理事1名、理事11名，推进会员企业展销推介平台顺利上线，向国内外商协会和有关机构推介漳州的企业和相关产品，帮助会员企业拓展多元化市场，争取更多的国内外订单，推进高质量发展。

【经贸活动组织】

2022年，芗城区国际贸易促进会促进召开国际国内各类线上会议，先后组织20家企业参加“全球特色商品展云”展会（世博会站）、印尼食品博览会线上展等相关展会；12月，组织参加在厦门国际会展中心举办的第十三届海峡两岸（厦门）文化产业博览交易会。先后组织发动企业参加第四届海峡两岸工商合作论坛、2022中国福州•联合国采购推广大会暨第五届21世纪海上丝绸之路博览会采购商、全球自有品牌产品亚洲（厦门）展、2022年中国国际消费品博览会、中国（厦门）跨境电商展等经贸活动。

【商务培训】

2022年，芗城区国际贸易促进会组织干部和辖区40多家企业的业务骨干参加“涉外商事法律服务八闽行”疫情下企业妥善运用法律条款减少其合同损失专题等多场法务和政策解读培训，强化业务法务培训。

（袁德辉）

芗城区残疾人联合会

【概况】

2022年，芗城区残疾人联合会（以下简称芗城区残联）推进芗城区残疾人各项事业，创新镇村残疾人联络员队伍管理，建立区、镇、村三级残疾人服务网络与5个专门协会共同构成“横向到边，纵向到底”的组织体系，充分保证芗城区残疾人教育、就业、康复托养、辅助器具等服务体系得到较好落实。在全省率先出台《芗城区残疾儿童康复机构在训儿童康复效果公益性评估工作方案（试行）》，在全市率先采用政府购买服务开展残疾人居家托养服务。与漳州和康养老产业达成战略合作，挂牌首家残疾人日间照料中心，全面推动巩固残疾人小康生活。

【康复工作】

2022年，芗城区残联研究出台《芗城区0—17岁残疾儿童康复救助事中事后监督补充规定》，从6月1日起执行视频打卡电子签到制度，确保在训儿童达到精准康复要求。对照《康复机构日常管理细则》，从康复服务机构协议管理执行情况及服务标准、人员配备及场地、日常监管、后续服务等四个方面17项进行日常考核，全面规范儿童康复服务机构行为。做好残疾人辅助器具适配机构监督和管理，为262名残疾人提供辅助器具适配服务，发放补助资金45.2592万元，为近400名残疾儿童发放康复补助638.45万元。开展儿童康复效果公益性评估试点，引进闽南师范大学教育科学学院第三方专业团队，通过以评促建、以评促教、以评促训，确保享受救助项目残疾儿童得到及时有效康复治疗和训练，全面提升康复机构的康复服务能力和康复效果。

【残疾人帮扶解困】

2022年，芗城区残联落实残疾人"两项补贴"动态调整机制、扶残助学、"一户多残"生活补助等资金补助，为4472人次发放补助22.36万元，为3812名生活困难残疾人发放生活补贴544.61万元，为4801名重度残疾人发放护理补贴629.36万元，补助残疾人住院32人、发放死亡补助229人，累计发放补助金额17.85万元。开展第三十二次全国助残日活动，组织儿童康复、爱心慈善、志愿服务、辅具助残等暖心的助残系列活动，慰问残疾人33人，发放慰问金7.88万元。组织60多名残疾人到市博物馆、鹭凯生态园、东山岛等景点体验，有效增强残疾人的满足感和幸福感。

【残疾人就业服务】

2022年，芗城区残联扶持农村困难残疾人就业创业项目19人，实现资金补助7.86万元，帮助10多名残疾人实现就业。凯盛阳光工坊顺利通过残疾人辅助性就业机构验收，福建凯盛环境集团获2021年"福建省安排残疾人就业爱心企业"称号。

【残疾人居家托养】

2022年，芗城区残联启动创新残疾人居家托养项目，联合芗城区财政局出台《2022年芗城区残疾人托养服务项目实施方案》，全市率先采用政府购买服务开展残疾人居家托养服务。使全区130个就业年龄段重度精神、智力残疾人实现居家托养服务，与漳州和康养老产业达成战略合作，挂牌首家残疾人日间照料中心，拓宽残疾人机构托养渠道。

【残疾人文体活动】

2022年，芗城区残联以节日活动主题为载体，开展符合残疾人身心特点的特奥日、残疾人健身周、盲人节等文体活动。继续参与"残健融合·共享健康"体育项目系列活动，为省市残联选拔更多优秀残疾人运动员参加集训，储备体育人才资源。组织10个项目19名选手参加漳州市第五届残疾人职业技能竞赛。

【残疾人权益保障】

2022年，芗城区残联推进残疾人家庭无障碍改造项目，高质量完成60户残疾人家庭无障碍改造项目，改善芗城区残疾人居家生活状况。推进残疾人家庭无障碍改造示范区建设，完成10个镇街230户残疾人家庭无障碍改造任务，补助金额88.82万元。配合芗城区住建局推进无障碍改造提升项目23个。开展社区"爱心助残驿站"试点，确定芝山街道惠民社区作为省级"爱心助残驿站"社区类型试点，以"两个依托，一个特色"为核心全面开展爱心助残活动。开展残疾人信访工作，及时化解个别残疾人不良情绪，根据残疾人需求改进工作，补足短板。依托残疾人法律救助工作站，完善权益保障应急处置机制和相关工作制度，为残疾人及时获得法律援助、法律服务和司法救助提供帮助。

（陈国民）

芗城区红十字会

【概况】

2022年，芗城区红十字会充分发挥红十字会在人道领域联系群众的桥梁和纽带作用，坚持“保护人的生命和健康、维护人的尊严”工作主线，聚焦核心业务，团结动员广大红十字工作者、会员和志愿者弘扬“人道、博爱、奉献”的红十字精神。新冠疫情期间，接收捐款55.98元，接收捐赠物资17批次，价值约126万元。

【人道主义救助】

2022年，芗城区红十字会于春节前夕举行“红十字博爱送万家”物资发放仪式，现场为100个家庭发放慰问金4.8万元及物资1.9万元，并与芗城区疾控中心等部门前往龙海市程溪镇大田坑村慰问芗城籍的2名麻风病休养员，送去慰问金800元。

【应急救护知识培训】

2022年，芗城区红十字会开展以“进机关，进社区，进校园、进企业”为主要内容的应急救护培训工作，在金峰实验小学举行“水上安全教育进校园”现场直播公开课，全市中小学学生通过网上观看现场直播。在县后社区与漳州市红十字会等单位联合举办“5·8博爱周”。根据相关通知，组织培训持证急救员2927人，在学校、机关、企事业单位等人群密集地设置AED机27台，建立健全辖区群众自救互救网络体系。

【公益募捐】

2022年，芗城区红十字会依托“99爱心公益日”，指导各镇街、爱心企业、志愿者利用微信平台进行宣传发动，筹集善款109796.65元。

【青少年志愿服务】

2022年，芗城区红十字会结合辖区学校的德育教育，成立一支以漳州各所高校学生为主的“芗城红十字博爱志愿服务队”，利用节假日参与“博爱送万家”慰问活动、“爱婴芭比”马拉松赛、“助残日”等各领域的志愿服务活动，通过参与志愿活动培养学生的优良品格，学习“人道、博爱、奉献”的红十字精神。

（卢阿燕）

芗城区计划生育协会

【概况】

2022年，芗城区计划生育协会深入学习贯彻省、市关于优化生育政策促进人口长期均衡发展的文件精神，落实“带头、宣传、服务、监督、交流”五大职能，以《芗城区关于加强村（社区）计生协基层队伍建设工作方案》推进协会组织建设，完善协会机构。组织做好关心关爱失独家庭、计生家庭保险服务、生育关怀、金秋助学、计生法律援助等各工作，全面促进家庭健康。

【基层计生队伍组织建设】

2022年，芗城区169个社区（村）计生协会全部完成换届任务，重新择优选配小组长726个（其中：45岁以下者占比39.9%，同比上年增长5.9%；大专以上文化程度者占比13.2%，同比上年增长5%），协会小组长均兼任社区网格员、健康助理员，协会机构得到完善。明确村（社区）计生协会专职副会长、秘书长、女小组长的配置和任职要求、工作职责、津贴待遇、资金管理等，调动基层队伍工作的主动性。

【生育帮扶】

2022年，芗城区投入生育帮扶项目款470万元，帮扶十个镇（街道）96个村（社区）235位母亲家庭发展，惠泽人口约828人（其中：属于农业种植、养殖、食用菌生产以及加工生产的项目占52%、属于经商和运输的服务项目占48%），其中整村推进浦南溪园村16户、天宝镇珠里村15户。

【计生保险服务】

2022年，芗城区、镇街协

会与国寿公司建立常态沟通机制，共同推进计生保险工作，实现全区投保户数 1.19 万户，生效保费 166.41 万元。

【计生法律援助】

2022 年，芗城区计划生育协会在芗城区矛盾纠纷化解中心挂牌成立“法律援助工作站”，联合芗城区司法局以及镇（街）计生协、司法所、村社区计生协会先后开展法治讲座 7 场，开展法治宣传、法律咨询活动 8 场，为计生群众调解纠纷 21 例，受理计生法援案件 56 件（其中：劳动争议 24 件、离婚诉讼 12 件、交通事故赔偿 10 件、索要抚养或赡养费 10 件）。

【优生优育指导】

2022 年，芗城区计生协会以新启点幼儿园为依托，挂牌成立“芗城区计生协会优生优育指导中心”，开展活动家长课堂 3 次、亲子活动 15 次，在微信群发布育儿相关文章近 200 篇。在芗城区计生协会优生优育指导中心的引领下，新桥街道榕御社区创建省级“亲子小屋”，投入省级资金 5 万元，先后开展亲子活动 15 次，入户指导 3 次，惠及 150 户家庭。10 月 13 日，通北街道金源社区挂牌成立区级亲子小屋。

2022 年 2 月 18 日上午，芗城区法律援助工作站在芗城区社会矛盾纠纷调处化解中心举行揭牌仪式

（芗城区计生协 供图）

【儿童早期教育】

2022 年，芗城区计生协会开展儿童早期教育指导师公益培训班 6 期，培训女小组长 283 人，逐步建立基层儿童早期发展公益服务志愿队伍。

【家庭健康工作】

2022 年，芗城区计生协会指导近 4 万名群众通过小程序方便、快捷地获取健康科普知识，咨询相关健康问题等，促进养成健康生活方式，提高家庭健康素养。参与“健康家·味道”、健康家庭故事等主题推进活动，向省级推选优秀案例 2 个。申请省级“家庭健康促进行动”项目试点资金 10 万元，开展健康知识大讲堂活动、家庭健康系列宣教服务活动（专家义诊）、购买家庭健康服务包、购买家庭健康宣传品及给予家庭健康服务中心示范点补助经费用于开展相关活动及阵地布置等项目活动。开展健康知识大讲堂活动 1 场、家庭健康系列宣教服务活动（专家义诊）1 场。

【金秋助学】

2022 年，芗城区计划生育协会发放助学金 6.7 万元，资助 14 名计生家庭困难学子，其中：省级资助分别为 11 名、市级资助 3 名。

（杨婧娴、蔡伟祺）

法治

政法委及综治

【概况】

2022年，芗城区以夯实社会治理基层基础作为全区政法工作的战略任务，统筹推进政法机构职能体系、执法司法制约监督体系、执法司法责任体系改革和建设，稳步提升执法司法的质效和公信力。做好组织领导工作，基础建设与专项治理同步进行，防范化解各类风险，筑牢平安芗城建设根基。建成全市首个县（区）级刑事诉讼涉案财物跨部门集中管理信息平台试点并投入使用，古城巡防体系建设在《人民日报》上刊发推广。完成维护党的二十大召开期间安全保护任务。

【平安芗城建设】

2022年，芗城区健全平安建设（综治工作）考评体系，签订《2022年芗城区平安建设（综治工作）责任书》，成立区委平安建设领导小组，健全9个专门工作小组、49个部门参与的平安建设协调机制，落实平安建设经费保障，芗城区财政共拨付政法经费7003.14万元。

【特色品牌项目创建】

2022年，芗城区突出“党建引领示范社区建设”“构建‘236’多元调解体系建设”“老芗亲法治平台建设”等三个特色品牌项目创建，推荐石亭街道综治中心和金源社区网格化服务管理站参加全市十佳综治中心评选，打造惠民社区、金品社区、延安社区等网格管理服务站示范点，完成三级网格员基础档案、三级综治中心基础档案和社区网格设置，开展两轮全区网格员业务培训。

【重点公共区域管理】

2022年，芗城区落实“高峰勤务”和“护学岗”机制，持续开展公共区域涉险隐患风险排查促改工作，强化检查，完成全区280家中小学、幼儿园的防护措施建设。

【特殊人员帮扶】

2022年，芗城区继续实施严重精神障碍患者医院社区一体化治疗管理项目（年内在实施有18人）。接收刑满释放人员252人，重点安置帮教对象16人，对刑满释放人员的帮教率100%。

【社会矛盾化解】

2022年，芗城区摸排各类矛盾纠纷5397起，化解5319起，化解率98.55%；受理各类矛盾纠纷案件4911起，调解成功4895起，成功率99.67%；投入450多万元，化解陈年积案20件；化解国家、省市交办的信访件179件。

【金融领域监管】

2022年，芗城区核查银行卡、电话卡涉案线索460条，核查率100%，抓获非法开办卡48人，抓获非法收贩卡84人；

打掉电信诈骗犯罪团伙 32 个，破获案件 378 起，抓获嫌疑人 1019 人，挽回损失 403 万元；批捕帮助信息网络犯罪活动、电信网络诈骗等有关犯罪 27 人，提起公诉 107 人；全区电信诈骗警情 919 起（比上年下降 27.2%）；财物损失 6457 万余元，冻结涉诈账户资金约 1.25 亿元，挽回损失并予以返还 437 万元。办结“12337”平台下发的线索 12 条（其中立案 2 条、完成整改 1 条）；破养老诈骗犯罪案件 40 起，抓获嫌疑人 44 人，挽回损失 998.93 万元。

【涉假卷烟监管】

2022 年，芗城区查获卷烟涉假案件 7 起（同比上年减少 2 起），其中捣毁生产假冒卷烟标识印刷窝点案件 1 起；查获假烟 54.13 件（同比上年下降 76.46%）、烟丝 2.11 吨（同比上年下降 71.86%），合计案值 46 万余元，依法追究刑事责任 15 人。

（杨开发、沈斌、王成洲、方琳）

法治政府建设

【概况】

2022 年，芗城区统筹推进政法机构职能体系、执法司法制约监督体系、执法司法责任体系改革和建设，稳步提升执法司法质效和公信力。推进智慧法院建设，完善“1234”快执机制及金峰法庭“5+1”一体化审执模式，构建“执行 + 保险”联动执行模式，债权转让机制、执行和解建议书等执行措施；投建执行便民服务中心，列入芗城区 2022 年为民办实事项目，以维护人民群众合法权益；深化基层综合行政执法改革，梳理 108 项行政处罚权作为集中赋权下放的事项清单；开展民主法治示范村（社区）创建活动，西桥街道南台社区、天宝镇珠里社区获评第九批“全国民主法治示范社区”。

【行政复议与行政诉讼】

2022 年，芗城区设立司法行政调处中心，审结行政案件 298 件，发布司法建议 15 份，促成行政争议实质化解 60 余起；办理行政复议案件 29 件，正式受理 16 件（其中，通过撤销、确认违法等直接纠错案件 6 件，复议决定作驳回 3 件，维持 2 件，当事人撤回申请复议终止 5 件），办结 28 件，经复议的行政诉讼案件未出现败诉情况。

【司法监督】

2022 年，芗城区充分发挥“12345”政务服务便民热线中心职能和检察机关法律监督职能作用，建立检察监督与“12345”政务服务便民热线联动工作机制，提升政府职能部门的工作效能。提升司法透明度和公信力，配合市人大常委会开展立法调研活动 6 次，征求意见 509 人，提出修改意见 20 条；在全市率先投入使用具备互联网直播等技术规范功能的检察听证室，聘任听证员 24 名，邀请人大代表、人民监督员等 130 余人次参与听证会 55 场；开展重大行政决策合法性审查 75 件；开展备案审查工作，向漳州市政府、芗城区人大备案规范性文件 16 份，备案率、及时率均为 100%。

【政法领域改革】

2022 年，芗城区持续深入推进“大法制”改革，着力推进公安系统“压缩行政案件自由裁量权”“建设集体议案申请功能”“升级智慧执法办案积分平台”3 个项目的建设，在智慧执法办案积分平台中嵌入监督模块，让每日巡查有迹可循。健全完善“一体化”快速反应、“多元化”检察监督、“共享化”资源整合、“多样化”法治服务等检察机制，经验做法被“学习强国”学习平台、最高检微信公众号等推广转载，并获得全市检察机关“新时代检察故事汇——检察官讲述办案故事”活动一等奖。建立“碳汇”认领生态修复机制，创新“检察 + 碳汇”机制，与芗城区自然资源局进行“林长 + 检察长”协作，建立生态资源“打击 + 保护”机制。芗城区人民法院明确案件繁简分流标准，优化简案快审流程，严格限制案件流转时间和数量，对类型化案件进行要素式审判，速裁团队审结案件5396件，占民商事案件总数的49.8%。

【扫黑除恶斗争】

2022年，芗城区组织开展《中华人民共和国反有组织犯罪法》宣传活动，开展信息网络、教育、金融放贷、市场流通领域行业整治，摧毁恶势力犯罪集团2个、恶势力犯罪团伙1个，批捕涉恶犯罪2件8人，提起公诉3件15人。

【刑事诉讼涉案财物管理】

2022年，芗城区落实福建省委政法委扩大刑事诉讼涉案财物跨部门集中管理平台试点工作，加快推进智慧型涉案财物管理中心平台项目建设进度，及时调整管理过渡中心选址于芝山派出所七、八楼，并于9月27日试运行，全区入库审核涉案物品351件，处置5件。

【普法宣传】

2022年，芗城区深入开展普法宣传活动190场，发放民法典和宣传单2000余份，解答群众咨询2500人次。

（杨开发、沈斌、王成洲、方琳）

公安

【概况】

2022年，漳州市公安局芗城分局以维护好党的二十大召开期间安全保护工作为主线，深入推进夏季治安打击整治“百日行动”，持续深化警务机制改革，制定为工业企业发展和开发区建设营造良好社会治安环境的具体举措10项。全年，接报违法犯罪警情7707起（同比上年下降16.8%），立刑事案件2266起（同比上年下降14%），破刑事案1578起（同比上年上升8%）抓获刑事犯罪嫌疑人1281人，打掉各类犯罪团伙64个；发生道路交通安全事故4286起，同比上年下降28.41%；受伤672人，同比上年下降11.46%；死亡19人，同比上年下降5%；经济损失44.27万元，同比上年下降43.97%。漳州市公安局芗城分局在全市公安机关打击整治“百日行动”专项考评中取得第一名、禁毒工作的相关技术战法和经验做法获得市局禁毒支队的肯定，在漳州市各县（区）得到推广应用，获评“全国优秀公安局”。

【社会治安整治】

2022年，漳州市公安局芗城分局严厉打击涉黑恶、涉枪爆、黄赌毒、盗抢骗及养老诈骗、电信网络诈骗等突出违法犯罪行为，成功摧毁恶势力犯罪集团2个，恶势力犯罪团伙1个，破获枪爆违法犯罪案件7起；打掉电诈犯罪团伙32个，破获电诈案件378起（同比上升87%），抓获电诈嫌疑人1019人，挽回损失403万元；破获养老诈骗犯罪案件40起，抓获嫌疑人44人，挽回损失998.93万元；侦破涉黄刑事案件23起，摧毁11个组织、介绍、容留卖淫窝点。深入开展电诈宣防“百千万”工程，深入高校、企事业单位、医院、社区等场所开展反诈宣传讲座44场，实现高校电诈警情同比上年下降37%、全区电诈警情919起（同比上年下降27.2%）。常态化对全区20家娱乐场所、131家旅馆业、26家留宿洗浴按摩场所、95家寄递业、13家物流业进行管理，严厉查处违法经营，对辖区6家娱乐场所负责人进行约谈，并作出责令停业整顿处罚。破获涉赌刑事案件39起、跨境赌博案件34起、涉黄刑事案件18起，查获涉赌行政案件283起、涉黄行政案件281起；省厅督办跨境案件1起、涉黄刑事案件2起。

【道路交通整体社会防控】

2022年，漳州市公安局芗城分局设置高峰站勤点40个、平峰执勤点20个，抽调内业警力，每天保持正常高峰、平峰定点站勤勤务，保障市区道路排堵保畅力度。严格执行《芗城区各寄宿学校2022年国庆假期放假及返校期间交通疏堵保畅工作预案》，成立一支20人的应急处置梯队，做好增援准备。严格落实《芗城交警大队2022年国庆假期北环城路施工路段交通疏堵保畅工作预案》，适时安排警力在北环城路与岱山路、北环城路与漳华路、北环城路与金峰路值守，确保该路段安全畅通。重点部署“千灯万带”亮灯工程，排查整改路段照明亮度不足1处、路段行道树遮挡4处、路灯不亮97杆。坚持“两客一危”营运车辆源头监管，与市场监管部门开展联合执法行动，走访辖区重点运输企业13家，检查车辆317辆次，核查驾驶人310人次，下发整改通知书51份；加大催检催报工作，督办2辆57座以上大客车全部完成报废工作，重点运输车辆检验率100%，货车、挂车、面包车检验率均为95%以上。

【道路交通安全综合整治】

2022年，漳州市公安局芗城分局开展夏季道路交通安全综合整治“百日行动”，查处交通违法行为140393起，其中酒醉驾378起（酒驾290起，醉驾88起），违停105036起，货车超载698起，超员125起，超速601起；辖区道路交通事故747起，同比上年减少844起，下降53.05%；死亡人数5人，同比上年减少2人，下降28.57%；受伤人数111人，同比上年减少152人，下降57.8%；直接经济损失10.02万元，同比上年减少13.33万元，下降59.93%；未发生一次死亡2人及以上事故。围绕创城工作，结合交通秩序整治，规划车辆泊位总数7660个，施划完成6193个；加大对胜利路、元光路等严管街汽车违停的查纠和劝导，查处汽车违停42086辆次，劝导5万余辆次；利用“AI违法信息采集”查处违法1809起。

【道路交通隐患排查治理】

2022年，漳州市公安局芗城分局推进为民办实事项目建设，于4月底完成漳华路、漳华路三村路口、漳华路北斗中学路口3处省级为民办实事隐患路段整改任务。全面开展新建在建道路、通寺道路、临水临崖道路排查工作，排查在建道路15处、通寺道路5处、临水临崖道路4处，整改通寺道路存在指示标志不完善问题1处、临水临崖道路存在隐患4处；完成辖区国省道平交路口208个安全隐患整改工作，年内完成迎宾西路路段72处隐患路口整改，G319北环城路段、S219金沙至浦林路段、G76石亭高速连接线路段因路面正在或即将进行改造而待完成；完成2022—2023年度交通安全设施维护项目招标工作和北仓路（惠民路—金峰中路）、北环城路（国道G319胜利西路—九龙大道）等多条道路交通安全设施设计，完成10处转弯盲区警示区、右转车道、大货车右转停车让行区域，更新施划各类标线设置11684.48平方米、修缮、增补各类标志734套，信号灯设置2处、配套电警2处，其他道路完善微型卡口型电警4处，增补、修复各类护栏1958米，应急维护红绿灯93次，及时更换老化信号灯线路635米、警示柱394根、减速垄854米，有力地保障了辖区道路的交通安全。

【重点车辆管理】

2022年，漳州市公安局芗城分局开展殡葬服务车辆交通安全综合治理工作，走访从事殡葬服务企业1家，对从事殡葬服务的车辆9辆、驾驶员及从业人员7名进行检查。组织人员深入辖区开展危化品运输车辆、旅游客运车辆、重中型运输车辆的治理工作，开展督导检查42次，检查企业77家（次），督导问题1处，排查隐患59处。年内，辖区大型公路客车、大型旅游客车、营转非大客车、危化品运输车、校车检验率和报废率均为100%；重中型挂车、重中型货车和面包车检验率、报废率均达标。

【电动自行车交通管理】

2022年，漳州市公安局芗城分局围绕创城工作，结合交通秩序整治，加大对电动自行车交通违法行为的高压严管态势，暂扣违法电动车2668辆次，拆除遮阳篷（伞）1920个，劝导电动车未佩戴安全头盔、不按道等显见性违法11837辆次，驾乘电动车头盔佩戴率70%以上，有效规范电动车行车秩序；打掉电动车改装窝点1处。

【交通执法】

2022年，漳州市公安局芗城分局芗城交警大队交通违法受理窗口办理现场违法7712份，道路监控违法66356起；交通罚没网上预约办理8219起；处理各类信访9081起，受理“12345”政务服务平台2534起、上级转办28起，人民网3起、群众来电5633起、群众来访856起，办理行政案件复议7起；审核办理行政、刑事案件369起，5日内刑事立案率100%；查获醉酒驾驶案件30日内侦查终结率99.67%；吊销驾驶证案件300起；复核执法记录仪视频3450余条，视频上传174125条（其中简易单视频关联率99.99%，强制单视频关联率99.98%），视频抽查率99.08%。

（吴志伟、邹玉玲）

【打击涉外刑事犯罪】

2022年，漳州市公安局芗城分局破获涉外刑事案件3起，抓获犯罪嫌疑人3人，刑事拘留3人；查获“三非”（非法入境、非法居留、非法就业）外国人案件62起，抓获93人（其中，非法入境50起，抓获82人；非法居留10起，抓获10人；非法就业2起，抓获1人）。

【矛盾纠纷排查化解】

2022年，漳州市公安局芗城分局常态化开展矛盾纠纷排查化解工作，摸排各类矛盾纠纷5397起，化解5319起；接收初信初访153件、重信重访178件，年内办结化解318件；接收涉警案件307件。

【禁毒工作】

2022年，漳州市公安局芗城分局按照“多警种参与推总量，专业警种攻坚促质量”的总体思路，开展“飓风肃毒2021”会战行动及“集群打零”专项行动，移送起诉毒品犯罪嫌疑人73名，查处吸毒人员75人次，侦破公安部目标案件2起（“部目标2021—84”和“部目标2021—310”）。

【户籍管理服务】

2022年，漳州市公安局芗城分局行政窗口办理户口24813件，出生申报2772人，死亡注销528人，身份证35635张（其中省内身份证32655张、省外身份证2980张），临时身份证1562张，接受身份证挂失申报8699张，收管群众捡拾证件15张（年内发还失主13张），办理港澳台居民居住证158件，办理特种行业审批317份，微信办理事项申请16件；收缴假出生医学证明6本，行政拘留5人。

（吴燕晖）

检察

【概况】

2022年，芗城区人民检察院（以下简称芗城区检察院）推进市域社会治理现代化，深化“老芗亲”法治共享家园建设，在芗城区侨联设立涉侨台联络站，在珠里社区设立检察机关服务乡村振兴联系点，在全市率先启动涉案企业合规改革试点工作。联合区工商联在全国首创“法律行稳·民企致远——321法治护航”新机制，入选全国工商联、最高检联合发布的百个“工商联与检察机关沟通联系机制典型事例”。搭建检察官学习研讨与经验交流平台，成立案例提炼小组，整合全院各业务条线所办理的典型案件20个，参考指导性案例格式编发《典型案例选编》4期。全年，办理各类案件及相关线索2629件，办理各类案件2688件，受理审查逮捕案件233件330人，受理审查起诉案件767件，办理诉讼监督案件219件、公益诉讼案件58件，提起公益诉讼2件，发出诉前检察建议55件。

【经济秩序维护】

2022年，芗城区检察院依法批捕侵害企业权益犯罪2人，提起公诉21人；对涉轻罪的5家民营企业及9名管理人员依法作出相对不起诉决定，其中协调化解一家企业历时两年的股东纠纷及集体讨薪隐患，促成其补缴税款 127 万余元、发放工人工资 100 万余元；在全市率先启动涉案企业合规改革试点工作，联合区工商联等 13 家单位建立涉案企业合规第三方监督评估机制，聘任第三方监督评估专业人员 51 名，对 3 家涉案企业通过第三方组织进行合规考察，促进依法规范经营；与区市场监管局等部门共建知识产权案件行政与司法职能衔接合作框架协议，严打侵犯知识产权犯罪 7 人。

【社区联络服务】

2022 年，芗城区检察院健全完善"一体化"快速反应、"多元化"检察监督、"共享化"资源整合、"多样化"法治服务等机制，在湖内、田寮等 10 个村（社区）挂牌成立联络站基础上，在芗城区侨联设立专门的涉侨台联络站，开展走访活动 110 余次，收到有关问题线索 100 余条，解决实际问题 95 个。

【市域社会综合检察】

2022 年，芗城区检察院依法批捕涉恶犯罪 2 件 8 人，提起公诉 3 件 14 人；落实监督检察衔接机制，依法受理审查职务犯罪 9 人，提起公诉 6 人；发挥检察建议作用，针对寄递安全监督不到位、部分体彩店违规设立"私彩"对赌现象等突出社会治理问题制发检察建议书 58 份，促进相关行业进行整治；打击洗钱犯罪，在办理某贷款诈骗案时发现涉嫌洗钱犯罪线索，及时向公安机关移送并监督立案（该案成为 2022 年全市首例洗钱犯罪判决案件）；参与新型网络违法犯罪专项整治行动，批捕帮助信息网络犯罪活动、电信网络诈骗等有关犯罪 27 人，提起公诉 107 人；惩养老诈骗犯罪，提前介入引导侦查涉养老诈骗案件，督促、配合公安机关追赃挽损近 1000 万元；通过"两微"平台发布打击养老诈骗案例、举办"养老反诈"课堂、入户宣传等形式开展普法活动。

【未成年人检察工作】

2022 年，芗城区检察院建设集讯（询）问、心理疏导、普法等功能于一体的未成年人检察工作中心，与团区委、漳州古城保护开发有限公司合作共建青少年志愿者服务基地，组织开展不捕、不诉涉案未成年人到基地参与古城保护公益服务 16 人次；联合芗城区妇联等单位在漳州新城学校设立家庭教育指导站，引导家长树立科学家庭教育理念；邀请家庭教育指导师在芗城区检察院开设小课堂，针对性为 21 个涉案未成年人家庭进行教育指导 5 场；健全完善检察官 24 小时在线帮教、常态化司法社工介入帮教、心理咨询师志愿者常驻帮教等"检察官 + 司法社工 + 心理专家"三方同时跟踪帮教机制，帮教 40 人、帮助重返校园后考上大学 7 人、引导重新就业 13 人；联合芗城区卫健局等部门对全区 31 家文身机构进行专项检查，强化禁止未成年人文身宣传；联合相关部门开展各类校园安全问题专项检查 12 次，开展"法治进校园"活动 17 场，全方位维护辖区未成年人群体的合法权

2022 年 5 月 8 日，芗城区检察院联合市文物保护中心、漳州市新城学校在古城文庙开办国学堂对学生进行未成年人保护法宣传　　（芗城区检察院 供图）

益。年内，办理的保障儿童受教育权案入选“福建省检察机关妇女儿童维权十大案例”，“检察官＋司法社工＋心理专家”三方同时跟踪帮教机制经验做法得到国务院未保办评估核实组的充分肯定，全省检察机关“春蕾安全员”机制推进提效活动现场会在芗城区检察院召开。

【生态环境案件检察】

2022年，芗城区检察院联合芗城区生态环境局等部门出台“检察＋碳汇”实施意见，建立“碳汇”认领生态修复机制，细化“绿色出行”等公益服务项目28项，供拟作不捕、不诉的犯罪嫌疑人自愿认领选择，有33名被不起诉人认领“碳汇”公益服务项目（其中，针对一起盗采海沙矿产资源的案件提起刑事附带民事公益诉讼，促成被告人缴纳提存款63万余元，用于修复生态和自愿认购“碳汇”）。与芗城区自然资源局建立“林长＋检察长”协作机制，严厉打击破坏生态环境资源犯罪，批捕3人，提起公诉13人。强化生态修复治理工作，办理非法改变永久基本农田用途的行政非诉执行监督案件1起，促成恢复耕地原状。针对辖区内多家餐饮店向消费者提供不可降解一次性塑料吸管的情况，向相关部门下发塑料污染防治的检察建议，并联合区发改局等部门在辖区多次开展塑料污染治理宣传活动。

【刑事检察】

2022年，芗城区检察院健全捕诉一体办案机制，批捕160件223人，提起公诉533件661人；严格落实少捕、慎诉、慎押的刑事司法政策，不捕132人、不诉175人；对捕后无需继续羁押者变更强制措施44人，规范适用认罪、认罪从宽制度848人，提出确定刑、量刑建议665人。开展司法救助活动，为14名刑事案件被害人或其亲属发放救助金20.4万元。

【民事行政检察】

2022年，芗城区检察院深化民事虚假诉讼监督，提出再审检察建议2件，依法办理支持起诉案件20件，均获法院采纳。联合芗城区政府办打造“检察服务＋政务服务”平台，协同梳理群众反映的“噪音污染”“油烟污染”等线索3602条，就相关问题开展行政争议实质性化解，保障群众合法权益。全年，提出民事检察建议35件、行政检察建议50件。

【公益诉讼检察】

2022年，芗城区检察院协助漳州市检察院在古城建立漳州古城公益诉讼保护法治实践基地，聘请首批古城保护公益诉讼观护员13名，推进公益保护活动10项；针对部分烈士陵墓纪念设施管理不善等问题向有关部门发送检察建议，规范烈士陵墓保护；通过向芗城区卫健局等部门制发检察建议，督促部分医院等公共场所规范设置“军人优先”标志；针对办案中发现的电子医保账户被盗刷问题，向相关部门制发检察建议，挽回当事人损失10万余元；联合芗城区医保局等单位建立监督协作保障医保基金安全的工作机制，并推动医保局为一起故意伤害案未获得赔偿的被害人先行支付医疗保障金1.7万余元。

【诉讼监督】

2022年，芗城区检察院联合芗城区法院、古城公司促成一名被告人自愿腾退侵占六年的国有资产店面，并偿还拖欠租金及相关费用3万元。通过在芗城公安分局设立侦查监督与协作配合办公室，强化监督，提出意见42条。深化刑事执行监督，针对社区矫正教育矫治不当、财产刑延迟执行等问题发出纠正违法通知书76份。全年，监督刑事立案20件、撤案21件，纠正漏捕19人、纠正漏诉41人，提出刑事抗诉2件。

（王宗良、陈雪琼、郑贤方、张英姿）

法院

【概况】

2022年，芗城区人民法院坚持司法为民、公正司法，深化改革创新，引领干警发挥审判职能、服务中心工作，成立破产审判合议庭，投建执行便民服务中心，设立“家庭教育指导工作站”1处、“乡村振兴矛盾纠纷调解室”2处，挂牌成立“新时代文明实践法律服务点”4处，联动设立“古城历史文化法律保护中心”。全年，受理各类案件19236件，审结、执行18738件，涉案标的额48.2亿元；构建“执行＋保险”联动执行模式，为多名申请执行人发放司法救助金24.5万元。

【刑事审判】

2022年，芗城区人民法院依法惩治各类刑事犯罪，常态化开展扫黑除恶斗争，开展打击养老诈骗、网络诈骗、拐卖妇女儿童犯罪等三项活动，从严惩处严重危害公共安全犯罪。全年，审结刑事案件637件，判处罪犯893人。

【民商事审判】

2022年，芗城区人民法院响应市、区“产业发展项目建设攻坚年”等活动号召，开辟商事合同审理绿色通道，高效解决买卖合同、承揽合同等涉企纠纷3000余起，审结民商事案件10267件，涉案标的额33.5亿元。

【涉台案件】

2022年，芗城区人民法院简化涉台案件审判程序，高效审结多起涉台案件，化解涉台纠纷80余起，为台胞、台商、台企提供各类法律服务165人次；跟进盈科智谷产业园项目建设的涉法因素，助推涉台项目建设平稳有序推进。

【案件执行】

2022年，芗城区人民法院成立破产审判合议庭，审结破产案件10件，破产和解2件，移送“执转破”案件29件，执结各类案件7619件，执行到位金额19亿元；盘活“僵尸企业”4家，标的额3550万元；司法拍卖标的185宗，成交金额2亿余元。多次开展专项执行行动，为当事人发放执行款近2000万元。高效解决涉项目征地执行案件，助推三宝集团“科宝硅钢”28亿项目顺利开展。

【金融领域诉源治理】

2022年，芗城区人民法院完善“大调解长廊”，组建“五横一纵”类型化多元解纷平台，多次召开涉金融诉源治理业务交流专题会。运用金融司法大数据，发挥金融领域纠纷多元化解机制作用，防范化解金融风险，诉前有效化解各类金融纠纷1639起，审结金融案件2658件。

【诉源执源治理】

2022年，芗城区人民法院优化执源多元和解机制，从源头上减少诉讼增量，实现化解各类纠纷3000余件，收案数同比上年下降4.52%；执行诉源和解案件1562件，和解率25%。全年，诉非联动中心的诉前案件化解率同比上年提升12%。

【执行便民服务中心建设】

2022年，芗城区人民法院投建执行便民服务中心，构建“事务性工作一站式办理、程序性事

2022年2月22日，芗城法院联合区妇联、区民政局等部门挂牌成立了“家庭教育指导工作站”并举行揭牌仪式（黄西 摄）

项一次性告知、对外一站式贴心服务、对内一体化高效运转”的“四个一”机制，该机制列入区2022年为民办实事项目。

【法务建设】

2022年，芗城区人民法院投入资金进行基础设施和物质装备建设，研究推广干警自主研发的交通事故费用计算工具，助力法官快速办理道交纠纷案件。举办“芗聚说法”学术沙龙等审执交流分享会，开展各类培训、讲座30余场，参训1265人次。调研文章获省、市级以上奖项46篇，在《精神文明报》《福建法治报》等各类刊物上发表学术文章及宣传报道10余篇，入围2022年漳州法院系统精品工程项目4项。

（沈志清、江晨欣）

司法行政

【概况】

2022年，芗城区聚焦“一个统筹，四大职能”，以司法为民为主线，立足新发展形势，统筹协调推进各项工作落地落实。芗城区司法局被省司法厅评为全省人民调解先进集体，南台、珠里社区成功被命名为第九批“全国民主法治示范社区”，杨海山在“法援惠民生·扶贫奔小康”品牌活动中被司法部通报表扬，林俊丽被评为全省司法行政系统先进工作者，林小兰被评为全省人民调解先进个人。

【调解体系构建】

2022年，芗城区建立以多元调处中心为核心，10个镇（街道）调委会为骨干，170个村（社区）调委会为延伸点，20个企业、行业性、专业性调委会为补充的三级调解网络体系。建立金峰经济开发区职工法律服务一体化基地，促进劳动争议纠纷早化解早解决。聘用区、镇（街道）专职人民调解员33名、村（社区）专职人民调解员170名；搭建以劳模为中心，法律工作者、专职调解员为主干的群众非诉共商平台；新增市级金牌调解室1间。

【行政调解】

2022年，芗城区实现公安、民政、自然资源、生态环境、交通运输、卫生健康、市场监管7个重点行政部门行政调解组织全覆盖，并在人力资源和社会保障、住房和城乡建设、教育三个部门新成立行政调解组织。全年，成功化解行政调解案件7368件、诉调对接案件1140件、公调对接案件2268件、访调对接案件92件。

【社区矫正】

2022年，芗城区至6月10日实现全区十个镇（街）全部成立社区矫正委员会。落实《福建省社区矫正志愿服务管理办法》，芗城区共有社区矫正志愿者301人，与在册社区矫正对象配比为77%。全年，芗城区接收社区矫正对象394人，解除矫正339人，在册对象408人；开具警告15人次，训诫44人次；审前社会调查111例，处理居住地变更48例；收监执行2人。

【社区矫正安置】

2022年，芗城区在漳州尚

2022年5月，芗城区司法局石亭司法所深入福建傲农生物科技集团开展普法宣传进企业活动

（芗城区司法局 供图）

成家具有限公司、漳州利达纺织有限公司、漳州市天兴智能科技有限公司、漳州市众晟食品科技有限公司建立4个就业基地，解决社区矫正对象就业问题。

【社区矫正帮教】

2022年，芗城区深入推进同闽南师范大学的合作共建，对全区新接收394名社区矫正对象建立心理档案，开展集中出入矫教育14场、就业指导1场，受教育394人次。在6个社区矫正公益活动基地（漳州市正兴养护院、漳州市社会福利中心、东铺头社区文明实践站、西桥居家养老服务站、巷口居家养老服务照料中心、新桥文明实践所）组织开展公益活动58场，1372人次参与。在闽南师范大学、石亭乌石暴动历史陈列馆、天宝珠里社区建立教育基地。开展社区矫正对象社矫法专题教育学习19场，受教育550人次。社矫法宣传月期间，开展线下宣传27场、线上宣传26场，发放宣传材料1549份。

【普法宣传】

2022年，芗城区发挥新媒体作用，在“芗城普法”公众号以图文形式持续向社会推送工作动态、传播法律知识81期391篇；开展法律进企业、进农村、进机关、进校园、进社区、进军营、进网络活动，引导广大社区居民严格遵守法律规定的意识和观念。全年，举行普法宣传活动194场，发放宣传资料2100余份，解答群众咨询2500人次。

【调解信息宣传】

2022年，芗城区做好福建电视台《调解有一套》栏目的联络、协调、采访、拍摄工作，完成拍摄成功案例1个。发动全区200个人民调解员组织做好《人民调解》杂志的订刊用刊工作，征订202份。

【法律援助】

2022年，芗城区法律援助中心受理法援案件969件；机关及各司法所、多元调解处理中心、公证处接受群众法律援助来电、来访1543人次；与芗城区人民法院刑事审判庭对接，受理刑事辩护145件；做好认罪认罚犯罪嫌疑人法律援助工作，代理认罪认罚案件729件；开辟农民工法律援助“绿色通道”，受理农民工讨薪案件200件。

【公共法律服务】

2022年，芗城区开展“一村（社区）一法律顾问”活动，全区170个村（社区）均聘任法律顾问，所需经费列入本级财政预算，为村（社区）参与调解纠纷21件，为弱势群体提供法律服务186件，为困难群众提供法律援助78件，为村（社区）管理提供法律建议意见21件，开展法治宣传440场，回应群众法律咨询3105人次。全区23家律师事务所为207家企事业单位、其他经济组织提供法律服务5023件（其中：办理刑事诉讼辩护案件435件、民事诉讼案件3845件、行政诉讼案件141件、非诉讼案件602件），案件代理收费5180.83万元。佳信公证处配合有关执法部门办理“两违”拆除相关保全公证5起，办理赔偿生态环境修复费用提存公证8件，办理国内民事公证3464件、涉外公证147件、涉及港澳台公证33件，共收费231.93万元。

（林维臻、周雪晴）

外事 侨务 台港澳事务

外事

【概况】

2022年，芗城区统筹做好新冠疫情防控、对外合作交流和服务经济社会发展各项工作，组织辖区企业参展“漳州产”“漳州味”日本“大群马物产展”推介活动，办理APEC商务旅行卡9人次，完成泰国驻厦总领事、奥地利在华企业代表团到芗城区调研考察接待工作，各项外事工作顺利开展。

【外国人入境申请服务】

2022年，芗城区统筹新冠疫情防控和服务发展需要，办理境内企业邀请函审批3批次4人次、商务旅行卡5批次9人次，保障芗城区的各项建设项目有序推进。

【对外文化交流】

2022年，芗城区广泛发动外籍人士参加“外国友人话漳州”征文活动并获得奖项；配合漳州市外事办做好邀请企业参加在泰国的投资推介会活动，组织开展非遗文化、传统民俗体验等多项活动；组织参与第十届NEAR青少年绘画作品征集活动，征集绘画作品近100幅，全区有10名学生获奖。

（蔡昕妤）

侨务

【概况】

2022年，芗城区统筹新冠疫情防控与侨务工作，对2013年以来的行政确认业务档案进行数据统计和公开。开展退休归侨职工生活补贴申请，帮扶困难归侨。开展侨法宣传工作，维护侨眷侨属权益。优化涉侨公共服务，联谊联络海外侨胞。

【涉侨行政确认事项办理】

2022年，芗城区履行侨政机关职责，依法依规办理行政确认事项，将2013年以来华侨回国定居办理、非华侨回国定居办理、华侨身份确认、侨眷身份确认、归侨身份认定、华侨子女考生确认、归侨子女考生确认、华侨考生确认8个事项政策依据、材料要求、办结时限等内容纳入信息公开范围，在“漳州通”政务服务网站予以公开。全年，办理华侨回国定居6件、华侨归侨侨眷身份确认8件、“三侨生”身份确认11件。

【退休归侨职工生活补贴申请】

2022年，芗城区对1969年12月31日前（含新中国成立前）回国定居并参加工作的在福建省行政、事业、企业单位的归侨退休职工和归侨离休干部，每人每月发放生活补贴100元；采取集中申领、按年发放的补助方式对区属企业确因破产、改制经营困难或其他特殊原因不能发放归侨退休职工进行生活补贴，为35名符合条件的归侨申请财政资金

4.13 万元。

【侨务档案管理】

2022 年，芗城区做好对文件材料收集、核对和管理，将 2013—2021 年业务档案委托第三方档案服务公司进行整理装订和档案电子化，保证业务档案的装订、保管合规。

【侨法宣传】

2022 年，芗城区开展侨法宣传进社区（乡村）活动，通过下基层活动、微信转发等各种有效宣传形式，扩大侨法宣传效应，让侨务法规深入人心，形成全社会知侨、爱侨、护侨的社会氛围。

【海外联谊】

2022 年，芗城区持续保持同海外重点人士和社团经常性的联系，落实党和国家的华侨政策，做好回乡探亲的接待工作，互通情况，加深友谊。

【侨史馆筹建】

2022 年，芗城区侨务部门与芗城区侨联、文史办做好漳州芗城华侨历史陈列馆的筹建工作，通过历史材料收集整理，专家讨论和对其他县区侨史馆的参观学习，完成侨史馆图文脚本的初步成果并对侨史馆的展览实物进行征集。

（杨红卫）

台港澳事务

【概况】

2022 年，芗城区组织招商大会引进台资建设项目，宣讲漳州对台湾省青年人才的政策，开展涉台民俗信仰文化交流及侨批档案征集工作，开展司法宣传，保障台胞台商的合法权益。

【台湾省青年就业创业】

2022 年，芗城区“两岸（漳州）青年文艺人才招聘活动暨台胞直播人才招聘会”在漳州古城“两岸（漳州）青年人才发展中心”举办，通过网络与台湾省青年进行链接，实现 8 名台湾省青年入驻漳州古城“台湾青年就业创业一条街”创业。

【民间文化交流】

2022 年，芗城区天宝玉尊宫、官园威惠庙等宫庙与台湾省兄弟宫庙通过网络开展涉台民俗信仰文化交流。闽南师范大学“台港澳学生国情教育实践示范基

2022 年 6 月 30 日，盈科智谷产业园开工奠基暨台湾人才驿站揭牌仪式举行　　（金峰开发区 供图）

地”在林语堂纪念馆挂牌，方便台港澳青年学子对闽南文化的了解。芗城区、台湾省两地谜友通过网络参与芗城区“漳州市芗城区第三十一届基层灯谜竞猜”活动。雅歌乐器等台资企业参与在漳州古城举办芗城区“福满城”文创节暨金峰乐器展活动。

【司法保障服务】

2022 年，芗城区在漳州古城设立“涉台法律服务点”，更好地为台胞台商提供司法服务，保障其合法权益；芗城区检察院与多部门联合制定印发《关于建立涉案企业合规第三方监督评估机制的实施意见（试行）》；芗城区人民代表大会常务委员会任命 4 名台胞为芗城人民法院的人民评审员，并开展涉台司法调研，推动法官与台商代表建立常态互动关系；芗城区教育局依法完善台胞子女在幼儿园、中小学的就学措施，为台胞提供同等待遇。

【台资项目建设】

2022 年 1 月 10 日，芗城区盈科智谷产业园、精益珍食品加工二期工程两个台资项目分别在漳州市招商大会暨项目签约活动主会场和芗城分会场签约。盈科智谷产业园、精益珍食品二期工程、福建海量消防设备生产等多个台资项目纳入芗城区委、区政府“重中之重”的项目清单。

（刘炜）

军事

人民武装

【概况】

2022年，芗城区人民武装部（以下简称区人武部）聚焦使命任务，强化责任担当，坚持武装工作与经济社会同步协调发展。做好练兵备战工作，推进民兵连规范化建设、民兵应急训练，完成征兵任务和双拥、国防教育等各项工作。无人机征兵宣传活动获中央电视台报道。

【民兵队伍建设】

2022年，区人武部按照民兵建设规划，完成基干民兵队伍编建，组织基干民兵应急训练，推进基层武装部、民兵连规范化建设，多个基层武装部和大部分村（居）民兵连部实现达标。对战备库室进行区分，投入经费购置物资器材。完成民兵训练、学生军训工作，组织军地防汛综合演练，承接全国海滩排球集训队军训工作。

【国防教育】

2022年，区人武部利用清明节、建军节、烈士纪念日等重要时机，通过国防知识讲座、过军事日、烈士祭扫、新生军训

2022年7月30日，芗城区人武部联合驻漳空军某部，举办“献礼八一节　喜迎二十大”暨征兵宣传活动。图为无人机表演

（芗城区人武部　供图）

等形式，全方位、多层次开展全民国防教育。“全军十大英模”挂像进校园活动覆盖辖区中小学15所。邀请老英雄为“准新兵”讲战斗故事、构建“部站合一”服务保障新模式、开展“全国见义勇为模范”爱心助学捐赠等全民国防教育活动，被中央电视台等多家全国性媒体报道。在省级以上媒体发布新闻报道130多篇。12月25日，芗城区征兵办公室联合驻漳某部在漳州第一高级中学校庆广场举办无人机献礼校庆活动，1200架无人机编队构成多个与国防教育主题相关的字样，让“关心国防、热爱国防、建设国防、保卫国防”的家国情怀成为社会的思想共识和行动自觉。

【征兵宣传】

2022年，区人武部联合驻漳空军某部开展征兵特色宣传，举办“献礼八一节，喜迎二十大”暨征兵宣传无人机表演活动，出动无人机，在空中组成“拥军优属”“拥政爱民”“参军报国　无尚光荣”以及“福建舰”“歼—20”等多种字样和图案，该活动得到中央电视台及30余家国内外媒体报道。

【新兵教育】

2022年，芗城区人武部开展准新兵“役前教育第一课”，邀请一等功臣战斗英雄马国民、老红军孟庆祥为“准新兵”讲述战斗故事，在芗城区役前教育训练场组织准新兵分享“全国见义勇为模范”空军士官颜国庆和“武警忠诚卫士”退役军人李明、“漳州赴外维和第一人”许国成的军营生活与成长经验，勉励他们坚定理想信念、建功立业。

【拥军优属】

2022年，芗城区落实拥军优属工作，从人力、物力、财力等方面帮助驻芗部队解决训练等方面遇到的困难和问题；为部队官兵、军属办实事、做好事、解难事，帮助解决军转干部和退役士官安置、随军家属就业等问题，按相关政策为现役军人子女办理入学入托，举办芗城区现役立功军人家庭集体送喜报仪式，为立功受奖的现役军人家庭集体送喜报，组成军地送喜报小分队，共同为二等功臣、立功受奖现役军人送喜报，获得当地群众和军属的高度赞誉。

（简佳颖）

2022年4月8日，芗城区举行为立功受奖现役军人家庭集中送喜报仪式　　（芗城区人武部 供图）

人民防空

【概况】

2022年，芗城区人民防空办公室（以下简称区人防办）落实省、市人民防空各项工作部署，定期开展人防知识宣传教育，依法推进各类人防工程建设等工作。

【防空知识宣传】

2022年，芗城区各镇、街道人民防空工作站按照相关要求落实人民防空知识宣传工作，组织开展“9•18”防空警报试鸣活动，并分别在惠民小区、延安社区开展人民防空知识宣传活动，增进了辖区居民对人民防空知识的了解，提高了居民应对空袭和各种灾害的综合防护能力。

【防空项目审批】

2022年，区人防办坚决贯彻“长期准备、重点建设、平战结合”方针，坚持人防建设与经济建设相协调、与城市建设相结合，严格审查审批各类建设项目。

（赵艺清）

退役军人事务

【概况】

2022年，芗城区退役军人事务局（以下简称区退役军人事务局）坚持以退役军人服务保障工作为中心，健全退役军人服务保障体系，做好退役军人优抚、安置和双拥共建等工作，推进退役军人事务领域治理体系和治理能力现代化建设。

【优抚安置】

2022年，芗城区做好春节、建军节期间的慰问和送立功喜报工作，落实抚恤优抚政策，走访慰问优抚对象，发放慰问金和奖励金，做好优抚对象定期定量抚恤和生活补助金发放。全面推行“阳光安置”，区退役军人事务局会同组织、编制等部门制定安置方案，按时间节点接收营级以下（含技术级）计划安置的军转干部；深化沟通协调，按照统一量化、积分排名、依次选岗的方式妥善安置转业士官；完成退役士兵的档案接收、落户、组织关系转接等工作；及时发放自主就业退役士兵一次性退役金和自主择业军队转业干部的生活补助、困难补贴、医疗补贴等款项。

【军休干部服务管理】

2022年，芗城区完成军休小区改造，按时、足额发放军休干部、无军籍职工生活待遇费。

【双拥共建】

2022年，芗城区着力解决涉及部队官兵和退役军人后顾之忧问题，为军人子女办理学校就读，投入资金解决驻军部队官兵饮水问题。做好春节期间走访慰问工作，走访慰问各驻漳部队及军休所相关人员。全年在人民网、退役军人事务部官网、中国双拥网、省退役军人事务厅官网、省双拥网、福建东南网以及《闽南日报》《芗城信息》等各级媒体平台刊登双拥文章160多篇。

【服务站标准化建设】

2022年，芗城区投入资金对芗城区退役军人服务中心大厅进行提升改造，拓宽外延服务功能，协调5家政企单位进驻服务大厅，做好信访、接待、办理工作；推动镇街、村居两级服务站标准化建设，实现2个镇街级服务站获选省级百家红色退役军人服务站、2个村居级服务站获评省服务保障体系建设“五有”先进单位。

【帮扶退役军人创业】

2022年，芗城区陆续推出政策帮扶退役军人创业，协调4家银行推出退役军人创业贷、拥军贷等，帮助解决退役军人创业资金难题。新增“市级退役军人就业创业基地”企业2家。

（郑宗旗）

经济管理

宏观经济管理

【概况】

2022年，芗城区发展和改革局牵头起草制定《芗城区2022年“产业发展项目建设攻坚年”活动实施方案及考评办法》，完成起草《芗城区2022年国民经济和社会发展计划执行情况与2023年国民经济和社会发展计划草案》，地区生产总值完成868.84亿元，同比上年增长8%，列全市第二位；固定资产投资307.64亿元，同比上年增长15.1%；新增入库项目234个，总投资473亿元，芗城区工商联与芗城区人民检察院，护航企业健康发展的经验做法入选全国典型事例；完善“一件事”套餐，政务服务“跨省通办”便民利企措施在全省推广。全区生产总值、第三产业增加值、固定资产投资、新增新上规模以上服务业企业4项竞赛指标在“七比一看”竞赛中位居全市第一名；比项目攻坚、比争取资金2项竞赛指标位居全市第二名，获芗城区委、区政府授予集体三等功。

【产业链招商】

2022年，芗城区组织相关企业参加第二十届中国·海峡创新项目成果交易会，上报对接合同项目31个（总投资7030.37万元），征集技术需求6项。实施现代服务业提升工程，第三产业增加值完成476.57亿元，同比上年增长7.1%，位居全市第一位。新增规模以上服务业企业37家。

【项目管理】

2022年，芗城区受理各项建设项目业务审批353件（其中：审批类88件、内资备案类261件、企业核准类1件、外资备案类3件），审批内容涉及基础设施、工业产业、社会事业等；送审初步设计及概算38件，送审金额32.16亿元，审定金额28.94亿元，节约政府工程建设投资资金3.22亿元，节约率10.01%。申报中央预算内及省级预算内资金项目7个，获中央、省级预算内资金1.63亿元。申报专项债项目17个，获批项目13个，获批资金14.68亿元，支付14.68亿元，支付率100%；为2家企业争取省级服务业发展引导资金（直播经济专项）补助资金16.06万元；落实《漳州市关于进一步加快服务业提升发展若干措施》精神，为26家企业兑现奖励资金239.14万元。

【项目投资建设】

2022年，芗城区省级重点项目17个，年度计划投资105.68亿元，实际完成投资124.22亿元。市级重点在建项目60个，年度计划投资218.64亿元，实际完成投资262.5亿元，新开工市级以上重点项目20个。其中：结合“八大领域”申报9个基础设施基金15.6亿元，获批项目5个（计划总投资52.78

亿元），申请基金总额 5.28 亿元，到账 2.04 亿元；申报中长期贷款重点支持领域项目 11 个，通过国家审批项目 8 个，项目贷款需求 64.9343 亿元；申报设备购置与更新改造贴息贷款项目 11 个，资金需求 56.77 亿元。

2022 年 5 月，芗城区审计局基建投资审计中心对道路工程竣工结算审计进行实地踏勘
（林春燕 摄）

【数字经济核心产业发展】

2022 年，芗城区参加第五届数字中国建设峰会，申报对接项目（在谈、签约）11 个、典型应用场景 18 个、创新企业 2 家。漳州语堂数字经济产业园作为全省数字经济重大项目，在第五届数字中国建设峰会上集中签约并开工建设，完成投资 3.4 亿元；漳州科华技术有限责任公司列入 2022 年度全省数字经济核心产业领域创新企业名单，6 项应用场景列入福建省 2022 年度数字技术创新应用场景；对已入库芗城区数字经济重点项目的建设进行进度跟踪，切实做好省级数字经济核心产业聚集区申报工作。

（傅欣煜）

审计监督

【概况】

2022 年，芗城区审计工作全面依法履行审计监督职责，完成审计项目 26 个，查出违规金额 563.96 万元，管理不规范金额 9470.48 万元，应上缴财政 371.56 万元，应调账处理 1539.28 万元，应归还原渠道资金 1721.16 万元，核减工程投资额 348.21 万元，非金额计量问题 118 条，提出审计建议 67 条。

【预算管理和财政政策执行审计】

2022 年，芗城区审计局重点关注区级及区直部门预算执行和决算草案编制、零基预算推进、财政资源统筹、财政支出政策落实、转移支付资金分配管理、重点领域财力保障、国有资产管理、落实中央八项规定及其实施细则精神等情况，安排区财政局、金峰财政局、区发改局和区供销社预算执行情况审计项目，嵌入财政体制改革与地方财力保障专项和建设通道枢纽功能专项审计，查出违规金额 184.86 万元，管理不规范 2678.44 万元，应上缴财政 203.26 万元，应归还原渠道资金 1329.53 万元，非金额计量问题 18 条，提出审计建议 14 条。

【国有企业财务收支审计】

2022 年，芗城区审计局以促发展、控风险、反腐败为国企审计主攻方向，深查重大经济事项决策、内控制度建立和执行、经营管理和风险防范、资金资产管理等方面问题，完成地方粮库执行国家粮食政策情况审计和漳州惠民房屋征收有限公司 2021 年度财务收支情况审计 2 个项目，查出管理不规范资金 1189.46 万元，应调账处理 1183.81 万元。

【固定资产投资审计】

2022 年，芗城区审计局围绕重点领域、重点区块、重点工程，坚持点线面结合，突出现场管理、资金使用等环节开展审计，完成漳州市新华北小学工程项目竣工结算审计等审计项目7个，查出违规金额216.27万元，管理不规范金额133.94万元，核减工程款348.21万元，非金额计量问题17个，着力提高投资审计的深度精度。针对芗城区学校基础设施组团建设工程PPP项目中发现的共性问题，提出《关于进一步核实芗城区学校基础设施组团建设工程PPP项目建设成本的审计建议》。

【领导干部经济责任审计】

2022年，芗城区审计局全面把握权力运行和责任落实这一主线，深化领导干部经济责任审计和自然资源资产离任（任中）审计，促进领导干部守规尽责。完成4个单位的5名领导干部经济责任审计、2名领导干部自然资源资产离任审计，查出违规金额162.83万元，管理不规范金额5139.29万元，应调账处理352.27万元，应归还原渠道资金157.63万元，非金额计量问题52个，提出审计建议18条。

【专项审计调查】

2022年，芗城区审计局坚持民生导向，充分关注惠民政策的执行落实，组织开展农村人居环境整治相关政策和资金、惠企政策落实、新冠疫情防控资金和物资（第一阶段）、项目建设要素保障情况等专项审计调查。针对审计发现的问题落实整改，促进11个村庄规划批准后纳入国土空间规划“一张图”实施监督信息系统，促进返还重复发放的普惠性失业保险稳岗补贴17298.4元，督促新冠疫情防控指挥部做好防疫物资管理，规范出库领用手续，完善物资领用审批制度，增进人民生活福祉。

【审计整改】

2022年，芗城区审计局通过区委审计委员会、区政府常务会、区政府专题会的召开，将2016—2022年度审计整改台账中涉及的30个被审计单位纳入参会对象，针对83个未完成整改的问题，逐一研究推进，并定期反馈整改情况，及时对账销号。充分运用“两清单、三张函”，发出提醒函2张、催促函5张。贯通监督体系，定期向区委审计委员会和区人大常委会报告整改情况，将审计监督与纪检监察、常规巡察、政务督查相结合，形成监督合力。实行量化考核，将整改情况纳入政府年终绩效考评，倒逼被审计单位将整改责任落实到位，并举一反三，防范于未然。

（朱霖）

2022年10月，芗城区审计局开展经济责任审计。图为工作人员查阅资料（许红英 摄）

统计调查

【概况】

2022年，芗城区统计局按照全省统计工作会议提出的工作重点和要求，落实国家、省、市、区经济工作会议部署，秉承高质量发展理念，为全区“提高效率、提升效能、提增效益”，推动产业发展项目建设攻坚年“七比一看”竞赛提供统计保障，较好地完成各项工作任务，获得漳州市第七次全国人口普查先进集体、2021年度县（市、区）统计业务工作综合考评二等奖、2021年度芗城区“六稳六保”及经济社会发展先进集体等称号，芗城区城调队获2021年度县（市、区）调查队业务工作考评二等奖。

【企业入库审批】

2022年，芗城区统计局做好新增“四上”企业入库审批工作，与相关行业主管部门沟通对接，实地查看、走访单位253家。其中：工业29家、建筑业7家、贸易业80家、房地产业10家、项目127个。指导镇街和企业提前准备好申报所需资料，实现新增规模以上工业27家、建筑业24家、贸易业111家、服务业37家，在比新增“四上”企业活动中名列全市第一位。

【统计业务培训】

2022年，芗城区统计局通过建立业务群，安排业务人员对人员变动频繁、统计基础薄弱的镇街和企业进行“一对一”业务指导，及时解决一套表联网直报中出现的问题和困难，帮助基层统计人员尽快熟悉统计业务，更好更快地完成统计资料上报，客观真实地反映全区的经济发展实绩。开展统计业务培训36个场次，受训人员1722人次，通过培训要求统计员如实填报企业的真实的统计数据，确保数据质量。

【人口变动情况抽样调查】

2022年，芗城区实施2022年人口变动情况抽样调查工作，组建一支由“两委”班子、村民代表、党员代表及以高校学生为主力的高素质“两员”队伍90人，投入各类调查保障经费约9万元，按时保质保量完成涉及全区8个镇街、29个村居、1446个住户、4443个居民的抽样调查任务。

【住户调查】

2022年，芗城区住户调查工作涉及10个样本点，100户调查户，投入经费19.25万元，每季度与芗城区人社局、农业农村局配合，对各分管领导、经办和各调查点辅助调查员进行业务培训，并定期组织专业人员下到各调查点，对各记账户进行实地指导，进行补缺补漏。

【劳动力调查】

2022年，芗城区劳动力调查住户2576户，芗城区统计局陪访入户45户，发放调查礼品1248份，调查员补贴77430元，圆满完成年度调查任务，达到调查的基本目的，取得较好的成效。

【统计执法督查】

2022年，芗城区严格落实统计执法监督检查工作，按照统计执法“双随机”制度抽查38家企业，严肃查处各类统计违法行为，对迟报统计违法行为给予立案，当年结案3起，警告3起，行政处罚3起，罚款0.9万元。

【统计分析服务领导决策】

2022年，芗城区统计局及时编印《2021年统计手册》《2021年芗城统计年鉴》、每月主要经济指标位次表，及时对全区经济运行状况进行分析研究，为区委、区政府和有关部门提供短而快的决策信息和建议供有关领导和部门参考。为芗城区委、区政府提供各类信息37条，分析33篇，其中：被国省办采用12条，转报1条，被《芗城信息》采用8条，正刊1篇。把习近平总书记关于统计工作的重要论述及统计工作的相关法律法规知识纳入区委理论学习中心组学习会和区政府常务会的学习内容，通过学习贯彻开展统计宣传，推动习近平总书记关于统计工作重要论述和中央四个文件精神在芗落实。

（钟明辉）

市场监督管理

【概况】

2022年，芗城区市场监管工作围绕芗城区委、区政府的各项中心工作，完善权责清单182项，增加仅销售预包装食品备案1项、子项3项，增加特种设备使用登记1项、子项43项，取消动产抵押登记1项，各项工作取得一定成效，全区市场秩序总体稳定良好，芗城区获批国家知识产权强县建设试点县（区）。开展城镇燃气安全隐患排查、起重机械专项整治、超期未检专项整治、电梯隐患排查治理、电梯鼓式制动器专项隐患排查治理、电梯非金属材质反绳轮专项监督检查等专项整治行动，其中计量工作在全市计量业务培训会上做典型经验交流。全年，向漳州市市场监管局移送芗城区南坑街道某烘焙店涉嫌销售含金银箔粉食品案1起、移送某保健服务部涉嫌虚假宣传案1起，向漳州市公安局芗城分局南坑派出所移送销售无中文标签药品案1起；对大型超市、商场、宾馆饭店等87家经营场所开展“1+X”专项督查，向芗城区纪委报送线索4条。

【工商行政管理】

2022年，芗城区市场监管局在芗城区政务服务中心一件事综合窗口增设“注销一件事办理”事项，企业迁移登记实现省内通办，办理省内异地迁移登记593件。11月21日，芗城区市场监督管理局根据《促进个体工商户发展条例》颁发芗城区首张个体工商户变更经营者营业执照，开启经营者变更直接登记制度。联合芗城区22个部门跨部门开展无证无照经营综合治理工作，双随机抽取个体户2693户、农民专业合作社13户、一般行业企业497户。区域企业年报率96.21%，吊销企业614户，注销补报企业26家。新设立内资企业3255户，新增注册资本（金）196.52亿元；新设立个体工商户12053户，新增资金数额11.65亿元；新增农民专业合作社17户，新增出资总额0.36亿元。全区内资企业22844户，注册资本1574.57亿元；外资企业311户，注册资金20.84亿美元；个体工商户83638户，资金数额56.12亿元；农民专业合作社258户，出资数额6.76亿元。

【消费者维权工作】

2022年，芗城区市场监管局积极开展法律法规宣传、咨询活动，推进落实消费维权职能及消费者申诉调解工作，接待消费者来电来访咨询5394人次，受理消费者投诉6404件、举报3078件，为消费者挽回经济损失52.3万元，着力维护经济社会发展和社会和谐稳定；围绕2022年中消协“共促消费公平”主题，组织开展“3·15”活动进社区、进商超活动，普及食药安全、特种设备安全、产品质量安全、假冒伪劣商品等领域消费维权知识，接受群众咨询245条，发放宣传资料2487余份。

2022年10月11日，芗城区市场监管局检查“网红餐厅”制度落实情况（胡莉娜 摄）

【食品安全监管】

2022年，芗城区市场监管局推动“两个责任”落实落地，督促企业建立食品安全责任体系，完善风险防控机制，提升管理水平和风险防控能力。对食品生产和批发（批零）经营者试点推行“一证通”制度；推进创建国家食品安全示范城市建设，建立健全食品安全监管长效机制，严格对照《评价细则》，深化食安创建工作。

食品生产、流通环节及特殊食品风险隐患排查　检查食品生产单位209户次，食品经营单位5277户次，涉进口冷链食品单位45户次，特殊食品经营单位951户次，发现、整改存在食品标签不规范、进货查验不完整等问题197次。全区10个农贸市场在“漳州市一品一码食品安全信息追溯平台”上传台账数据869.4万条，食品生产企业上传台账数据 51.59 万条，食品销售企业上传台账数据 2280.6 万条，实现对全区食品安全工作相关部门追溯数据的统一汇聚、共享和应用。全区 223 个学校（含幼儿园）食堂纳入“一品一码”食品安全溯源平台，学校食堂“互联网 + 明厨亮灶”覆盖率 100%，两家集体配餐单位均通过 HACCP 管理体系认证和投保食品安全责任险。制定《芗城区预包装及散装食品标签标识专项整治行动工作方案》，在全区范围内开展为期一个月的预包装及散装食品标签标识专项整治行动。

食品生产企业食品安全管理人员考核　参加考试食品生产企业 153 家，覆盖率 100%。全面督促农村食品生产经营者规范生产经营，检查农村食品销售主体 615 户次、生产主体 83 户次、餐饮服务主体 511 户次，检查农村农贸市场 122 户次。

食品安全监督抽检　抽检 2758 批次（其中：合格 2703 批次、不合格 55 批次），在芗城区人民政府网站发布 11 期食品安全监督抽检信息公示，并函告芗城区农业农村局 17 批次不合格食用农产品情况。开展快检服务活动，检测 2506 批次，增加快检数量与覆盖面。

特殊食品经营示范店建设　开展特殊食品“双随机、一公开”抽查，完成全部 33 家特殊食品经营单位“双随机、一公开”抽查工作。开展涉嫌违法分装销售特殊食品行为快速排查工作，检查特殊食品经营企业 122 户次，未发现违法违规行为。推选出特殊食品经营示范店 150 家（其中：药店 129 家、大型超市 10 家、母婴店 8 家、特殊食品经营企业 3 家）；创建 4 家省级、4 家市级“明厨亮灶”示范单位。推进漳州古城（太古桥）创建省级食品安全示范街，于 9 月 9 日被省食安办、省市场监管局列为 2022 年省级食品安全示范街创建主体。

进口冷链食品流通管理　督促进口冷链食品生产经营者、提供冷冻冷藏服务的第三方冷库落实索票索证、进货查验、溯源管理、清洁消毒等主体责任，落实入漳报备，“四证”齐全，并及时将信息录入漳州“一品一码”食品安全信息追溯平台。报备进口冷链食品 169 批次（共计 2258.74 吨）。其中：通过集中监管仓 70 批次（共计 1334.59 吨）、未进入集中监管仓（监管仓互认）99 批次（共计 924.15 吨）。

【农产品检查】

2022 年，芗城区市场监管局重点检查涉及畜禽产品的食品生产企业（小作坊）、冻库、农贸市场、商场超市、餐饮单位等“两证两章”是否齐全，严防问题畜禽流入市场。检查食品生产者 94 家次，检查各类市场 92 个次，检查畜禽产品销售者 130 家次，检查冻库 50 家次，没有发现违法行为。

【入网餐饮检查】

2022 年，芗城区市场监管局检查入网餐饮服务提供者 1325 户次，检查餐饮服务提供者 230 家次，督促平台“下线”违规网店 117 户，发放限期整改通知书 52 份。

【药品安全监管】

2022 年，芗城区市场监督

2022 年 12 月 9 日，芗城区市场监管局在康佰家大药房开展涉疫物资价格监管

（胡莉娜　摄）

管理局做好药械监测、特殊药品的日常管理，对辖区内疫苗接种单位及配送单位进行监督检查，严格实施“四类”药品销售登记上报工作，全面维护群众的生命财产安全。以芗城区卫生健康局、医保局、公安局、商务局、工信局等部门为成员单位，成立“药品安全与产业促进领导小组”。上报各药械不良反应、事件监测单位药品不良反应病例报告361例（统计数量不包括漳州市医院、漳州市中医院），其中新的、严重的不良反应64例；上报医疗器械不良事件病例报告534例；上报化妆品不良反应126例。结合日常监管、专项检查等工作对辖区内药品零售企业销售含特殊药品复方制剂以及医疗机构购进存储特殊药品的情况进行检查，谨防特殊药品从药用渠道流失。完成药品经营许可证现场勘查25家次，药品经营许可证换证29家次，变更80家次，注销21家次；受理第二类医疗器械经营备案114家次，三类医疗器械经营许可（含延续）申请57家次。强化零售药店的监测作用，持续对布洛芬、对乙酰氨基酚、连花清瘟、抗原检测试剂、医用口罩等涉疫药械的供应及质量情况进行管理，通过闽政通App购药登记平台审核上报“四类”药品信息821099条。

【反垄断工作】

2022年，芗城区市场监管局组织辖区内近百名相关人员开展公平竞争审查业务培训，并深入国网漳州供电公司、社区开展以“竞争激活力·公平伴你行”为主题的公平竞争政策宣传及新修订《中华人民共和国反垄断法》宣传宣讲活动。开展制止滥用行政权力排除、限制竞争执法专项行动，要求各成员单位定期开展滥用行政权力排除、限制竞争行为自查自纠，从源头打破行政性垄断。

【民生领域专项整治】

2022年，芗城区市场监管局制定2022民生领域专项整治“铁拳”行动方案，聚焦关系人民群众生命健康安全的重点商品，重点领域、重点行业，确定13类违法行为作为专项整治重点，成立工作专班，制定行动方案，明确重点任务和责任分工，建立机关股室、基层监管所共同参与的工作协调机制。开展打击整治养老诈骗专项行动，对辖区内经营涉老食品、保健品经营者进行全面摸排，检查保健食品经营企业135户次，发现问题2起，移交市局执法支队查处。对2020年以来“12315”投诉举报、“12345”投诉举报的线索进行梳理并回访核实，回访核查历年来的投诉举报线索9条，核查处置中央政法委转办线索4条，区专项办交办的线索5条。

【价格管理】

2022年，芗城区市场监管局开展粮食市场秩序专项整治，发布提醒告诫函，坚决制止捏造散布涨价信息、哄抬价格等行为，维护物资价格稳定。开展教育收费专项检查工作，检查46家幼儿园、18家校外培训机构、5家民办初、高中学校，责令182家幼儿园退还疫情停课期间的伙食费704.39万元。牵头涉企收费治理工作联席会议成员单位组成

2022年6月17日，芗城区市场监管局督促农贸市场商户规范经营　（胡莉娜　摄）

督查组，对用水用电用气用网等重点领域开展专项检查，保障产业链供应链稳定。配合市发改委开展3次平价商店销售活动，涉及大润发、沃尔玛、新华都、吉马等4大超市的门店，通过政府差价补贴销售指定品种的粮油肉蛋菜等农副产品，做到稳物价、惠民生。继续做好6大类84个品种农副产品价格监测，定时发布信息，有异常情况及时预警预报。牵头相关部门落实社会保障与物价上涨挂钩联动机制，分5次足额为9类困难群体发放价格补贴123.92万元。

【收费管理】

2022年，芗城区市场监管局完成2021年度行政事业性和经营服务性收费单位收费情况报告并全面落实阳光价费公示工作，对20个行政事业性（含涉企收费单位7个）收费单位的名单及收费项目在区政府网站上公布。答复“12345”平台有关价格收费诉求件7件，办理结果回访满意率100%。配合区交警大队开展经营性停车场专项整治。开展芗城区水价、污水及垃圾处理、旅游和教育领域、城市公共管廊收费情况等专项调研，为各级制定价格政策提供依据。

【价格认定】

2022年，芗城区市场监管局办理各类涉案价格认定事项294件，认定金额386.03万元。其中，涉刑事案件财物价格认定289件，认定金额290.49万元；行政案件5件（矿产类案件），认定金额95.54万元。重新修订芗城区444个楼盘的存量房、商业店铺、车库车位、写字楼二手交易涉税基础价格。

【特种设备监管】

2022年，芗城区市场监管局对全区在册特种设备8389台（其中：电梯5276台、锅炉283台、压力容器1524台、起重机械1006台、大型游乐设施20台、厂内机动车辆280台）及347.26千米的压力管道进行安全检查。检查特种设备使用单位667家次，排查消除特种设备安全隐患451条，新登记特种设备1103台，受理使用状态变更287台，特种设备使用登记率100%，日常检查率100%，隐患整改闭环率100%。

【计量器具监管】

2022年，芗城区市场监管局制订《2022年度芗城区工许产品获证企业巡查计划表》，按时序进度检查获证企业26家，发现、整改问题13个。完善强制检定计量器具使用备案登记管理，督促、审核强制检定计量器具1889台；开展能效水效标识、商品过度包装监督检查，配合漳州市计量所对芗城区3家单位开展包装商品抽查10批次，抽样合格率为70.0%。

【企业产品标准信息监管】

2022年，芗城区市场监管局督促辖区生产经营企业在“国家企业产品标准信息公共服务平台”自我声明公开产品执行标准154项，引导企业建立健全企业标准体系，指导辖区企业参与制修订国家标准8件、行业标准2件。对省市场监管局组织专家进行企业标准抽查中发现存在问题的6家生产企业6个产品标准，责令限期对企业标准进行修改或废止，并重新上传至企业标准信息公共服务平台。组织辖区9家企业11人次参加省局举办的企业首席质量官任职培训及先进质量管理方法企业公益培训，提升企业质量管理水平。

【企业认证监管】

2022年，芗城区市场监管局开展小微企业体系认证提升行动，组织对辖区3家参与小微企业质量提升帮扶的企业开展验收，并全部验收通过。开展2022年度小微企业质量管理体系认证提升行动，确定4家企业参与。针对辖区4家机动车检验检测机构的日常监督检查，联合消防部门开展对消防产品认证获证企业的专项检查，按要求完成芗城辖区所属35家在检验检测机构直报系统的数据上报工作。

【农贸市场监管】

2022年，芗城区市场监管局制定农贸市场常态化创城管理方案，设立芗城区星级农贸市场创建工作办公室，负责辖区星级市场创建工作的组织实施，申报材料的收集、整理、审查，定期或不定期组织回访检查，评定五星级1家（延通市场）、四星级市场4家（北桥市场、菜市路市场、苍园市场、竹围市场）、三星级市场1家（嗨马菜市场）。

【知识产权发展和保护】

2022年，芗城区新增专利授权数量1551件（其中：发明专利169件、实用新型专利1156件、外观设计专利226件）；有效发明专利677件（其中，高价值发明专利193件），每万人高价值发明专利拥有量3.07件；新增商标申请数量5105件，新增注册商标4349件，至年末全区共有注册商标27954件。芗城区市场监管局指导推荐多家企业申报国家知识产权示范、优势企业和福建省知识产权优势企业。其中，获批国家知识产权示范企业2家［福建傲农生物科技集团股份有限公司、福建龙溪轴承（集团）股份有限公司］；获批国家知识产权优势企业2家（漳州佳龙科技股份有限公司、漳州市东方智能仪表有限公司）；获批福建省知识产权优势企业3家（漳州盈塑工业有限公司、福建桥南实业有限公司、老木匠木业有限公司）；复核通过福建省知识产权优势企业4家（漳州佳龙科技股份有限公司、福建康之味食品工业有限公司、漳州科晖专用汽车制造有限公司、漳州泰里斯体育器材有限公司）。指导福建欧瑞园食品有限公司和漳州佳龙科技股份有限公司两家高新技术企业制定商业秘密保护规定和制度，于1月12日完成对两家进行实地评估，11月8日对该两家企业进行市级商业秘密保护示范点授牌。

个体私营经济管理

【概况】

2022年，芗城区个体私营经济协会发挥党和政府联系广大个体私营业者的桥梁和纽带作用，履行职责，完成全国市场主体活跃度抽样调查，开展芗城区党员诚信示范（店）企业创建活动，引领非公经济高质量发展。

【全国市场主体活跃度抽样调查】

2022年，芗城区个体私营经济协会落实党中央、国务院决策部署，全面掌握市场主体活跃状况，更好地服务国家宏观决策，通过网上问卷调查和线下实地调查相结合的方式，对经数据筛查无法确定经营状况的辖区内个体工商户272户，开展个体工商户跟踪调查4次。

【诚信企业创建】

2022年，芗城区个体私营经济协会根据《福建省市场监督管理局办公室关于开展党员诚信示范（店）企业创建活动的通知》，采取自下而上、上下结合的办法开展创建活动，推荐党员诚信示范店6家、党员诚信示范企业14家。

（胡莉娜）

财政 税务

财政

【概况】

2022年，芗城区财政局统筹安排22223.15万元，用于优化营商环境、加快产业结构和经济结构转型升级，支持中小微企业创业创新，鼓励企业做大做强。加大减负纾困力度，全面落实组合式减税降费政策，落实增值税留抵退税政策金额5.26亿元。落实租金减免政策，全年为139户承租行政事业单位国有房产的小微企业和个体工商户减免租金166.13万元。加快债券资金发行使用进度，优化专项债券投向领域，持续强化债券管理，保障项目建设资金需求，有效发挥债券资金在带动扩大有效投资、稳定宏观经济中的积极作用。全年，全区一般公共预算总收入332869万元，同口径同比上年增幅6.09%；地方一般公共预算收入202036万元，同口径同比上年增幅11.94%；一般公共预算支出307981万元，同比上年35.75%。

【财政收入】

2022年，芗城区财政局跟踪重点税源福建三宝钢铁有限公司、漳州鼎鑫工贸有限公司、漳州市万科滨江置业有限公司等18家企业税收监测制度，实现重点企业税收5.95亿元。逐项落实重点项目，推动财政运行稳定在合理区间，实现非税收入8.29亿元，同比上年增加80.22%。做好经济税源研判，增强税收收入组织主动性，实现土地增值税清算一次性收入2.41亿元。

【财政支出】

2022年，芗城区财政局重点保障刚性支出，急需支出，从严控制一般性支出，保持适度支出强度，优化财政支出结构，将财政资源更多地用于改善基本民生和支持市场主体发展。全区民生支出24.69亿，占一般公共预算支出80.16%。统筹安排55867万元，促进城乡居民基本养老保险、医疗救助、城乡低保等政府补助力度，对困难群体就业和企业稳岗就业等方面提供财力保障。统筹安排72321万元，促进义务教育均衡发展，保障教师队伍工资待遇水平，改善办学条件。统筹安排25499万元，提升乡村基础设施建设水平，提升乡村公共服务水平，推进村庄人居环境和绿化美化等。推进芗城区浦南镇“乡村振兴”综合项目，白南线、泰浦线已竣工验收并完成移交工作，一藤（九龙江北溪生态溪岸带）一期生态慢道及绿化工程、小微特色农业产业园及人居环境提升工程正建设中。统筹安排25088万元，用于做好基本公共卫生服务项目，提升卫生应急保障能力，保障新冠疫情防控的资金需求。芗城区九龙江流域（漳州段）山水林田湖草沙一体化保护和修复工程项目计划总投资6.09亿元，全年计划完成投资4.51亿元，完成投资进度74.06%。

【债务管理】

2022年，福建省财政厅下达芗城区新增地方政府债券资金15.63亿元（其中：新增一般债券资金0.95亿元、专项债券资金14.68亿元），推进芗城区学前教育提升工程、芗城区浦南镇“乡村振兴”综合项目、金峰开发区新材料产业园及配套项目等项目建设。年内，芗城区财政局发挥债券对经济的拉动作用，对到期债务及偿债资金来源进行梳理和分析，做好偿债资金的筹集和调度，做到提前研判预警，精细化债务管理，防止风险累积形成系统性风险，确保按期偿还债务；通过盘活各类资产资源、优化支出结构等方式筹集偿债资金，增强偿债能力，统筹49332万元，用于债券还本付息，维护政府的信用。

【财政监管】

2022年，芗城区财政局开展“三公”经费专项督查工作、全面开展会计监督检查工作、扶贫及乡村振兴资金专项督查、地方预决算公开情况专项检查等各项检查，严肃财经纪律，规范财务行为，保障财税政策执行。严格资金分配和使用管理，对全年下达芗城区的直达资金42732万元实行从源头到末端的全链条、全过程跟踪，实现资金下达和监控同步实施。

【财政预算管理】

2022年，芗城区财政局完成新版工资统发模块、总预算会计模块、单位会计核算模块切换上线工作。以推进财政核心业务一体化建设为依托，从预算编制到预算执行事前、事中、事后实施全流程业务监管，实现对编制预算绩效目标53095.49万元实施绩效监控全覆盖率。

（张曼姿）

税务

【概况】

2022年，芗城区税务局融入“产业发展项目攻坚年”的各项决策部署，持续拓宽“党建红+税务蓝”的税务形式，全年组织税费收入163.72亿元（其中税收收入65亿元），办理增值税留抵退税5.27亿元，社保费与非税收入98.72亿元，组织区财政口径税费收入26.55亿元，为芗城区发展做出新贡献，各项工作得到区领导批示6次。

【税费征管规范】

2022年，芗城区税务局落实深化税收征管改革方案，做好全电发票扩围工作，按时间节点完成全电预先服务2109户，确保纳税人顺利接收试点地区的试点纳税人通过电子发票服务平台开具的发票。开展2021年度所得税汇算清缴，完成企业年度汇算清缴申报19130户，补缴税款53202万元。做好2022年土地增值税清算工作，审结房地产开发土地增值税清算审核项目4个，实现补税1.02亿元。开展纳税评估，特别是开展房地产开发企业完工产品结转风险评估工作，确保企业所得税款按时入库。做好个人所得税年度汇算清缴工作，纳税人完成个人所得税汇算申报109582名，自然人纳税人按期完成个人所得税经营所得年度申报4371名。发挥“税务+N”的税收共治机制，各镇街、金峰管委会、各区直部门提供建安项目368个，涉及工程金额230.47亿元，报送涉税信息数据8672条，有效涵养地方税源。

【税务服务】

2022年，芗城区税务局梳理并拓展“非接触式”网上办税缴费事项清单266个，投入经费配置办税终端46台，优化办理时长、等候时长、网上办税率等指标。开展便民办税春风行动，成立“青云工作室”“税悦工作室”，开启“内部协作、社会协同、部门联动”的纳税服务直通车，为纳税人缴费人办实事、解难题。升级税费优惠政策精准推送机制，通过电子税务局、微电子税务局等渠道向纳税人精准推送退税减税红利账单3000户次。与农商银行合作开展2021年度纳税信用评价工作，为62户小微企业授信信用贷款10902万元，助力守信企业发展。

（刘元宝）

金融

银行业

【概况】

2022年，芗城区主要商业银行：中国农业银行股份有限公司漳州芗城支行（简称农行漳州芗城支行）、中国银行股份有限公司漳州芗城支行（简称中国银行芗城支行）、兴业银行股份有限公司漳州分行（简称兴业银行漳州分行）、漳州农商银行等。其中，农行漳州芗城支行实现收入2.23亿元，拨备前利润1.65亿元，拨备后利润1.68亿元，净利润1.33亿元，中间业务收入5760万元；中国银行漳州芗城支行人民币存款余额674271万元，贷款余额197626万元，不良贷款余额为568万元（比上年末增加38万元，不良率为0.49%），营业收入13202万元；兴业银行漳州分行制造业中长期贷款较年初增长47.08%至52.8亿元，科创企业贷款余额较年初增长35%至27.23亿元，普惠小微贷款余额较年初增长37.86%至45.15亿元，涉农贷款余额较年初增长12.68%至96.67亿元；漳州农商银行各项存款余额259亿元，较年初增加21亿元；各项贷款余额211亿元，较年初增加28亿元；实现财务总收入16亿元，利润总额5.5亿元，净利润4.4亿元，上缴税金2亿元。

2022年4月27日，兴业银行与漳州市林业局"银政合作"签约仪式　（柯雪娇 摄）

【农行漳州芗城支行】

2022年，农行漳州芗城支行持续提升服务实体经济、乡村振兴及普惠金融质效，各项业务取得长效发展。至年末，各项存款余额55.14亿元（比年初增加4.95亿元），同比上年增加5.63亿元；各项贷款余额74.51亿元（比年初增加9.82亿元）；不良贷款处置额5710万元（年内核销贷款现金清收3425万元；成功压降风险化解客户1户，现金收回风险贷款8000万元；厨师股份、建兴食品两个清收项目入选2022年度省分行优秀清收项目）。

金融服务　落实国家"稳住

经济大盘”决策部署，获批重点项目9个、授信额度68.84亿元，重点领域金融服务得到提升。以乡镇特色产业为主线，实现普惠金融领域贷款（人民银行口径）余额13.04亿元，比年初增加3.31亿元，年增速34.03%；涉农贷款余额14.89亿元，比年初增加7.63亿元，年增速104.95%；战略新兴产业贷款（银监会）余额7.19亿元，比年初增加7.08亿元，增速6436%；绿色信贷贷款余额（人行口径）7.19亿元，比年初增加7.08亿元，增速6436%。

信用卡业务　个人贵宾客户新增折效户2083户；新增信用卡有效客户4791户，完成数、完成率均居系统内第一名；信用卡分期交易额3.95亿元，居系统内第一名；专项分期交易额9346万元，居系统内第二名。

移动支付业务　新增聚合码折效商户1287户，完成年度计划119%；掌银月活跃客户6.2万户，占比系统内第一名。

对公业务　新增有效对公客户数444户（其中新增开立机构对公客户数116户，居系统内第一名，新增账户主要为机构账户及优质民企账户；实现新增对公折效客户113户）。

外汇业务　新增国际结算客户6户，结售汇客户6户，衍生交易客户2户。时隔5年重新与全省93家某重点外贸企业开展业务合作，办理结售汇1700万美元。

融资业务　新增营销某国企客户办理国内证及其项下融资1亿元。第三方存管客户净增3634户，居系统内第一名，对公线上活跃客户新增298户。成功落地某国企3.5亿元理财融资，为全行首笔投行类理财融资业务；成功中标某国企12亿元中期票据及30亿元超短融债券承销资格，于年内取得12亿元中期票据注册通知书。

（黄宇歆）

【中国银行漳州芗城支行】

2022年，中国银行漳州芗城支行针对公司个人普惠业务发展不平衡的状况，通过讲产品，拓渠道，立典型、树标杆等组合措施促进片区整体普惠加快投放，个人存款增量及市场份额都得到快速提升。

存款业务　人民币存款余额674271万元，较上年末增加69521万元。其中，公司存款余额337104万元，比上年末增加18906万元；储蓄存款余额337168万元，比上年末增加50614万元

贷款业务　人民币贷款余额197626万元，比上年减少54707万元。其中，公司贷款余额47212万元，比上年末减少63952万元（扣除九龙江集团8.5亿贷款基数，实际新增2.1亿）；零售贷款余额127180万元，比上年末增加13740万元。

社保业务　做好社保领域的业务拓展力度，实现芗城区城居保、机关保业务成功三年续签。

普惠金融业务　通过讲产品、拓渠道、立典型、树标杆等组合措施，促进片区整体普惠加快投放，实现全口径普惠贷款余额21894万元。

个人贷款业务　成功营销联嘉置业续做开发贷业务，并通过与若干优质楼盘的联动，带动一手房按揭3.07亿元；利用总行阶段性利率优惠政策，实现非房贷款准入单位贷款余额2768万元。

（卢娜）

【兴业银行漳州分行】

2022年，兴业银行漳州分行落实金融支持疫情防控和经济社会发展23条措施，创新服务数字经济新模式，打造科技信贷服务新模式，各项贷款余额较年初增长16.9%。优化信贷结构，市场主体办理延期还本付息超80亿元，公司客户2.22万户，零售核心客户23.8万户。账面总资产505.95亿元，比年初增加67.16亿元，同比上年增长15.31%。本外币各项存款余额487.9亿元，比年初增加66.85亿元，增长15.88%。其中：对公存款283.66亿元，比年初增加22.06亿元，增长8.43%；个人存款204.24亿元（比年初增加44.79亿元），增长28.09%。本外币各项贷款

余额422.71亿元，比年初增加61.1亿元，增长16.9%。其中：对公贷款余额247.07亿元，比年初增加40.42亿元，增长19.56%；个人贷款余额175.64亿元，比年初增加20.68亿元，增长13.35%。不良贷款余额2.19亿元，比年初减少0.37亿元，不良贷款率0.52%，比年初下降0.19个百分点。

绿色金融业务　以深度参与漳州深化林改为契机，与漳州市木业商会签订战略合作协议，加大对林业一二三产融合的金融支持，创设“兴林贷”产品，绿色贷款余额新增24.2亿元至39.03亿元。

理财投资业务　零售理财保有量日均192.01亿元，同比上年新增24.5亿元。发展投资银行业务，完成各类投、融资278.72亿元，同比上年增加65.18亿元，增长30.52%。

债券承销业务　年度投资规模首破百亿元，实现永续中票、绿色境外债、可持续发展境外债、直接融资工具、保险债权融资计划等多笔业务分行首单落地。保险债权、保险债权注册、融资租赁业务等代理推介业务实现新突破。

金融服务　构建智慧农贸、农民工工资代发管理系统，推广智慧医疗、教育云平台、财资云平台、线上缴费系统等线上应用场景，场景生态圈平台项目构建新增13个（累计61个），手机银行新增月均活跃客户3.5万户，零售城市生活活跃客户新增7.2万余人，“兴e家”租住一体化平台签约42个社区、上线39个小区，“兴业管家”有效客户新增1736户，“兴业普惠”融资完成34.48亿元，“钱大掌柜”月均MAU新增1.07万户。

（吴剑雄）

【漳州农商银行】

2022年，漳州农商银行开展金融服务创新尝试，成为福建农信系统首批单一窗口业务试点行社。与中国出口信保公司签订战略合作协议，办理首笔区块链信保保单融资业务。年末，全行总资产342亿元。

信贷业务　做优城区批发零售业和小微制造业，加大对住宿餐饮、交通运输等行业（领域）的信贷支持力度。至年末，批发零售业贷款余额46亿元，个体工商户贷款余额31.5亿元，小微企业主贷款余额35.8亿元；办理“无还本续贷”续贷金额超35亿元，金额占比较上年上升1.86个百分点；小微企业信用贷款余额12.6亿元，较年初增加3.12亿元，占比较年初上升0.76个百分点；发放政策性融资担保贷款“银政通”4.4亿元；绿色金融信贷余额6.6亿元，科技型中小企业贷款余额2.4亿元。

普惠金融业务　对接人民银行普惠小微贷款支持工具等政策，通过“金服云”向疫情防控应急物资、重要生活物资等重点企业发放贷款34亿元。与金融监管局、财政、税务等政府部门协调联动，推广“纾困贷”“制造业融资专项贷款”“创保贷”“乡村振兴贷”等信贷产品。运用漳州市普惠金融发展风险补偿金政策，促成全市首笔“信易快贷”贷款落地，发放“信易快贷”普惠金融业务合作担保业务2.7亿元。单列信贷计划，助力企业增产增效，发放纾困贷款15.7亿元。减免账户管理、转账汇款等服务收费项目13项，为小微企业、个体工商户减免支付手续费365万元。率先在漳州金融系统落实有关文件精神，对承租银行自有房屋的对象减免一季度租金7.49万元。

国际贸易结算业务　加大对外贸企业的信贷支持，拓宽企业跨境融资渠道，加大出口信用保险支持，优化汇率避险和跨境人民币结算服务，办理国际贸易结算业务1861笔，结算金额12709万美元，减免手续费和中间业务收入96.4万元。

乡村振兴服务　联合区委组织部和农业农村局下发《关于强化党建引领，选派金融指导员的通知》，以“多社融合助力乡村振兴”综合服务站建设为先导，设立福农驿站10个、普惠金融学校5家、普惠金融工作站8个、普惠金融便民点103个，推动普惠金融工作的开展，重点支持村级经济组织、农民合作社等新型农业主体，实现“五福”贷款余额74.6亿元、新型农业经营主体贷款2.4亿元、十大特色产业贷款余额10.7亿元。对接农村要素市场化改革，创新农村集体资产质押管理系统，率先推出“福股贷”，激活农村生产要素。

（郑小丽）

2022年4月21日，漳州农商银行“数字普惠金融服务平台”启用暨首贷户签约仪式

（漳州农商银行 供图）

保险业

【概况】

2022年，芗城主要有保险公司：中国人民财产保险股份有限公司芗城支公司（简称人保财险芗城支公司）、中国人寿财产保险股份有限公司漳州市芗城区支公司（简称中国人寿芗城支公司）等。全年，财险保费收入10896万元、寿险保费收入1765.66万元。

【人保财险芗城支公司】

2022年，人保财险芗城支公司全险种保费收入比上年增长9.12%。其中，车险业务实现保费收入9219万元，比上年增长6%；法人业务实收保费1630万（其中，新增建工安责险保费收入180万元），比上年增长28%；农业保险业务实现保费收入47万元（其中福建省首单工厂化生产的政策性食用菌种植险业务保费收入22万元，承保面积4.49公顷），比上年增长120%。

（张宝勤）

【人寿芗城支公司】

2022年，人寿芗城支公司拓展重点业务，成功中标漳州市总工会为新就业形态劳动者购买人身意外伤害保险，实现保费108万元。至年末，团体险业务实现保费全市排名第四位，团险专项得分全市最高（其中：法人业务目标达成59户，完成率95%；员福业务同比上年增长9.08%，服务国家战略完成率120%）；学生平安险业务实现保费837万元，同比上年负增长108万元，同比上年负增长56.89%；推广计生险升级版，计生险业务实现保费354.42万元，同比上年正增长24.45%；惠农保险业务实现保费102.39万元，同比上年有小幅度下降；“千店万元户”项目开店232家，开店进度58%，实现保费108650元；推广商业医疗险种，实现推广“惠闽宝”1561件，经营指标完成率25.39%。

（詹华松）

自然资源管理

【概况】

2022年，芗城区自然资源局完成19个批次共36个地块土地报批，总面积260.46公顷，土地报批面积排名全市第一名。获批成片开发方案220.1公顷，完成林地项目报批9个，总面积9.21公顷。落实批而未供与闲置土地处置，处置2009—2018年批而未供92.24公顷，处置率为50.48%；完成2000—2008年批而未供土地8.84公顷。挂牌出让19个地块，总面积97.15公顷。协议出让3个地块，总面积7.72公顷；划拨供应36个地块，总面积325.99公顷。完成补充耕地20公顷。公布芗城区第一批传统风貌建筑6处，出台《自然资源矛盾纠纷大排查大化解工作方案》等文件，办理各类信访、举报件24件，办结“12345”平台信件243件。

【国土空间规划建设】

2022年，芗城区自然资源局核发项目预审和选址意见书16份，出具规划条件通知书33份，核发用地规划许可证54份，工程规划许可证51份，出具规划条件核实意见书13份，完成国土空间规划“三区三线”划定，编制34个控规并取得批复，做好乡镇村庄规划编制工作，有力推动乡村建设健康有序发展，完成24个村庄编制、批复、备案工作。

【耕地保护】

2022年，芗城区自然资源局开展天宝镇墨溪村、浦南镇宏道村等三个村、石亭街道田边村、香坂社区以及天宝镇五峰农场片区土地开发项目，项目规模约88.67公顷，新增耕地76.6公顷。做好耕作层剥离再利用相关工作，剥离面积11.58公顷，并回覆利用天宝镇墨溪村土地开发项目，回覆面积5.36公顷。

【不动产登记】

2022年，芗城区自然资源局办理转移登记3280宗，首次登记1428宗，变更登记100宗，注销登记1346宗，查封登记166宗，协助企业及个人解决抵押贷款需求75亿元。

【执法监察】

2022年，芗城区自然资源局出台《芗城区2022年卫片执法工作方案》，下发省“天地网”动态执法图斑485宗，面积78.78公顷，整改476宗，面积77.53公顷，整改率98.14%。省自然资源厅下发新增农村乱占耕地建房疑似图斑暨“顶风违建”图斑，涉及芗城区非新增3宗，面积0.08公顷，全部核查处置完毕。立案查处非法占地立案2宗，占地面积2219.91平方米，罚款金额163735元。查办非法开采矿产资源案件4宗，刑事立案2宗，行政立案2宗，罚款

83477.1元，有效整治芗城区非法采矿违法乱象。

（李志华）

生态环境保护

【概况】

2022年，芗城区完成国家生态文明建设示范区创建工作并通过省生态环境厅组织的预审，完成渡东村、墨溪村2个村创建中级版绿盈乡村，园坑村获得高级版绿盈乡村命名。办理各类生态环境领域的信访投诉，化解省级“治重化积”信访件2件。打击各类污染环境行为，处理各渠道投诉的事件335起，开展芗城区“静夜守护”城市夜间噪声专项整治行动，联合执法行动82次，联合约谈相关单位18家次，持续完善芗城区环保网格化监管体系建设，在福建省网格化监管平台上报事件48596起，巡查记录62627起，上报111223起巡查事件。

【水污染防治】

2022年，芗城区生态环境局深化金峰开发区污水治理，实施管网工程建设3个，西区污水处理厂三期扩建工程正式开工；严格落实河湖长制，持续推进流域污染源排查整治；巩固提升“清四乱”工作，开展九龙江渔业巡查工作和增殖放流活动；保障内河28个曝气增氧设施和58座农村生活污水治理设施正常运行。国控断面1个（上坂）和省控断面2个（浦南新洲、南凌大桥）水质均值达标，2个市级饮用水源地（市一水厂、市二水厂）水质达标率均为100%，水源地水质达标率100%。

【大气污染防治】

2022年，芗城区生态环境局印发《2022年芗城区空气环境整治行动方案》《两个国控点位一点一策管控方案》，施工扬尘违法行为立案处罚19起，道路扬尘沿途运输遗撒、运输未覆盖立案处罚4起；扩展西洋坪周边区域为禁行区域，查处大货车闯禁行8306余起；提升新能源车辆使用，全区331部公交车全部更新为新能源公交车；排查餐饮企业2965家，督促整改油烟排放不规范595家，立案处理4起；查处焚烧垃圾违法行为20起；查处涉气违法企业16家；加快三宝钢铁超低排放改造等环保投资完成约5亿元，完成30个RCO改造、水性改造等涉气企业改造治理项目。实现全年优良以上天数347天，大气环境综合指数2.87，六项污染物年均值均达到国家二级标准。

【土壤污染防治】

2022年，芗城区生态环境局督促用途变更为住宅、公共管理与公共服务用地的地块按照规定进行土壤污染状况调查，完成35个地块土壤状况调查，组织评审并完成备案35个。督促辖区1家省级、4家市级土壤重点监管企业按要求完成土壤和地下水自行监测，完成13个村庄的生活污水提升治理验收。

【工业源污染治理】

2022年，芗城区生态环境局检查各类企业260多家次，调查各类环境违法行为27起，下达处罚决定书27起，处罚金额180万余元；对3家通过私设暗管排放污染物的企业在做出行政处罚决定后依法移送公安机关对相关责任人实施行政拘留。全区工业用水总量884.19万吨，重复利用786.69万吨，重复利用率88.97%，工业废水排放量约97万吨；全区工业固体废弃物产生量149.07万吨，工业固体废弃物综合利用量147.38万吨，工业固体废弃物处置量1.26万吨；全区工业产废企业危废产生量为5372.39吨，转移处置4919.45吨。

【生态环境损害赔偿】

2022年，芗城区生态环境局落实生态环境损害赔偿制度改革，启动生态环境损害赔偿13起，缴交赔偿金6.443万元。

【环评审批】

2022年，芗城区生态环境局深化政审批服务改革和“一个窗口对外”改革，落实环评审批正面清单，将涉及新冠疫情防控急需的三类应急服务保障建设项目等10大类30小类行业项目纳入豁免范围，免于办理环评审批手续，豁免环评审批项目24个；将环境影响报告书、报告表的审批时限分别再压缩80%、70%以上，所有审批建设项目环境影响评价均在承诺时限内完成。

【生态保护】

2022年，芗城区制定并下发《芗城区生态文明建设2022年度实施计划》和《芗城区加快建立健全绿色低碳循环发展经济体系任务分工方案》，落实上级下达的单位生产总值二氧化碳排放年度降低目标，促进辖区经济社会发展全面绿色转型，有序推进碳达峰碳中和工作。在项目审批中对能源消费量严格审核，配合省、市发改委对三宝钢铁的“139万吨高强度优棒/线项目”进行节能监察。建立塑料污染治理工作长效机制，推进绿色制造体系，漳州科华技术有限责任公司等4家企业获得国家级绿色工厂称号，盈塑工业和众环科技等2家企业入选省级绿色供应链名单。落实生态文明建设机制体制创新，金峰开发区完成省级园区循环化改造工作。

【生态环境督察】

2022年，芗城生态环境局依照《漳州市芗城区落实省生态环境保护例行督察报告整改方案》，对第二轮省生态环境保护例行督察反馈涉及芗城区的13个问题实施整改，完成整改问题5个。完成第二轮省生态环境保护例行督察期间交办信访件32件的整改并销号。

（叶君近）

农村工作

【概况】

2022年，芗城区按照省委“提高效率、提升效能、提增效益”、市委和区委“产业发展项目建设攻坚年”，开展“七比一看”竞赛，做好粮食安全、重要农产品供给和耕地保护，持续推进农业农村经济发展，巩固脱贫攻坚成果，深入推进乡村振兴暨农村建设品质提升工作，实现农林牧渔业总产值22.06亿，同比上年增长6.9%；农村居民人均可支配收入25721元，同比上年增长9.05%；投资875万元，完成1条“乡村振兴”精品示范线路建设，涉及天宝镇、浦南镇4个村（社区）；天宝镇、浦南镇共有6个村的集体经济收入50万元以上，完成年度任务；拨付对口帮扶资金1200万元，帮助华安引进企业2家，开展专业技术人员交流1次。

【脱贫攻坚成果巩固】

2022年，芗城区农业农村局严格落实“四个不摘”要求，围绕脱贫人口“两不愁三保障”及饮水安全，聚焦脱贫人口稳岗就业，查缺补漏，因户施策，持续推进巩固拓展脱贫攻坚成果与乡村振兴有效衔接。健全完善防止返贫监测和帮扶机制，受理闽政通App“一键报贫”申报及核实21户，暂无纳入监测对象；每月开展摸排筛查，重点入户排查九类对象涉及农户18348户51757人，经排查筛查未发现疑似对象，未纳入为监测对象；开展入户慰问帮扶工作，慰问1433余户次，发放帮扶物资15万余元；为辖区内198户脱贫户发放2022年度中央财政生产发展补助资金38万元，为辖区内脱贫户缴纳农业特色产业发展保险9.4万元；利用中央财政衔接补助资金设立公益性岗位解决脱贫人口就业43人，印发《芗城区公益性岗位管理办法(试行)》，投入23.4万元设立区级公益性岗位25个；投入48.6万元，对辖区内已脱贫享受政策对象和年内在保的原2016年省定扶贫标准下的低保对象，在现行基本医疗保险、大病保险、医疗救助、医疗叠加保险政策保障的基础上，对剩余目录内个人负担的门诊特殊病种和住院医疗费用进行保障；开展脱贫户“小额信贷”，新增“小额信贷”对象29户（年内总量为50户），存量贷款为216.82余万元，贴息约4.45万元，未出现逾期现象；开展“雨露计划”和“金秋助学”补助，“雨露计划”为2022学年脱贫户子女39人发放补助金10.95万元，“金秋助学”为脱贫户子女8人补助3.3万元。

【乡村振兴建设】

2022年，芗城区将石亭乡村振兴“串点连线”项目等3个农村基础设施项目纳入重点项目管理，加快推进项目建设。着力推进浦南乡村振兴综合项目，获得专项债8000万元；为芗城区学前教育提升工程项目等3个项目争取专项债1.05亿元；争取2022年省乡村振兴示范村建设资金100.67万元。推进农村公共基础设施管护体制改革，梳理统计水利等9大类20项设施469个。落实乡村振兴督导制度，联合区文体旅游局、交通局对浦南镇开展3次乡村振兴建设项目督导，确保资金使用效益，推动加快项目建设进度。

【特色乡镇建设】

2022年，天宝镇推进试点示范建设及重点特色乡镇建设，完成省级试点示范建设项目8个。其中：珠里村5个项目（文旅精品路线二期、孝廉文化广场修缮工程、玉尊宫广场公厕建设项目、珠里社区应急广播系统建设蔬菜科普基地二期）、田寮村3个项目（光伏建设项目、市政配套及房前屋后整治项目、应急广播系统建设）；墨溪村及山美社区完成土地流转；墨溪村智慧农业项目完成土地整理及沟渠和机耕路施工；山美村渔业养殖项目完成设计方案编制。

【农村卫生环境整治】

2022年，芗城区新建改造农村公厕1座，全覆盖排查农村户厕34651户、农村公厕240座，均未发现问题。继续推进58个农村生活污水处理设施PPP项目出水水质监测，第1轮完全覆盖监测，达标率87%；第2轮监测6个点位，达标率100%。完成吴浦村、后林村、塘边村等11个村庄的污水治理验收。配置压缩式垃圾运输车13部，改新建设垃圾驿站56个，完成垃圾清运焚烧约3.5万吨。推进天宝镇全域落实垃圾分类工作，开展宣传活动4场，购买发放垃圾分类桶350个，有效调动村民参与的积极性。持续开展村庄清洁行动，寻找省级美丽庭院16户、市级美丽庭院50户。

【传统村落保护】

2022年，芗城区农业农村局推动福林村传统村落完成保护发展规划编制和5幢传统风貌建筑保护修缮及活化利用。浦南镇福林村完成传统村落挂牌、修缮公厕1处、房前屋后环境卫生治理、村道改造等工作；浦南镇双溪村上线省传统建筑海峡租养平台；收集天宝镇和浦南镇2个村庄的中级版“绿盈乡村”提升申报材料并完成申报工作。

【农村基础设施建设】

2022年，芗城区规范建房用地审批，强化农房风貌管控。全区裸房整治目标为600栋，实际完成1237栋。全区新改建农村公路目标4.9千米，全年实际投资2221.71万元，完成12575米。投资19217.8万元，完成管道敷设220千米，有效保障农村的供水需求。维护梳理农村“三线”（电力线、通信线、广播电视线），完成改造农网10千伏线路4条，整治广播电视线路21千米以上。

农业产业

【概况】

2022年，芗城区积极推进农业产业发展建设，做好粮食及重要农产品安全供给保障。深化推进农村集体“三资”管理不规范问题专项整治，深化农村集体产权制度改革，基本完成集体资产股份合作制改革。巩固完善农村基本经营制度，保持土地承包关系稳定并长久不变，维护农民土地承包经营权益，依法维护农民对承包地占有、使用、收益、流转权利，保障农户承包地的经营权抵押、担保等权能。天宝镇和浦南镇于年内完成“三个中心”挂牌、刻印工作。

【农村集体产权制度改革】

2022年，芗城区组织开展农村集体资产清产核资、成员身份确认、股份合作制改革工作、制度建设、档案管理“回头看”工作，对于身份确认工作中出现的遗漏问题，按照程序增补股权成员754人（其中妇女137人），核减股权成员114人，基本完成集体资产股份合作制改革。

【产业发展建设】

2022年，芗城区积极培育

市级以上农业新型经营主体，新增注册家庭农场7家、农民合作社14家；新增市级农业龙头企业9家、市级农民合作社示范社1家、市级家庭农场示范场3家；评选区级家庭农场示范场5家、农民合作社示范社4家；推荐农民合作社申报国家级农民合作社示范社1家、省级农民合作社示范社1家、省级家庭农场示范场3家。完成优质农产品标准化基地建设1家；完成天宝镇田寮村蔬菜科普展示基地二期、福建云佳安生物科技有限公司优质农产品（食用菌）标准化基地、市级农业可持续发展（现代农业）专项（欧瑞园智能化加工系统）设备购置项目建设；协调推进晨科太鲲蛋鸡养殖产业园建设项目。创建市级“一村一品”专业村2个，新增食用菌工厂化生产企业2家；强化食用农产品承诺达标合格证与“一品一码”追溯并行制度落实，开展线上监管巡查1809次，登录477次，赋码销售6553批次，发出线上整改通知42次，入驻企业35家。完成无公害农产品复查换证3个，新认证有机农产品2个。至年末，全区共有“三品一标”11个。

【农用土地专项清理整治】

2022年，芗城区农业农村局开展“大棚房”问题专项清理整治“回头看”工作，核查10个已备案的设施农用地建设使用情况，无发现违法违规建设，无发现违法违规占用耕地；对石亭街道蔡前村已整改的1宗“大棚房”问题再次进行实地核查，核实结果该地块不符合用地要求，责令定期进行整改。

【农村土地经营权流转管理】

2022年，芗城区持续推进确权登记颁证扫尾工作，及时纠正确权信息不准问题。贯彻实施《农村土地经营权流转管理办法》，制定《关于加强对工商资本租赁农地监管和风险防范的实施意见》，明确工商资本租赁农地审核备案制度，引导土地经营权流转规范有序进行。

【农村集体资产管理】

2022年，芗城区在各镇（街）全面自查基础上，审核农村集体“三资”经济合同804份（涉及金额8411.08万元），发现整改问题合同132份，涉及金额2704.97万元；收回拖欠租金256.24万元，收回土地等资源性资产15宗（涉及面积5.04公顷），收回资产8宗（涉及金额4.08万元）；纠正集体财务管理不规范问题46个，其中清退各类违规津补贴和不合理开支31宗（金额22.80万元），收回欠款15宗（金额47.23万元）。推广运用福建省农村集体资产线上监督平台，提高群众的知晓度和参与度，常态化征集、受理群众举报问题线索。依托乡村振兴（扶贫惠民）资金在线监管平台，推动村级财务收支和集体经济合同网上公开，实现农民群众实时在线监督。

【农业优新品种推广】

2022年，芗城区《芗城区农业优新品种推广行动方案》，初步遴选适种适养优新品种20个，建设优新品种示范片20个；持续开展“漳州斗鸡”品种保种工作。

农业生产管理

【概况】

2022年，芗城区全面开展农业生产废弃物资源化利用，出台《芗城区农药包装废弃物回收处理工作实施意见》《芗城区农药包装废弃物回收处理工作实绩考评细则与奖补标准》，做好农产品质量安全管理与土壤质量监测，有效保障全区的农业生产的全面高质、高效发展。严格落实粮食安全救灾备荒种子储备制度，储备杂交水稻种子2250公斤，保障种植面积200公顷；推广优质稻133.33公顷以上，全区主要农作物良种覆盖率98%以上。

【保障粮食生产】

2022年，芗城区完成613.33公顷的粮食播种面积和2266.67公顷的蔬菜复种生产，完成295万元省级耕地地力补贴和三批次23万元实际种粮农民一次性补贴的发放，完成2021年160公顷高标准农田建设项目的建设与验收工作，完成2022年天宝镇后寨村至盘谷村53.33公顷高标准农田建设项目75%的建设进度。

【农产品质量安全管理】

2022年，芗城区完成农产品农残快速检测1714批次、省市级监督抽查67批次、省市级风险监测50批次、区级监督抽查30批次、区级风险监测282批次。完成强制免疫病种日常及春季集中免疫效果评价和抗原监测工作，送检应免疫畜禽样品3253份，免疫抗体平均合格率达到国家标准以上，羊小反刍兽疫和猪瘟病原学检测全部阴性。严格落实漳州西高速出口对猪瘟的防疫检查工作措施，未发现猪瘟病例。完成产地检疫猪3501头、禽97900羽，合格率100%；完成定点屠宰检疫猪77535头、羊223头、牛130头，屠宰检疫率100%，完成瘦肉精检测猪4199批、牛羊64批次，均为阴性，监督屠宰企业检测猪瘟2472批次，均为阴性。

【农业药肥管理】

2022年，芗城区持续开展农药、化肥减量技术推广、示范工作，建立农药减量示范点6个、化肥减量示范点2个，推广有机肥替代化肥等技术，前三季度全区化肥使用量4865吨，同比上年减少4%。开展生物农药示范推广1573.33公顷，农作物病虫害绿色防控实施面积5973.33公顷，农作物病虫害统防统治面积3740公顷。至9月，全区农药使用量72.6吨，同比上年75吨减少3%。

【兽药管理】

2022年，芗城区开展《兽药管理条例》宣传，发放纸质宣传材料400多份，完成兽药监管检查20人次、养殖户用药培训30人，未发现违法违规情况；检查兽药经营企业4家、监督检查兽药经营企业7家，未发现违法违规行为；推进食用农产品合格证与“一品一码”追溯并行制度，督促蛋禽养殖场做好生产记录和用药情况记录并及时上传省追溯平台；开展红火蚁普查及防控，完成普查1159.2公顷、发放红火蚁灭蚁饵剂244箱防控1126.93公顷，完成2021年度天宝镇后寨村、洪坑村367.15公顷红火蚁防控项目的验收工作。

【农业生产废弃物管理】

2022年，芗城区全面开展农业生产废弃物资源化利用，实现水稻秸秆还田面积266.67公顷，肥料化利用率92%。全区农膜使用面积338.47公顷，农膜使用量112吨（其中，地膜使用量35吨），总回收量约100.8吨，总回收率约88%。

【土壤质量监测】

2022年，芗城区完成受污染耕地安全利用7.34公顷，向农户免费发放和统一撒施石灰石粉9.5吨、有机肥4.8吨；完成农产品产地环境监测1个国控点、6个省控点的土壤和农产品协同监测，采样检测土壤样品7个、农产品样品7个；开展耕地质量监测，建设省、市、区三级耕地质量监测点5个，完成常态化监测采样检测土壤样品5个。实现芗城区畜禽规模化养殖场畜禽粪污综合利用率98%以上，规模养殖场粪污配套率100%。

【农业安全生产管理】

2022年，芗城区开展农机道路安全、企业生产、涉渔船舶、消防工作、电梯使用等农业安全生产专项整治行动。开展涉渔乡镇船舶检查44次，检查乡镇渔业船舶373艘，暂未发现涉渔乡镇船舶非法捕捞作业行为和安全生产隐患；组织全区13家饲料和饲料添加剂生产企业签订饲料企业安全生产告知书15份，专项检查饲料生产企业68家次，发现、整改消防安全隐患146处，自查自治整改风险隐患问题430处，验收评定饲料和添加剂生产企业14家（其中一级7家、二级7家）。

（张月全）

林业管理

【概况】

2022年，芗城区完成专

业护林员巡护系统的培训、使用，护林员日常巡护巡查实现网格化、全覆盖巡护。完成查处2013—2021年森林督查图斑历史遗留问题图斑141个、调查核实年内森林督查图斑58个，完成造林面积27.2公顷、森林抚育48.6公顷、封山育林20.07公顷。打击破坏森林资源行为，处罚林业行政案件8起，收回林地面积0.99公顷，罚款20.81万元。投入改造补助资金32.73万元，完成改造松林15.53公顷。实现连续保持33年无森林火灾记录。

【地质灾害防治】

2022年，芗城区聘请专家对全区所有地灾点和高陡边坡进行排查，完成年度的地灾详查工作和《漳州市芗城区2022地质灾害防治方案》编制。开展宣传教育，向群众发放各类地质灾害科普读物和卡片1800余份。

【野生动植物保护】

2022年，芗城区开展“2·2”世界湿地日、“3·3”世界野生动植物日、“爱鸟周”等野生动植物宣传活动，发放各类野生动植物保护宣传册1000余份，张贴宣传挂图60余张，在市区各大公园和街头绿地设立爱鸟护鸟公告警示牌6个。组织野生动植物保护管理站、林业站等相关工作人员对辖区各农贸市场及周边进行多次检查，未发现售卖野生动物现象。

【森林保护】

2022年，芗城区开展森林病虫害防治和森林防火工作，及时开展松材线虫病春季普查，清理松枯死木56株，完成挂设诱捕器50套，采用白僵菌防治松墨天牛40公顷，完成率100%；做好日常调运检疫发证，办理调运检疫证816份，共32083立方米。组织镇街出动宣传车100多车次，发放各类防火宣传材料3000多份，整合各级森林防火巡查力量开展森林防火巡护2475（天）次，巡护总时长12613小时，巡护总里程3.29万千米；清明节期间，在重点林区上山路口和重要祭祀场所入口组织设立哨卡8个，设置临时检查站32个，出动人员200多人次。

（李志华）

水利

【概况】

2022年，芗城区践行“节水优先、空间均衡、系统治理、两手发力”的治水思路，强化落实水利建设、水旱灾害防御、民生水利、水资源节约保护、河湖管理保护等重点工作，制定并出台《2022年芗城区水利系统普法宣传工作计划》，为区域水利发展营造良好法治环境。完成全区9座水库、13座国有水闸、2座国有泵站的水利工程管理与保护范围划定工作，并通过芗城区政府审批；下达中央两批次的水利救灾资金70万元；征收水资源费169.11万元，征收水土保持补偿费71万元。芗城区水利局被芗城区委、区政府评为芗城区2021年度“六稳六保”及经济社会发展工作先进集体。

【水利发展规划】

2022年，芗城区基本完成“十四五”水利建设规划。其中：九龙江防洪工程芗城段（一期）项目总投资约2.38亿元，主要拟建设内容为堤防加固3.44千米、改扩建水闸4座、改扩建泵站3座；芗城区大水港排涝闸除险加固工程获市水利局正式批复，总投资4490.02万元。

【重点水利工程建设】

2022年，漳州市水利局下达芗城区水利投资目标共53770.2万元，其中：重大项目4个总投资22900万元，面上水利项目12个总投资30870.2万元。实际完成重大项目投资28693.8万元，占年度重大项目总投资的125.3%；面上水利项目完成投资30870.2万元，占年度面上水利项目总投资的100%。城乡供水一体化项目计划总投资44792.8万元，涉及辖区内72个村（居），惠及人口约14万人，完成投资38293.8万元，敷设管道668.3千米；实施天宝低排干渠安全生态水系项目，完成投入600万元，占年度投入计划120%。

【冬春修水利建设】

2022年，芗城区实施冬春修水利项目6个，总投入79.42万元，完成河道清淤6.2千米，维修水闸1座、排涝站2座，有效保护农田约66.67公顷，惠及周边群众约2万人，为保障粮食和重要农产品有效供给、全面推进乡村振兴和农业高质量发展提供坚实支撑。

【河湖长制工作】

2022年，芗城区开展“三个攻坚”、持续深化“三个治理”，区、镇（街）两级河长巡河3287次，解决问题220个；河道专管员巡河19741人次，发现并解决问题740个。开展河湖岸线突出问题整治攻坚，排查并完成整改妨碍河道行洪突出问题及河道“四乱”问题共39宗，整改率100%，清理面积11211平方米，有效震慑河道“四乱”行为。开展水源地生态环境整治攻坚，组织水源地水质监测、保护区标示牌设置、水源地应急预案编制，完成6个千人以下农村分散式饮用水水源保护范围划定，实现3个县级以上饮用水源地Ⅰ—Ⅲ水质达标率均为100%。

【水土保持】

2022年，芗城区水利局对毁林开荒、两江沿岸开发建设项目进行巡查，完成水土保持方案报告书（表）审批30份；采取封育保护、生态修复、植被恢复等措施，完成水土保持综合治理（造林）投入15万元，造林27.2万平方米，向省水利厅争取专款67.11万元，用于天宝镇田寮村市政配套及房前屋后整治项目。

2022年4月30日，区长何才成，副区长蔡金山、方龙俊等相关部门负责人在芗城区大水港水质提升工程建设工地督导生态环境问题整改工作并开展巡河　（林铭　摄）

【小流域流失综合治理】

2022年，芗城区水利局排查、整改芗城区妨碍河道行洪突出问题及河道“四乱”问题39宗，清理面积11211平方米，有效改善河道环境、维护水域秩序、提升河道行洪能力。开展增殖放流2批次，投放鲢鳙30万尾、河蚌120万粒，有效改善九龙江西溪水域生态环境，维护生物多样性。联动多部门对九龙江西、北溪芗城段水流域治理进行定期综合执法行动，拆除违章临时搭盖物4处，违建面积约350平方米、大棚房4000多平方米，清理开荒种植蔬菜面积1000平方米，鱼塘回填土方1800立方米。

【水旱防治】

2022年，芗城区降雨量1470.3毫米，根据降雨情况和天气形势，启动水利系统防暴雨洪涝Ⅳ级应急响应2次，成功防御持续强降雨过程2轮，辖区九龙江西溪、北溪芗城段均未发生超警戒水位洪水，总体汛期平稳。下达中央第四批水利救灾资金20万元，用于芗城区天宝镇3个水毁项目修复；下达中央第五批水利救灾资金50万元，用于芗城区天宝镇4个、浦南2个抗旱项目。完成辖区9座防洪抢险应急预案和防洪调度运用计划的审查、审批工作，公布2022年全区9座小型水库、15座堤防、29座水闸责任人名单，接受社会监督。完成更新防汛防台风应急抢险与灾后重建服务队伍库和水利防汛抢险调度暨专家组成员。储备编织袋15万条、救生衣770件、救生圈400个、土工布5400平方米等防汛抢险物资，强化水利救灾抢险物资保障。依托芗城区基层防汛预警预报系统，调度全区9座水库、29座水闸，及时发布预警预报信息3000余条，成功防御两轮持续强降雨过程。

2022年4月24日，区委书记石振棋、副区长蔡金山及相关部门负责人在浦南镇检查指导水利、应急防汛工作并开展巡河 （郑文典 摄）

【用水管理】

2022年，芗城区水利局完成水源地水质监测、保护区标示牌设置、水源地应急预案编制和6个千人以下农村分散式饮用水水源保护范围划定，办理取水许可申请1份，安装在线计量监控3家，制定下发取水户年度用水计划21份，有效预防擅自取水、超许可水量取水、擅自改变取水用途、取水计量不合规、“重审批、轻监管”“审批、监管”脱节等五大问题的发生。

【水资源污染治理】

2022年，芗城区水利局检查工业企业236家次，办理涉水行政处罚案件8起、涉及罚金774949元；查封扣押3起，移送行政拘留3起；处置生态损害赔偿7起，督促南山工业园7家未纳管涉水企业实施雨污分流并纳管；清堵清淤3.2千米，改造修复压力管道526米。开展城中村与农村生活污水收集与处理PPP项目运营全覆盖巡检92轮，现场巡查4970人次、物联巡查654次、检查管网2540千米、井盖42250个；完成市政污水管道建设14238米；劝导、查处沿街店面及餐饮流动摊点将污水、垃圾直接倒入雨水箅子行为166起（其中立案60起）。17个村庄农村生活污水提升治理完成验收，完善城中村与农村生活污水收集与处理PPP项目（包含59座污水处理站、87座提升泵站和700千米管网）的运营管理及维护。开展生猪、牛蛙养殖联合巡查80次，检查143个村（社区、农场），查处禁养区无序零散生猪养殖7起，处理生猪131头，拆除猪圈1040平方米。全面完成养殖水域滩涂发证登记工作，规划内国有水域滩涂养殖面积7.2公顷(发证面积7.2公顷)，集体水域滩涂养殖发证2本（发证面积9.141公顷）；制定《芗城区2022年化肥使用量减量化工作任务》和《芗城区2022年农药使用量减量化工作任务》，全区化肥使用量约4865吨，同比上年减少4.0%，农药使用量72.6吨，同比上年减少3.0%。

（黄俊忠）

工业

【概况】

2022年，芗城区开展“产业发展项目建设攻坚年”活动和“七比一看”竞赛，全面提升产业基础高级化和产业链现代化水平，全区245家规模工业企业完成产值974.03亿元，现价同比上年增长8.28%，可比价同比上年增长13.2%；完成工业投资103.48亿元，同比上年增长36.73%，其中技改完成投资96.26亿元，同比上年增长32.77%；制造业投资83.49亿元，同比上年增长14.46%。规模以上企业研发投入总量保持全市第一名，获评2022年度芗城区“产业发展项目建设先进集体”。

【服务企业】

2022年，芗城区兑现“促进科技创新发展八条措施”“一季度增产增效”等各类惠企资金约1.58亿元，惠及企业487家次；培育规模以上工业企业29家，通过福建省“专精特新”中小企业认定3家，企业入选技术创新重点攻关及产业化项目1家，漳州科华技术有限责任公司、漳州科晖专用汽车制造有限公司通过福建省首台（套）重大技术装备认定；组织漳州科华电气技术有限公司、漳州盈塑工业有限公司申报省级智能制造试点示范重点项目；协助推荐福建揽力复合材料有限公司等5家企业申请制造业中小企业融资支持专项，推荐申请金额合计2900万元。

【项目投资建设】

2022年，芗城区备案建设项目55个（其中亿元以上备案项目7个），计划总投资39.18亿元，省重点技改项目在库项目28个（其中：结转7个、新增入库21个），计划总投资66.81亿元，完成投资29.97亿元。市重点技改项目在库项目10个（其中：结转1个、新增入库9个），计划总投资1亿元，完成投资0.61亿元。芗城区列入省10亿以上重大项目7个，总投资119.6亿元，完成投资44.58亿元。民企签约项目39个（其中，制造业项目30个，计划总投资104.3亿元；非制造业项目9个，计划总投资32.94亿元），计划总投资额137.24亿元。

【科技研发】

2022年，芗城区规模以上企业研究与技术经费内部支出总量为13.51亿元，同比上年增长1.5%，占全市研发投入总量的20.72%。辖区有省级小巨人领军企业29家（其中年内重新认定9家），入库备案为科技型中小企业有131家，国家级高新技术企业144家（其中年内推荐申报59家）。

【企业节能体系建设】

2022年，芗城区落实省、市能耗总量和强度“双控”措施，实现1—3季度规模工业等价能耗同比上年增长16.9%，单位规模工业增加值能耗（等价）同比上年增长4.2%，增速均低于全市平均水平。信华食品、正兴车轮、科华技术、万安实业入选国家级绿色工厂名单，众环科技、盈塑工业入选省级绿色供应链名单，组织众环科技、盈塑工业、福建傲农申报工信部绿色制造名单，推进能耗在线监测系统建设。漳州昇兴太平洋包装有限公司于7月底完成能耗在线监测系统建设并联网。

【企业安全隐患排查】

2022年，芗城区对中石油西气东输芗城段开展安全检查16次，排查、整改问题隐患15项；会同省、市工信部门及行业专家，对民爆物品生产企业开展专项检查18次，排查、整改问题隐患69项。

（刘为民）

通信服务

【概况】

2022年，芗城区有中国电信股份有限公司芗城分公司、中国移动通信集团芗城分公司、中国联合网络通信有限公司芗城分公司、福建广电网络集团芗城分公司4家通信企业。推进芗城信息化建设，加快5G基站建设，基本实现全覆盖。实施宽带千兆升级改造工程，提升用户体验感。保障政务信息化网络通畅，服务智慧企业及智慧社区建设，提升家庭与个体互联网服务水平。推广互动电视功能及数字电视转换，做好“村村响”及相关网络安全传输保障工作，服务抗击新冠疫情、抗击台风等中心工作信息发布与宣传。

【中国移动通信集团芗城分公司】

2022年，中国移动通信集团芗城分公司深化“互联网+”信息化发展与服务模式，加速推进5G网络覆盖能力提升，建成并开通5G站点超600个，芗城核心城区基本实现全覆盖。运维各类无线便民基站近1400个，全面覆盖主城区、国（省）道和高速高铁等主要交通干线以及各大主要风景区，移动手机用户数总量突破62万户。顺应“互联网+”发展趋势，全面推进“宽带中国”建设，通过升级扩容，实现主城区大中型小区、部分发达农村千兆宽带网络接入。先后承接漳州市人民医院门诊综合楼机房建设及相关工程项目、漳州市芗城区妇幼保健院二期项目建设工程医疗信息化系统项目、漳州市智慧停车建设项目（二期）运维服务项目4项民生工程建设。全年运营收入5.6亿元。

（王俊茹）

【中国电信股份有限公司芗城分公司】

2022年，中国电信股份有限公司芗城分公司按照中国电信集团公司的战略要求，发挥云网融合优势，为地方政府、医疗、教育等行业提供天翼安全大脑、电信云堤、量子安全等网信安全产品，提升数字化环境下的安全能力。加快5G创新应用发展，通过打造翼支付消费商圈、快电合作、云生态合作等为合作商带来更多的增值业务，共同营造良好的营商环境。新建设5G室外基站47个，5G室分基站202个，对城区盲点区域进行补充完善，完成芗城区域内所有乡镇及重点农村区域的覆盖。新增万兆PON口656个、新增万兆OBD端口2.74万个，实现城区万兆资源100%覆盖，让用户享受“双千兆网络”的服务品质。发挥公司数字能力与优势，利用云平台、物联卡优势，建立门磁预警系统，承建老旧小区智能化改造，含智能门禁、智能停车、智能井盖、智能路灯等，方便居民生活。配合市政工程、老旧小区、道路改造等利民工程，完成管线防护136处、迁改整治线路1238处、窨井盖更换入手孔133个、各类箱体整治65个、组织处理突发性障碍36次。

（陈艺平）

卫生健康

综述

【概况】 2022年，芗城区卫生健康工作坚持以人民健康为中心，在有序推进项目建设、着力做好新冠疫情防控工作、深化医药卫生体制改革等工作。全区共有区属二级甲等综合医院1家、二级甲等中医院1家、二级甲等妇幼保健院1家、卫生监督所1家、疾病预防控制中心1家、社区卫生服务中心9家、卫生院4家、公办村卫生所（室）39家，区管民营医院16家、门诊部31家、康复医疗中心2家、血液透析中心1家、个体诊所208家、中医诊所54家、护理站1家。芗城区卫生健康局获中共漳州市委、漳州市人民政府授予“漳州市抗击新冠肺炎疫情集体嘉奖”，获中共漳州市芗城区委、区政府授予“2022年度芗城区产业发展项目建设先进集体”，获2022年度《健康福建》新闻报道“十佳优秀县（市、区）卫生健康局”，获漳州（2022）战“疫”新闻·最美抗疫志愿者新闻评选第三名。

【中医药发展】 2022年，芗城区提升基层中医馆建设，满足群众对中医药的需求，基本实现“家门口”就能获得中医药服务。开展中医药文化传播行动，营造尊医重卫、理解支持中医药的氛围。

【爱国卫生运动】 2022年，芗城区在全区组织开展爱国卫生专项活动，开展以“文明健康·绿色环保”为主题的第34个爱国卫生月活动主题，印制2000张“爱国卫生运动70周年”和“第34个爱国卫生月”宣传海报，发起《开展爱国卫生运动深化文明城市创建》倡议书，倡导文明健康绿色环保的生活方式，统一部署组织各镇街统一进行环境卫生集中大整治和病媒消杀助力新冠疫情防控，有效降低“四害”密度。

【公共卫生服务】 2022年，芗城区规范开展免费基本公共卫生服务项目12项，全区居民建档数47.51万份、建档率75.17%，管理0—6岁儿童3.54万人，管理老年人5.66万人，管理严重精神障碍患者2654人，报告患病率4.62‰，管理率94.31%，规范管理率90.99%，服药率83.65%，规律服药率67.63%，精神分裂症服药率85.84%，面访率88.58%。

（杨加彬、蔡晶晶、郑婉萍）

【老年人健康服务】 2022年，芗城区提升医养结合机构服务能力，做好辖区内3家医养结合机构医疗服务工作，全区有17家医疗机构被福建省卫生健康委确定为“福建省老年友善医疗机构”。完善辖区4家社区卫生服务中心（东铺头、通北、巷口、南坑）开展家庭病床服务流程，推进医疗机构全面落实老年人医疗服务优待政策，继续做好65岁及以上失能老年人健康评估与健康服务，完成评估137人，并为其提供个性化健康服务。保障老年人合法权益，开展打击整治养老诈骗专项活动，对运营中的养老机构开展专项检查2次，未发现无资质医疗机构、无行医资质相关人员擅自为老年人开展诊疗活动等违法行为。

【医疗项目建设】

2022年，芗城区实施卫生健康补短板项目共18个，计划总投资17.4亿元。其中新建项目9个（漳州市芗城区妇幼保健院、漳州市人民医院门诊综合楼、芗城区公共卫生应急处置中心、过塘卫生院、浦林卫生院、北斗卫生院、人民医院传染病区、通北社区医院、天宝镇中心卫生院住院大楼）、装修改造项目9个（南坑、巷口、西桥等3个街道社区卫生服务中心和上墩卫生院、芗城中医院、芗城区妇幼保健院二期，过塘、浦林、北斗等3个卫生院防控能力建设）。漳州市芗城区妇幼保健院（总投资2.06亿元）、芗城区公共卫生应急处置中心大楼（总投资1.66亿元）、人民医院门诊综合楼完工（总投资2.25亿元，新增床位250张），9家基层医疗机构项目完成2家，其余项目在建中。

【生育奖励】

2022年，芗城区落实各项生育奖励扶助政策，惠及62532人次，资金5213.2万元。

【人口监测】

2022年12月31日，芗城计生系统统计全区总人口数为420136人。全年，出生1858人，出生率4.42‰，出生人口性别比108.06%；死亡2917人，死亡率6.93‰；自然增长人数-1059人，自然增长率-2.52‰；女性初婚1035对，初婚率2.46‰。

（柯勇泉、王舒婷、林立群）

医药卫生体制改革

【概况】

2022年，芗城区卫生健康局稳步落实医改工作，按照《漳州市芗城区卫生健康发展建设三年行动计划（2021—2023年）》推动深化医药卫生体制改革，强化医疗控费工作，优化收支结构，持续预防、治理、康复一体化服务能力的建设，提高区域医

2022年6月24日，建设中的人民医院综合楼 （郑文典 摄）

疗健康保障水平。做好公立医院院长年薪考核工作相关事项，推进世行贷款医改促进项目实施，重点学科和人才队伍实现均衡发展。依托公共卫生应急处置中心及11家基层医疗机构，提高区域公共卫生防控能力，打造以政府为主导的公共卫生安全体系。

【信息化建设】

2022年，芗城区卫生健康局推进“漳州市5G+智慧急救平台”项目和福建省公立医院检查检验互认项目的建设落地，督促相关医院及时对信息系统进行接口改造。

【家庭医生签约】

2022年，芗城区家庭医生签约服务工作累计签约305225人，签约率48.29%。

（张晓婷）

疾病预防控制

【概况】

2022年，芗城区卫生健康局开展“防艾”知识宣传33场次，约有各类人群8661人次受到宣传教育，分发宣传材料8632份，开展高危人群（监管场所、娱乐场所、自愿咨询）和重点人群（青年学生）检测干预3492人次，规范调查处置流感和水痘等突发公共卫生事件14起。

【传染病报告】

2022年，芗城区卫生健康局无甲类传染病发病报告，报告乙类传染病发病率461.84/10万人、丙类传染病发病率606.43/10万人。

【疫苗接种】

2022年，芗城区卫生健康局规范接种门诊管理，全区儿童预防接种信息系统覆盖率100%，以镇、街为单位，疫苗接种率≥95%，强化免疫接种率≥90%，报告疑似预防接种异常反应16例，AEFI监测覆盖率100%，完成麻疹风疹监测病例13例。

【疾病监测】

2022年，芗城区卫生健康局实施国家级细菌性痢疾监测点监测工作，监测标本349份，无阳性标本。做好手足口病监测工作，哨点医院病原学监测采集咽拭子标本81份，处置5起幼儿园手足口病聚集性疫情（31份），以CoxA16型和其他肠道病毒型为主。做好霍乱监测点监测工作，监测标本913份，无阳性标本。

【疾病防治】

2022年，芗城区卫生健康局通过网络报告疑似肺结核患者937例，发现活动性肺结核病人215例（其中，病原学阳性肺结核病人136例），均按项目要求实施督导管理，访视活动性肺结核病人628例次。监测200名8—10周岁学生的尿碘、碘盐、身高、体重和甲状腺检查，100名孕妇家中碘盐、尿碘和补碘率调查，调查100名18—60岁成人基本信息，采集其尿样、血清、家中食用盐和甲状腺B超检查用于检测其尿碘、尿钠、盐碘、血清碘含量以及甲状腺功能还有饮食碘摄入量问卷调查和收集其过去一周就餐地点情况。监测职业场所有害因素20家。监测食源性疾病，区属16家哨点医院报告食源性疾病944例、食物中毒事件2起。

（谢志强、曾美娜）

妇幼健康

【概况】

2022年，芗城区妇幼保健院全面实施妇女健康促进项目，开展农村妇女宫颈癌、乳腺癌筛查摸底工作。实施免费低保户妇女妇科病普查、农村孕妇和城市低保孕妇的产前筛查、孕早期育妇增补叶酸预防神经管缺陷项目工作、预防艾滋病、梅毒和乙肝母婴传播、城乡居民医保妇女“两癌”筛查、地中海贫血筛查等重大公共卫生服务项目，为医疗保健对象支出医疗费用387.27万元。芗城区妇幼保健院获中共漳州市委、漳州市人民政府授予“漳州市抗击新冠肺炎疫情集体嘉奖”，东铺头社区卫生服务中心获漳州市妇女联合会授予“2022年漳州市巾帼文明岗”。

【妇女生殖健康服务】

2022年，芗城区妇幼保健院增补叶酸预防神经管缺陷项目、延续性宫颈癌及乳腺癌检查项目、地中海贫血防控项目、免费孕前优生健康检查项目完成率均为100%。免费婚检824人。适龄女性人乳头状瘤病毒（HPV）疫苗免费接种5580人。孕产妇系统化管理率95.42%，住院分娩率100%，产前检查率98.73%，产后访视率97.59%，高危孕妇筛查率78.64%，临产高危住院分娩率100%，孕产妇死亡率为30.92/10万人。

【普惠托育机构服务】

2022年，芗城区妇幼保健院做好婴幼儿托育机构备案工作，做好婴幼儿照护服务机构的规范和管理，构建婴幼儿照护服务管理规范体系，46家婴幼儿照护托育机构通过国家托育机构备案网上登记，总申请托位数为3080个。

【儿童保健服务】

2022年，芗城区妇幼保健院做好0—6岁儿童眼保健及视力检查工作，完成90%以上目标人群的眼保健及视力检查。7岁以下儿童保健覆盖率97.11%，3岁以下儿童系统管理率94.9%，6个月以内纯母乳喂养率72.77%。婴儿死亡率2.78‰，5岁以下儿童死亡率3.09‰。

（杨加彬、吴雪丽、胡华鹏）

卫生监督

【概况】

2022年，芗城区卫生健康局对辖区医疗机构375户、公共场所2297户、集中式供水单位2户、职业健康检查机构3户、放射诊疗单位70户、学校卫生89户、消毒产品生产企业14户、餐饮具集中式消毒单位5户进行日常监督，立案查处30起，受理投诉举报66起，开展专项整治11项。组织区属各医疗卫生单位（含民营医院）开展安全隐患自查自纠396场次、消防演练33场次、安全生产督查137批次，发现、整改隐患23条。全年，查处违法行为30起，落实罚款37万元，没收违法所得1710元。

【公共场所卫生监督】

2022年，芗城区开展1005家美容美发和足浴场所、32家游泳场所的监督检查和医院及学校的二次供水卫生安全专项整治工作，对已办理公共场所卫生许可证的经营户实行量化等级管理，实现公共场所卫生信誉等级公示率100%。

【职业健康监管】

2022年，芗城区对辖区职业健康检查机构进行全面监管，用人单位完成职业病危害项目申报113家，对20家企业开展工作场所职业病危害因素监测，监督检查涉职业病危害因素用人单位13家，报送健康企业2家，检查职业健康检查机构2家，制作现场笔录16份，下达监督意见书3份，当场行政处罚决定书1份。进工厂、进社区宣传《职业病防治法》，宣传讲解职业病防治相关知识，并联合福建三宝

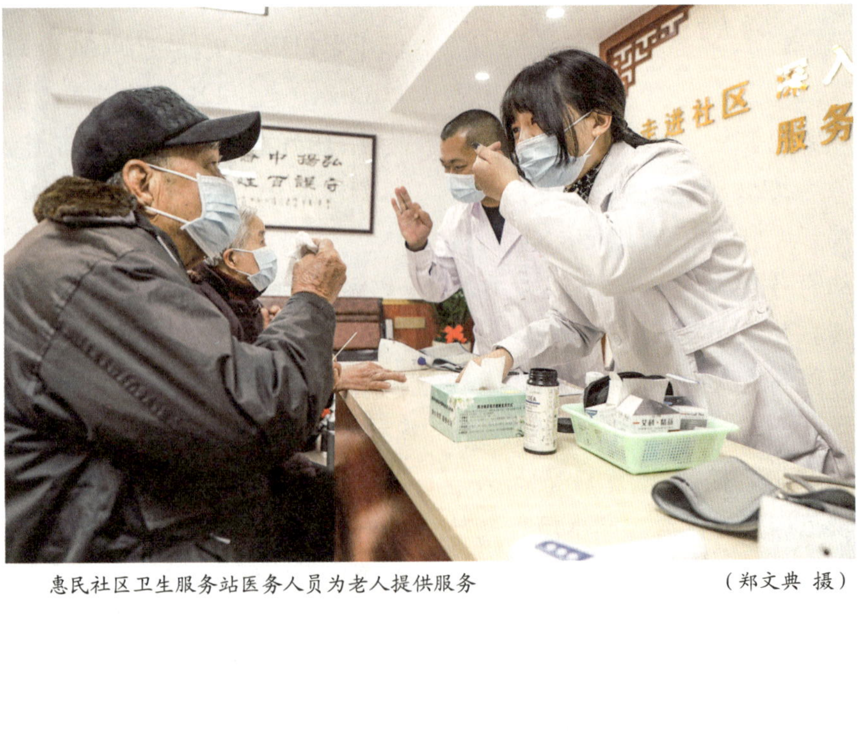

惠民社区卫生服务站医务人员为老人提供服务　（郑文典　摄）

钢铁有限公司开展职业卫生应急演练，提高化学中毒突发事故应急处置能力。

（李育德、谢雯婷、陈爱清、蓝跃明）

新冠疫情防控

【概况】

2022年，芗城区强化新冠疫情的源头管控应急处置能力的督导检查和责任落实，利用联防联控和信息共享，形成防控工作合力，提高防控措施的针对性和实效性，派出抗疫医疗队驰援兄弟县区抗疫。

【分级分类救治】

2022年，芗城区卫生健康局根据政策，调整防控措施，分级分类救治做好各项医疗救治工作，开设发热门诊（诊室），做好新冠治疗相关药物等医疗物资的储备。

开展健康服务管理，及时发放健康包，强化农村医疗服务能力建设。

【疫情防控】

2022年，芗城区进行全区的新冠疫情防控工作，各相关单位各尽其力参与防控工作。其中，共青团芗城区委对接区防疫指挥部，发动团干团员和青年志愿者1958人次，协助承担物流等志愿服务；联合团市委在新桥街道建立5支志愿服务队；联合芗城区青年企业家联合会筹备组筹集18.86万元物资支援抗疫一线，联合爱心商家提供近千名社区志愿者用餐；组建“防疫云课堂”宣讲队拍摄相关科普视频130余条，发动全区3万余名少先队员、中学团员观看学习；线上发布心理疏解视频12期，线下开通防疫心理辅导公益服务热线，提供接线疏导服务56次。芗城区侨联发动侨资企业参与抗疫活动，东方科技集团向相关单位捐赠5批次总价值约52万元的人体测温设备或红外人体测温仪等物资，欧瑞园集团向巷口街道办事处等一线抗疫单位捐赠冻干食品物资价值4万多元，康之味食品向红旗社区捐赠矿泉水等物资。

（吴婕、沈艺红、沈东建、杨加彬）

教育 科学技术

教育

【概况】

2022年，芗城区严格落实督导工作计划，提高学校管理水平，推进素质教育实施工作，强化学校文化建设，丰富学校发展内涵。全面落实“双减”“五项管理”“考试管理”等要求，全面落实普通高中新课程方案，稳步推进教育规划建设项目27个。统筹安排特殊教育学校和普通学校教育资源，增设漳州市教师进修学校附属小学、漳州市芗城区实验幼儿园瑞京园区、更名漳州市芗城区第二实验幼儿园，以促进教育平衡。下发《芗城区校外培训机构预收费管理办法》，规范民办学校办学行为。重视心理健康教育，开通心理咨询热线，常态化开展心理健康工作。开展新一轮“平安校园”等级创建，创建率95%。“双减”工作成效于9月在浙江、江西、安徽、福建四省九地市“双减”工作论坛中，辖区芗城实小代表福建省做“双减”工作、课后服务开展工作经验分享。岳口小学被省卫健委、教育厅确定为全省首批中医药文化教育试点校。

表8　　芗城区教育系统2022年教育资源分布表

单位：所、人、平方米

校别	性质	学校数量	在校生数量	教职工数量	校园占地面积	校舍建筑面积	备注
幼儿园	公办	197	5134	329	—	—	
	民办		16626	1415	—	—	
小学	公办	67	38633	1879	519851.96	272313.15	其中教学点3个
	民办	1	4637	273			
初中	公办	14	4332	—	527363	233088.6	初、高中为共用校园量
	民办		5293	—			
高中	公办		2123	—			
	民办		2311	—			
中职	民办	2	722	39	—	—	
特教	公办	1	112	14	—	—	
合计		282	79923	7445			

【教育资源】

2022年，芗城区所属学校282所（含民办）。其中：幼儿园197所（公办、民办）、小学68所（公办67所、民办1所。公办67所中，小学教学点3个）、中学14所（其中：公办9所、民办5所）、中职学校2所(民办)、特殊教育学校1所。在校生人79923人（其中：公办50334人、民办29589人）。其中：幼儿园21760人（其中：公办5134人、其他16626），小学43270人（其中：公办38633、民办4637），初中9625人(其中:公办4332人、民办5293人)，高中4434人（其中:公办2123人、民办2311人），中职722人（仅民办）、特教112人（公办）。教职工7445人（其中：公办3191人、民办4254人），其中公办专任教师2793人（其中：幼儿园329人、小学1879人、中学571人、特殊教育14人）；民办专任教师2133人（其中：幼儿园1415人、小学273人、中学406人、中职39人）。中小学校校园占地面积1047214.96平方米（含民办学校；小学519851.96平方米，中学527363平方米），校舍建筑面积505401.75平方米（含民办学校;小学272313.15平方米，中学233088.6平方米）。

【教育督导】

2022年，芗城区组织中小学责任督学集中培训学习活动22次，涵盖教育法律法规和政策解读、学校管理变革典型案例和督导案例撰写指导等内容。开展幼儿园办园行为第四批督导评估工作，组织幼儿教育专家、责任督学组成评估组8个，对辖区内37所幼儿园（其中：7所公办园、30所民办园）的办园行为进行全面督导评估。根据福建省义务教育质量监测工作安排，组织芗城实验小学、北斗中心小学、天宝中学、芗城实验中学4所学校参加全省春季和秋季体育与健康质量监测活动。

【学前教育】

2022年，芗城区多举措做好普惠性幼儿园管理工作，实现学前教育三年入园率99.33%，普惠性幼儿园覆盖率93.56%。实施公办园自愿报名与电脑排位的组合招生方式，21所公办幼儿园面向芗城区户籍适龄幼儿摇号招生。举办芗城区幼教师资培训活动，培训幼儿教师150名，提升幼儿教师专业水平和师资队伍整体素质。印发《芗城区“名园+”学前教育联盟工作方案》，发挥优质教育资源的辐射带动作用，全面提升全区各级各类幼儿园的办园水平。指导第一批国企领办普惠性公办幼儿园办园方案，促进学前教育公益服务。芗城实幼新华西园区、东铺头园区申报2022年漳州市示范性幼儿园评估，芗城实幼西桥园区接受漳州市示范性幼儿园复评。

【义务教育】

2022年，芗城区小学入学率100%（含市直学校），年保留率104.66%；初中入学率100%，年保留率98.36%，毕业率98.58%。区属义务教育阶段公办学校接受进城务工人员随迁子女13060人（其中：小学接收10863人、初中接收2197人，分别占在校生总数的25.11%和22.83%），占总生数的24.69%。全面提升教育教学水平和作业设计管理水平，推广“双减”先进经验做法。推行课后服务“5+2”“2+N”模式，全区所有义务教育阶段学校实现课后服务“2+3”模式全覆盖，于12月在漳州市委宣传部召开的“牢记使命·奋斗为民”系列主题新闻发布会上做课后服务工作经验汇报。组建小学“1+1”紧密型教育共同体7个、芗城区初中教育集团暨芗城区紧密型城乡初中教育共同体1个，推动优质教育资源的互通共享；西湖片新开办新学校3所，提供学位4590个，其中松柏小学加挂“漳州市实验小学松柏分校”校牌。推行“入学一件事”改革，简化小学报名流程，实现入学登记“零跑腿、零材料、不见面”审批。

【普通高中教育】

2022年，芗城区推进普通高中多样化发展，各高中校根据生源特点充分挖掘自身有利条件和资源，打造特色教学，多样性特色办学逐步凸显。其中，芗城中学以福建省田径传统校优势为引领，做好体育特长生的培养，学校田径队获2022年漳州市参加福建省第十七届运动会突出贡献奖，三名学生获评漳州市参加第十七届省运会优秀运动员；外国语学校坚持“质量立校，特色办学”的办学思路，在外语类教学及学生培养上逐渐形成特色。

【特殊教育】

2022年，芗城区蓝天特殊教育学校对不能到校就读的32名（小学24名，初中8名）重度残疾儿童少年提供规范的送教服务，参与送教中小学校21所，送教教师64名，确保适龄残疾学生完成九年义务教育；开展普通学校随班就读工作，在漳州市石亭中学、漳州市通北中心小学增设资源教室，推进随班就读特殊需要学生的教学质量提升。辖区依托芗城蓝天学校成立特殊教育资源与指导中心，开展对区域内普通学校随班就读工作的指导，建立义务教育阶段残疾儿童入学监测系统，加大重度残疾儿童少年送教上门工作力度，确保“一个都不能少”，实现全区三类残疾儿童义务教育入学率100%。

【民办教育】

2022年，芗城区将全区学科类和非学科类培训机构预收费均纳入银行统一监管，做到“应托管、尽托管”。完成非学科类校外培训机构移交工作，实现芗城文体旅游局管理文化艺术类培训机构54家、芗城区工信局管理科技类培训机构8家、教育部门管理学科类培训机构25家。

【德育工作】

2022年，芗城区组建教师艺术团4个、学生艺术团20个，区属学校开展社团活动87种。全区禁毒宣教室增至36所，近视防控示范校增至20所，助力学生五育并举全面发展。与区检察院、交警、卫健、妇联、城管等单位联合设立中小学“青春护航信箱”，建设交通安全教育基地、中草药劳动实践基地，评选星级家长示范校、垃圾分类示范校。

【师资建设】

2022年，芗城区引进、招聘130名（其中具备硕士研究生学历20名）教育人才补充到芗城区的中小学和幼儿园。推动教育人才补助政策落地，为7名高层次教育人才解决子女就学需求，为高层次教育人才安心工作提供保障。开展校（园）长任职培训、新任教师专题培训、名优骨干教师专题培训，其中参加校园长任职资格培训的有50名各类学校校级领导。开展新教师分学段分学科专项培训、中学理化生教师实验技能培训、中小学学科骨干教师培训、中小学名师工作室建设培训等8场次，参与教师479人。315位名优骨干教师、校长分赴重庆、浙江杭州、江苏南通、山东青岛等地区学习进修，提升全区教师队伍的师资水平。落实中小学校党组织领导下的校长负责制，推动区教育系统补充新教师165名，遴选6名学科优秀教师至教研员队伍，提拔任用15名中小学校、幼儿园领导，区级名师工作室增至21个，开展送培、送教活动103场次。推荐优秀教师参加各级、各类名优教师评选，推选参评“福建省第三届最美教师”1名，获评“福建省特级教师”1名、“漳州市中小学优秀教学人才”1名，为教师队伍保量提质发挥良好示范引领作用。

【教育改革】

2022年，芗城区教育局严格推进“双减”政策，继续推行课后服务“5+2”“2+N”模式，健全课后服务经费保障机制，在集中配餐的基础上升级服务内容，引入社会资源，丰富学生活动内容。持续压减学科类校外培训机构规模，实现辖区学科类培训机构由116家减至24家。引入风险保证金管理机制，做到校外培训机构全部签约、执行。依托全国校外培训机构监管和服务综合平台，做到校外培训机构全部通过审核。成立“芗城区初中教育集团暨紧密型城乡初中教育发展共同体”，以玉兰学校为龙头校，促进中学教育资源互通共享；组建七个“1+1”紧密型教育共同体，通过城乡对口帮扶，全面建设城乡学校教育共同体。

【校园安全管理】

2022 年，芗城区教育局联合芗城区委政法委、芗城公安分局在全区范围内持续开展“护校安园”专项工作，维护校园持续安全稳定，实现辖区所属的各中小学及幼儿园保安人员配备率 100%、全区学校实现封闭式管理率 100%、学校防撞设施建设完成率 100%、“一键报警”设施建设率 100%、中小学及幼儿园视频监控系统与属地公安机关联网率 100%。全区学校完成食堂燃气泄漏报警装置安装工作、“互联网 + 明厨亮灶”提升工程、食品安全责任保险投保工作。联合市场监管局、疾控中心等部门到集体用餐配送企业开展食品安全专项检查。建立健全预防溺水、防诈骗、交通安全、事故报告、隐患排查治理等一系列安全稳定管理制度。各学校安全稳定管理工作形成规范化、制度化、常态化。

【教育规划建设】

2022 年，芗城区稳步推进教育规划建设项目 27 个（其中：8 个项目建成并投用，新增学位 6825 个；15 个项目规范续建；4 个项目进入办理前期工作阶段）。学校小额零星工程 5 个项目完工投用。完成芗城区“十四五”教育发展专项规划建设项目编制，获上级支持资金 2022 万元，确保项目建设有序推进。

（戴国泉）

科学技术

【概况】

2022 年，芗城区科技研究与发展试验经费支出 15.63 亿元（上报数），占全区生产总值比重 2% 以上，申报总量位居全市第一位；全区国家级高新技术企业 146 家，位居全市第二；省级科技小巨人企业 34 家，位居全市第二；省级重点实验室 2 家、省级工程技术研究中心 7 家、省级新型研发机构 5 家、省级科技企业孵化器 2 家、省级众创空间 1 家。

【高新技术企业培育】

2022 年，芗城区开展国家高新技术企业认定培训工作，组织全区百余家企业科研管理、财务专职人员参与培训，提升企业相关研发费用统计业务能力和研发活动管理水平。至年末，全区高新技术企业数量 146 家，其中规模以上工业企业 68 家。

【科创能力提升】

2022 年，芗城区组织 15 家企业分别申报省级、市级各类科技计划项目 15 个；组织推荐 3 家企业申报科技小巨人企业研发投入奖励，组织推荐 100 家企业申报企业研发经费投入分段补助项目；组织 12 家企业申报省级科技小巨人企业认定，其中 9 家通过认定；组织两批共 59 家企业申报国家级高新技术企业认定，其中 49 家通过认定。新获评省级新型研发机构 1 家、市级众创空间 1 家、科技型中小企业 96 家。

【科技服务】

2022 年，芗城区漳州卫生职业学院组建老人妇女儿童保健科技特派员服务团队，挂钩服务芗城区浦南镇双溪村。服务小队通过医学科普教育，传播健康知识，强化健康理念，提升健康素养，引导社区村民养成健康生活方式，为村民提供专业、系统、完整的健康指导与服务，提升乡村卫生健康服务能力和群众健康水平，为脱贫地区接续推进乡村振兴提供更加坚实的健康保障。

（沈淡生 韩添福）

公共文化

【概况】

2022年，芗城区统筹新冠疫情防控和公共文化服务，文化、体育、旅游融合发展，下属5个事业单位对辖区内26家文化娱乐场所、16家网上场所、7家影院、43家高危险性体育项目（游泳）、91家出版物印刷企业、9家实体书店、3家星级饭店、1家国家AAA级旅游景区、13家规模以上文化服务业企业实施全面的行业监管，受理“12345”平台投诉件307件、信访件14件，受理审核审批事项82件。开展检查1120家次，责令歇业整改11家次，对所发现的问题均完成整改。开展各类相关专项行动，检查503家次，查处侵权盗版非法出版物2件，拆除和收缴非法卫星地面接收设施37套。对辖区范围内的公共游泳场所进行全面检查，发现、整改安全生产隐患26处。开展群众服务活动，其中：开展群众文化活动25场、大型群众性主题宣传活动6场次，开展专项宣传活动8场次，提升芗城区艺术团品牌建设。

【公共服务设施】

2022年，芗城区落实文化馆、校外体育活动中心无障碍设施改造，完成文体广电中心大院白改黑工程，落实辖区内76个点位的有线应急广播设施维护，完成7个行政村应急广播数字化改造提升以及47个社区（村）全民健身场器材的新建或维护，新建游泳健身场所3个；推进许地山纪念馆改造提升项目、芗城革命历史博物馆消防配套设施工程项目，启动东铺头街道、天宝镇、浦南镇3个文体中心及芗城区文化馆旧大楼等文体设施改造提升工程分项目4个。

【群众文化活动】

2022年，芗城区举办芗江飞歌春意浓——芗城区“学党史·办实事”暨2022年迎新汇演、“开漳大吉·福满芗江”第三十一届基层灯谜会猜、“赓续红色血脉·汲取奋进力量”芗城区纪念红军攻克漳州90周年系列活动、“喜迎二十大·共筑幸福梦”暨芗城区“强国复兴有我”等大型群众性主题宣传活动6场次；组织文化下乡、送戏下乡、灯谜展猜等群众文化活动25场。放映农村公益电影1040场次，转播《村村美》及省、市广播电台对农广播节目等903期。设立美术、书法、舞蹈等7种公益性文化课程，开办公益性水仙花童声合唱团、少儿锦歌培训班、灯谜夏令营公益课程，培训学生1.6万余人次。持续通过芗城文化、芗城融媒、漳州灯谜、芗城区水仙花童声合唱团等公众号及芗城区艺术团视频号发布文章40篇，线上展播精品文艺节目21个。

【文艺创作活动】

2022年，芗城区水仙花童声合唱团原创作品《听水仙花开的声音》，在 CCTV—15 音乐频道《合唱先锋》展演；民乐团作品《芗韵》参加“2022 年厦门优秀民乐团展演综合场”展演，相关活动被《人民日报》、学习强国、世界头条等国内外主流媒体宣传报道。组队参加福建省第十八届暨漳州市第十四届少儿故事大王比赛市级比赛，获得幼儿组银奖 9 名；低年级组金奖 3 名，银奖 7 名；高年级组银奖 4 名。

（郭群燕）

2022 年 2 月 13 日，“福连两岸”元宵灯谜会活动在漳州灯谜艺术博物馆举办

（芗城区文体旅游局 供图）

文化遗产保护

【概况】

2022 年，芗城区落实全国文物工作会议精神，坚持新时代文物工作方针，建立健全各项工作制度，加大对境内全国重点文物保护单位 5 处 1 个点、省级文物保护单位 11 处、市级文物保护单位 28 处、区级文物保护单位 4 处、一般不可移动文物 258 处的保护力度，全国重点文物保护单位“三防”工程项目获国家文物局立项。新增区级非遗项目 5 个，成功举办第 31 届基层灯谜会猜，非遗书籍《漳州锦歌集锦》于 6 月正式出版。

【文物安全修缮】

2022 年，芗城区推进简大狮避难所、东路军司令部旧址、潘尚书府、西瑶灵顺庙等文保单位的保护修缮工作，其中东路军司令部旧址修缮、潘尚书府周边环境整治等项目开工建设；完成林氏宗祠、莲花池山周边环境整治、“闽越雄声·楚滇伟绩”坊临时保护等工作；落实陈元光墓、莲花池山遗址、林氏宗祠等国保单位日常维护。

【文物安全检查】

2022 年，芗城区开展文物建筑消防安全等联合检查，检查文物点 182 处，检查、整改安全隐患 18 处，并落实闭环管理。组织文物消防安全培训 2 场次。参加文物前置审批现场踏勘 17 次，项目联审 33 次，开展文物紫线保护、建控范围复核 20 次。结合“文化和自然遗产日”、“中国旅游日”、“福满城”文创节、安全月等活动开展文物保护宣传，提高群众文物保护意识。

【非物质文化遗产保护】

2022 年，芗城拥有非遗项目 31 个，非遗传承人 17 人，其中国家级非遗项目 2 项（锦歌、浦南古傩）、国家级非遗传承人 1 人；省级非遗项目 5 项，省级非遗传承人 2 人。免费开放漳州灯谜艺术博物馆，举办灯谜展猜活动 7 场。组织开展第六批区级非物质遗产代表性项目评审工作，新增区级非遗项目 5 个（漳州吟诵、漳州面煎粿、漳州焗瓷技艺、五兽拳、闽南哪吒信俗）。投入非遗资金，编印灯谜专刊《虎啸》、编撰锦歌论文集《闽台锦歌论坛》、编印《达尊拳》非遗读本和制作拳法影像教材。

【历史文化遗产保护】

2022 年，芗城区开展 41 个征迁项目范围内历史文化资源遗产普查甄别工作；完善传统风貌建筑保护名录，形成 50 年以上建筑普查名录信息汇总表；公布天宝镇茶铺村祖厝乐仁堂等 6 处建筑为漳州市芗城区第一批传统风貌建筑。

（郭群燕）

体育

【概况】

2022年，芗城区基本建成与经济社会发展水平相适应的全民健身公共服务体系，落实《福建省全民健身实施计划（2021—2025年）》，建立以全民健身工作领导小组为龙头，以区体育总会为中心，以区体育中心、各单项体育协会为骨干，以社区、各晨晚练点为基础的四级全民健身组织网络，实现辖区内185个社区全民健身设施全覆盖，全区经常参加体育锻炼的人口数为27.18万人，占全区人口总数的42.6%；辖区内开展“三大球”（足球、篮球、排球）运动项目的学校共有23所，室内外体育场地数量1746个，体育场地总面积155.75万平方米，人均体育场地面积2.43平方米。

【体育设施建设】

2022年，芗城区为辖区学校配齐配足各类体育器材，体育器材达标学校94所。至年末，全区室内外体育场地数量1746个。其中，学校体育场馆1087个，总面积65.38万平方米，占全区体育场地面积的41.98%。

【体育产业发展】

2022年，芗城区组织指导6家企业申报专项资金，获得漳州市体育产业补助100万元。漳州泰利斯可穿戴智能运动装备项目获得2022年省级体育产业发展专项资金（国家级示范项目）180万元。

【全民健身】

2022年，芗城区通过政府主导，依托发挥区体育总会枢纽作用，推动体育社团组织向村、社区延伸，16个体育单项协会及6家民办非企业发展会员数千人，实现全区10个街道均成立老体协，2个镇均成立农体协。结合重大节日、重要时间节点，依托各单项体育协会，组织开展全民健身日、中小学生运动会、羽毛球赛、篮球邀请赛、围棋邀请赛、自行车骑游活动等线上、线下全民健身活动42场，参与人数54280人，投入经费96.63万元。

【竞技体育】

2022年，芗城区实施《芗城区体育与教育行政部门2022年芗城区中小学生体育活动计划》，组队参加漳州市中小学生阳光体育联赛、漳州市中小学生田径运动会，完成中小学生体育比赛项目7个（羽毛球、乒乓球、围棋、排球、篮球、足球、广播操比赛）。组织653名运动员和教练员参加漳州市第十四届运动会15个体育项目的竞赛，获得金牌118枚、银牌68枚、铜牌72枚，计2335分，金牌数和总分居全市第一名。

【体育训练】

2022年，芗城区以政府购买服务方式支持社会力量承办体育赛事项目和业余训练运动队，构建多元办队模式的发展路径。建立健全“体教融合”，组建“三大球”训练队伍，培养体育竞技运动员，芗城区少体校完成芗城籍运动员省级注册564名，向省、市少体校输送运动员71名。

（郭群燕）

旅游

【概况】

2022年，芗城区国内旅游人数743.69万人次，同比上年上升4.1%；国内旅游收入72.15亿元，同比上年下降1.2%。8月16日，漳州古城被文化和旅游部评为国家级夜间文化和旅游消费集聚区。

【旅游项目建设】

2022年，芗城区推进漳州古城保护开发（一期）项目、八闽（漳州）不夜城项目（含漳州华侨饭店）等文旅项目。支持旅行社行业纾困发展，暂退辖区21家旅行社的旅游服务质量保证金128万元，争取并拨付各类文旅产业补助资金544万元。芗城区浦南镇咪古森林欢乐总动员于11月19日开业，项目由“迷雾森林”“拓基地”“绿野仙踪”“丛林探险”“咪古牧场”五大板块构成。该园是为2—15岁儿童打造综合性体验式亲子乐园。

2022年10月20日，参观人员在漳州古城内的灯谜艺术博物馆听取讲解员介绍

（芗城区文体旅游局 供图）

【旅游品牌建设】

2022年，芗城区组队参加漳州市首届文旅行业服务技能大赛，芗城区文体旅游局获优秀组织奖，行业服务技能获一等奖5名、二等奖9名、三等奖3名；组织景区景点参与打造花样漳州旅游品牌评选活动。其中：漳州古城、芗城区林语堂故居被评为“十佳网红打卡点”，芗城区毛主席率领红军攻克漳州纪念馆、芗城区乌石暴动历史陈列馆被评“十佳红色旅游胜地”，芗城区天宝镇珠里社区被评为“十佳旅游村”。

【旅游配套设施完善】

2022年，芗城区辖区内旅游企业分别是国家AAA级旅游景区1家（林语堂文化园），国家级夜间文化和旅游消费集聚区1处（漳州古城），星级饭店3家（漳州宾馆、钻石大酒店、银佳宾馆），旅行社35家，其中骨干旅行社5家（漳州市旅投国际旅行社、漳州中旅旅行社、漳州中旅旅游集散中心、漳州建发国际旅行社、漳州宝中国际旅行社），旅游厕所5座（天宝镇洪坑村旅游厕所、漳州古城北入口旅游厕所、漳州古城西入口旅游厕所、牛庄2号楼旅游厕所、牛庄3号楼旅游厕所）。

【旅游宣传】

2022年，芗城区摄制《文旅局长带您趣游花样漳州》短视频，推介“人文芗城”旅游品牌。开展“文明旅游”“旅游+文创”等宣传6场次。开展“5·19”中国旅游日、“花样漳州趣玩一夏”暑期文旅惠民促消费、“人文芗城·乐享生活”乡村振兴精品旅游路线推广、线上灯谜竞猜、“活力健康跑·一起游西湖”第12个中国旅游日暨2022年漳州市全民健身运动会“联发杯”芗城区城市健康跑活动。

（郭群燕）

商贸服务

综述

【概况】

2022年，芗城区实现社会消费品零售总额331.62亿元（同比上年增长5.9%），实际利用外资1306万美元，进出口总额110.45亿元（同比上年增长2%）；招商引资实现新签约二产、三产项目127个（其中63个三产项目，新签约重大项目26.25个），总投资额249.2亿元，开工项目141个，竣工项目130个；新设外资企业28家，新增合同外资2.13亿美元，累计到资1306万美元。

【市场保供】

2022年，芗城区新增沃尔玛为省级重点保供企业，新增漳州市天宝瑞和养殖有限公司为省级养殖基地，漳州大润发商业有限公司获评为省级优秀保供企业，各大型商超均能发挥供应主渠道作用，辖区市场货源充足、物价平稳。

【农贸市场巩固提升】

2022年，芗城区在“农贸市场三年改造建设行动计划（2018—2020）”的基础上，投入220.19万元对北桥、文华园、桃林等18个农贸市场进行巩固提升建设，实现农贸市场布局合理化、环境整洁化、管理智能化、消费便捷化。

【招商引资】

2022年，芗城区商务局主要党政领导先后外出招商14次，推动傲农动保生产和水产饲料生产等签约项目落地8个；与异地商会、台资台企保持常态联系，举办“云招商”活动2场；在福州、厦门等地举办招商推介会3场、项目集中签约活动4场；以三宝集团等龙头企业聚链引商，引进辉源、银球等下游项目7个，吸引物流、汽车等企业入驻，建设新材料产业园。

【产业服务】

2022年，芗城区开拓“烘焙+文创”市场，帮助科晖集团补链强链，实现主营业务从环卫汽车装备制造延伸到城乡环卫服务。以“产学研”赋能引商，鼓励食品加工企业傲农集团组建研究院，欧瑞园与漳州职业技术学院共建，深化“产学研用”，推进盈趣科技与厦大、闽师大等院校合作。落实稳外资有关政策，帮助企业协调解决问题，支持外资企业增资扩产。协调推进海量消防、银球金属等重点外资项目供地进度，促进企业到资投建。组织2家外资企业申报省级利用外资专项资金，3家企业申报市级稳外资工作四条措施中的外资企业到资奖励资金，核定奖励金138.9万元。

【发展信息产业】

2022年，芗城区围绕做大做强电子信息产业，发挥漳州信产集团入驻园区优势，打造漳州智能制造产业园、语堂数字产业园等专业园区。借助闽西南公司、台资台企等运营商引商力量，帮助盈科智谷产业园联系意向入园企业。制定关于扶持新经济产业园、促进建筑业健康发展、“英才芗聚”人才工程等配套政策，推动盈趣科技、视瑞特光电等企业区域总部成功落地，以招大引强赋能发展。

国内商业贸易

【概况】

2022 年，芗城区商务局围绕区委、区政府制定的经济发展目标，立足本职业务，发挥漳州古城省级示范商圈带动作用，以拉动消费需求为重点推动商贸流通发展，实现社会消费品零售总额 331.62 亿元，同比上年增长 5.9%。

【古城商圈经济发展】

2022 年，芗城区商务局为促进古城商圈经济发展，委托漳州信产集团投资 38.56 万元建设数智古城服务平台项目，通过建设 VR 全景地图、商家电子码、消费券系统和数据分析系统等实现古城商户的统一营销及运营服务管理，吸纳 158 家商家使用。在漳州古城省级示范商圈开展促消费活动 6 场，重点帮扶汽车、家电、商贸等行业复苏，吸引纳统企业参展 107 家，拉动消费 6000 多万元。

【消费需求促进】

2022 年，芗城区启动“全闽乐购惠享芗城”促消费活动，涵盖限额以上商超零售、餐饮住宿、家电 3C 等行业企业，以及依托“云闪付”，分五期共发放消费券 150.7 万元。开展春、夏两季汽车促消费活动，向 393 名在芗城区纳入统一管理的汽车经销企业购买汽车的消费者发放汽车购车补贴款 22.55 万元。

【企业品牌服务】

2022 年，芗城区推动老字号创新发展，推荐福味楼、南楼笑等 4 家企业申报创建闽菜馆项目。奖励辖区内企业申报“鼓励培育新增新上限上贸易企业”44 家，申报“发挥大中型商贸企业对消费的拉动作用”企业 6 家。

电子商务

【概况】

2022 年，芗城区宣传电商企业优惠政策，促进电商平台经济规范健康发展，全区 1678 家电商零售企业网络零售总额 63.99 亿元。

【电商培训】

2022 年，芗城区依托芗城区电商协会，与闽南师范大学商学院、漳州职业技术学院等高校密切合作，共商共建电商实训基地，举办培训、主题沙龙、招聘会等活动 24 场，为 30 多家企业输送专业电商人才，促进区域电商企业的快速发展。以电商培训为切入点，组织企业走进漳州高宅农业开发有限公司兰花种植基地等企业进行交流学习、合作对接，提高电商投入农村、农业生产的积极性。

【政策扶持】

2022 年，芗城区组织 32 家企业申报市级电商“跨境交易额奖励”“入驻重点外贸电商平台补助”和“参展补助”等多项奖励项目，获奖励 183.31 万元。

【电商助农兴农】

2022 年，芗城区发挥电商新态势助力乡村振兴，通过线上线下同步开展“漳州产全球销·农产品电商展”活动，销售农产品 358 万元。

对外贸易

【概况】

2022 年，芗城区鼓励辖区企业借助石狮市场采购的试点平台开拓国际市场，加大市场采购出口量；鼓励企业通过跨境电商新型贸易方式出口，拓宽出口途径，激发经营活力。组织外贸企业参加稳外贸政策宣讲培训会及展会，帮助企业了解 RCEP 协定、防范汇率风险等内容，提高企业出口业务能力。全年，拨付各项外贸资金1630.7万元、外资项目资金47.64万元，培育外贸新业态主体。

【出口信保合作】

2022年，芗城区与出口信保公司合作，助力企业用足用好相关政策，加大出口。鼓励、指导有出口实绩且符合条件的小微外贸企业通过福建省单一窗口申领政策性保单，帮助企业防范收汇风险、享受政策红利，扩大出口。

【经贸交流活动】

2022年，芗城区组织重点外贸进出口企业参加由漳州市进出口商会与厦门国际班列有限公司联合开展的交流活动和需求对接会，引导芗城区企业与中欧班列进行“无缝对接”，助力企业多渠道开拓海外市场，加大出口。

【自主品牌培育】

2022年，芗城区实施对外贸易“优进优出”战略，组织企业参与申报自主品牌认定工作，提升企业竞争力，促进外贸转型升级、提质增效，经推荐评审公示，认定“福建省重点培育和发展的国际知名品牌”企业7家。

（张纯钰）

供销合作

【概况】

2022年，芗城区供销社，成立芗城区供销社系统财务管理中心，对基层企业的财务进行管理和统一核算。成立漳州市芗城区海峡两岸茶业交流协会，设置宁夏农特产品展示中心，全面助力供销合作社全系统的高质量发展。全年，全系统所属企业（含开放办社企业）农副产品购进额336070.85万元、再生资源购进14070万元、商品销售总额873375.21万元（其中消费品零售额383633.1万元）、销售农业生产资料37183.53万元、连锁经营销售7400万元、电子商务销售额153133万元，实现利润总额263.19万元，社会贡献总额688.94万元，上缴各种税费总额72.67万元。

【春耕备供】

2022年，芗城区供销社全系统农资储备单位于年初筹集化肥0.6万吨，储备各类农药63.7吨，在石亭、天宝举办科技下乡活动3次，免费发放农药600余包、有机复合肥900余袋，确保芗城区春耕农业生产的需求。

【惠农综合服务项目】

2022年，芗城区天宝供销社投入约97万元建设省级惠农综合服务中心项目，基本完成服务窗口功能改造整合提升、农特馆运营展示中心、仓储物流中心、20多个村级各服务点布局、“开放办社会员及非会员”标牌工程项目5个。

【基层供销建设】

2022年，芗城区供销社完成改造薄弱基层社1个，改造农村综合服务社2个，新发展农民合作社1个，新增持股农民合作社1个，新增领办引办开放办社8个，新增基层社社员数300人。与农村集体经济组织、龙头企业等合作，全程托管土地面积51.33公顷，农业社会化服务面积106.67公顷，形成服务农民生产生活的合力。

【乡村振兴工作】

2022年，芗城区供销社构建由供销合作社牵头、农民合作社和农商行等金融机构共同参与的综合性合作新机制，与漳州市农商行签订战略协议并在区政府的指导下制定“三位一体”的实施方案和实施细则，为7家涉农经营主体申请助农贷款600余万元。联系区科技局、农村农业局，举办科技下乡活动，在提供政策咨询、种植技术、管理指导、肥药赠送、发放资料的基础上，增加致富信息、技能培训等惠农利农内容。组织开展“供销合作社城乡双促行动”，充分发挥一枝春公司线上线下经营优势，带动农产品销售约1200多万元（其中，对接8家农村合作社销售粮油及食品类90万元，对接2家农村合作社销售海鲜干货10万元，对接15家农村合作社销售菌菇类干货 20 万元，对接 5 家农村合作社销售茶叶 16 万元）。

【脱贫攻坚成果巩固】

2022 年，芗城区供销社选派干部到天宝大寨村当驻村第一书记，并拨付 5 万元作为乡村振兴经费。做好挂钩脱贫户的走访工作，对石亭镇后园村的 3 个挂钩脱贫户进行定期走访，防止返贫。协助“832 平台”巩固脱贫成果，在芗城区和平里小区与闽宁协作开放办社，设置 400 多平方米的“宁夏农特产品展示中心”，为各企事业单位完成协助帮扶 800 多万元，从而带动宁夏农村合作社农产品销售，取得一定的帮扶效果及社会效应。

【农村垃圾治理】

2022 年，芗城区供销社下属企业回收公司将位于江景花园 15—16 幢底层面积约 400 平方米的仓库及部分建筑改建为钟芬社区回收站，收购废钢 97 吨、废纸 275 吨、废塑料 18.7 吨，总金额 73.4 万元，利润 8.5 万元。下属天宝供销社开放办社企业润锦再生资源回收有限公司收购废纸箱 70 吨、废钢 90 吨、废塑料 10 吨，总金额 15 万元，利润 2 万元。

【海峡两岸茶业交流协会成立】

2022 年，芗城区供销社成立漳州市芗城区海峡两岸茶业交流协会。芗城区供销社努力把该协会打造成为有影响力、高水平的茶产业交流合作大平台。

【供销系统安全生产监管】

2022 年，芗城区供销社围绕安全生产三年整治行动，检查、发现、整改各类安全隐患 29 处，保证正常生产经营秩序。

【历史遗留问题解决】

2022 年，芗城区供销社施行集约化管理模式试点，解决所属各基层单位的历史遗留问题 4 个。其中，农资公司和机械厂于 2 月 11 日在赖水顺劳模调解工作室，与一户原退休职工家属达成解决欠交租金、占用农资公司住房的调解协议书，同日下午即完成清房交接。

【芗城区供销社系统财务管理中心成立】

2022 年，芗城区供销社成立芗城区供销社系统财务管理中心，配备中心主任 1 名，工作人员由系统财务人员组成，机构纳入芗城供销投资有限公司管理。该中心集会计核算、监督、管理、服务于一体，各基层社、社属企业财务实行“集中管理、统一审核、分户核算”的管理体制，做到全过程监督，达到提升基层社、社属企业财务规范化、科学化水平。

（王凤珠）

粮食和物资储备

【概况】

2022 年，芗城区粮食物资储备局做好粮油市场预警监测、应急监管、粮源调度管理，确保粮油运输配送畅通。实施绿色仓储提升行动，推进鳌门粮库粮食绿色仓储提升行动项目建设。做好区级储备粮管理工作，开展政

2022 年 8 月，芗城区军粮仓储物流中心项目开工建设　（芗城区发改局 供图）

策性粮油库存检查，做到账实相符、账账相符。

【储备粮管理】

2022年，芗城区开展储备粮轮换和储备粮油质量管理工作，对辖区内3家饲料企业购入的18400吨定向销售粮进行监管。开展治理“餐桌污染”专项检查工作，检查粮食企业7家，抽取粮油样品13份，经检测，全部样品各项质量、安全指标均符合国标要求。

【粮库升级改造】

2022年，芗城区粮食物资储备局上报项目，落实专项资金，支持芗城区粮食购销有限公司鳌门粮库粮食绿色仓储提升行动项目建设，加快推动绿色储粮和科学保粮技术运用，实现储粮高质量、低污染目标。年内，鳌门粮库仓房门窗、地笼通风口升级改造项目完成大部分工程进度，完成谷物冷却机项目采购并交付使用。

【粮油质量专项检查】

2022年，芗城区粮食物资储备局检查粮食企业7家，抽取粮油样品13份，经检测，全部样品各项质量、安全指标均符合国标要求。

【粮储系统问题整改】

2022年，省市涉粮问题专题了解反馈问题29个，涉及芗城区粮储系统有23个，完成整改19个，待完成整改4个；市县联动巡察反馈问题涉及芗城区粮储系统问题26个，完成整改23个，待完成整改3个。

（傅欣煜）

综述

【概况】

2022年，芗城区住房和城乡建设局（以下简称芗城区住建局）启动房屋征迁项目约25个，涉及征迁建筑面积约278280平方米，完成签约面积约277094平方米、拆除面积约277094平方米，净地交付18个项目。益民片区安置房项目新开工3500套，开工率100%。全区棚改项目完成投资10.02亿，基本建成2750套。新建商品房销售86.81万平方米，同比上年增长11.17%，增速在全市排第一名。

【房屋征收安置】

2022年，芗城区住建局制定辖区集体土地上房屋征迁的新补偿方案，并上报市政府专题研究，为中心城区即将启动的房屋征迁项目做好准备。牵头制定百里弦歌、市教育局职工宿舍楼、上墩片区等项目的征迁补偿方案，并做好征迁成本测算等各项征迁前期工作。协助石亭、天宝、浦南等镇街制定漳华片区、浦尾片区等项目的征迁补偿方案。辖区年度房屋征收面积目标数为16.8万平方米，25个纳入“七比一看”的项目总征迁建筑面积27.83万平方米，实际完成签约、拆除面积约27.71万平方米，净地交付项目18个，在各县区（不含开发区）排第三名。

【保障房运营管理】

2022年，芗城区住建局相继开展三轮公租房实物配租工作，根据轮候顺序分配公租房房源2472套，认定符合公共租赁住房租金减免条件的家庭519户，减免住房租金97.09万元；为符合发放租金补贴条件的260户公租房轮候对象发放租金补贴68.4万元，开展公租房租后管理入户排查1730户，入户3334次。

【安置房建设】

2022年，芗城区西湖生态园6个行政村（前山村、谢溪头村、上坂村、渡头村、康山村、林内村）和益民花园二期等7个安置房项目竣工并交付安置，漳华新村安置房建设基本完工，金峰花园北区安置房主体封顶，基本完成瑞京路三期、西院滞洪区、漳罐宿舍、新华东背街小巷、古城项目（私房）、西院湖二期、金峰片区（集体、国有）、北庙团结片区、利民佳苑保障房建设、益民路北段建设、西桥中心小学、西湖生态园项目、岱山粮库等17个项目的选房安置工作。

【建设工程消防审验】

2022年，芗城区住建局完成消防技术服务采购，做好消防验收现场评定，从帮扶的角度，在正式消防验收前开展技术指导服务，提高联合验收一次性通过率。全年，完成消防设计审查19件、消防验收7件、消防备案23件，立案查处未进行消防设计审查擅自施工2件。

【房屋安全排查】

2022年，芗城区住建局开展对农村低收入群体等重点对象房屋安全筛查与鉴定工作，累计筛查3226户次，8133人次，暂未发现安全隐患。依法依规委托第三方鉴定机构完成芗城区农业农村局、民政局等部门提供的30户农村低收入群体等重点对象的住房危险等级鉴定。开展辖区第一次全国自然灾害综合风险普查房屋建筑调查工作，完成房屋建筑调查97375栋，其中：城镇房屋12868栋、农村房屋84507栋，完成率100%，并经省市核验通过。完成镇、街道各村（居）针对辖区经营性自建房排查工作，系统录入经营性自建房1611栋。整治50年以上老旧房屋60栋，有效消除老屋的安全隐患，持续推进农房（裸房）整治，年度既有裸房整治目标数为600栋，实际完成整治1622栋，全面提升农村人居环境质量。

【城市棚户区改造】

2022年，芗城区棚户区改造项目中，益民片区安置房项目，改造目标数为3500套，年内全面开工；益民花园安置房二期（27—34幢）棚改项目竣工完成，实现96户逾期未安置对象选房安置；芗城区铁塘片区棚户区改造项目、芗城区金安片区棚户区改造项目基本建成，基本建成套数为2750套。

【历史遗留问题解决】

2022年，芗城区住建局成立历史遗留处置工作领导小组，形成《解决市区房地产项目不动产权证办理历史遗留问题集中处置任务推进表》，推进房地产项目历史遗留问题处置工作，顺利解决鑫荣花苑A、C、D地块、鑫荣嘉园20—23号楼、九龙城、下沙温泉广场等10个项目4318套房产办证问题。继续协助解决好西湖生态园片区、漳州“中国女排娘家”基地项目、益民片区、丹霞路B地块、芝山南路二期配套设施用地项目等已完成净地出让项目（片区）的征迁遗留问题。

【安商一体化建设】

2022年，芗城区新生成漳州市女排娘家基地及周边用地01地块、益民片区6个“安商一体化”项目，规划建设面积61.13万平方米，完成“安商”房建设面积34.80万平方米。

【房地产业管理】

2022年，芗城区房地产企业69家，从业人员工资总额15780万元，同比上年增长5.72%，新增房地产中介机构备案135家，发放网签资格电子锁41个，处理涉及中介机构纠纷1起。防范化解房地产市场风险隐患，实现芗城恒大帝景项目首批444套住宅如期交付。规范房地产市场，推动10个销售项目、107家房地产经纪机构、4家住建系统国企参与房地产销售领域防范养老诈骗宣传，并对全区702家房地产经纪机构进行打击整治养老诈骗大排查，未发现房地产领域存在养老诈骗行为。

城市基础设施建设

【概况】

2022年，芗城区编制《漳州市芗城区城市更新专项规划

2022年5月6日，芗城区城管局执法队员在东铺头片区进行早餐车规范工作（吴维 摄）

（2022—2035）》，统筹谋划近期城市更新单元2个、中期城市更新单元7个。年内完成104个老旧小区，创建绿色社区86个，西湖、北庙片区6700套安置房交付使用，6个安置房地块出让建设；实施5大类99个城市建设品质提升项目，年度计划投入78.98亿元，实际完成投入86.87亿元。城市宜居环境建设中，百里弦歌片区整治提升项目在全省城市更新样板评选中获第三名，九龙江西溪北岸生态整治工程示范段在全省城市生态廊道样板评选中获第二名。

【新区拓展工程建设】

2022年，芗城区加快西湖生态园重点片区建设，片区内地块出让开发6个，18条道路、5所小学完工，漳州第一高级中学的高中部建成投用，6个棚户区改造项目交付使用，西湖生态园景观核心区开园。

【生态工程建设】

2022年，芗城区推进九龙江流域（芗城段）水源地保护与生态带工程建设，加快郊野公园建设，加大各类城市公园绿地建设力度，完成龙文塔遗址公园建设，新增口袋公园23个，九龙公园地下停车场及地上景观恢复工程有序推进。

【交通工程建设】

2022年，芗城区推进路网优化，新改建钟法路、胜利西路等市政道路15条，背街小巷点位改造修复236个。改善停车环境，新增机动车地下停车位1027个，施划智慧停车位5000余个。优化交通组织，完成金峰路（江滨路至北环城路）、漳华路等路段微型改造，建成金峰众创园公交微型枢纽。

【排水设施建设】

2022年，芗城区实施排水防涝设施建设和供排水管道老化更新改造，推进城市生活污水处理提质增效，新改建供水管网16千米、雨水管网27千米、污水管网14千米。

【房屋安全管理】

2022年，芗城区整治50年以上老旧房屋60栋，有效消除老屋的安全隐患。

（吴连辉）

市政管理

【概况】

2022年，芗城区城市管理局结合“产业发展项目建设攻坚年”活动和“七比一看”竞赛，立体式提升市容环境秩序。持续开展生活垃圾分类宣传活动，持续巩固提升芝山街道落实垃圾分类机制成果，推动垃圾分类由“点”到“面”覆盖，完善垃圾分类收运体系。结合老旧小区改造，协助镇街、社区推动成立业委会，并引进物业公司进行管理，47个改造后的老旧小区引进物业实现有序管理。全年，受理行政许可和公共服务事项2676批次，办结“门前三包”类案件170件、垃圾管理类案件50件、“乱倒污水”案件62件、共享电动车类案件393件，受理物业领域投诉件205件。

【市容环境专项整治】

2022年，芗城区城市管理局对城区违规违章行为进行整治，纠正查处违反“门前三包”问题3.8万余起，劝导查处流动摊点1.8万余起，机动车违停6800余起，非机动车违停3.5万余起。

【户外广告专项整治】

2022年，芗城区城市管理局以整治“一店多招”、高空楼顶违规招牌、不符合规范的户外广告等为突破口，开展市区违规条幅及破损广告招牌集中整治，清理江滨步行街、建设路、解放路、新生巷、菜市路等街面违规广告招牌。拆除违规条幅、广告招牌670处，总拆除面积4010.69平方米。

【餐饮服务业联合整治】

2022年，芗城区城市管理局整合芗城区市场监管局、商务局、生态环境局等7个部门形成餐饮服务业联合整治执法队伍，对餐饮企业“经营条件、经营环境、硬件设置、新冠疫情防控、食品安全”等五大类29个具体问题进行整治，先后开展联合整治18次，开具整改通知书240份。

【市场周边联合整治】

2022年，芗城区城市管理局规范处理乱排、乱倒污水95起、地面油污63处，清洗卷帘门550家，下发相关整改单和通知书450份，市场周边环境卫生显著提升。处置流动摊贩1530起、引摊入市235家、规范店外经营1150家、处理乱堆放和乱张贴行为630起，规范市场周边市容秩序。配合漳州市城管局及相关部门，整治农贸市场内外空中缆线、乱拉乱设、飞线充电现象1300余起。

【城区建筑综合治理】

2022年，芗城区城市管理局按照“七比一看”竞赛工作要求，结合“破墙开门”、老旧小区改造先期拆违、中心城区“微两违”等专项行动，推进辖区“两违”综合治理工作开展。封堵“破墙开门”案件49起；结合全区104个老旧小区的改造，拆除“老旧小区”违建350宗（面积约21322平方米）；整治中心城区小微“两违”834起（面积44249平方米）；全区拆违1607宗（面积60.18万平方米），城区抢建风得到有效遏制；严格按照工作责任追究办法，追责10人。

【生活垃圾分类】

2022年，芗城区城市管理局对非法运输、倾倒泔水等违法行为进行依法整治，劝导乱倒餐厨垃圾72起；督导辖区内各单位与清扫保洁单位签订餐厨垃圾收运协议167家，收运餐厨垃圾12686.003吨；推进农村生活垃圾收运体系常态化运行，常态化对全区68个行政村（社区）进行日常保洁和清运工作，清运生活垃圾约5.13万吨。以天宝镇为新增试点，推进全镇域落实垃圾分类机制；新建生态垃圾屋42座（至年末，全区共建成471座）。

2022年11月17日，群众在改造后的大修厂宿舍小区健身休闲　（郑文典 摄）

【城市基础设施维护】

2022年，芗城区城市管理局持续做好市政设施日常维护，维护和增设阻车石225根，维护和增设护栏836片（共计约2508米）；清理污水管道2450米，清淤约71立方米，破除及恢复路面183平方米，新建雨水篦27座，处理异响井盖112个。配合施划停车位，与漳州市交警大队、城投集团密切配合推进智慧停车位施划进度，规划、建设智慧停车位5009个；由芗城区城管局牵头协调，各镇街配合施划，施划非机动车停车标线3.5万米；组织各镇街和漳州环境集团现场确定垃圾桶摆放点位79个；配合漳州市城管局做好空中缆线整治工作，组织各镇街和城管中队整治空中缆线问题1.25万余处。

【物业监督管理】

2022年，芗城区城市管理局按照“月检查、季通报”的监管机制，检查物业小区385个（次），开具责令整改通知书383份，对检查中涉及违反条例规定的项目负责人实施信用减分，信用减分项目负责人120个，信用减分物业服务企业20家。

对辖区内174个物业小区项目公共收益开展账目审计与核实，清退公共收益2900余万元；对芗城区177个物业企业开展住宅区物业服务质量星级评定，其中：服务质量四星良好12个、三星达标135个、二星基本达标30个。

（张志文、许静雯）

村镇建设管理

【概况】

2022年，芗城区结合村镇的具体情况，突出做好农村农房（裸房）整治、农村公厕建设、农村污水PPP项目运维、传统村落保护、农村建房安全管理等方面工作，农村人居环境持续改善。推进福林村传统村落修缮保护和活化利用工作，于10月完成《福建省传统村落漳州市芗城区浦南镇福林村保护发展规划》的编制工作，并上报区政府研究审议通过。

【传统村落保护利用】

2022年，芗城区浦南镇福林村按照该规划实施传统村落保护工作，投入资金1109.7万元，对保护范围内的建筑进行修缮、活化利用，并同步对周边环境进行整治提升，促进传统村落与文化的传承和延续。

【芗城区建筑工匠协会成立】

2022年，芗城区住建局通过挂靠芗城区建筑业协会的方式，于5月成立芗城区建筑工匠协会，公布工匠名录，建立农村建筑工匠评价管理办法，制定农村建筑工匠培训计划并组织实施，有效提高农村建筑工匠的执业能力水平，确保农村建房安全。

【农村建房安全管理】

2022年，芗城区按照农村在建房屋安全的相关文件要求，制定限额（建筑面积500平方米或工程投资额100万元）以下农村公共建筑、三层以上村民建房、既有房屋改扩建（加层）、影响主体结构装修工程等四类项目的审批监管流程，完成农房（裸房）整治1622栋。其中：天宝镇730栋、石亭街道436栋、浦南镇456栋。

【农村公厕建设】

2022年，芗城区督促镇村开展“厕所革命”工作，要求提升镇、村农村公厕管护水平，确保每间农村公厕都有“一长两员”管理制度上墙，管理员按时到岗，定时清扫，按时保洁。完善农村公厕配置，在福林村新建农村公厕1座并投入使用。

【农村生活污水治理】

2022年，芗城区重点督促漳州市芗城区城中村与农村生活污水收集与处理PPP项目（以下简称“PPP项目”）污水设施的运营维护工作，对本项目涉及的59座污水站、88座（2座泵站未投入使用）泵站进行日常巡检98轮；每月对各点位的水质进行全覆盖检测12次。对涉及的67个行政村的2800千米管网、46512个井盖进行日常巡检及维护，全面提升农村人居环境质量。

【房屋安全筛查与鉴定】

2022年，芗城区结合年度防返贫监测动态调整和信息采集工作，开展防止返贫监测帮扶排查和专项筛查工作，累计筛查4810户次，9752人次，未发现安全隐患。根据区农业农村局、区民政局等部门提供的2022年动态新增的共58户农村低收入群体等重点对象名单（区农业农村局提供脱贫户、农村易返贫致贫户、突发严重困难户名单；区民政局提供农村低保户、分散供养特困人员、低保边缘家庭名单），依法依规委托第三方鉴定机构对住房危险等级进行鉴定，有效保障房屋安全。

（刘伟煜）

建筑业管理

【概况】

2022年，芗城区开展房建市政领域建筑市场专项整治工作，利用“福建省公共资源交易电子行政监督平台”的预警、大数据分析功能，依法查处工程招投标活动中存在的违法违规行为。开展住建领域招标投标专项整治工作，健全工程项目招标投标廉政风险防控机制，维护公平公正的市场秩序。开展建筑市场事中事后监管，全覆盖排查所有在建项目。开展消防验收前的技术服务指导，促进建筑业持续健康发展。完成施工总产值123.4亿元，同比上年增长19.02%。

【建筑业发展扶持】

2022年，芗城区制订建筑业发展扶持政策，重点关注教育类建设项目、有资金困难的开发企业，督促及时拨付工程款和人工费，实现新增资质建筑业企业24家，库内资质晋升1家。推进装配式建筑发展，采用装配式建造方式（含钢结构）的项目21个，占新建建筑的建筑面积比例的48.59%。

【建设工程消防设计审验】

2022年，芗城区开展建设工程消防设计审查验收工作，完成消防技术服务采购，通过购买第三方服务的方式，弥补消防审验技术人员及检测设备仪器欠缺等问题。开展消防验收前的技术服务指导，完成消防设计审查19件、消防验收7件、消防备案23件。

（谢泽军）

建设工程管理

【概况】

2022年，芗城区围绕质量安全生产工作目标，完善监督管理体系，稳步推进芗城区住建领域质量安全监督管理工作，住建系统安全生产形势平稳。做好扬尘防控治理，扬尘治理成效明显。健全建筑工地管理体系，对229个检查项目发出责令改正通知书35份，责令停工通知书12份，督促完成整改新冠疫情防控问题96条。

【质量安全监督】

2022年，芗城区住建局对区管房屋建筑和市政基础设施工程、人防工程、既有住宅增设电梯工程、陆地涉海砂突出问题、在建工程项目用砂情况、房建市政工程质量检测等工程质量方面进行专项监督检查，对存在问题发出责令改正通知单110余份。在全区住建系统范围内开展房屋市政工程安全生产治理行动及危大工程专项检查，全面排查整治各类隐患，检查项目267个，查出安全隐患727条，下达责令整改通知书206份。

【工地扬尘防治】

2022年，芗城区住建局开展建筑工地扬尘防治专项检查，检查项目954个，发现问题554条，发出责令整改通知书227份，责令停工整改9份，约谈11家企业，立案处罚18起，处罚金额66万元。

（李彬元）

交通运输

【概况】

2022年，芗城区重要交通项目建设实现突破创新，普通干线公路续建项目4个、新建项目2个，“四好农村路”建设超额完成优化公交线路9条，新能源公交车更新6辆，新增金峰众创园交通微型枢纽1处，为全区经济社会发展提供强有力的交通保障。区交通运输局获市委、市政府2022年度漳州市抗击新冠疫情集体嘉奖、全市交通运输系统2021年度绩效考核第一名，局总支获四星级党组织。

【交通基础设施建设】

2022年，芗城区推进交通项目建设，联六线二期10.394千米实现通车，浦南镇“乡村振兴”综合项目泰浦线（G355芗城段）改造工程9.25千米实现通车，G355线南凌大桥加固改造工程在建543米，清单工量85%，S219浦林至金沙段工程在建5003米，清单工量88%；漳华路金峰开发区段改扩建项目6794米取得施工许可并开工，天宝引路路边至塔尾段扩宽改造项目1400米取得施工许可并进入报批土地阶段。新建改造农村公路目标为4.9千米，实际完成21.24千米，完成率433%；备案农村公路建设项目完成，全部取得验收；投资300多万元推进农村公路路网品质提升，各相关路段的专项养护工程全部竣工。

【审批服务】

2022年，芗城区交通运输局对窗口的审批事项进行调整，实施“一趟不用跑”“行政许可即办率”等多项举措，办理5944件，其中：内网办件数3371件、自建系统办件数2573件。内网办件中，即办件3367件，即办率99%。承接市局“放管服”下放的事项114项，窗口审批事项165项，高质高效完成各项审批工作。对符合奖励条件的7家企业发放奖补资金200万元，对2家2021年新增规模以上企业发放奖补资金41.2万元，对1家2021年新增规模以上车辆企业发放奖补资金24万元，对2家邮政快递业企业申报专项资金88.64万元，全面助力企业做大做强。

【运政管理】

2022年，芗城区交通运输局指导辖区维修企业报备105家，各机动车检验检测机构完成检测车辆19509辆。监督组织全区驾培机构教学车辆897辆进行上线检测和技术等级评定，对到期的186辆教学车辆办理更新手续；协调驾校驾驶员培训工作，培训驾驶员10965人，审核通过培训教学日志和培训记录30235份，建立学员档案10965份，登录新增教练员203人，办理教练员转籍203人，完善教练员档案965份、教练车档案477份。服务指导辖区机动车检验检测机构检测车辆19502辆（其中：小型汽车16506辆、大型汽车1765辆、低速货车31辆、其他汽车1200辆）。优化公交线路9条，更新新能源公交车6辆，新增金峰众创园微枢纽一处。规范行业经营行为，对辖区8家巡游出租车公司所辖757部出租车进行全面管理。

【交通综合执法】

2022年，芗城区交通运输局对辖区道路客运、旅游客运、城市公交、出租车客运、危货运输、普货运输、机动车驾驶员培训、机动车维修等企业进行“双随机”抽查检查，对在建工程进行全覆盖检查。全年，检查企业155家次，发现、整改隐患74处；对“两客一危”车辆安装远程提醒监控系统，发现违法违规85辆次，约谈企业13家次，批评教育、经济处罚驾驶员28人次，发整改通知书46份，批评教育或安全学习113人次，更换终端设备35台，处理超速报警53车次，离线车辆54车次，疲劳驾驶9次；对辖区9家危险货物道路运输行业全覆盖检查2遍，发现、整改隐患6处，燃气运输企业自查整改隐患15处；对辖区6家重点运输企业和10家动态监控违法违规企业的驾驶员进行安全教育，并对违规车辆处以7至9天不等的停运整改处罚。

【安全生产专项整治】

2022年，芗城区交通运输局结合安全生产专项整治三年行动，对全区4家旅游客运、1家城市公交、8家出租车客运、9家危险货物运输企业、192家专业普货运输、2家网络货运、11家机动车驾驶员培训、105家机动车维修企业、5家公路建设施工单位、施工场所，桥梁建设水上水下施工、危桥农路、渡口渡船、芝山大桥通行安全、国有资产房屋出租等实现全覆盖安全生产专项整治；对浦南蓬莱渡口进行停渡，将渡船吊离水面，封存管理；清理芝山大桥下水中钢管桩290根，确保九龙江西溪水上交通安全。

（林福兴）

邮政

【概况】

2022年，漳州邮政城区分公司强化转型理念，推进邮政金融向“财富金融”和“生态金融”的转型，各项工作取得扎实成效，实现邮政业务收入6365万元。

【基础邮务类业务】

2022年，漳州邮政城区分公司以项目营销为突破，着力开发新业务市场，做大函件收入规模，推进集邮微营销，重点推进车主通警医邮等业务叠加，提升邮政警医邮业务便民体验，拉动增值高效业务收入。

【惠农合作】

2022年，漳州邮政城区分公司加快农村信用体系建设步伐，推动三农金融业务实现高质量发展。

（李艺婧）

社会生活

劳动就业

【概况】

2022年，芗城区人力资源和社会保障局（以下简称芗城区人社局）围绕重点产业发展及群众务工需求，开展技能提升行动，组织专场招聘活动，全面落实创业扶持政策。与芗城区人民法院联合成立芗城区劳动人事争议仲裁巡回法庭，为全省首创。非营利性服务业工资总额增幅22.98%，位居全市第二。城镇居民人均可支配收入52056元，同比上涨6.8%。

【就业服务】

2022年，芗城区人社局通过举办春风行动招聘会暨就业援助月、送岗留才进校园高校毕业生专场招聘、就业夜市等招聘会，以及在全市率先启动大规模、多层次、联合多企业的职业技能培训班，实现新增就业1.1万人、城镇失业人员再就业3375人、城镇就业困难对象就业1074人。推行“免申即享”，发放各类稳就业补贴3088万元，鼓励小微企业吸纳本市户籍人员就业，发放创业带动就业补贴9.9万元，发放大中专毕业生一次性创业扶持补贴3万元，惠及职工3人。

【劳动维权】

2022年，芗城区人社局联合芗城区住建局、金峰管委会等行业主管部门开展根治欠薪攻坚行动，对辖区47个在建工地落实工资支付四项制度拉网式排查90余次，为全区劳动关系和谐稳定提供有力保障。受理、答复、办结警情、交办件、投诉件7000余件，为227名职工追回工资380万元。调解审理劳动争议案件1368件，为劳动者争得工伤赔偿金860万余元，经济补

2022年12月16日，市区两级人社局在古城开展“就业夜市”招聘活动

（芗城区人社局 供图）

偿金220万余元，讨回工资215万余元。受理工伤案件674件，认定658件，工亡申请案件及重大案件落实事故现场调查核实60余件。

【人才建设】

2022年，芗城区人社局完善人才服务机制，动员人才项目申报，获评福建省级高层次人才10人、漳州市级高层次人才33人、漳州市主导产业技术人才27名、福建省工科类青年人才11名。开展人才政策宣传，事业单位公开招考81人。落实漳州市大规模引才计划，参与“人才漳州月”和“海外优秀青年人才来闽学术交流”等活动，推动人才发展与产业发展深度融合。

社会保障

【概况】

2022年，芗城区创新社保服务模式，推行“综合柜员制”，转“多头办理”为“一窗受理”，社保服务更加便利便民。完善社会保障制度，发放养老、失业保险金、被征地农民养老保障金8.15亿元，保障参保人员合法权益。

【养老待遇】

2022年，芗城区人社局组织实施提高城乡居民基本养老保险基础养老金标准省级为民办实事项目，基础养老金由每人每月145元提高到155元，全区4.2万名享受城乡居民基本养老保险待遇人员全部完成调整，累计支付539万元。

【社会保险】

2022年，芗城区人社局深入落实缴费困难群体社保代缴，为3055名困难群体完成政府代缴城乡居民养老保险个人缴费部分62万元，帮助困难群众渡过难关。

【社保基金监督管理】

2022年，芗城区人社局开展社保基金管理提升年行动，深化社保基金管理问题专项整治，采用电话告知、发函催讨、上门工作等手段，联合镇街、法院，派出所、银行等追回社保基金43万元。

（苏亦敏）

医疗保障

【概况】

2022年，芗城医疗保障工作以保障和改善民生为核心，以群众满意为目标，提升医疗保障服务水平，助力新冠疫情防控，减轻参保群众就医负担。推进医保机构体制机制融合，实现“人、财、物、事”四个方面全面整合优化，在全市医保系统县区单位行风建设绩效考评中排名第三。

【综合服务】

2022年，漳州市医保中心芗城分中心综合服务科进驻市行政服务中心，各项经办服务事项实行“综合柜员制”，实现一窗通办，部分事项实现全市通办，有效缩减群众办事时间。按照全省规划，原企业“E点通”功能逐步迁移至单位网厅，芗城8000多家企业迁移至网厅4468家，涉及参保职工人数68034人次。增加3部电话接入“12345”服务热线，办理群众各类诉求件3853件。

【医保基金监管】

2022年，芗城医保局通过日常稽核、线上巡查、专项检查等方式，对辖区内签约医药机构、参保人员进行监管，形成每月对签约医疗机构进行全覆盖稽核、每4个月对签约零售药店进行全覆盖检查的工作机制。与交警等部门建立意外伤害调查工作机制，重点排查与认定存在第三方责任、医保不予报销支付的人员。新增双向承诺机制，引入社会监督员参与监督专家抽取，拓宽举报渠道，实行交叉监评，从严准入评估工作。严格落实年度医保定点协议，实行违约金、暂停医保医师处方权等新规定。多次联合芗城检察院、公安部门召开协调会，追回盗刷赃款11.8万元，并通过医保程序有序返还到医保个人账户。对辖区内各定点医药机构医疗电子凭证结算情况进行

2022 年 5 月 27 日，芗城医保局在南坑街道群裕社区开展医保政策及民法典宣传进社区活动（芗城医保局 供图）

跟踪、督促，对未能完成结算的定点医药机构采取通报、约谈并暂缓基金结算拨付等措施，实现辖区内定点医药机构电子凭证结算率 44.95%，全市排名第二。

【医保改革】

2022 年，芗城医保局继续推进 DIP 医保支付方式改革，辖区纳入 DIP 支付改革医疗机构 28 家，医保结算清单上传率为 99.26%。落实市级出台的公务员医疗补助办法、医疗救助制度、新出台的城乡居民医保政策以及分娩支付倾斜政策。组织区内医疗机构做好各批次集采药品和耗材的报量工作，组织跟进各级药品集采，降低药品和耗材价格，提升基金使用效率。落实市局新公布的 134 个化验费、检查费、治疗费和手术费项目价格，落实病毒检测的价格调整。

（朱壁洁）

民政

【概况】

2022 年，芗城区民政工作以“民政为民，民政爱民”为工作宗旨，充分发挥民政兜底保障作用，适度提高城乡低保人均补助水平，调整特困人员供养标准，适当调整生活不能自理特困人员集中供养与分散供养比例，完善助幼、助教、助医、助老、助困“五助”服务内容，确保特困人员供养标准与芗城区经济发展水平相适应。全面推进养老服务事业，以智慧居家养老服务为平台，持续为全区七类特定老年人提供服务。增强服务社区基层工作力量，全区 10 个镇街实现社会工作服务站全覆盖，建成省级社工站试点 2 个，成立利民社区居民委员会，社会组织健康有序发展。群裕社区被评为全国先进基层群众性自治组织，南台、珠里社区被评为全国民主法治示范社区，天宝镇后寨村村规民约被评选为福建省第二批优秀村规民约。

【社会救助】

2022 年，芗城区民政局为城乡低保对象 3325 户 4762 人发放低保金、高龄补贴等 2828.06 万元，为 481 位特困供养对象发放供养金等 1012.34 万元，为 972 户 1282 位困难群众发放临时救助金 360.71 万元，为 8613 名残疾人发放生活补贴、护理补贴 1173.96 万元，为 9 名散居孤儿、77 名事实无人抚养儿童发放基本生活补贴 117.12 万元。

【养老服务】

2022 年，芗城区民政局改造提升前山、东岳、后塘 3 个长者食堂（助餐点），满足老年人就餐需求；推进西桥、通北两个街道养老照料服务中心社会化运营，实现全区街道养老照料服务中心全覆盖。有序推进正兴智慧健康养老院项目建设，完成该项目的 5 号、6 号楼主体建设，新增床位 430 张。

【社区治理】

2022 年，芗城区民政局就实际管理的 171 个行政村、社区（其中：行政村 28 个、社区 143 个）

深入调研、深化党建引领市域社会治理示范社区创建，指导延安、南台、龙江、瑞京、北塔等社区按照规范做好综合服务站建设，指导镇街开展社区届中缺额补选工作，对59名社区党组织委员及居委会成员候选人进行资格审查，审核、备案全区村（居）委会成员届中补选21人。联合芗城区委组织部、区委党校举办芗城区村（社区）“两委”干部培训班，提高基层解决处理问题的能力。

【地籍管理】

2022年，芗城区民政局完成国家地名信息库数据质量建设，审核修订芗城区11大类地名信息数据3220条，补查补更国家地名数据库地名数据556条，补查补更本级地名数据库地名数据1228条；完成全区新建（在建）道路及延伸段道路命名9条，办理全区新建住宅区命名备案16件，更名备案2件。

【老区建设】

2022年，芗城区民政局于元旦、春节期间慰问革命“五老”人员及遗偶，发放慰问金1.34万元；为革命“五老”人员及遗偶发放生活和医疗补助金21.3万元；下拨浦南镇浯沧村中央财政衔接推进老区乡村振兴补助资金15万元，用于浯沧村水泥路建设；下拨天宝镇过塘村市级衔接推进乡村振兴补助（革命老区发展）专项资金20万元，用于过塘村红军亭修缮。

【社会组织管理】

2022年，芗城区民政局清理一批长期未开展实质性工作的社会组织，办理社会组织成立登记45家、社会组织变更登记11家。组织开展精品公益项目评选活动，为社区社会组织参与社会治理、服务社会提供样板和有益借鉴。

【婚姻登记】

2022年，芗城区民政局推动婚姻登记规范化建设，全面提升婚姻登记公共服务水平，在“520”“521”“七夕”等节点开展预约、提前和延时办理服务，办理结婚登记2080对，办理补领婚姻登记证293件，受理离婚申请1280对，办理离婚登记801对。

【公墓管理】

2022年，芗城区民政局所辖双凤山公墓投入13.1万元在园区安装消防给水设施，在墓区布置便民用水取水点25处，解决群众扫墓用水难题。全年，接待入园800人次，销售墓位134座，办理护管费续费414座，实施下葬业务53次，营业收入237.87万元（其中护管费收入92.57万元）。

（郭茜茜）

应急管理

安全生产监督

【概况】

2022年，芗城区应急管理工作通过层层落实责任，突出隐患排查治理，强化安全监管执法，实施行政处罚38起，罚款245万元，报送合格典型执法案例25例，居全省县（区）报送量并列第一名。全区安全生产"四项指数"全面下降，发生生产安全事故2起（其中道路交通事故1起，建筑施工事故1起），同比上年下降77.8%；死亡2人，同比上年下降77.8%，未发生较大及以上安全生产事故。

【安全监管计划落实】

2022年，芗城区应急管理局联合芗城公安分局、镇街安办等部门重点整治烟花爆竹零售点不符合安全要求的零售店（点）等问题，严把市场准入关，对危险化学品经营许可证、烟花爆竹许可证申请、延期、变更严格把关。重点推进25项重点违法行为清零活动，督促企业落实20项主体责任，强化特种作业人员持证上岗，持续推进企业安全生产标准化建设。推动相关措施在芗城落地见效，确保全区安全生产形势持续稳定。对于安全生产十五条措施的内容，对标对表逐项进行细化并落实，确保每条措施在基层都能得到贯彻执行。

【重点行业领域专项整治】

2022年，芗城区应急管理局开展各重点行业领域的专项整治工作，全区成立专项检查督查组901个，开展督导检查2567次、检查单位3382家，督导问题1882个，排查、整改一般隐患5722项，排查、整改重大隐患6项。

【汛期抢险管理】

2022年，芗城区应急管理局明确全区重要堤防、重要水库、水闸防汛抗旱行政责任人18名、村级防汛联络人238名，完善镇（街）防汛应急预案11件、村（居）防汛预案172件，组建防汛抢险队181支共2107人，各部门依托社会力量组建应急防汛抢险专业队伍17支共271人，储备编织袋19万条、救生衣1270件、救生圈600个、防汛抢险舟6艘、橡皮艇4艘等防汛物资，物资价值约82万元。实施汛前安全大检查，检查各类工程212处，发现、整改安全隐患19处，有效确保区域的汛期安全。

【安全生产检查】

2022年，芗城区应急管理局结合危化领域三年行动、危化品安全风险集中治理等专项行动，检查危险化学品企业120家次，发现、整改隐患95处，查处非法违法行为5起，处罚金16.2万元。联合公安、镇街安办等部门定期和不定期开展烟花爆竹安全生产检查，先后检查烟花爆竹经营单位79家次，排查、整改隐患11个。执法检查工贸企业92家次，发现、整改安全隐患234条（其中重大安全隐患8条），约谈企业28家，行政处罚企业28家，处罚金57.1万元，聘请专家对24家重点企业进行全覆盖核查。检查钢管家具企业20家，发现并处罚无证进行压力焊特种作业人员7人，静电喷粉未进行控爆企业3家。

【企业安全生产标准化建设】

2022年，芗城区应急管理局推动61家企业完成安全生产标准化自评，完成3家标准化三级定级示范企业的评审工作并发放证书。

【企业生产经营安全审批】

2022年，芗城区应急管理局严把市场准入关，对危险化学品经营许可证、烟花爆竹许可证申请、延期、变更严格把关，受理相关申请77家。其中：危险化学品经营许可零售、贸易办证27家、危险化学品经营许可批发（带储存设施）办证17家、烟花爆竹零售许可办证21家、应急预案备案4家、危险化学品重大危险源备案或核销4家、易制毒化学品经营备案4家。

【专题培训】

2022年11月19日，芗城区应急管理局联合金峰开发区组织召开新《中华人民共和国安全生产法》专题培训会，全区219家规模以上企业和27家加油站、危化企业的负责人参加培训会。

（黄莹）

消防救援

【概况】

2022年，芗城区消防救援大队按照年度工作目标的总体部署，聚焦“提高效率、提升效能、提增效益”行动，严格队伍管理，在全市消防救援队伍2022

2022年11月11日，芗城区政府在荣成四季广场隆重举行2022年“119”消防宣传月主题活动暨大型城市商业综合体综合应急救援演练

（芗城消防救援大队 供图）

年度工作考评中位列第三名，在2022年第二次执法质量评查位列第一名，1人被团省委评为“福建省青年岗位能手”，1人入选消防救援局世界消防救援锦标赛集训队，1人参加全省火调比武并获团体第三名，26人被记个人嘉奖。全区发生火灾298起，1人受伤，2人死亡，直接财产损失344.5万元，未发生较大以上火灾事故。同比上年，火灾“四项指数”一升三降，全区消防安全形势总体平稳。成功处置各类事故570起，抢救被困人员32人，疏散被困人员179人，抢救财产3753万余元，保护财产价值1.17亿余元。

【消防救援演练】

2022年，芗城区消防救援大队立足面向火场、面向实战要求，组织开展辖区“六熟悉”和实战演练500余次，组织各镇街、区直有关部门开展大型综合体、地下、隧道灭火救援、水上救援等专项演练5场次，组织多种形式消防队伍联合演练80余次，修订类型预案4份，完善重点单位预案120余份，随机企业微型消防站拉动演练60余次。

【社会消防联勤一体化建设】

2022年，芗城区将村、社区及火灾高风险单位微型消防站纳入统一调度，完成城区文庙水池取水点建设，启动南山消防救援站建设项目。按20人的标准完成政府专职小型消防站人员招收，更新器材装备以及修缮功能场室，提高队伍灭火作战能力，为消防安保和执勤备战做好充足准备。

【火灾防控】

2022年，芗城区政府组织召开涉及消防事项政府常务会议2次、季度消防工作会议4次，印发文件29份，督办2家重大火灾隐患单位、1处区域性火灾隐患。芗城区消防救援大队联合各镇街、部门开展农贸市场、易燃易爆危化品企业、老旧住宅小区、文物古建筑、涉疫场所、高层民用建筑、商业综合体、沿街商铺等场所消防专项检查40余次，监督整改“三合一”场所602家，消除高层建筑隐患500余处，增设消防车道智能监控5处，施划智慧停车位5000余个，实现常态化治理“生命通道”。结合日常检查开展“一对一”指导联系，先后为200余家企业、场所解决各类消防难题。

【消防安全宣传教育培训】

2022年，芗城区消防救援大队联合漳州卫生职业学院志愿消防大队，与镇街、村（社区）、消防救援人员结合开展“五进”活动，重点针对老弱病幼等特殊群体开展入户90余场次，开展现场咨询活动20余场，承办漳州市“119消防宣传月”启动仪式。开展学校消防安全教育暑期专项行动，举办中小学生、幼儿绘画作文视频大赛，选送两件作品在第七届福建省“小小消防员”儿童绘画作文大赛中获奖。发挥消防站科普教育基地作用，开放金湖社区消防主题公园。结合政府购买服务，组建宣传服务队，针对机关、企事业单位、群租房、自建房等重点场所，开展培训700余场。利用短信、消防宣传车、天翼高清电视开机广告、户外LED屏、楼宇广告屏及网络媒介，广泛发送、播放消防警示、提醒视频及标语，发送提醒短信150万条，制发宣传海报、家居宣传品10万余份。举办物业服务行业消防技能培训及比武竞赛，助力提升基层消防员的自救能力。

【消防执法】

2022年，芗城区消防救援大队在全市率先实行消防行政处罚罚没款电子化收缴方式，处罚单位及个人65起，临时查封单位9家，责令“三停”16家，罚款106.12万余元。受理、办结消防举报投诉200余件、公众聚集场所告知承诺18件。

防震减灾

【概况】

2022年，芗城区依托《漳州市芗城区“十四五”应急体系建设专项规划》，制定2022年

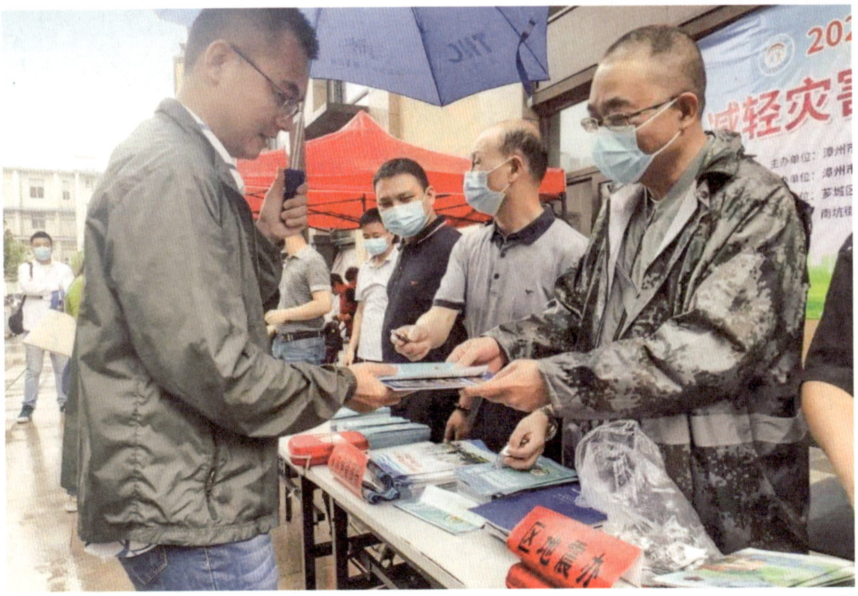

2022 年 5 月 12 日，芗城区应急管理局开展“5 · 12”防灾减灾宣传活动。图为区地震办工作人员向群众发放科普宣传资料（芗城区应急管理局）

芗城区防震减灾工作清单，推动芗城区防震减灾事业再上新台阶。应急处理群众反映事件 1 起，开展防灾减灾宣传活动 3 场，应急演练 2 场次，

【防震减灾宣传】

2022 年 5 月 11 日，芗城区地震办与芗城区教育局联合，在闽南师大附小和漳州名流学校同时举行芗城区学校“减轻灾害风险 · 守护美好家园”防灾减灾宣传活动启动仪式。内容包括开展防震应急疏散演练、赠书活动、科普知识讲解等。5 月 12 日，芗城区地震办联合芗城区应急局、市应急局等单位在龙通社区开展以“减轻灾害风险 · 守护美好家园”为主题的防震减灾现场集中宣传活动。

【应急演练】

2022 年 5 月 13 日，芗城区地震办邀请曙光救援队赴石亭街道和石亭中学讲授防震逃生知识和自救知识，并进行现场演示演练活动。7 月 28 日，芗城区地震办协同芗城区防汛办等单位，在九龙江西溪开展“芗城区 2022 年度军地防汛救灾综合演练”，现场演练转移受困群众、搜救落水人员、救助伤员等科目，以演促练、以练促防，提升防灾减灾整体应急响应能力。

【房屋设施抗震设防】

2022 年 9 月 21 日，芗城区地震办召开芗城区房屋设施抗震设防信息采集推进工作会议，制定《漳州市芗城区减灾委员会关于地震易发区房屋设施加固工程信息报送的通知》，推动易发区房屋设施加固工程信息报送和录入工作的进展。

（杨纯贤）

漳州金峰经济开发区

【概况】

2022年，漳州金峰经济开发区按照“疫情要防住、经济要稳住、发展要安全”的总体要求，坚持经济建设平稳发展的总基调，有序推进产业发展、项目建设等各项重点工作。全区245家规模工业企业完成产值974.03亿元，同比上年增长8.28%；44家限额以上贸易业完成营业额171.35亿元，同比上年增长51.16%；21家批发业完成销售额146.53亿元，同比上年增长52.21%；21家零售业完成销售额24.74亿元，同比上年增长45.38%；1家住宿业完成经营额385.50万元，同比上年增长9.89%；1家餐饮业完成经营额324.30万元，同比上年增长11.18%。一般公共预算总收入87394万元，地方一般公共预算收入52880万元。

【重点项目建设】

2022年，漳州金峰经济开发区按照金峰开发区“重中之重”项目工作责任清单，先后推动闽西南漳州智能制造产业园、语堂数字经济产业园（一期）等67个产业项目开工建设，三宝新1号电炉、众环健康环境产品智能制造基地等30个产业项目竣工投产。全年，完成总固投135.37亿元，同比上年增长3.51%。其中，工业投资81.96亿元，同比上年增长8.83%；技改投资76.30亿元，同比上年增长5.24%。

【园区基础配套建设】

2022年，漳州金峰经济开发区继续完善基础设施配套，推进21个总投资约47.77亿元的城建项目。开工改建漳华路、天宝高速引线等8条重要道路，金峰北路提升改造、金秋路道路工程等2个项目建成投用，新增道路3.2千米；金宝园区污水处理厂、漳州西区污水处理厂（三期）相继开工建设，园区新增污水管网4.75千米；实施电力迁改项

2022年3月9日，盈科智谷产业园　　（金峰开发区 供图）

目 12 个，总投资 0.98 亿元。

【招商引资】

2022 年，漳州金峰经济开发区围绕“四大主导产业”，持续招商促进发展，新签约福建漳州语堂数字经济产业园（一期）B 区项目、闽西南漳州智能制造产业园、万福产业园（芗城）等 27 个项目，总投资 212.28 亿元，其中重大项目 23 个，总投资 207.98 亿元。编制新一代信息产业、高端装备制造产业 2 份产业链招商地图，开展招商推介活动 3 场，盈趣科技漳州高端制造区域总部项目、视瑞特广电新媒体研发总部项目、鹭燕医药漳州总部项目、融诚检测科技总部 4 个总投资 22.8 亿元的总部经济项目先后签约落地，加快推进产销分离，冶金新材料循环经济产业、傲农供应链项目等 6 个项目成功签约。

【资源要素保障】

2022 年，漳州金峰经济开发区持续加快项目用地征迁报批工作，完成项目用地报批 20 宗 114.8 公顷、项目征迁 7 宗 78.53 公顷，解决征迁遗留问题 53.93 公顷，挂牌出让项目用地 19 宗 100.87 公顷，行政划拨项目用地 7 宗 40.02 公顷。争取专项债券资金 55838 万元、中央预算资金 1850 万元，推进金投集团获批农发行城乡一体化项目“金峰开发区新材料产业园及配套项目（一期）项目建设”政策性融资 8.8 亿元的授信额度。

【园区行政服务】

2022 年，漳州金峰经济开发区配合办理建设工程规划许可证 55 宗，建设工程规划条件核实和土地核验 20 宗，办理建筑工程施工许可证 45 宗，补办不动产权属登记 7 宗。

（尤钰锋）

漳州金投集团有限公司

【概况】

漳州金投集团有限公司成立于 2017 年 12 月，下设工业园区开发、腾峰建筑、市政建设、商贸、金通、招商服务和蕉海文旅等 7 家子公司，主要承担金峰开发区管辖范围内的园区开发、建设、管理等重点任务。2022 年，漳州金投集团围绕项目建设、基础配套、招商引资等工作重点推进各项工作，形成以道路、电力、治污、维建、招商、大宗商品贸易、旅游文化等综合发展为路线，实现企业资产总额约为 146 亿元，营业收入约为 21.6 亿元，纳税额为 5926 万元。

【企业发展】

2022 年，漳州金投集团成功申报专项债资金 5.58 亿元、国开基金 2.04 亿元，项目包含 5 个（金安片区、新材料产业园、南山工业园、金宝园区污水处理厂和林语堂文创园）。金投集团以综合发展为指引，联合其他市属国企参股设立漳州数字经济产业投资基金、漳州科技孵化创业投资基金；注资漳州市芗城城市投资开发有限公司，出资设立合资公司，并多举措推进企业债券申报、发行工作。

【项目开发建设】

2022 年，漳州金投集团推动前期项目 41 个（其中：房建类项目 7 个、市政类项目 34 个），其中：金安棚改、金宝污水厂、金安片区一期为省重点项目；邻里中心一期，西区污水厂三期、金珠一期基础设施为市重点项目。年内，推进项目建设 70 个，其中竣工验收项目 35 个，包括石亭中心小学建设工程、金秋路（金安路至宝兴路）道路工程、浦南新镇（石天线）道路改造工程、金峰北路（北环城路至漳华路）道路提升工程、辉源、伟业城地块污水管网建设工程等；年内完工待验收项目 8 个，包括芗城区铁塘片区棚户区改造项目、东昌东侧绿地项目、闽西南地块电力迁改工程等。

【项目用地】

2022 年，漳州金投集团完成林地报批 9 宗（合计 9.2 公顷），完成产业项目土地报批农转 10 宗，总面积 97.67 公顷。基础设施项目完成农转报批 1 宗，总面积 7.93 公顷。挂牌出让项目摘牌 19 宗，总面积 100.87 公顷，总出让金额 3.8 亿元。完成行政划拨项目供地 7 宗，总面积 40.02 公顷。处理国土违法图斑 11 宗，总面积 33.54 公顷。推进征迁项目 15 个，总面积 173.6 公顷（其中，瑞博斯项目 1.33 公顷）。完成地块征迁 7 个，总面积 78.53 公顷（其中，三宝 1680 毫米宽带钢热轧卷板生产线 9.87 公顷）。

【芗城区铁塘片区棚户区改造项目】

2022 年，金峰开发区首次实施棚户区改造项目。该项目位于漳州市芗城区芝山街道，东面为金峰二道，西面为金塘路，南面为规划金中大道，北面为规划北斗路。总用地面积约 2.89 万平方米，总建筑面积约 8.57 万平方米，总投资 5.03 亿元。主要建设内容为：棚改住宅、商业用房和配套公共服务用房等，并建设区内道路、绿化、给排水、电力等基础设施。建成后可提供棚改安置用房 759 套，商业建筑面积约 2700 平方米，规划建设机动车停车位 614 个。

【芗城区金安片区棚户区改造项目】

2022 年，芗城区实施金安片区棚户区改造项目。该项目位于漳州市芗城区石亭街道，东面为丰乐溪，西面为亭秀路，南面为金珠路，北面为兴亭路。总用地面积 15.19 万平方米，总建筑面积约 33.16 万平方米，总投资 17.73 亿元。主要建设内容为：棚改住宅、配套幼儿园、配套商业用房和配套公共服务用房等，并建设区内道路、绿化、给排水、电力等基础设施。项目建成后可提供棚改安置用房 2245 套，商业建筑面积约 1.07 万平方米，配套农贸市场、生鲜超市、卫生服务站、充电桩等设施，规划建设机动车停车位 2485 个；幼儿园建筑面积 4570 平方米，规划办学 12 个班，可提供 360 个学位。

【金秋路（金安路至宝兴路）道路改造工程】

2022 年，芗城区实施金秋路（金安路至宝兴路）道路改造工程。该项目于 2022 年 4 月竣工验收，位于漳州市芗城区金峰工业开发区，南起金安路，途经东马支路，北至宝兴路，道路红线宽 24 米，路线总长为 597.97 米，工程建设内容包括：道路工程、交通工程、给水工程、雨水工程、污水工程、照明工程、电力工程、通信工程、绿化工程等。项目建成后能够完善开发区路网、减轻交通压力、改善区域投资环境、优化路网骨架布局具有重要的作用，也将极大地改善城市面貌，改善基础设施水平，提高道路两侧的土地价值，加快城市化进程。

【金峰北路（北环城路至漳华路）道路改造工程】

2022 年，芗城区实施金峰北路（北环城路至漳华路）道路改造工程。该项目为开发区主要道路，位于漳州市金峰经济开发区内，南起北环城路，东至漳华路，设计长度为 2758.76 米，现状道路红线宽 30 米，总投资概算为 4669.85 万元。现状行车道宽度为双向四车道 16 米，路侧带两侧 7 米，现改造后取消 1.5 米绿道利用为非机动车道，降低两侧各 1.5 米绿道（或绿化带）利用为非机动车道，新建两侧路缘石并改造部分人行道及绿化带；新建标志标线；改造沿线雨水口；迁移部分路灯等配套设施。项目改造后，各衔接主要路口行车道数增加，将有效缓解混道堵塞、机非混流现象，减少安全隐患。

【浦南新镇（石天线）道路改造工程】

2022 年，芗城区实施浦南新镇（石天线）道路改造工程。该项目位于漳州市芗城区浦南新镇，西起浯沧小学，东至福林村入口，道路设计总长 1122.344 米，设计机动车通行时速为 30 千米 / 小时，总投资概算为 2376.23 万元。主要建设内容为：道路工程、交通工程、排水工程（雨水）、道路照明工程、绿化工程及其他相关配套设施等。项目建成后，能有效地解决村民出行问题，提升、改善区域交通条件、投资环境，促进区域社会经济的发展、区域居民生活水平提高。

（杨羿、陈棹）

漳州市芗江物业服务有限公司

【概况】

2022年，漳州市芗江物业服务有限公司（以下简称芗江物业）突出党建引领作用，落实“红色物业、城市管家”的发展模式，以“红色物业”为基石，打造“五红物业服务中心”、社区“幸福大食堂”“红色便民服务驿站”，助力破解老旧小区治理难题，推进基层市域治理，为城市管理提供更加精细化的“管家式”一体化服务，通过管理与服务相结合、专业服务与行政力量相融合的方式，填补中心城区失管、脱管、专业接管盲点。芗江物业及下属3家子公司（漳州市芗江人力资源服务有限公司、漳州市芗江云商贸有限公司、漳州市芗江餐饮管理有限公司）签订各项商务合约323份，完成招标采购、比选项目10个。芗江云商贸公司以大唐西院里、金峰里小区为试点，发展地下室经济及社群经济，实现资产总额4352.43万元，营业收入6399.55万元，利润总额311.28万元，税费缴交352.73万元。

【餐饮服务】

2022年，芗江餐饮管理有限公司共有用餐单位38家，全年用餐71339人次。新冠疫情防控期间，为奋战一线的医务人员、社区工作者、志愿者配送盒饭5434份，制作及配送防疫凉茶9000余份。

【人力资源服务】

2022年，芗江人力资源服务有限公司合作用工单位59家，对外派遣劳务人员476人，劳务外包人员149人。保障芗城区政府会展中心新冠疫情防控会议20余场，保障各种重大会议360场。

【物业接管】

2022年，芗江物业完成13个老旧小区、3个安置房、1个露天停车场的进驻接管工作，续签4个办公楼物业合同进行物业服务。

【环境服务】

2022年，芗江物业承接区域环卫工作5个，实现清运生活垃圾3500余吨，日产日清率100%。路面秩序维护严格按照“五好三导”的标准实行目标管理，严格按城市形象建设标准，城区道路秩序得到有效治理。在创建全国文明城市期间，组织200名交通劝导员志愿者出勤17154人/班次，协助交警大队对各个红黄绿灯路口进行交通劝导，迎接省、市、区检查200余次，为创建文明城市作出积极贡献。

【社会服务】

2022年，芗江物业举办暖心“住”福迎新春和“乐享福文化——暖心汤圆庆元宵”活动，组建“退役军人战鼓队”参与纪念红军攻克漳州90周年文艺演出，组织“党员志愿服务队”“党员突击队”“退役军人党员志愿服务队”“退役军人应急救援队”等红色队伍，参加各项急难险重的任务。组织开展“激扬青春梦·奋进新征程”职工文体活动，丰富职工的文化生活。积极响应省市区委组织部关于做好新冠疫情防控工作的部署要求，融入社会服务体系建设。创城攻坚期间，组建“杂物清理突击队”“交通劝导志愿服务队”“摆整齐志愿服务队”，行动在创城前线。

（林雅娜）

天宝镇

【概况】

2022年，天宝镇发挥优势特色，因地制宜培育产业发展，推进高标准农田建设，社会经济协调发展。全年，实现财政收入为6167万元，同比上年增长12%；固定资产投资69154万元（不含与金峰共享部分），新增固定资产投资入库项目11项（其中，凤嘉园杏鲍菇工厂化种植项目、步兴环保申报技改项目等4个项目竣工投产）；向上争取资金190.47万元，为经济发展起势成势发挥作用。在墨溪村打造“墨溪清韵——器物·理趣·廉喻馆”，保护和弘扬开漳戴氏优秀传统文化。田寮村入选“全国综合减灾示范社区”。

【项目建设】

2022年，天宝镇投入约500万元，完成珠里村文旅精品路线二期、玉尊宫广场公厕、田寮村蔬菜科普基地二期等8个省级试点示范建设项目，完成墨溪村、山美社区土地流转2个项目，高效推动重点项目落地生效。启动重点项目征迁8个，征地约152.33公顷，征迁建筑面积5.9万平方米。其中，金塘路（二期）及扩征项目、金宝园区污水处理厂项目、G1523天宝高速引路扩建项目、墨溪土地开发项目、山美鱼塘流转5个项目征迁基本完成，金凤路、金宝污水厂扩征道路进入攻坚扫尾阶段，智慧农业及渔业养殖2个项目按序时推进中。

2022年2月10日，墨溪包村干部在墨溪土地流转项目征迁现场　　（黄浠 摄）

【工程项目管理】

2022年，天宝镇成立集体会计事务、公共项目交易、集体资产资源3个监管中心，从制度上形成合力堵住工程监管的各种环节漏洞。

【产业培育】

2022年，天宝镇因地制宜

选好品种，推广秀珍菇、红罗非鱼、百香果、沃柑、白背毛木耳等7个优新品种，初步形成以蔬菜、水果、食用菌、淡水鱼为主的优新品种推广体系，发展绿色高效农业。以产业化需求为牵引，打造优势主体梯度培育格局，筛选培育市级龙头企业4家、市级农民合作社1个、市级家庭农场2家。推进“一村一品”建设，建成省级示范村2个、市级示范村4个。鼓励有条件的村带头发展产业，增加村民收入，实现墨溪、过塘、埔里3个村的村集体经济收入50万元以上。

【高标准农田建设】

2022年，天宝镇在后寨村、盘谷村建设53.33公顷高标准农田，通过平整土地、修建机耕道等方式，改善农田灌溉及耕种条件，实现旱涝保收、高产稳产。与村民达成土地统筹流转意向，墨溪村土地开发项目配备排灌渠、田间道等配套设施11个，完成土地整备17.96公顷（其中水田10.75公顷，旱地7.21公顷），新增耕地率96.44%；山美村鱼塘流转46公顷，提高可持续发展的空间保障能力。

【企业发展服务】

2022年，天宝镇深化“千名干部挂千企”帮扶行动，深入一线走访企业49次，助企纾困300余人次。多部门联合建立“小升规”企业库，新增规模以上工业企业2家、限额以上贸易业企业2家、资质等级建筑业2家、规模以上服务业企业1家。

【民生事业】

2022年，天宝镇通过开展线上登记便捷办、全面协同推进压时办、优化服务高效办，打通“线上+线下”相结合的“双线”服务快车道，受理便民事项10441件，有效解决群众难题；做好特殊群体基本生活保障，发放低保金463.6万元，残疾生活补助119.7万元，特困补助255万元，退役军人定补金和物价补贴292.24万元，提供公益性岗位24个。

【安全生产】

2022年，天宝镇开展各重点行业领域的专项整治工作，检查危化品企业、自建房、餐饮单位、“三合一”场所、工贸企业1903家次，整改率100%，实现安全生产“零重大事故”。开展道路安全执法检查、定点专项整治278次，辖区未发生交通亡人事故。举办燃气安全、消防安全、电信反诈、道路安全培训会7次。开展安全应急演练、消防演练3次，筑牢居安思危的思想防线。

【社会综合治理】

2022年，天宝镇依托“两违”智能监管平台软件，运用大数据、云计算等信息化手段，全面开展“两违”、图斑专项整治，累计整治“两违”21宗，处置两违面积9550平方米；完成图斑整改79宗，整改面积14.08公顷。发挥过塘村“全国文明村”的示范引领作用，发动群众1375人次，清理小广告195处、杂草297处，整治“三线”7.6千米，清理沟渠3.2千米、池塘2.4公顷。完善群防群治体系，在调解矛盾纠纷过程中注重“法理结合、法德互促”，调解各类纠纷案件524件。

（高惠云）

浦南镇

【概况】

2022年，浦南镇坚持稳中求进工作总基调，围绕乡村振兴战略总要求，紧扣“开漳圣地、诗画浦南”发展定位，实施建设乡村振兴项目21个，全方位推动浦南经济社会高质量发展超越。全镇财政收入3.73亿元；固定资产投资41.02亿元，同比上年增长95.81%；限额以上批发业销售额50.41亿元，同比上年增长178.81%；限上社会消费品零售额3951.9万元，同比上年增长8.99%；租赁、科研、居民服务、文化服务业工资总额711.1万元，同比上年增长7.78%。

【项目建设】

2022年，浦南镇实现国省

干线联六线芗城段全线通车，白南线和泰浦路竣工验收；漳华路改扩建项目正在进行挡墙及箱涵施工；一藤慢道一期工程基本完工；石鼓山亲子公园（咪古森林）项目正式运营；浦南党建驿站、浦南综合性停车场等8个省级乡村振兴重点项目全部完工；三宝家园项目正在办理交地手续及前期开工准备；2号烧结烟气脱硫脱硝项目、原料堆场全密封棚化改造项目、冷轧硅钢及金属制品深加工项目桩基进场施工；福建三宝钢铁有限公司科宝220kv变电站及线路工程正在粉刷外墙，GIS楼设备基础预埋件正在施工；三宝集团1680毫米热轧特殊钢卷板生产线加热炉炉区炉底设备基本施工完成，主电机室上部结构、水泵房冷却塔及水池正在施工；蛋鸡养殖产业园项目稳步推进，计划投资5亿元建成集蛋鸡养殖、有机肥生产、饲料加工、蛋品加工为一体的产业园，年内进入招投标阶段；金峰开发区实验小学及安置地项目进入前期开工准备阶段；芗城区公共卫生应急处理中心（浦林卫生院）浦林卫生院项目有序推进，年内进入基础施工阶段。

【乡村振兴】

2022年，浦南镇以“一藤”慢道项目（九龙江北溪生态溪岸带）为主线，串联起金沙温泉康养村、浦南新镇、国学农旅产业园、陈元光文化公园、现代农业产业园等5个发展片区，推动园坑村、双溪村等14个村庄产业配套基础设施和农村公共服务配套工程的建设发展。通过深挖各村产业特色，打造总立项8.04亿元的浦南镇乡村振兴综合包项目，推进浦南全域乡村振兴，打造宏道荔枝村、双溪民宿村、松洲文化村、金沙温泉村、福林博物馆村等“一村一品”特色产业集群。引进和推广种植黄金果蔗、甲壳素水稻、红秋葵等高优品种，示范带动群众增收致富（其中，黄金果蔗亩均产量约2万斤、增收1.2万元；荔枝蜜丁香、琼A4号、无核荔枝产生良好的经济效益），培育专业大户、家庭农场、龙头企业等新型经营主体，盘活渡东村、溪园村、谢坑村、园坑村的闲置土地约106.66公顷，巩固扩大果蔬种植、水产养殖产业规模。在金沙村、东坑村建设高标准农田约166.66公顷，实现旱能灌、涝能排、稳产高产。

【生态环境管理】

2022年，浦南镇多方联动开展创城整治行动，进村入户宣传教育活动23次、参加3000多人次、发放宣传资料8500张、张贴宣传标语146条，规范沿街商铺经营超30处，疏导流动商贩150余人次，清理乱堆乱放杂物超100处。拆除“两违”建筑面积102090平方米，“百路千村”拆除铁皮搭盖162宗、拆除违规广告67宗，清理围占圈地28宗。开展“清四堆”村庄清洁专项整治行动村（社区）数量23个，清理农村生活垃圾约80吨，清理农村建筑垃圾约50吨，清理农村塘沟垃圾约20吨，开展消杀23次。开展卫片违法图斑专项整治行动，整治违法卫片图斑133宗，整改面积31.42公顷。

【安全生产管理】

2022年，浦南镇开展安全检查、森林防火、“打非治违”等专项治理行动，排查各类经营单位282家，发现、整改隐患36处。深化安全生产宣传教育，发放宣传资料1200余份。

【民生事业】

2022年，浦南镇持续巩固提升脱贫攻坚成果，统筹落实各项重点任务，全镇46户脱贫户未出现返贫现象。做好军人军属、退役军人和其他优抚对象优待工作，健全退役军人工作体系和保障制度。提升基本医疗保险征缴率，实现征缴居民医保25531人。落实社会救助体系各项政策措施，发放农村低保金102.2万元、城镇低保金42.5万元（其中，高龄发放1.4万元，特困人员发放80.1万元）。开展慰问活动，慰问低保户、残疾人、困难老人44户，发放慰问金26400元。

【法治工作】

2022年，浦南镇推进“一村（社区）一法律顾问”工作，培育“法律明白人”队伍，组织群众对民法典、防诈骗及反邪教等的学习，营造学法懂法的法治教育氛围。

（沈佳媛）

东铺头街道

【概况】

2022 年，东铺头街道实现限额以上社会消费品零售额114907.7 万元（其中限额以上批发业销售额 317271.3 万元），限额以上零售业销售额105386.0 万元，限额以上住宿业销售额 3192.8 万元，限额以上餐饮业营业额 8796.3 万元，商品房销售面积 40183 平方米，房地产物业单位从业人员劳动报酬 1248 万元，规模以上营利性服务业营业收入 7803.9 万元，建筑产值 439200 万元，固定资产投资 84376 万元，财政收入20279.15 万元。新增贸易业企业 10 家（其中批发 5 家、零售 3 家、餐饮各 2 家）、服务业企业 1 家，新上服务业企业 1 家，新迁入芗城区建筑业企业 3 家，新引办注册外资企业 1 家，新上工业企业 2 家。“平安三率”宣传经验做法获《人民日报》推广。

【企业服务】

2022 年，东铺头街道对辖区 51 家重点企业进行挂钩帮扶，先后协调举办直播带货活动 2 场，促成国美电器等龙头企业实现线上交易近千万元，协助国贸珑上开展销售咨询推介活动。协助漳州科华电气技术有限公司、福建揽力复合材料有限公司做好技改备案申报。协助福建步升建设发展有限公司申报免租使用办公场所惠企政策，协助漳州华维机械有限公司协调用地等事宜，对接鹭燕总部办公选址。密切联系新注册的餐饮、零售及服务业企业，落实政策宣传，有效推动辖区经济平稳运行。

【安全生产管理】

2022 年，东铺头街道联合相关部门对“三合一”场所进行安全隐患排查整治，排查场所 613 家，清理住宿人员 51 人；结合创城工作，排查使用燃气的餐饮单位 870 家，实现所有餐饮单位均按规定安装燃气泄漏报警器。

【人居环境整治】

2022 年，东铺头街道督促北桥市场周边沿街商户做好“门前三包”工作，全面做好问题整改。积极对接高校，促成漳州卫生职业学院临床医学系将“劳动教育基地”建在东铺头街道，安排学生参与社区创城志愿服务，推动创城工作取得实效。开展大气污染防治工作，对重点工地扬尘管控等问题进行排查整治，街道河长办对三湘江、九龙江、宋河等开展环境督查，通过网格上报事件 2498 次，巡查事件 2892 次。

【社会综合治理】

2022 年，东铺头街道严格落实信访工作机制，处理信访案件 73 件，开展信访评理 21 件，受理“12345”平台 910 件，办结率 99.7%。分析辖区内可能引起的苗头性隐患，受理矛盾纠纷 267 起，调解率 100%。严格落实精神障碍患者和严重精神障碍患者救管机制，接收出院精神障碍患者 3 名。联合芗城区城管、交通等执法部门开展电动车综合

2022 年 1 月 12 日，东铺头街道县后社区开展“迎新纳福送春联”活动

（东铺头街道 供图）

整治，拆除加装遮阳（雨）装置2370辆。开展非法集资专项治理，走访排查辖区企业30余家。开展市场流通领域整治，联合工商等部门，深入北桥、新西市场排查欺行霸市、无证无照从事经营活动行为。结合创城工作，对东铺头中心小学、漳州二中等学校周边开展食品安全检查12次。

【民生事业】

2022年，东铺头街道居民养老保险待遇领取资格认证率98%，企业退休人员全部实行社会化管理，企业退休人员社会化管理率100%。协助税务部门做好城居保扣费银行更改为农商行的宣传工作，年度应缴人数为1068人，完成缴费765人，缴费率70.83%。协助企业推送招聘招工信息，组织企业参加芗城区人社局开展的网络招聘会3场。为104名救助对象发放小额临时救助金21.7万元，为10名救助对象发放大额临时救助金9.96万元，为114名救助对象发放临时救助金31.66万元。东铺头街道便民服务中心按照相关文件要求，录入办理事项11417件。

【老旧小区改造】

2022年，东铺头街道老旧小区改造目标17个，完成14个（其中，梅舍巷12号、14号因涉及城市更新项目停止改造，武警宿舍因鉴定为危房停止改造；漳州市水利局宿舍因实际需要提前列入2022年改造）。针对小区改造中不合理、需完善的项目多次与芗城区住建局进行沟通协调，解决延安北路12号沿三湘江围墙修复、金宝花园居委会门前空地规划、芗江新村北区垃圾屋、市水利局宿舍房屋裂缝等多个问题。排查辖区内自建房264户，其中经营性自建房42户（百里弦歌征迁涉及5户已拆除），并全部录入系统。开展背街小巷整治工作，第一轮改造背街小巷7条，主要针对长期存在创城通报问题地点进行改造；第二轮改造自10月底启动，申报纳入项目10个。

【街道武装工作】

2022年，东铺头街道争取资金21.5万元，用于建设街道部站融合场地、承办全区规范化建设及民兵整组现场会、完善11个社区民兵连的硬件设施。完善退役信息数据，收集优待证信息1869人，录入系统1749人，审核通过1228人，发放优待证1108张，完善建档立卡人数1298人，更新建档立卡154人。

【社区集体资产管理】

2022年，东铺头街道规范社区集体资产处置，邀请法律顾问对8个社区48份出租资产合同进行纠错，形成纪检监察建议，对13个方面共性问题进行总结建议，推动东铺头化工厂集体资产问题处置，监督整改冗余账户。

（黄淑旋）

西桥街道

【概况】

2022年，西桥街道围绕芗城区的经济社会发展大局，统筹推进管党治党、经济建设、文明城市创建、民生事业、生态环保等各项工作，组织举办“喜迎二十大·永远跟党走”主题文艺会演、传承闽南文化——非遗进社区等文艺会演8场，协办“芗城区第三十一届灯谜会猜”、“纪念红军攻克漳州90周年”等活动10余场，开展“喜迎二十大·奋进新征程”群众性主题宣讲活动90余场。设立“古城夜市”和“芳华北早市”，漳州古城入选国家级夜间文化和旅游消费集聚区。西桥街道侨联被评为省级“五好”侨胞之家，南台社区获得全国民主法治示范社区称号。全年，完成固定资产投资2.4亿元，争取省级历史文化街区修缮保护利用补助资金500万元。

【党建工作】

2022年，西桥街道以社区为中心，以古城党员驿站为阵地，鼓励各社区挖掘特色亮点打造专属党建品牌，成功打造北京社区“一中心四队伍”、旧桥社区“‘2+N’党员网格服务管理站”、延安社区“红色延安·古城先锋”、宏都建设集团有限公司“三原色·宏都情”党建品牌。构建“党建+创城”模式，活用“古城党员驿站”党建“微阵地”，吸纳辖区热心“老街坊”和在职党员115名，推进辖区精细化管理、提升微环境整治。以古城“一核二化三共”党建模式推动党建与基层工作深度融合，推进年度为民办实事项目，50名街道党员干部挂钩服务29家企业，26名党员干部跟踪服务16个为民办实事项目。

【重点项目建设】

2022年，西桥街道在全区率先完成征迁净地交付，入库唐宋子城、钟法路、世卓电子技改、消防改造、古城芳华北路等新增项目17个。完善新增企业储备库，入库建筑业企业5家（其中市外转入2家），完成新增新上商贸业、服务业企业10余家。按计划完工投产项目8个（延安55号民宿、宏腾检测、龙宝花园地下停车场、新华停车楼项目、龙宝花园地上景观、慧可居精品酒店、汽车新村项目、向荣消防），西桥中心小学建设项目按序时推进。开展拉练检查并现场办公解决难题，有效推动延安社区一站式服务大厅、江景花园老旧小区改造等项目进展，顺利解决北京路193号、213号，台湾路17号，炮仔街17号等征迁遗留问题。

2022年8月24日，西桥街道对辖区江景花园进行老旧小区改造　（陈杨 摄）

【政务服务】

2022年，西桥街道投入资金20多万元，用于改造停车场、雨棚、无障碍坡道、无障碍卫生间和母婴室等基础设施，更新公示牌、标识牌、桌牌和工作证等14项，印制代办手册、办理事项清单二维码小册子等1000本，添置休息座椅、饮水机、EMS寄递箱、意见箱、轮椅、老花镜、助听器和便民药箱等便民设施。配备街道代办员6名，社区便民服务代办员54名，指导所属9个社区相继按照社区便民服务代办点标准完成便民服务代办点规范化建设。按照全省审批服务事项标准化要求，所有街道层级的审批服务事项全部进驻便民服务中心，全面推行“前台综合受理、后台分类审批、综合窗口出件”工作模式，推进进驻单位和部门“多个印章管审批”向“一枚印章管审批”改革。

【民生事业】

2022年，西桥街道完成街道养老服务照料中心、延安社区、南台社区一站式服务大厅及居家养老服务站建设，辖区龙文塔遗址公园建成投用，钟法路完成改建，江景花园、何衙内等老旧小区以及联仔街、新华西等背街小巷点位完成改造修复，解决北京路、台湾路、炮仔街等征迁遗留问题。西桥中心小学建设、潘尚书府等项目按序时推进。向漳州市政府申请600万元经费用于鑫荣花苑消防设施改造，完成2000多户芗城区公共租赁住房实物配租选房工作，完成辖区所有退役军人优待证的办理。

【市容市貌管理】

2022年，西桥街道增划非机动车停车带1200米，施划停车泊位点174个，完成北京路古城停车场建设，清除各种小广告500余处，督促商家清洗卷帘门、雨披、脏污地板墙面等300余处，集中更换街道老旧破损的户外公益广告100余处。与辖区内商家签订《门前三包责任书》1800户。

【安全生产管理】

2022年，西桥街道开展房屋结构安全、消防安全、危化品安全管理、交通运输安全、燃气安全管理等安全专项整治，对检查中发现的“三合一”场所坚决予以取缔，并列为“回头看”检查的重点。拆除辖区违建搭盖房屋12处(面积约2751多平方米)，按进度完成经营性自建房及房屋结构安全隐患排查整治工作，督导辖区商家全部安装燃气泄漏报警器装置，发现、整改消防隐患170处。

【社会综合治理】

2022年，西桥街道依托社区各类机构排查化解各类矛盾纠纷267人次，受理、调解纠纷250件。接收矫正对象193人，解除179人。

（吴伟娟）

新桥街道

【概况】

2022年，新桥街道出台社区经济责任奖励政策，实现财政收入2.47亿元，固定资产投资18.13亿元，限额以上社会消费品零售额3.27亿元，限额以上批发业销售额15.82亿元，限额以上零售业销售额2.99亿元，限额以上住宿业销售额1844万元，限额以上餐饮业营业额2974.3万元，商品房销售面积57395平方米，建筑业产值10.42亿元，规模以上其他营利性服务业营业收入1.84亿元，房地产物业单位从业人员劳动报酬1.24亿元，租赁、科研、居民服务、文化服务业工资总额8569.8万元，非营利性服务业工资总额3.27亿元，总体经济发展企稳向好。新增新上企业21家（其中：建筑业5家、服务业5家、贸易业11家）、招商引资引进项目7个、新开工项目10个。开展重点流域整治、环境综合整治，改善人居环境。

【招商引资】

2022年，新桥街道招商引资引进项目7个（潮上楼餐饮服务项目、来友餐饮服务项目、长相对餐饮管理项目、漳州利晨餐饮服务项目、漳州九门头餐饮服务项目、磊安机械设备租赁项目、美之声建筑有限公司项目），计划总投资9320万元。

【项目建设】

2022年，新桥街道新开工项目10个。其中，房地产开发项目2个（丹霞佳苑项目，总投资4.03亿元；丹霞云邸项目，总投资22.36亿元）；投资项目8个（市住建局多维空间项目，总投资3988万元；信息化系统二期项目，总投资1080万元；漳州移动网络建设投资项目，总投资5.09亿元；前锋工业加工区东壹号厂房改造修缮项目，总投资1072万元；挂式马桶架生产项目，总投资500万元；泗洲河西侧通道整治提升项目，总投资1072万元；通北中心幼儿园信息化、厨房、教玩具提升工程项目，总投资522万元；漳州宇川电子有限公司综合办公楼扩建工程，总投资1.8亿元）。

【人居环境整治】

2022年，新桥街道开展巡河职责常态化，严格落实巡查制度，巡查河道、泵站等1276次，发现问题151处（其中：年内解决147处、待协调解4处），做到边查边改、立行立治。有序推进垃圾分类，落实辖区生活小区、公共机构等140余处场地垃圾分类氛围布置，完成5座垃圾分类亭和2座垃圾屋建设工作，开展垃圾分类宣传活动161场，号召广大居民积极参与到垃圾分类新时尚中，形成人人参与，人人共建的垃圾分类社会氛围。拆除违法违建建筑68处，拆除面积9418.97平方米。完成农校宿舍（商业城园丁园）、邮电新村、悦港新村1村4幢、悦港新村5村8幢4处老旧小区的改造提升。完成华港路、南河市场及周边等22条背街小巷的改造提升及17处局部破损修复工作。

【物业管理机制创新】

2022 年，新桥街道创建“条块一体化联动”、社区“以奖代补”评比、物业督查整改扣分闭环等“三项机制”，引导社区、物业开展竞赛大比拼，有效集结各方力量参与。

【社会保障】

2022 年，新桥街道开展残疾、低保、困难户等弱势群体“漏保”“漏救”点题整治，发放低保金、救助金等各类补助 450 余万元，完成 19 户困难残疾人家庭无障碍改造，实现应保尽保，应救尽救。为辖区 529 个就业困难职工发放社保补贴 230 余万元，处理劳动纠纷 7 起，组织高校毕业生参加网络招聘会，落实就业 86 人次。协调街道养老服务照料中心运营机构于 2 月投入运营，组建“新桥养老服务志愿联盟”，开展系列公益活动，形成“医养融合”“互联网 +”“政社联动”的“三位一体”养老新模式。

【安全生产】

2022 年，新桥街道对辖区“三合一”、建筑施工等场所进行全面排查并联合市管、消防等部门开展专项整治行动 5 场，排查经营场所 1747 家，整改隐患 252 个，推动安全隐患持续减存量、遏增量。针对重点路段、重点场所、重点车辆联合交警、派出所等执法部门开展专项整治，

2022 年 3 月，漳州市丹霞佳苑项目开工建设 （彭惠娟 摄）

查处道路交通违法行为 20 余起，劝导交通违规行为 5000 余起。

【社会治理】

2022 年，新桥街道发挥辖区赖水顺工作室、人民调解委员会、小区网格员队伍的优势，处理矛盾纠纷事件 500 余件。紧密关注辖区涉法涉诉、征地拆迁等重点领域，化解信访积案 6 件，其中成功化解泗洲河征迁遗留问题。成立重点整治工作领导小组和工作队，常态化开展扫黑除恶、打击防范电信网络诈骗、禁毒等工作。

【文明实践行动】

2022 年，新桥街道召开联席会议 52 场，多形式推动“近邻服务”文明实践行动，推动近邻空间打造、垃圾屋建设等小区治理重大事项。以新时代文明实践所（站）为阵地，依托传统文化节日，推动志愿服务活动进社区，举办文化传承、垃圾分类、等形式多样的志愿服务活动 340 余场，约 2 万人次参与。

【基层党建工作】

2022 年，新桥街道深化支部“达标创星”活动，组织党居务公开检查评比 2 次，排查整顿发展党员 311 名，发展接收预备党员 12 名，接收省外党员 17 名，转正党员 32 名。新成立餐饮、物流行业非公支部 2 个，与 41 个机关、非公党支部构筑党建联动格局。

（林少强、陈琳）

巷口街道

【概况】

2022 年，巷口街道统筹推进安全生产、文明创建等各方面工作，总体经济运行良好，社会事业和谐稳定发展，实现新纳入限额以上商贸企业 11 家（其中：新增 8 家，新上 3 家）、新增资质建筑业 7 家、规模以上服务业 2 家；新增固定资产投资项目 19

个（其中，房地产项目6个、工业技改项目4个），新增总投资64.53亿元。实现财政收入2.3亿元、固定资产投资27.04亿元、限额以上社会消费品零售总额6.2亿元、批发业销售额246亿元、一般公共预算总收入2.3亿元、规模以上其他营利性服务业营业收入30.46亿元、商品房销售面积10.93万平方米、建筑业产值38.2亿元。

【招商引资】

2022年，巷口街道持续优化营商环境，提升服务效能，深入开展“百名干部挂百企”活动，创新党建联盟助企机制，对接102家企业，走访企业125次，走访项目54次，收集企业问题22个，解决18个，实现新签约二、三产项目11个，总投资10.26亿元。

【城市建筑综合管理】

2022年，巷口街道统筹推进做好城市建设工作，协调28个项目30个老旧小区改造项目及50个背街小巷提升项目，上报经营性自建房20宗（建筑面积19189.06平方米），并录入房屋管理系统。采取查封施工现场、暂扣施工设备等措施，对辖区主次干道和老旧小区改造的历史违章建筑开展专项整治，依法拆除各类违法建筑215起，总面积20911平方米。

【环境保护】

2022年，巷口街道对辖区内河段等进行巡河1945次，发现、整治问题89处；组织开展街道河长黑臭水体整治巡查1次，沿途巡查辖区内污染源情况及葫芦潭文华园泵站、柑仔市泵站运行情况。开展污染源排查，督促859家经营单位按照要求配备安装净化设施设备，办理排水证713家。

【文明城市创建】

2022年，巷口街道在街道所属16个社区小区及主次干道、背街小巷、校园医院周边等重要点位更新公益广告200余版、市民公约100余版，多渠道扩展公益广告覆盖面。依托基层所（站）、网格、志愿、物业力量，对5条主次干道商业大街、40条背街小巷、133个小区、3个农贸市场及周边300米范围重点区域进行综合整治。成立天福园、丹霞园、建业路等7个攻坚片区，有效规范新华东路、顶田下、世纪广场、人民里社区的停车秩序。启动“多网融合”综合管理，重点打造天下广场商圈示范党建品牌，全面整治天下广场商圈路面保洁、停车保序全方位综合管理。组织开展“马路市场”专项整治行动200余次，取缔新华东路以路代市、占道经营的“马路市场”。组织社区网格员开展路面巡查，会同交警中队、城管中队、市场监管所等基层所站开展综合执法专项突击整治，拆除非法加装遮阳篷（伞）268个。发动3万人次志愿者参与文明创建志愿服务项目，组织“小手拉大手”“环境卫生整治”“创城宣传教育”“文明引导”等丰富多彩的文明实践主题活动200余场。

【基层党建】

2022年，巷口街道印发《2022年巷口街道理论学习中心组学习计划》，开展理论中心组学习及集中研讨27次，依托文明实践所站开展理论宣讲会200场次，总结学习心得体会30篇，举办特色活动21场，发放学习书籍317套。制定党工委中心组意识形态工作计划，开展意识形态相关议题和专题研究5次，开展意识形态工作专题培训讲座。试点创新东园社区“多网融合”工作机制，解决居住环境改善、居民出行等民生关心事项29件，化解矛盾纠纷100余起。创新新就业新业态群体党建品牌，指导天利仁和公司建立红色物业网格服务站，组建全市首家外卖配送行业党支部，推动电力新村小区退休党支部成立全市首个社区关心下一代工作站。

【文明实践阵地建设】

2022年，巷口街道推动各类文化阵地有效整合，建立实践所1个、实践站16个。突出“老街坊”“楼栋党员”“红色娘子军”等特色服务品牌，构建街道、社区两级志愿队伍，组织志愿培训18场，志愿者注册11932人、志愿服务时长3903小时。依托社区新时代文明实践站和志愿服务站，常态化在16个社区开展环保宣传、垃圾分类宣传、法律咨询、理发、义诊、心理咨询等便民志愿服务70余场次。以传统节日为契机，组织举办写春联剪纸、文艺会演、插花植树、巧手厨艺展、庆端午包粽子等主题活动30场次。参与扶贫济困、爱心慈善等公益活动约60场次。聚焦学习宣传贯彻党的二十大主题主线开展系列活动20场次。开展移风易俗系列活动15场次，开展未成年人主题教育活动16场次。

【信访工作】

2022年，巷口街道在芗城区政协指导下，试点政协委员议事点工作机制，受理群众来信来访及接收漳州市“12345”便民服务平台转办群众诉求件3805件，办结满意率99%以上。化解信访矛盾443件，其中益民片区遗留扫尾化解5户。

【安全生产专项整治】

2022年，巷口街道开展安全专项整治，强化对危化品企业安全风险管控，对辖区6家涉及危化品安全企业（仅在辖区办公，仓库均不在辖区）开展安全检查。开展安全生产“三合一”场所整治“回头看”，发现、整改隐患16处。对辖区丹霞路东南商贸城电动车集中售卖点开展电动车店综合整治工作，检查44家企业。开展消防设施专项治理行动，排查沿街店面1327家，督促更换灭火器95具、增配304具、规范填写灭火器检查卡198张、督促更换消火栓面板121个、规范填写消火栓检查卡195张、清理住宅小区消防疏散通道164个。

【社会救助】

2022年，巷口街道为348户460人低保家庭发放低保款2260185元，为37名80岁低保高龄人员发放补助4.29万元。入户调查摸底“三无”人员，为20户发放特困供养金516605元。为80户困难群众办理临时救助，发放救助金302336元。为341名残疾人发放生活困难补贴46.68万元，为687名残疾人发放护理补贴90.26万元。为低保、特困人员、孤儿、事实无人抚养儿童、低收入人员等对象发放临时价格补贴58320元。为8月在保低保对象、特困人员增发一次性生活补贴9.26万元。落实区慈善大病救助政策，对19户因重病导致生活困难的家庭，每户给予3000元的救助，发放救助金57000元。

【就业保障】

2022年，巷口街道举办招聘会，推出普工、会计、药技、机电等岗位200余个，现场达成用人意向近70人。处理欠薪案件32起。慰问辖区内困难下岗、失业人员35人，发放慰问金21000元。

【国企退休人员移交管理】

2022年，巷口街道接受辖区内国有企业退休人员662位，为企业退管人员发放慰问品662份，实现国有企业退休人员社会化管理。

（廖一帆）

南坑街道

【概况】

2022年，南坑街道开展重点项目建设，实施老旧小区改造和“两违”整治，着力开展社会事业、生态文明建设等工作，促进经济社会发展。全年，完成固定资产投资18.73亿元，比上年同期增长22.4%；限额以上社会消费品零售总额完成7.61亿元，比上年同期增长19.8%；全年批发业完成146.4亿元，比上年同期增长11.75%；零售业完成4.91亿元，比上年同期增长12.87%；住宿业完成1.44亿元，比上年同期增长7.11%；餐饮业完成0.52亿元，比上年同期增长27.63%；建筑业产值完成7.1亿元，比上年同期增长25.38%；财税完成28885.17

万元。

【重点项目建设】

2022年，南坑街道招商签约项目8个，实现当年签约当年开工、竣工。上年开工未竣工2个项目于年内完成竣工。完成固投项目入库15个，总投资额34.5亿元。“八闽不夜城”项目土地于8月摘牌。土地款于9月缴交完成并签订国有建设用地交地确认书，同年完成初步设计招标。完成岱山国家粮食储备库旧库区地块征迁工作。

【城乡建设】

2022年，南坑街道协调各参建方完成2022年第三批老旧小区改造工作，涉及小区8个，涉及居民住户872户，居民楼25幢(建筑面积7.95万平方米)。完成背街小巷点位改造修复29个。结合土地卫片违法问题深入开展“两违”整治，拆除141宗(面积81366平方米)，其他各类微“两违”整治75宗（面积4882平方米），创建无违建小区标准5个。

【社会事业】

2022年，南坑街道落实各类救助保障资金，发放特困人员救助供养金、残疾人两项补贴、优抚款等各类补助近923万元。深入排查治理安全生产隐患问题，发现、整改3家气体店、3家加油站、1家加气站存在隐患16个。开展扫黑除恶常态化斗争、反诈骗等宣传，组织反诈骗讲座8场。

【生态文明建设】

2022年，南坑街道持续对辖区内工厂、小作坊的生态进行监管，对非法违法经营行为坚决予以查处，联合芗城区生态环境局、城管局等执法部门取缔“散乱污”企业4家，持续开展辖区小区清杂行动，完成创城整改以及常态化创城工作。

（张莉）

通北街道

【概况】

2022年，通北街道全面统筹推进经济社会发展各项工作，全年社会消费品零售总额同比上年增长29%，限额以上零售业同比上年增长48%，限额以上批发业同比上年增长36.5%，限额以上餐饮业同比上年增长7.3%，限额以上其他营利性服务业同比上年增长83.46%，建筑业产值同比上年增长3476.21%，一般财政公共预算总收入同比上年增长98.87%。新增新上商贸业企业16家、建筑业企业4家、服务业企业2家、工业企业1家。深化街道和13个社区的综治中心建设，提升金源、湖内、和平里社区品牌示范社区建设，完成“平安漳州E家”认证数32936人，认证率52.77%。辖区内灵活就业人数3440人，城镇登记失业率控制在5.2%以下。金源社区离退休干部党员在近邻党建中发挥作用的经验做法在全省推广。

【项目建设】

2022年，通北街道借力高校片区、市属国企等优质资源，谋划推动项目落地见效，完成市教委宿舍征迁，续建项目8个、新建项目14个，累计投入25.36亿元。持续推进芗江酒店综合体、人民医院门诊楼、漳华新村安置房等项目竣工投用。

【招商引资】

2022年，通北街道因地制宜引入招商项目，对接太平洋建设集团有限公司、漳州市长运石化能源销售有限公司等重大项目招商，实现招商引资项目12个，其中2个重大项目于年内竣工。

【基层党建工作】

2022年，通北街道开展中心组理论学习13次涉及30个议题，举办学习党的二十大精神活动21场（次），组织专题学习研讨会68场，开展“第一议题”学习40次。组建“福小宣”通北宣讲小分队，开展党的二十大精神宣传活动5场次。与漳州市老干部活动中心结对共建，引导79名离退休干部到社区参与“与邻有约”系列共建活动13场次。高校社区打造“高朋满天星·笑聚厝边情”党建品牌，金源社区创建“老党员工作室”，在高校、金源社区离退休党支部及腾晖环境建设集团有限公司支部开展党建品牌培育建设工作，推动机关和企事业单位在职党员到本人居住地社区报到服务850多人次。

【党风廉政建设】

2022年，通北街道投入资金约27万元，打造“闽南家风文化庭院”，通过闽南风言、风俗、风貌三个维度展现闽南特色家风文化，接受32批次217人参观。组织开展党风廉政专题会2场、集体廉政谈话2次52人次，参观廉政教育基地1期34人、开展基层监督能力培训2期29人次，案例警示教育3期100多人次，开展新入职人员提醒谈话2批次5人。围绕文明城市创建、服务企业群众等中心工作和工程项目、三资管理、安全生产等重点领域，开展作风督查28次，发出督查情况通报2期，工作建议1条，督促整改问题5条。对存在履职不尽责、落实不见效等作风问题的18名干部职工进行第一种形态处理，立案查处违反中央八项规定精神案件1起，督促社区清理被拖欠集体资产租金55.34万元并对2名欠租承包人进行起诉追讨。

【民生事业】

2022年，通北街道围绕“衣食住行学、生老病死养”等群众“急难愁盼”问题，深入实施民生补短板行动计划。通北中心幼儿园开园招生，漳州市人民医院门诊综合楼落成投入使用，团结新苑安置房完成选房，漳华新村建设进度顺利，漳州一中宿舍等45个老旧小区、延通市场小巷等42条背街小巷完成改造升级，4个社区办公场所完成亲民化提升改造，芗晟医疗集团入驻通北养老服务中心，养老服务保障日益健全，通北社区医院完成选址。

【民生保障】

2022年，通北街道建立健全街道低保、临时救助周研究制度，开展困难群众及特殊群体最低生活保障工作，发放低保补助、临时救助、生活补贴等各类民政保障金356余万元。开展社工主题活动81场，受益人数约2010人。实施“四大群体”增收计划，举办招聘会16期，新增就业人员54人，开发就业岗位804个。

【生态环境整治】

2022年，通北街道全面推进“两违”综合治理和“天地网”土地卫片违法图斑核查整治，处置“两违”64宗，拆除面积8679平方米。协调整改违法占用土地建设图斑32宗，面积约6.53公顷，其中耕地复耕3宗面积0.15公顷。对沿街餐饮店及路边烧烤摊等重点监管对象进行排查整治，处理焚烧垃圾24件，其中处罚单位2起个人4起，罚款金额2万余元。开展河道“清四乱”专项行动，发现并解决问题22个。

【安全生产】

2022年，通北街道以“三合一”、燃气、消防等重点行业和领域为重点对象，定期对各类安全问题、隐患进行全面排查和闭环整治。做好房屋结构安全排查整治工作，排查各类场所927家，清理住宿人员82人；举办应急演练5场，建立食品安全分层分级精准防控体系，排查辖区C级主体15家、D级主体607家，实现督导全覆盖。

【纠纷调解】

2022年，通北街道排查矛盾纠纷310件，调解310件，对接流转110非警务事项198件，处理信访平台信访件33件，处理“12345”平台714件；街道主要领导接待来访群众10批次36人次，诉求全部化解，完成化解市自排件3件。

【违法犯罪活动打击】

2022年，通北街道开展夏季治安打击整治“百日行动”，破获刑事案件59起，抓获逃犯14人；查处治安裁决案件237起（其中黄赌毒案件66起，行政拘留46人），同比上年下降36.11%；为群众追回并返还被盗电动车15辆及赃款43.23万元；

电信诈骗发案62起，同比上年下降27.91%。

（涂春棠、许雯婷、赵心悦、严茹云）

芝山街道

【概况】

2022年，芝山街道立足新城建设的发展目标，统筹做好各项工作，主要经济指标持续向好，各类风险总体可控，社会大局和谐稳定。全年，固定资产投资570860万元（其中项目投资195666万元，房地产投资375194万元）；申报投资工业项目5家，实际投资3995万元；限额以上社零企业新增新上10家，限额以上其他营利性服务业新增新上2家；全社会零售总额32100.1万元，批发业总额36796.4万元，餐饮业总额2596.9万元，住宿业总额1200万元；实际利用外资30万美元；财政收入42006.07万元。

【产业发展项目建设】

2022年，芝山街道强化产业支撑与项目带动，为全方位高质量发展超越提供有力支撑。固定资产投资新增入库项目14个，芗城区发改局闭环系统新增入库17个；10个市级在建重点项目完成率超进度20%以上；建发西湖观澜、玖颂西湖等8个商业地产以及三宝广场等重点项目建设有序推进；西湖生态园18条道路、4所小学顺利竣工验收，6个安置房顺利完成选房工作陆续交付，西湖生态园景观工程核心区顺利开园。

【招商引资】

2022年，芝山街道坚持招商引资与招才引智相结合，搭建人才交流平台，整合辖区乡贤及辖区企业家资源，以商引商，严格落实“一把手”招商，完成招商项目签约5个，总投资6.19亿元（其中，傲芯种业总投资额6亿元，年内完成实际投资6亿元）。

【企业服务】

2022年，芝山街道深化惠企服务，广泛发动社区每月定期汇总辖区有望新增企业摸排、挖掘情况，及时对接街道经发办，协助企业完成新增纳统申报工作。严格落实“千名干部挂千企”制度，街道班子一对一挂钩企业，结合社区摸排汇报情况，深入了解企业运营基本情况，做好阶段性指导工作。完善招商手册，做好动员宣传，加大奖励政策的宣传引导力度，针对企业特点做好相应政策服务。

【基层公共法律服务】

2022年，芝山街道完善“四位一体”矛盾调解机制，持续推进公共法律服务体系，建设18个社区基层法律公共服务站、信访调解室、综治中心等多元调解功能区域，打造“一站式”访调平台，聘用法律顾问18名，化解各类矛盾纠纷、司法调解民事纠纷35起。

【社会综合治理】

2022年，芝山街道推进基层社会治理创新，新建金鑫、下碑、金峰、西院4个综治中心，针对辖区位处城乡接合部、农村外来租户密集的现状，充分发挥“2+N”模式，组建“网格员+民警+群众”群防群治队伍，核查天地网卫片图斑35个，共计8.72公顷，确保违法图斑治理取得成效，坚守耕地保护红线。针对新交付使用居民小区违建频发的现象，拆除“两违”70120平方米。开展全方位的市容环境整治，清理各类杂物垃圾300多车。

【辖区安全生产】

2022年，芝山街道完善应急救援体系，配备18名网格员负责辖区安全隐患排查和信息报送，成立应急抢险队伍20支，联合芗城区消防大队、芝山派出所等单位开展专项整治行动，举办各类安全生产、消防安全讲座3场次，发放各类宣传资料1000余份，制作宣传展板30余块，悬挂宣传标语30余幅，确保宣传教育到位。

【社会事业】

2022年，芝山街道落实西湖片区、金峰片区居民安置回迁工作，开启大唐金峰里、大唐西院里共计2225套安置房源住宅的选房流程，解决近1600户被征迁户回迁安置工作；开启西湖6个安置房项目选房流程，安置户数4734户。指导木材市场相关业主对老旧破损的基础设施进行维修更新。促进3所新建小学施教区合理划分顺利招生。

（黄偲哲）

2022年10月19日，石亭街道金埔片区征迁指挥部揭牌仪式现场　　（林芷逸 摄）

石亭街道

【概况】

2022年，石亭街道继续推进民生事业发展、人居环境改善，提升人民群众生活水平，全方位推动街道社区的高质量发展，街道经济社会发展稳中有进。全年固定资产投资65.45亿元，社会商品零售业销售额12532.60万元，同比上年增加96.78%，限额以上批发业销售额79105.40万元，同比上年增加78.57%，规模以上营利性服务业营业收入5271.40万元，同比上年增加10.16%，财政总收入19215.63万元。

【项目建设】

2022年，石亭街道持续推进项目建设开竣工，完成签约项目开工16个、竣工10个，跟踪区级以上重点项目25个；完成企业新增新上19家，新增固定资产入库项目22个；完成新签约招商项目15个，总投资额14.14亿元。

【用地保障】

2022年，石亭街道持续开展项目招商，坚决做好重大项目用地保障，完成征收漳福汽配、新城化工、军粮供应站、漳华路改造、兴亭路、金凤路6个项目，金埔片区项目征迁工作进入收尾阶段，累计征收土地34.44公顷、征收房屋14.8万平方米。

【乡村振兴】

2022年，石亭街道以因地制宜挖掘乡村产业发展特色。其中：蔡坑社区投入50万元推进荔枝品种改良6.66公顷，投入40万元完成2800平方米标准厂房改造项目；华晖木业设备提升投入约100万元完成设备更换；南山村继续推进特色鲈鱼养殖，养殖规模增加至20公顷，年产量约140万条。

【环境治理】

2022年，石亭街道联合区级单位开展企业排查，排查、整改问题企业36家。开展环保检查，制止垃圾焚烧35宗，配合区直部门排查整改8家停车场。“两违”处置15.14万平方米，裸房整治421栋。完成仙景溪上游仙景村段河道明渠、高坑溪白牌段及仙景溪河道清淤约830米，7个社区全部完成生活污水治理设施的建设，并纳入污水管网用户的信息收集整理及上报工作。

【基础设施建设】

2022年，石亭街道完成漳华路漳州西至白牌路段道路提升改造4.5千米。投入150万元，开展下高坑社区二期新农村配套设施建设项目。投入132.89万元，对下高坑长度1.5千米的主干道进行改造提升。投入50万元，完成蔡坑社区排水渠道项目建设。

【民生事业】

2022 年，石亭街道部署民生保障工作，落实各项服务政策措施，为民办好实事。新型城乡居民社会养老保险参保率 100%。救助 70 户 192 人，救助金额 192598 元。帮助申请区级临时救助 15 户 56 人，救助金额 124710 元。向革命“五老”、低保、特困、孤儿、事实无人抚养儿童、重度残疾等群体发放补贴 580.66 万元。开展低保边缘人口认定工作，全面建立低保边缘人口数据库。开展防止返贫监测帮扶集中排查和帮扶工作，排查农户 273 户 835 人，重点入户排查九类农村特殊群体 179 户 461 人，为 12 户脱贫户申请小额信贷，完成 10 名脱贫户子女信息摸排。

【文化活动】

2022 年，石亭街道切实丰富群众文化生活，提升精神文明水平。利用传统节日、国庆等重要节点开展书画展、“喜迎二十大”系列等新时代文明实践活动，开展文化活动 550 余场，发放各类宣传单 5.6 万份。

【安全风险防范】

2022 年，石亭街道稳步推进平安建设。开展外国人入户清查走访 560 余次，开展对可能制造假烟场所地带排查 400 余次，受理信访举报、“12345”便民投诉 985 件，排查化解矛盾纠纷 62 起；结合安全生产大检查、“三合一”场所排查整治等行动，发现、整改 274 家生产经营单位的一般隐患问题 279 个，整治“三合一”场所 88 处；做好防火防范安全工作，召开防汛工作部署会 9 次、森林防火工作部署会 7 次，完善落实值班值守制度，储备救生设施 83 套，悬挂森林防火标语 10 条，张贴《禁火令》25 张。

（杨淞斌）

党政机关、团体负责人名表

2022 年中共芗城区委各部门、单位负责人名录

【区委】

书　记	石振棋
副书记	何才成
	洪维椿
常　委	肖扬权
	李昭君 *
	蔡加立
	黄平源
	戴木典
	黄艺群
	韩晓东
	潘海鹰 *

【区委办公室】

主　任	唐胜春
副主任	周秀玉 *
	陈俊鸿
	卢志军
档案局局长	钟海峰

【组织部】

部　长	肖扬权
副部长	张旋胜
	傅小林 *
	林建军
	刘婉姝 *
	高雪茹 *
公务员局局长	高雪茹 *

【宣传部】

部　长	李昭君 *
常务副部长	陈子铭
副部长	李静然
	陈培河
区委网信办主任	陈培河

【统战部】

部　长	潘海鹰 *
副部长	林桂芬 *
	杨颂东
	杨文璐

【民族与宗教事务局】

局　长	李文强

【编办】

主　任	刘婉姝 *
副主任	郑裕民
	吴雄华

【区直机关工委】

书　记	肖扬权
副书记	黄东曙

【精神文明办公室】

主　任	林长强
副主任	张新明
	陈恩坤

【信访局】

局　长　王　腾

副局长　黄　冰

【老干部局】

局　长　林建军

副局长　林艺滨＊

【党史方志室】

主　任　韩海宗

副主任　林良益

吴炎山

【档案馆】

馆　长　钟海峰

副馆长　胡晓莉＊

【党校】

校　长　肖扬权

常务副校长　杨志辉

副校长　谢章溢

副主任　陈清滢＊

【行政学校】

校　长　杨志辉

【融媒体中心】

主　任　孙亚容

副主任　吴高邻

吴玉嫔＊

韩金木

【台港澳工作办公室】

主　任　薛志扬

【侨务办公室】

主　任　杨文璐

【金峰开发区党工委】

书　记　周志平

第一副书记　黄灿煌

副书记　陈　梅＊

林华山

委　员　郭笑尘＊

郑少伟

蔡翔峰

陈文标

2022 年荔城区纪律检查委员会、监察委员会负责人名录

【监察委员会】

主　任　黄平源

副主任　张文溪

沈吉文

委　员　陈连辉

汤章辉

黄炜煌

郑慧君＊

【纪律检查委员会】

书　记　黄平源

副书记　张文溪

沈吉文

常　委　张蔚琼＊

陈连辉

邓水仙＊

汤章辉

【区直机关纪检监察工作委员会】

书　记　王少华＊

副书记　张淑珍＊

黄雅玲＊

【纪委监委组织和宣传部】

部　长　叶　芳＊

【纪委监委办公室】

主　任　郑　怡＊

【纪检监察室】

第一纪检监察室主任　韩舒珍＊

第一纪检监察室副主任　黄国章

第二纪检监察室主任　林跃玲＊

第三纪检监察室主任　王　洁＊

第四纪检监察室主任　林炳森

第五纪检监察室主任　张宝勤

【党风政风监督室】

主　任　凌　建

【党风廉政电教中心】

主　任　戴伟平

【信访室】

主　任　沈秋琴＊

【巡察办公室】

主　任　张蔚琼＊

巡察一组组长　陈群勇

巡察二组组长　段全智

巡察三组组长　谢运洲

正科长级巡察专员　陈宁哲

正科长级巡察专员　柯志敏

区委巡察办副主任　程　诚

巡察组副组长　叶　芬＊

【案件监督管理室】

主　任　张世洪

【案件审理室】

主　任　戴志敏＊

【派驻纪检监察组名录】

驻区委办纪检监察组

组　长　赵金林

副组长　沈珠娇＊

驻区政府办纪检监察组

组　长　郑雄毅

副组长　林敏华＊

侯雪琦＊

驻区人大机关纪检监察组

组　长　郭一鸣

驻区委宣传部纪检监察组

组　长　杨　骅＊

副组长　杨鹏程

叶　芬＊

驻区人社局纪检监察组

组　长　戴来顺

副组长　王　辉

蔡秀月＊

驻区财政局纪检监察组

组　长　童仕斌

副组长　李群霞＊

驻区住建局纪检监察组

组　长　曾　翔

副组长　洪义恒

驻区教育局纪检监察组

组　长　苏新琪

副组长　江美玉＊

驻区卫健局纪检监察组

组　长　张文龙

副组长　杨杏娟＊

驻区市管局纪检监察组

组　长　郑宗成

副组长　陈理密＊

驻区法院纪检监察组

组　长　周桂生

副组长　郑　民

驻区检察院纪检监察组

组　长　黄丽芳＊

副组长　陈健平

金峰开发区纪工委书记、监察组

组　长　郑少伟

副组长　张　健

2022年芗城区政府负责人名录

【区政府】

区　长　何才成

副区长　蔡加立

黄艺群

杨志辉

方龙俊

陈燕惠＊

蔡金山

黄灿煌

林国栋

周志平

党组成员　王献辉

詹立群

【政府办公室】

主　任　林畅浩

副主任　苏少雍

王　腾

戴智杰

吴艺强

【外事办】

主　任　林畅浩

【政府新闻办】

主　任　陈子铭

【人力资源和社会保障局】

局　长　蓝晓华

副局长　许鹏程

王长永

【机关事业单位社会保险中心】

主　任　杨伟玲

【退休干部工作指导中心】

主　任　吴蔚娟＊

【审计局】

局　长　洪忠华

副局长　高　菁＊

王健雄

【经济责任审计联席会议办公室】

主　任　陈良盆

【交通运输局】

局　长　林建平

副局长　陈志勇

沈金海

【运输事业发展中心】

主　任　黄钟扬

【市场监督管理局】

局　长　兰长金
副局长　林　璋
　　李　军
　　林根勇
　　黄三英
食药总监　曾雪芬＊
市场监管专员　郑溪波
市场监管专员　陈海生
市场监管专员　张东升
天宝市场监管所所长　陈润晖
南坑市场监管所所长　黄志国
通北市场监管所所长　阮发勇
西桥市场监管所所长　黄海强
石亭市场监管所所长　麻福希
新桥市场监管所所长　邓达茂
巷口市场监管所所长　韩清队
芝山市场监管所所长　李沁露＊
浦南市场监管所所长　陈丽娜＊
东铺头市场监管所所长　胡欣悦＊
区质量计量检验检测所所长　高清兰＊

【知识产权局】

局　长　兰长金

【供销合作社】

主　任　戴土丽
副主任　张　南
　　吴汉明

【卫生健康局】

局　长　庄志强
副局长　邱建阳
　　陈晓芳＊

【行政服务中心】

主　任　康惠萍＊
副主任　陈建斌

【退役军人事务局】

局　长　王景联
副局长　黄立强
　　刘海兵
　　宋　巍
区双拥办公室主任　王景联

【税务局】

局　长　黄江峰
副局长　陈舜荣
　　郑建明
　　张雪梅＊
　　黄朝旭
第一税务分局局长　吴银华＊
第二税务分局局长　李福平
第三税务分局局长　杨秀峰
新桥税务分局局长　陈路迦＊
东铺头税务分局局长　张东升
通北税务分局局长　朱艺彬
南坑税务分局局长　李燕玲＊
巷口税务分局局长　汤　琳＊
　　—2022.06
芝山税务分局局长　胡炳文
天宝税务分局局长　陈安亮

【发展改革局】

局　长　唐　凌
副局长　洪盛祥
　　郑惠贞＊
　　陈廉毅

【粮食和物资储备局】

局　长　林淑平

【工业和信息化局】

局　长　欧阳思嘉＊
副局长　肖显云
　　杨志鸿

【集体工业联合社】

副主任　黄伟昭
　　齐国利

【贸易促进会】

会　长　李泊生
副会长　袁德辉
　　陈夏莉＊

【商务局】

局　长　张婉瑜＊
副局长　林　靖＊
　　沈春光

【财政局】

局　长　林广文
副局长　黄庆达
　　陈小勇

【统计局】

局　长　洪建辉
副局长　吴淑红＊
　　郭　婷＊

【城市社会经济调查队】

队　长　高昭兵

【农村社会经济调查队】

队　长　钟飞凤＊

【应急管理局】

局　长　韩纯武

副局长　谢金仔
魏晨龙

【综合执法支队芗城区大队】
大队长　韩志阳

【地震办公室】
副主任　郑鹏飞

【农业农村局】
党组书记　蔡金山
副 局 长　郭　宏
陈志福

【农业机械服务中心】
主　任　林佳仁

【水利局】
局　长　郭晋忠
副局长　陈新恩
白成智

【大水港电力排灌所】
主　任　胡　乾

【自然资源局】
局　长　沈西旗
副局长　陈清炎
沈毅麟
苗润丰
不动产登记中心主任　许挺雄

【生态环境局】
局　长　陈松辉
副局长　吴加祥
李佳文
监测站站长　林　炜

【民政局】
局　长　詹艺勇
副局长　宋德勇

【城市管理局】
局　长　刘永刚
副局长　李金勇
黄小民
吴永昌
直属执法一大队大队长　周志刚
直属执法二大队大队长　宁志平
直属执法二大队教导员　吴奕鹏

【住房和城乡建设局】
局　长　詹荣华
副局长　吕　硕
李雪莲＊
杨贺忠
房地产综合服务中心主任　吴少平＊
城乡建设服务中心主任　洪艺平
建设工程质量安全站站长　管鸣强

【医疗保障局】
局　长　许震凡
副局长　曾晓艳＊
市医保中心芗城分中心主任　陈和成

【教育局】
局　长　曾　超＊
副局长　林　辉
林荣坤
教师进修学校校长　柯顺德

【文化体育和旅游局】
党组书记　陈贺凯
局　　长　沈淑惠＊
副 局 长　张文海
蔡智庆
旅游服务中心主任　林小连＊
文物保护中心主任　郭群燕＊

【金峰经济开发区管理委员会】
主　任　陈　梅＊
副主任　林华山
郭笑尘＊
蔡翔峰
陈文标
党政办公室主任　温秋莎＊
经济发展局局长　郑毅琳
产业园服务中心主任　黄金煌
建设工程服务中心主任　吴张历

【消防救援大队】
大 队 长　张　喆
教 导 员　庄添福
副大队长　费文海

2022 年芗城区人大、政协及主要社会团体负责人名录

【人大常委会】

主　任　曾勇平
副主任　胡敦金
　刘志明
　刘南煌
　雷黄文君 *
办公室主任　黄　序
办公室副主任　宋鹏飞
人事代表工委主任　甘锦丽 *
人事代表工委副主任　刘名幸
监司工委主任　蔡剑虹
财经工委主任　林俊铭
农经工委主任　苏国伟
教科文卫工委主任　郭志坚
城环工委主任　杨晓煌 *
侨台工委主任　吕雅莉 *
信访办主任　蔡立洲
社会委主任委员　姜鲁春 *
社会委专职副主任　卢亚珍 *
专职委员　赖庆辉
　胡春宇

【政协】

党组书记、主席　刘建英 *
党组副书记　潘海鹰 *
副主席　杨美恋 *
　杨燕明
　张雅玲 *
　郭达璐 *
党组成员　杨瑞发
办公室主任　张淑娟 *
办公室副主任　李　艳 *
专职常委　孙剑清
提案委主任　杨超铭
提案委副主任　洪宣宇
经济委主任　肖　斌
教科卫体委主任　张小洪 *
教科卫体委副主任　黄雪芬 *
社法委主任　沈耀福
台港澳侨联络委主任　岑　屹
文化和文史委主任　陈伟存
文化和文史委副主任　赖　廷
农业农村委主任　唐海标

【总工会】

主　席　潘海鹰 *
常务副主席　戴成兴
副主席　郭　宏
　邱汉枝
　林益生

【共青团芗城区委】

书　记　戴贺亮 *
副书记　张善立
　蔡梦雪 *

【妇女联合会】

主　席　谷宇凤 *
副主席　陈艺青 *
　张玲玲 *

【归国华侨联合会】

党组书记　余志霆
副 主 席　林梅金 *
　李至凌

【台湾同胞联谊会】

副会长　黄林苹 *

【残疾人联合会】

理 事 长　韩小强
副理事长　杨鹏展
　许伟坚

【文学艺术界联合会】

主　席　李静然
副主席　詹宝全
　卢一心

【社会科学界联合会】

主　席　赖建河

【计划生育协会】

会　长　廖文彬
副会长　张振拓
常务专职副会长　宋冰津
专职副会长　蒋慧生
专职副会长兼秘书长　江坤生

【工商业联合会】

党组书记　杨颂东
副 主 席　樊贵宾
　杨　婧 *

【红十字会】

党组书记、常务副会长　吴　蓥 *
副会长　谢伟国
　谢学衍

【关心下一代工作委员会】

主　任　冯爱珍＊
常务副主任　郑俊玉＊
副主任　杨小云＊
郑琼芬＊
陈茂山
叶慧平

【科学技术协会】

主　席　林永华
副主席　郭纪龙
张细平

2022年芗城区国防、政法部门负责人名录

【人民武装部】

部　长　韩晓东
政治委员　王献辉
副部长　宋　巍

【人防办公室】

主　任　詹荣华

【政法委】

书　记　戴木典
副书记　李西贵
林亚福
陈细斌
综治中心主任　沈　斌

【检察院】

检察长　郭荣龙
副检察长　韩　琦
张志山
卢淑娟＊
检察委员会委员　杨耀明
程道龙
专职检委　杨亦红＊
黄燕斌
余宙平
蔡合明
苏　毅＊
政治部主任　杨耀明
副主任　陈　葳
办公室副主任　于　敏
第三检察部一级检察官　蔡永铭
第五检察部副主任、三级检察官助理　张小勤＊
综合业务部一级书记员　郑丽洋
综合业务部三级检察官助理　张英姿＊
综合业务部三级检察官助理　郑剑波

【司法局】

局　长　郑柏苍
副局长　程　勇
阮少龄＊
政工科科长　杨加敏＊
东铺头司法所所长　郑婷婷＊
西桥司法所所长　林小兰＊
新桥司法所所长　沈淑彬＊
巷口司法所所长　林俊丽＊
南坑司法所所长　吴继锋
通北司法所所长　王雅慧＊
芝山司法所所长　刘　萍＊
石亭司法所所长　林舒婷＊
天宝司法所所长　颜锦清＊
浦南司法所所长　李金勇

【芗城公安分局】

局　长　林国栋
政　委　郑晓萍＊
政工室主任　余子力
副局长　戴炎林
副局长　邱炳晖
副局长、刑侦大队长　黄燕德
副局长　甘少泓

【法院】

院　长　林银木
副院长　黄志丽＊
欧阳江华＊
沈全国
政治部主任　陈丹华＊
审判委员会专职委员　梁飞燕＊
许华望＊

【交警大队】

党总支书记、大队长　钟杨达伟
党总支副书记、教导员　胡纯海
党总支副书记　赖自生
党总支委员、副大队长　张志斌＊
党总支委员、副大队长　吴文兴

2022 年芗城区各镇（街）负责人名录

【天宝镇】

党委书记	姚丽津＊
副书记	林志明
副书记	郑英彬
人武部长	陈勇明
宣传委员	曾冬生
统战委员	陈奕慈
政法委员	林育兴
组织委员	蔡梓琦
人大主席	徐莉莉＊
纪委书记	吴勇德
镇　长	林志明
副镇长	林艺聪
副镇长	陈　瑛＊
副镇长	陈　懿
农业农村服务中心主任	郑剑冰
便民服务中心主任	王雪琼＊
综合执法大队大队长	陈星辉
天宝派出所所长	陈　懿
综治办主任	黄主新

【浦南镇】

党委书记	陈田玲＊
副书记	卢永旺
副书记	郑蔡乐
政法委员	陈惠忠
宣传委员	兰少泉
统战委员	吴苏君
组织委员	石其文
党委委员	李春华
党委委员	方　力
人大主席	魏冠莹＊
纪委书记	李春华
镇　长	郑蔡乐
副镇长（挂职）	郑宇宁
副镇长	李建棠
副镇长	林晓成
便民服务中心主任	林跃能
农业农村服务中心主任	洪火狮
综合执法大队大队长	谢文辉
派出所所长（挂职）	郑宇宁

【东铺头街道】

党工委书记	曾　超
副书记	张惠珊＊
副书记	庄炎坤
宣传委员、统战委员	林德辉
政法委员	庄炎坤
组织委员	黄伟铃
委员	汪文华
人大工委主任	黄智炜
纪工委书记	周慕菡＊
办事处主任	张惠珊＊
副主任	汪文华
便民服务中心主任	胡和明
综合执法大队大队长	黄成鹏
经济服务中心主任	吴睿煌＊

【西桥街道】

党工委书记	兰亚平
副书记	许震生
副书记	苏　毅
政法委员	苏　毅
宣传委员	卢伟锋
组织委员	沈文兰＊
人武部部长	许思明
统战委员	陈艺泉
人大工委主任	刘秀敏＊
纪工委书记	褚伟强
办事处主任	许震生
副主任	卢伟锋
便民服务中心主任	蔡建荣
综合执法大队大队长	林建神
经济服务中心主任	周小苹＊

【新桥街道】

党工委书记	戴雅和
副书记	陈智兴
副书记	李　可
武装部长	李　可
政法委员	陈智敏
统战委员	王清松
宣传委员	王　平＊
组织委员	许新梅＊
人大工委主任	李　金
纪工委书记	黄　挺
办事处主任	陈智兴
副主任	王　平＊
便民服务中心主任	李　竞＊
综合执法大队大队长	吴少容
经济服务中心主任	吴茂元

【巷口街道】

党工委书记	黄一峰
副书记	张振拓
副书记	魏朝辉
人武部长	杨惠河
组织委员	李　畅＊
宣传委员	韩希鹏
政法委员	王汉棠
统战委员	钟立平＊
委　员	林泓杰
人大工委主任	戴溪勇
纪工委书记	林泓杰
办事处主任	张振拓

副主任 杨惠河
便民服务中心主任 黄加金
经济服务中心主任 刘莉莉*
综合执法大队大队长 甘佳彬

【南坑街道】

党工委书记 林江鸿
副书记 沈毅滨
副书记 吴健彬
宣传委员 陈惠明
统战委员 陈瑞芳
人武部部长 陈瑞芳
组织委员 黄毅鑫
委　员 蔡永铭
人大工委主任 赖志伟
纪工委书记 张秋婷*
办事处主任 沈毅滨
副主任 何淑茹*
副主任 陈惠明
副主任 高　锋
南坑派出所所长 高　锋
便民服务中心主任 林　虹*
综合执法大队大队长 赖忠山
经济服务中心主任 陈燕慧*

【通北街道】

党工委书记 洪旻禛*
副书记 俞伟杰
副书记 黄景铭
宣传委员、政法委员 蒋松炜
组织委员 陈　汐
统战委员、武装部长 巫大健
纪工委书记、监察组组长 蔡俊毅
人大工委主任 林宝叶*
办事处主任 俞伟杰
副主任 韩雪芬*
便民服务中心主任 周家顺
综合执法大队队长 杨志明
经济服务中心主任 林艺东

【芝山街道】

党工委书记 赖立华
副书记 魏林蔚
副书记 张国伟
政法委员 郭庆瑞
宣传委员 江雅红*
统战委员 王郑裔
组织委员、武装部长 郭秀伟
人大工委主任 林朝晖
纪工委书记、监察组组长 陈艳亭*
办事处主任 魏林蔚
副主任（试用期一年） 洪艺平
副主任（挂职） 张　政
宣教文卫服务中心主任 林惠斌
综合执法大队队长 陈文容
便民服务中心主任 郑珍珠*

【石亭街道】

党工委书记 杨向荣
副书记 邱溪林
副书记 侯旭明
宣传委员 陈金发
人武部长 陈智永
统战委员 戴财富
政法委员 侯旭明
组织委员 刘　玲*
人大工委主任 戴绍辉
纪工委书记 胡　亮
办事处主任 邱溪林
副主任 蔡雅娟*
副主任 林立宇*
便民服务中心主任 管立娜*
农业农村服务中心主任 吴自强
综合执法大队大队长 沈晓辉
派出所所长 陈振洋

注：标*为女同志。名单以2022年12月底在职者为准，相同职务人员做适当归类，不作为排序依据，由各单位提供。

2022 年芗城区各镇（街）下辖村（社区）负责人一览表

表 9

镇（街）	村（社区）	支部书记	主任
天宝镇	塔尾村	柯丽粉 *	柯丽粉 *
	墨溪村	戴志福	戴志福
	田寮村	戴万金	戴万金
	过塘村	韩淑珍 *	韩淑珍 *
	大寨村	韩高琪	韩高琪
	月岭村	韩佳斌 *	韩佳斌 *
	盘谷村	韩建泉	韩建泉
	后寨村	沈艺勇	沈艺勇
	洪坑村	戴海铭	戴海铭
	仙都村	余振华	余振华
	埔里村	陈世伟	陈世伟
	天宝社区	韩顺福	韩顺福
	山美社区	沈天生	沈天生
	路边社区	黄主新	黄主新
	后巷社区	杨明辉	杨明辉
	珠里社区	林保成	林保成
	茶铺社区	钟锦平（畲族）	钟锦平（畲族）
	张坑社区	陈斌勇	陈斌勇
	凤园社区	陈四溪	陈四溪
	后塘社区	郑国志	郑国志
	蕉芗社区	韩河南	韩河南
	五峰田中社区	兰小武	兰小武
	五峰山仔尾社区	陈赐福	陈赐福
浦南镇	浦林社区	杨伟波	杨伟波

续表 9

镇（街）	村（社区）	支部书记	主任
浦南镇	布坑社区	黄燕（暂）*	—
	蓬莱社区	郑保辉	郑保辉
	大山社区	陈丽菊 *	陈丽菊 *
	总山社区	张新国	张新国
	浦南社区	李巧丽 *	李巧丽 *
	金沙村	陈元华	陈元华
	后林村	杨海标	杨海标
	浯沧村	蒋明亮	蒋明亮
	福林村	陈清炎	陈清炎
	浦南村	宋秀枝 *	宋秀枝 *
	光坪村	林志平	林志平
	松洲村	钟俊福	钟俊福
	鳌浦村	吴伟忠	吴伟忠
	宏道村	曾建斌	曾建斌
	东坑村	吴含明	吴含明
	诗朋村	林漳文	林漳文
	双溪村	何凰辉	何凰辉
	渡东村	黄惠卿 *	黄惠卿 *
	溪园村	林丽芬 *	林丽芬 *
	园坑村	林东海	林东海
	谢坑村	丁锦海	丁锦海
东铺头街道	东铺头社区	庄开展	庄开展
	南昌社区	陈承泽	陈承泽
	水仙花社区	黄雅雅 *	黄雅雅 *
	北桥社区	林辉霞 *	林辉霞 *
	金宝社区	陈白羽 *	陈白羽 *
	县后社区	庄震杰	庄震杰

续表 9

镇（街）	村（社区）	支部书记	主任
东铺头街道	师院社区	陈卫东	陈卫东
	西街社区	沈菲菲*	沈菲菲*
	瑞京社区	黄惠娜*	黄惠娜*
	瑞园社区	郑勇明	郑勇明
	龙江社区	陈素英*	陈素英*
西桥街道	西桥社区	庄逸平	庄逸平
	延安社区	黄雅玲*	黄雅玲*
	旧桥社区	魏钉楠*	魏钉楠*
	华南社区	戴学贵*	戴学贵*
	北京社区	沈晓德	沈晓德
	钟芬社区	肖荣凤*	肖荣凤*
	新华社区	林　璟*	林　璟*
	南台社区	王惠君*	王惠君*
	加禾社区	施雪峰*	施雪峰*
新桥街道	解放社区	杨晓晶*	杨晓晶*
	红星社区	陈慧娜*	陈慧娜*
	下沙社区	郑丽君*	郑丽君*
	前锋社区	蓝志华（畲族）	蓝志华（畲族）
	新竹社区	李源杰	李源杰
	元南社区	杨志燕*	杨志燕*
	浦洲社区	王兰红*	王兰红*
	新城社区	林荣蓉*	林荣蓉*
	诗浦社区	郑毅莹*	郑毅莹*
	悦港社区	林惠娟*	林惠娟*
	悦华社区	梁赛珍*	梁赛珍*
	华港社区	蔡培凤*	蔡培凤*
	榕御社区	宋蓓茹*	宋蓓茹*

续表 9

镇（街）	村（社区）	支部书记	主任
巷口街道	鑫荣社区	沈小洁＊	沈小洁＊
	苍园社区	李豫福	李豫福
	甘棠宫社区	何展马	何展马
	新浦社区	蒋细娜＊	蒋细娜＊
	新华东社区	沈秋萍＊	沈秋萍＊
	民主里社区	杨华燕＊	杨华燕＊
	岳口社区	杨翠霞＊	杨翠霞＊
	新锋社区	蔡立杰	蔡立杰
	巷口社区	钟铭德（畲族）	钟铭德（畲族）
	九龙社区	朱艺丹＊	朱艺丹＊
	东园社区	许新红＊	许新红＊
	浦头社区	陆嘉颖＊	陆嘉颖＊
	官园社区	谢婉音＊	谢婉音＊
	东门社区	吴艺聪	吴艺聪
	塔后社区	陈乌森	陈乌森
	市尾社区	陈智敏＊	陈智敏＊
南坑街道	腾飞社区	苏冰珊＊	苏冰珊＊
	龙通社区	许建成	许建成
	华元社区	颜贞贞＊	颜贞贞＊
	金冠社区	罗云玉＊	罗云玉＊
	东岳社区	林美姗＊	林美姗＊
	东关社区	郑燕芬＊	郑燕芬＊
	群裕社区	黄益良	黄益良
	漳糖社区	郑启文	郑启文
	洋�社区	吴顺泉	吴顺泉
	南坑社区	叶清宇	叶清宇
	桃林社区	许海玲＊	许海玲＊

续表 9

镇（街）	村（社区）	支部书记	主任
南坑街道	红旗社区	王伟宏	王伟宏
	市后社区	游小玲 *	游小玲 *
	群兴社区	林雅慧 *	林雅慧 *
	福龙社区	柯惠娜 *	柯惠娜 *
	北郡社区	蒋钰涓 *	蒋钰涓 *
	岱山社区	陈小娜 *	陈小娜 *
	古塘社区	蔡伟志	蔡伟志
	农友社区	林志强	林志强
	坑头社区	邹和荣	邹和荣
	利民社区	林　俊	林　俊
通北街道	大同社区	林龙国	林龙国
	西洋坪社区	吴建聪	吴建聪
	金湖社区	郭英勇	郭英勇
	湖内社区	尤雅君 *	尤雅君 *
	芝山社区	陈惠娇 *	陈惠娇 *
	北塔社区	许莉菁 *	许莉菁 *
	宝珠园社区	许珍苹 *	许珍苹 *
	和平里社区	吴慧颖 *	吴慧颖 *
	延安北社区	蔡雪娜 *	蔡雪娜 *
	团结社区	杨淑娟 *	杨淑娟 *
	金源社区	陈秦兰 *	陈秦兰 *
	漳华社区	杨秀军 *	杨秀军 *
	高校社区	黄雅珊 *	黄雅珊 *
芝山街道	林内社区	陈清标	陈清标
	金鑫社区	吴巧能 *	吴巧能 *
	康山社区	林东山	林东山
	西院社区	杨毅伟	杨毅伟

续表9

镇（街）	村（社区）	支部书记	主任
芝山街道	金峰社区	李春华 *	李春华 *
	谢溪头社区	谢麟鹏	谢麟鹏
	前山社区	胡智勇	胡智勇
	上墩社区	杨文强	杨文强
	甘棠社区	郭少斌	郭少斌
	渡头社区	陈　强	陈　强
	上坂社区	陈少平	陈少平
	惠民社区	陶恒奎	陶恒奎
	金永社区	陈芳芳 *	陈芳芳 *
	下碑社区	陈俊平	陈俊平
	金瑞社区	周秋萍 *	周秋萍 *
	锦鸿社区	韩杰彬	韩杰彬
	金品社区	苏春梅 *	苏春梅 *
	悠乐社区	陈小华 *	陈小华 *
石亭街道	庵山社区	陈太元	陈太元
	鳌门社区	詹志宾	詹志宾
	北斗社区	黄金行	黄金行
	北星社区	黄勇杰	黄勇杰
	蔡坑社区	曾艺能	曾艺能
	蔡前社区	郑清勇	郑清勇
	董坑社区	陈炎坤	陈炎坤
	丰乐社区	郑曲敏	郑曲敏
	高坑社区	孙小莹 *	孙小莹 *
	后园社区	杨清雄	杨清雄
	寮里社区	林清福	林清福
	龙秋社区	陈金海	陈金海
	庐山园社区	卞素贞 *	卞素贞 *

续表 9

镇（街）	村（社区）	支部书记	主任
石亭街道	南山村	黄宝德	黄宝德
	埔尾社区	王成强	王成强
	秋坑社区	黄志煌	黄志煌
	塘边社区	黄波木	黄波木
	田边社区	郭燕贞＊	郭燕贞＊
	乌石社区	高志明	高志明
	下苍社区	李祥庆	李祥庆
	下高坑社区	钟丽君＊（畲族）	钟丽君＊（畲族）
	仙景社区	林良斌	林良斌
	香坂社区	许峻辉	许峻辉
	新厝社区	黄坤木	黄坤木
	扬美社区	郑炳松	郑炳松

芗城区 2022 年度获市级以上表彰的先进单位一览表

表 10

获表彰单位	表彰单位	表彰名称（含称号、奖项、奖次等）	表彰时间
漳州市芗城区市场监督管理局	中共中央宣传部、中华人民共和国司法部、全国普及法律常识办公室	2016—2020 全国依法治理创建活动先进单位	2022. 01
芗城区司法局	福建省司法厅	2019—2021 年度全省人民调解先进集体	2022. 01
芗城区人民政府信访局	福建省人社厅、福建省信访局	全省信访系统先进集体	2022. 01
东铺头街道金宝社区	人力资源和社会保障部办公厅	第五批国家级充分就业社区	2022. 01. 07
芗城区总工会	福建省总工会	2021 年度优秀审计项目	2022. 01. 18
区委政法委微信公众号“芗城晴空”	省委政法委办公室	第三届全省政法新媒体优秀账号	2022. 02
芗城区水利局	福建省水利厅	福建省水利厅表扬信	2022. 02
南坑街道群裕社区	福建省妇联	全省巾帼志愿服务十大最美社区	2022. 03
漳州市芗城生态环境局	福建省生态环境厅	2021 年生态环境保护执法大练兵表现优异、突出集体	2022. 03. 18
漳州市芗城生态环境局	中华人民共和国生态环境部	2021 年生态环境保护执法大练兵表现突出集体	2022. 03. 24

续表 10

获表彰单位	表彰单位	表彰名称（含称号、奖项、奖次等）	表彰时间
东铺头街道	福建省司法厅	福建省政府立法基层联系点	2022.04.01
漳州市芗城区人民法院刑庭	福州人行、省高院、省检察院、省公安厅	福建省打击洗钱犯罪有功集体	2022.04.15
芗城区妇女联合会	中华全国妇女联合会	第十三届全国家庭工作先进集体	2022.05
福建三宝钢铁有限公司人力资源部	福建省总工会	福建省工人先锋号	2022.05.13
漳州市公安局巷口派出所	公安部	全国公安机关爱民模范集体	2022.05.25
漳州市公安局芗城分局	公安部	全国优秀公安局	2022.05.25
芗城区农业农村局	福建省农业农村厅	农业科技网络书屋应用竞赛活动二等奖	2022.06.22
芗城区融媒体中心	福建省广播影视集团	2021 年度新闻宣传合作优秀单位	2022.06
西桥街道南台社区	司法部、民政部	全国民主法治示范村（社区）	2022.06
芗城区妇女联合会	福建省人力资源和社会保障厅、福建省妇女联合会	全省妇联系统先进集体	2022.07
芗城区工商联	福建省人社厅、福建省工商联	全省工商联系统先进集体	2022.07
南坑街道退役军人服务站	中共福建省委退役军人事务工作领导小组办公室	省级百家红色退役军人服务站	2022.07.04
芗城区通北街道金源社区退役军人服务站	中共福建省委退役军人事务工作领导小组办公室	退役军人服务保障体系建设“五有”先进单位以及“省级百家红色退役军人服务站”	2022.07.04
芗城区总工会	福建省总工会	2021 年度福建省县级工会经审工作规范化建设特等奖单位	2022.07.07
漳州市芝山大桥二标段项目经理部	福建省总工会	福建省“安康杯”先进班组	2022.07.08

续表 10

获表彰单位	表彰单位	表彰名称（含称号、奖项、奖次等）	表彰时间
漳州市高清保洁服务有限公司	福建省总工会	福建省“安康杯”先进单位	2022.07.08
中共漳州市芗城区通北街道金源社区离退休支部委员会	中共福建省委离退休干部工作委员会、中共福建省委老干部局	第三批省级离退休干部示范党支部	2022.08.09
西桥街道西桥社区离退休支部委员会	中共福建省委离退休干部工作委员会、中共福建省委老干部局	第三批省级离退休干部示范党支部	2022.08.09
芝山街道办事处	福建省统计局	福建省第七次全国人口普查突出贡献集体	2022.08
南坑街道金冠社区	福建省统计局、福建省第七次全国人口普查领导小组办公室	福建省第七次全国人口普查突出贡献集体	2022.08
巷口街道办事处	福建省统计局、福建省第七次全国人口普查领导小组办公室	福建省第七次全国人口普查突出贡献集体	2022.08
通北街道办事处	中共漳州市委、漳州市人民政府	漳州市第七次全国人口普查先进集体	2022.08
巷口街道办事处	中共漳州市委、漳州市人民政府	漳州市抗击新冠肺炎疫情集体嘉奖	2022.09.03
芗城区委组织部	中共漳州市委、漳州市人民政府	漳州市抗击新冠肺炎疫情集体嘉奖	2022.09.03
芗城区交通运输局	中共漳州市委、漳州市人民政府	漳州市抗击新冠肺炎疫情集体嘉奖	2022.09.03
芗城区卫生健康局	中共漳州市委、漳州市人民政府	漳州市抗击新冠肺炎疫情集体嘉奖	2022.09.03
芗城区妇幼保健院	中共漳州市委、漳州市人民政府	漳州市抗击新冠肺炎疫情集体嘉奖	2022.09.03

续表 10

获表彰单位	表彰单位	表彰名称（含称号、奖项、奖次等）	表彰时间
漳州市芗城区人民法院政治部	最高人民法院	人民法院政治工作先进集体	2022. 09. 23
漳州市公安局西桥派出所	福建省公安厅	集体二等功	2022. 09. 26
芗城区委老干部局	福建省委老干部局	全省老干部工作先进集体	2022. 09. 30
漳州金峰经济开发区	福建省开发区联席会议办公室	2021 年度福建省开发区综合评价国家级、省级开发区第 15 名	2022. 10. 13
漳州金峰经济开发区	福建省开发区联席会议办公室	2021 年度福建省开发区综合评价省级开发区第 5 名	2022. 10. 13
芗城区应急局	国家机关事务管理局、中共中央直属机关事务管理局、国家发展和改革委员会、财政部	节约型机关	2022. 10. 25
漳州市芗城区人民法院	福建省高级人民法院	全省法院系统第三十四届学术讨论会组织工作先进奖	2022. 11. 04
金源社区妇联	福建省妇女联合会	全省达标的村（社区）妇联	2022. 11. 14
芗城区通北街道妇联	福建省妇女联合会	全省达标的乡镇（街道）妇联	2022. 11. 14
东铺头街道水仙花社区	漳州市爱国卫生运动委员会	漳州市健康社区	2022. 11. 24
南坑街道群裕社区	民政部	全国先进基层群众性自治组织	2022. 11. 28
芗城区农业农村局	福建省农业农村厅（乡村振兴局）	2022 年村庄清洁行动突出单位	2022. 12. 13
东铺头街道武装部	漳州军分区动员处、漳州市人民政府办公室、中共漳州市委组织部	三星级武装部	2022. 12. 13
南坑街道侨联	福建省归国华侨联合会	省级“五有”侨胞之家	2022. 12. 21
芗城区天宝镇墨溪村	中共福建省委扶贫开发成果巩固与乡村振兴工作领导小组办公室	2022 年度乡村振兴实绩突出村	2022. 12

续表 10

获表彰单位	表彰单位	表彰名称（含称号、奖项、奖次等）	表彰时间
西桥街道南台社区	司法部、民政部	第九批“全国民主法治示范村（社区）”	2022.12
天宝镇珠里社区	司法部、民政部	第九批“全国民主法治示范村（社区）”	2022.12
芗城区人民武装部	漳州军分区	全面建设先进人武部	2022.12
芗城区人民政府信访局	福建省信访局	全省信访系统信访热点调研报告组织奖	2022.12
西桥街道侨联	福建省归国华侨联合会	省级“五好”侨胞之家	2022.12
中国银行芗城支行	中国银行福建省分行	巾帼文明示范岗	2022年
天宝镇田寮村	国家减灾委、应急管理部等	全国综合减灾示范社区	2022年

芗城区 2022 年度获市级以上表彰的先进个人一览表

表 11

受表彰人姓名	工作单位	表彰单位	表彰名称（含称号、奖项、奖次等）	表彰时间
黄志丽	漳州市芗城区人民法院	福建省高级人民法院	新时代福建法院英模	2022.01.26
黄东标	漳州市芗城区人民法院	福建省高级人民法院	新时代福建法院英模	2022.01.26
林小兰	漳州市芗城区司法局西桥司法所	福建省司法厅	2019—2021 年度全省人民调解先进个人	2022.01
黄毅鑫	中共芗城区委机构编制委员会办公室	福建省人力资源和社会保障厅、中共福建省委机构编制委员会办公室	全省机构编制系统先进工作者	2022.01
林淑平	芗城区发展和改革局	中共漳州市委、漳州市人民政府	2021 年度漳州市“六比一看”竞赛个人嘉奖	2022.02
沈春光	芗城区商务局	中共漳州市委漳州市人民政府	漳州市 2021 年“产业发展项目建设年”活动个人记功（嘉奖）	2022.02
叶慧平	芗城区委老干部局	福建省委老干部局	2021 年全省老干部宣传工作表现突出个人	2022.02.08
柯哲强	漳州市芗城区生态环境保护综合执法大队	福建省生态环境厅	福建省 2021 年生态环境保护执法大练兵表现优异个人	2022.03.18
柯哲强	漳州市芗城区生态环境保护综合执法大队	中华人民共和国生态环境部	2021 年生态环境保护执法大练兵表现突出个人	2022.03.24
杨　欢	正兴医院	福建省妇女联合会	福建省首届“最美基层妇联执委”	2022.03
洪盛祥	芗城区发展和改革局	福建省人民政府	2019—2021 年福建省重点建设项目“先进工作者”称号	2022.04

续表 11

受表彰人姓名	工作单位	表彰单位	表彰名称（含称号、奖项、奖次等）	表彰时间
张文海	芗城区文体旅游局	福建省人力资源和社会保障厅、福建省文化和旅游厅	全省文化和旅游系统先进工作者	2022.04
杨小娟	漳州市芗城区人民法院	福州人行、省高院、省检察院、省公安厅	福建省打击洗钱犯罪有功个人	2022.04.15
卢俞岑	漳州市芗城区人民法院	福州人行、省高院、省检察院、省公安厅	福建省打击洗钱犯罪有功个人	2022.04.15
张伟明	漳州市芗城区人民法院	福州人行、省高院、省检察院、省公安厅	福建省打击洗钱犯罪有功个人	2022.04.15
游丽娜	漳州市芗城区人民法院	福州人行、省高院、省检察院、省公安厅	福建省打击洗钱犯罪有功个人	2022.04.15
张明浪	漳州傲农牧业科技有限公司	福建省总工会	福建省五一劳动奖章	2022.05.13
卞国平	漳州市芗城区人民法院	福建省平安建设领导小组、福建省人力资源和社会保障厅	平安建设先进个人	2022.06
游淑玲	芗城区农业农村局	福建省农业农村厅	农业科技网络书屋应用竞赛活动三等奖（个人奖）	2022.06.22
林俊丽	芗城区司法局巷口司法所	福建省人力资源和社会保障厅、福建省司法厅	全省司法行政系统先进工作者	2022.08
郭芸华	金峰管委会经济发展局	福建省统计局、福建省第七次全国人口普查领导小组办公室	福建省第七次全国人口普查突出贡献个人	2022.08

续表 11

受表彰人姓名	工作单位	表彰单位	表彰名称（含称号、奖项、奖次等）	表彰时间
陈惠娇	通北街道芝山社区	福建省统计局、福建省第七次全国人口普查领导小组办公室	福建省第七次全国人口普查突出贡献个人	2022.08
陈小华	芝山街道悠乐社区	中共漳州市委、漳州市人民政府	漳州市第七次全国人口普查先进个人	2022.08
郑　晞	南坑街道红旗社区	中共漳州市委、漳州市人民政府	漳州市第七次全国人口普查先进个人	2022.08
韩雪芬	通北街道办事处	中共漳州市委、漳州市人民政府	漳州市第七次全国人口普查先进个人	2022.08
郭芸华	漳州金投集团有限公司	福建省统计局、福建省第七次全国人口普查领导小组办公室	福建省第七次全国人口普查突出贡献个人	2022.08.01
柯哲强	漳州市芗城区生态环境保护综合执法大队	福建省总工会	福建省金牌工匠	2022.08.29
戴丽彬	东铺头社区卫生服务中心	中共福建省委宣传部、福建省卫生健康委员会、福建省总工会	2022 年度福建省“最美医师”	2022.09.01
胡纯海	芗城交警大队	中共漳州市委、市政府	漳州市抗击新冠肺炎疫情个人嘉奖	2022.09.03
杨燕明	芗城区政协	中共漳州市委、漳州市人民政府	漳州市抗击新冠肺炎疫情个人嘉奖	2022.09.03
江坤生	区计生协	中共漳州市委、漳州市人民政府	漳州市抗击新冠肺炎疫情个人嘉奖	2022.09.03
陈惠明	南坑街道办事处	中共漳州市委、漳州市人民政府	漳州市抗击新冠肺炎疫情表现突出个人	2022.09.03
杨旭东	区运输事业发展中心	中共漳州市委、漳州市人民政府	漳州市抗击新冠肺炎疫情表现突出个人	2022.09.03

续表 11

受表彰人姓名	工作单位	表彰单位	表彰名称（含称号、奖项、奖次等）	表彰时间
吴素琴	区运输事业发展中心	中共漳州市委、漳州市人民政府	漳州市抗击新冠肺炎疫情表现突出个人	2022.09.03
方长林	芗城区委组织部干部档案室	漳州市委、市政府	漳州市抗击新冠肺炎疫情表现突出个人	2022.09.03
林艺鸿	芗城区疾病预防控制中心	中共漳州市委、漳州市人民政府	漳州市抗击新冠肺炎疫情表现突出个人	2022.09.03
黄立英	芗城区疾病预防控制中心	中共漳州市委、漳州市人民政府	漳州市抗击新冠肺炎疫情表现突出个人	2022.09.03
林阳珍	通北社区卫生服务中心	中共漳州市委、漳州市人民政府	漳州市抗击新冠肺炎疫情表现突出个人	2022.09.03
王　燕	浦南镇中心卫生院	中共漳州市委、漳州市人民政府	漳州市抗击新冠肺炎疫情表现突出个人	2022.09.03
张益杰	金峰管委会党政办公室	中共漳州市委、漳州市人民政府	漳州市抗击新冠肺炎疫情表现突出个人	2022.09.03
黄一峰	巷口街道	中共漳州市委、漳州市人民政府	漳州市抗击新冠肺炎疫情表现突出个人	2022.09.03
张文溪	芗城区纪委监委	中共漳州市委、漳州市人民政府	漳州市抗击新冠肺炎疫情表现突出个人	2022.09.03
李　竞	新桥街道	中共漳州市委、漳州市人民政府	漳州市抗击新冠肺炎疫情表现突出个人	2022.09.03
欧阳思嘉	芗城区工信局	中共漳州市委、漳州市人民政府	漳州市抗击新冠肺炎疫情表现突出个人	2022.09.03
林惠斌	芝山街道办事处	中共漳州市委、漳州市人民政府	漳州市抗击新冠肺炎疫情表现突出个人	2022.09.03
胡和明	东铺头街道办事处	中共漳州市委、漳州市人民政府	漳州市抗击新冠肺炎疫情表现突出个人	2022.09.03
许震生	芗城区西桥街道办事处	中共漳州市委、漳州市人民政府	漳州市抗击新冠肺炎疫情表现突出个人	2022.09.03
蔡雅娟	芗城区人民政府石亭街道办事处	中共漳州市委、漳州市人民政府	漳州市抗击新冠肺炎疫情表现突出个人	2022.09.03

续表 11

受表彰人姓名	工作单位	表彰单位	表彰名称（含称号、奖项、奖次等）	表彰时间
卞国平	漳州市芗城区人民法院	最高人民法院	全国法院办案标兵	2022.11
王　腾	芗城区人民政府信访局	福建省信访联席办、福建省信访局	党的二十大信访安全保障工作突出个人	2022.12
黄　莹	区应急管理局	省人力资源和社会保障厅、省应急管理厅	福建省应急管理系统先进工作者	2022.12
戴志敏	芗城区纪委监委	中共福建省纪委、福建省监察委员会	纪检监察工作表现突出个人嘉奖	2022.12
吴文华	漳州市芗城区人民法院	福建省高级人民法院	全省法院党的二十大期间信访安全保障工作成绩突出个人	2022.12
邓水仙	芗城区纪委监委	中共福建省纪委、福建省监察委员会、福建省人力资源和社会保障局	全省纪检监察系统先进工作者	2022.12
韩晓东	芗城区人民武装部	漳州军分区	人武部建设优秀个人	2022.12
周锦超	芗城区人民武装部	漳州军分区	人武部建设优秀个人	2022.12
黄艺军	南坑派出所	福建省公安厅	个人二等功	2022.12.07
庄添发	东铺头派出所	福建省公安厅	个人三等功	2022.12.07

附录

2022年芗城区主要经济指标完成情况

表12

主要经济指标	单　位	完成量	增长（%）
地区生产总值	亿元	868.84	8.0
第一产业增加值	亿元	11.95	6.3
第二产业增加值	亿元	380.32	9.3
第三产业增加值	亿元	476.57	7.1
农林牧渔业总产值	亿元	22.06	6.9
固定资产投资	亿元	307.64	15.1
规模工业产值	亿元	974.03	13.2
规模工业增加值	亿元	—	12.9
一般公共预算总收入	亿元	33.29	6.1
地方一般公共预算收入	亿元	20.20	11.9
社会消费品零售总额	亿元	331.62	5.9
城镇居民人均可支配收入	元	52056	6.8
农村居民人均可支配收入	元	25721	9.1

芗城区 2022 年规模以上工业企业名单

表 13

序号	企业名称	序号	企业名称
1	福建三宝钢铁有限公司	30	漳州科虹电子有限公司
2	福建三宝特钢有限公司	31	漳州市亚和木业有限公司
3	福建科宝金属制品有限公司	32	漳州市百事得家具有限公司
4	福建华晟新能源发展有限公司	33	漳州南方机械有限公司
5	漳州鼎鑫工贸有限公司	34	漳州跃庆彩色印务有限公司
6	漳州市东方仪器仪表有限公司	35	漳州市威华电子有限公司
7	漳州市东方智能仪表有限公司	36	漳州鸿华木制品有限公司
8	漳州市玉山电子制造有限公司	37	中拓（漳州）木业有限公司
9	雅歌乐器（漳州）有限公司	38	漳州市森豪木业有限公司
10	玉丰乐器（漳州）有限公司	39	漳州市吉瑞宝家具有限公司
11	信华食品（漳州）有限公司	40	漳州市楚健体育用品有限公司
12	漳州市金峰食品工业有限公司	41	漳州天棋美术艺品有限公司
13	漳州捷龙自动化技术有限公司	42	漳州丰笙新材料有限公司
14	漳州市国辉工贸有限公司	43	漳州市远福包装有限公司
15	福建金正丰金属工业有限公司	44	漳州磐大日用品有限公司
16	福建建金智能科技有限责任公司	45	漳州市恒生家具有限公司
17	升阳食品（漳州）有限公司	46	漳州市永生家具有限公司
18	漳州力展电子科技有限公司	47	漳州腾昇金属制品有限公司
19	漳州市明锋金银丝有限公司	48	漳州易尔塑业有限公司
20	漳州安然燃气有限公司	49	福建科兴食品有限公司
21	漳州发展水务集团有限公司	50	漳州市玉辉彩印有限公司
22	漳州南华水务有限公司	51	漳州沃德轴承有限公司
23	漳州科晖专用汽车制造有限公司	52	漳州市芗城源龙钟表有限公司
24	漳州科晖机械电子有限公司	53	福建飞扬家具有限公司
25	漳州大通自动化机械有限公司	54	福建万顺粉末涂料有限公司
26	福建世卓电子科技有限公司	55	漳州康利嘉钟表有限公司
27	漳州科华技术有限责任公司	56	漳州市信扬贸易有限公司
28	漳州科华电气技术有限公司	57	漳州市信扬家具有限公司
29	漳州中天电子机械有限公司	58	漳州嘉宝包装制品有限公司

续表 13

序号	企业名称	序号	企业名称
59	漳州市捷尔得车业有限公司	91	漳州市芗城隆顺彩印包装有限公司
60	精益珍食品（漳州）有限公司	92	福建德瑞莱环保科技有限公司
61	漳州市锦盛木业有限公司	93	漳州市宝福工贸有限公司
62	漳州市凯文包装制品有限公司	94	福建欧瑞园食品有限公司
63	漳州市旺佳美工贸有限公司	95	漳州翔通宝达建材有限公司
64	漳州市诚飞工贸有限公司	96	漳州市芗城顺兴罐头食品有限公司
65	漳州市欣嘉五金制品有限公司	97	福建富兴工业彩弹枪有限公司
66	漳州市华茂玻璃有限公司	98	漳州市军立工贸有限公司
67	漳州全兴体育用品有限公司	99	福建斯力特机动车配件有限公司
68	漳州市赛乐工贸有限公司	100	漳州金黑宝食用菌机械有限公司
69	漳州市蔓娜家居用品有限公司	101	漳州斯力特家具有限公司
70	漳州伯达工贸有限公司	102	漳州市锐瀚工贸有限公司
71	漳州祥茂家具有限公司	103	漳州市瑞隆达工贸有限公司
72	漳州市蔡福美乐器有限公司	104	福建省深宝建材有限公司
73	漳州利达纺织有限公司	105	漳州市芗城石亭民政水泥有限公司
74	正兴车轮集团有限公司	106	漳州珍果园食品有限公司
75	福建龙溪轴承（集团）股份有限公司	107	漳州市芗城区闽建建材有限公司
76	福建糖业股份有限公司	108	漳州市芗城区品实建材有限公司
77	漳州佳龙科技股份有限公司	109	漳州亚投新材料有限责任公司
78	漳州众环科技股份有限公司	110	漳州中仁工贸有限公司
79	漳州盈塑工业有限公司	111	漳州市芗城区傅氏热镀锌厂
80	漳州市集龙塑胶股份有限公司	112	漳州市默林家具有限公司
81	福建家促福工贸有限公司	113	漳州市传百年工贸有限公司
82	漳州市丰诚电子有限公司	114	福建傲农生物科技集团股份有限公司
83	漳州盈新精密模具有限公司	115	福建康之味食品工业有限公司
84	漳州康创净化材料有限公司	116	漳州合益塑料有限公司
85	漳州市迈科模具有限公司	117	福建金桥门业有限公司
86	漳州市盈励塑胶制品有限公司	118	漳州市金桥工贸有限公司
87	漳州市芗城区丰宝时表业有限公司	119	漳州市天铭机电有限公司
88	漳州市明圣佛具有限公司	120	漳州市方拓粉体涂料有限公司
89	福建国能光电科技有限公司	121	漳州森之源家具有限公司
90	福建年丰塑胶有限公司	122	福建漳州闽光钢铁有限责任公司

续表 13

序号	企业名称	序号	企业名称
123	漳州傲农牧业科技有限公司	155	漳州菲亚时家居用品有限公司
124	漳州泰捷生物科技有限公司	156	漳州贝斯特食品有限公司
125	福建傲农水产科技有限公司	157	福建美亚国云智能装备有限公司
126	漳州宾玮五金配件有限公司	158	漳州市隆德利钟表有限公司
127	漳州三眼通光电科技有限公司	159	福建协发食品有限公司
128	漳州冠威家具有限公司	160	漳州市振宇体育用品股份有限公司
129	福建傲科生物科技有限公司	161	漳州市佳硕家居用品有限公司
130	漳州市澳林机电设备有限公司	162	多路发环境净化技术（福建）有限公司
131	漳州市天纬塑胶有限公司	163	漳州市百图电子有限公司
132	漳州市芗城海辉日用品有限公司	164	漳州长峰电脑设备有限公司
133	漳州市富存家居制品有限公司	165	漳州冠誉灯饰有限公司
134	漳州忆霖食品有限公司	166	福建精铭开关厂有限公司
135	漳州市津味食品工业有限公司	167	福建万安实业集团有限公司
136	漳州海莱照明有限公司	168	漳州尚成家具有限公司
137	漳州市芗城昌盛家俱有限公司	169	漳州市东达日用品有限公司
138	漳州市聚祥家具有限公司	170	奇力护理用品（福建）有限公司
139	漳州市鑫瑞木业有限公司	171	漳州市奇力纸品有限公司
140	福建佰利源科技有限公司	172	漳州市鑫顺兴纸塑有限公司
141	漳州市金闽新五金制品有限公司	173	漳州市安月卫生用品有限公司
142	漳州泰里斯体育器材有限公司	174	福建省漳州市华龙饲料有限公司
143	漳州市兴夏工贸有限公司	175	漳州日高饲料有限公司
144	漳州市天兴智能科技有限公司	176	漳州鑫华港饲料有限公司
145	漳州市邦晟机械有限公司	177	漳州市海力饲料有限公司
146	漳州名庄工贸有限公司	178	福建木涂涂智能家具有限公司
147	漳州视瑞特光电科技股份有限公司	179	漳州市爱德丰工贸有限公司
148	漳州永生利家具有限公司	180	漳州亚邦化学有限公司
149	东京计装（漳州）仪表有限公司	181	漳州市马华涂装设备有限公司
150	漳州玉致家具有限公司	182	漳州市芗城晓莉卫生用品有限公司
151	福建桥南实业有限公司	183	漳州天保龙食品有限公司
152	漳州市振辉电机制造有限公司	184	漳州市大西洋食品有限公司
153	漳州市华仪电子有限公司	185	漳州市必兴钢管家具有限公司
154	漳州市芗城红梅家具有限公司	186	福建元铠人防工程设备有限公司

续表 13

序号	企业名称	序号	企业名称
187	漳州市越远食品有限公司	219	漳州市新三优家俱有限公司
188	漳州联盛弘塑胶科技有限公司	220	漳州市昌晖家俱有限公司
189	漳州市远大管业有限公司	221	漳州鑫阳食品有限公司
190	漳州豪美塑料包装制品有限公司	222	老木匠木业有限公司
191	福建立和金属制品有限公司	223	漳州市祥泰食品有限公司
192	漳州市恩扬工艺品有限公司	224	漳州新坐标工贸有限公司
193	漳州峰华家具有限公司	225	漳州贵爵家具有限公司
194	漳州市宏浦家具有限公司	226	漳州市芗城兴越工艺品有限公司
195	漳州市乙祯食品有限公司	227	漳州市鑫旭家俱有限公司
196	漳州嘉良食品有限公司	228	漳州圣正工贸有限公司
197	福建云森科技有限公司	229	漳州枝松工贸有限公司
198	漳州丽都化工有限公司	230	漳州豪展石业有限公司
199	漳州昇兴太平洋包装有限公司	231	福建木达工贸有限公司
200	漳州市英格尔农业科技有限公司	232	漳州大北农农牧科技有限公司
201	漳州市芗城森海木业有限公司	233	福建盛新金属制品有限公司
202	海之幸华昌食品（漳州）有限公司	234	漳州市固嘉金属制品有限公司
203	漳州市芗城南欣制罐厂	235	漳州五星包装制品有限公司
204	漳州欧凯家具有限公司	236	漳州市昱恒乐器有限公司
205	漳州市兴达辉机械有限公司	237	漳州市坤生家具有限公司
206	漳州市欣丽工贸有限公司	238	漳州爱伯特家居有限公司
207	漳州市三山机电设备有限公司	239	漳州捷美电业设备有限公司
208	新佳美（漳州）日用品有限公司	240	福建省昌辉机电有限公司
209	福建新佳美智能家居用品集团有限公司	241	漳州市芗城新辉塑胶有限公司
210	漳州市捷思智能科技有限公司	242	漳州市芗城华润电子有限公司
211	漳州闽南日报社印报厂	243	福建省臻泰电子有限公司
212	福建高盛包装材料有限公司	244	漳州市信天立电子有限公司
213	福建红旗股份有限公司	245	福建立熊食品有限公司
214	漳州市天冠食品有限公司		
215	漳州市贝特服饰有限公司		
216	漳州市昌祥工贸有限公司		
217	漳州市芗城万鑫海绵有限公司		
218	福建漳州久依久化工有限公司		

芗城区 2022 年度纳税 200 万元以上企业名单

表 14

序号	企业名称	税收（万元）
1	福建省烟草公司漳州市公司	170081.21
2	三宝集团股份有限公司	67861.94
3	福建漳州农村商业银行股份有限公司	12524.69
4	国网福建省电力有限公司漳州供电公司	12270.76
5	新城房地产集团（福建）有限公司	10515.60
纳税亿元及以上企业共 5 家，合计税收 27.33 亿元		
6	中国移动通信集团福建有限公司漳州分公司	8747.35
7	漳州市滨水置业有限公司	8343.51
8	福建漳龙集团有限公司	7978.01
9	福建龙溪轴承（集团）股份有限公司	6465.73
10	漳州市瑞佳房地产开发有限公司芗城分公司	6191.56
11	漳州市佳苑房地产开发有限公司芗城分公司	5093.73
12	漳州夏商房地产有限公司	5014.12
纳税 5000 万元—10000 万元（不含）企业共 7 家，合计税收 4.78 亿元		
13	漳州筑悦房地产有限公司	4943.59
14	漳州城投市政集团有限公司	4726.51
15	信和置业（漳州）有限公司	4176.46
16	漳州鹭燕医药有限公司	3961.44
17	漳州鑫信建设投资有限公司	3849.98
18	漳州兆赫房地产开发有限公司	3577.22
19	漳州科华电气技术有限公司	3534.48
20	中石化森美（福建）石油有限公司漳州分公司	3451.16
21	漳州香江房地产开发有限公司	3165.04
22	漳州高力置业有限公司	2957.79
23	漳州新源电力工程有限公司	2767.80
24	漳州中旅旅行社有限公司	2625.42

续表 14

序号	企业名称	税收（万元）
25	漳州兆昌房地产开发有限公司	2310.12
26	漳州唐峰房地产开发有限公司	2227.00
27	漳州联嘉置业有限公司	2134.41
28	正兴车轮集团有限公司	2097.84
29	漳州漳发地产有限公司	2054.40
30	福建省漳州公路交通工程有限公司	2031.09
31	漳州兆融房地产开发有限公司	2011.10
32	漳州市建筑工程有限公司	1951.52
33	福建漳州市长运集团有限公司	1945.36
34	漳州东方科技集团	1726.61
35	漳州嘉乔置业有限公司	1716.60
36	漳州金投集团有限公司	1680.49
37	漳州发展水务集团有限公司	1526.39
38	漳州市毅都房地产开发有限公司	1511.08
39	福建糖业股份有限公司	1471.92
40	漳州视瑞特光电科技股份有限公司	1457.80
41	漳州兆捷房地产开发有限公司	1454.26
42	福建漳发建设有限公司	1428.50
43	漳州汇鑫商用置业有限公司	1399.86
44	漳州海莱照明有限公司	1386.75
45	漳州恒大置业有限公司	1382.44
46	漳州科华技术有限责任公司	1215.00
47	漳州福明体育用品有限公司	1191.36
48	福建省春天生态科技股份有限公司	1176.96
49	漳州天棋美术艺品有限公司	1176.05
50	漳州市腾峰建筑工程有限公司	1137.84
51	福建万安实业集团有限公司	1032.48
52	漳州翔通宝达建材有限公司	1031.22
53	漳州信地房地产有限公司	1028.82

续表 14

序号	企业名称	税收（万元）
54	漳州市凯盛环境服务集团有限公司	1011.55
纳税 1000 万元—5000 万元（不含）企业共 42 家，合计税收 9.06 亿元		
55	雅歌乐器（漳州）有限公司	993.03
56	漳州众越城市改造建设有限公司	940.32
57	福建大舟建设集团有限公司	928.02
58	福建漳龙三宝进出口有限公司	926.16
59	丰笙实业（漳州）有限公司	917.94
60	漳州佳龙科技股份有限公司	908.09
61	漳州市芗城红梅家具有限公司	907.66
62	漳州天保龙食品有限公司	881.04
63	漳州大润发商业有限公司	869.76
64	漳州安然燃气有限公司	844.84
65	漳州富盛汽车销售有限公司	841.94
66	漳州市瑞信融资担保有限公司	828.53
67	漳州新园轻工实业有限责任公司	811.41
68	联丰（漳州）房地产开发有限公司	776.98
69	鑫泰建设集团有限公司漳州分公司	775.11
70	漳州市旅游投资集团有限公司	772.91
71	福建兆悦房地产开发有限公司	747.14
72	漳州盛达房地产开发有限公司	731.87
73	信华食品（漳州）有限公司	718.12
74	福建省漳诏高速公路服务有限公司	712.85
75	福建省漳州市华龙饲料有限公司	711.59
76	福建七建集团有限公司漳州分公司	706.67
77	福建漳州久依久化工有限公司	687.35
78	漳州全兴体育用品有限公司	650.03
79	漳州金投商贸有限公司	642.73
80	漳州市金盾保安服务集团有限公司	612.52
81	怡家园（厦门）物业管理有限公司漳州分公司	591.39

续表 14

序号	企业名称	税收（万元）
82	漳州电力勘察设计院有限公司	575.36
83	漳州南方机械有限公司	574.48
84	漳州大唐房地产有限公司	562.56
85	漳州日高饲料有限公司	560.32
86	漳州商贸企业资产管理运营有限公司	551.26
87	福建联裕房地产开发有限公司	549.96
88	漳州市威华电子有限公司	547.77
89	海之幸华昌食品（漳州）有限公司	508.30
90	漳州大发塑胶工业有限公司	503.61
91	中国电信股份有限公司漳州分公司	500.88
纳税 500 万元—1000 万元（不含）企业共 37 家，合计税收 2.69 亿元		
92	福建申汇达物流有限公司	499.13
93	漳州傲联贸易有限公司	488.64
94	漳州市供电服务有限公司	476.90
95	中国铁路南昌局集团有限公司漳州车务段	461.46
96	福建漳龙产业投资集团有限公司	459.68
97	漳州市坤生家具有限公司	450.70
98	漳州爱伯特家居有限公司	444.89
99	福建雷允上医药有限公司	437.29
100	福建世卓电子科技有限公司	437.23
101	福建康佰家医药集团有限公司芗城延安北路店	435.38
102	福建家侃福工贸有限公司	429.27
103	福建省电信技术发展有限公司漳州分公司	425.13
104	漳州市芗城顺兴罐头食品有限公司	423.90
105	漳州亚邦化学有限公司	421.65
106	漳州市水利水电勘测设计有限公司	416.08
107	漳州市凌波供应链有限公司	404.31
108	漳州市贝特服饰有限公司	400.17
109	漳州市安月卫生用品有限公司	399.68

续表 14

序号	企业名称	税收（万元）
110	福建省锋达建设集团有限公司	398.36
111	漳州宾馆有限公司	397.39
112	漳州安心建筑劳务有限公司	391.23
113	天利汇房产集团有限公司	388.52
114	漳州晟发贸易有限公司	371.73
115	中国石化销售股份有限公司福建漳州石油分公司	371.37
116	漳州市聚祥家具有限公司	368.50
117	福建荣成房地产开发有限公司	366.35
118	玉丰乐器（漳州）有限公司	361.75
119	漳州众城房地产开发有限公司	360.56
120	福建漳州发展股份有限公司	355.21
121	福建欧瑞园食品有限公司	340.66
122	福建万顺粉末涂料有限公司	339.61
123	漳州市芗城利盛发展有限公司	339.41
124	漳州大北农农牧科技有限公司	335.59
125	漳州西湖生态园开发建设有限公司	334.86
126	福建省深宝建材有限公司	334.13
127	福建省三顺交通工程有限公司	331.43
128	漳州市恩扬工艺品有限公司	329.52
129	福建康之味食品工业有限公司	327.44
130	中拓（漳州）木业有限公司	327.06
131	漳州市芗城区闽建建材有限公司	324.61
132	精益珍食品（漳州）有限公司	323.23
133	福建省建漳建设工程有限公司	320.14
134	福建漳州海晟连锁商贸有限公司	319.05
135	漳州市健明医疗器械有限公司	317.96
136	漳州市国辉工贸有限公司	316.23
137	漳州玉致家具有限公司	311.62
138	漳州新华都百货有限责任公司	310.60

续表 14

序号	企业名称	税收（万元）
139	漳州鹭燕大药房有限公司	307.92
140	福建泽润供应链管理有限公司	304.15
141	中移铁通有限公司漳州分公司	303.32
142	福建桥南实业有限公司	301.14
143	漳州隆世达房地产开发有限公司	289.37
144	金阳光（福建）商贸有限公司	287.12
145	福建漳龙建投集团有限公司	286.83
146	福建漳龙商贸集团有限公司	284.15
147	漳州市富存家居制品有限公司	282.57
148	福建七建建筑设计有限公司	282.13
149	漳州丽园房地产开发有限公司	281.54
150	福建佰利源科技有限公司	276.96
151	漳州冠誉灯饰有限公司	274.86
152	漳州市芗江物业服务有限公司	269.72
153	漳州市产业股权投资有限公司	265.91
154	漳州捷龙自动化技术有限公司	263.03
155	福建励欧房地产开发有限公司	261.15
156	福建恒安达建设发展有限公司芗城分公司	259.68
157	漳州市市政工程有限公司	259.23
158	漳州市海力饲料有限公司	257.63
159	泉州市中闽百汇购物有限公司漳州分公司	255.27
160	奇力护理用品（福建）有限公司	254.74
161	中国邮政集团有限公司漳州市分公司	252.94
162	天利仁和物业服务股份有限公司	250.69
163	漳州南华水务有限公司	248.05
164	漳州嘉宝包装制品有限公司	240.60
165	漳州漳龙物流园区开发有限公司	240.58
166	漳州五星包装制品有限公司	239.54
167	漳州联盛弘塑胶科技有限公司	233.54

续表 14

序号	企业名称	税收（万元）
168	福建省高速公路华陆管理有限公司漳州管理部	233.25
169	漳州市塔后房地产开发有限公司	221.25
170	福建富兴工业彩弹枪有限公司	221.13
171	漳州金峰自来水有限公司	218.44
172	漳州市西区金峰污水处理有限公司	215.67
173	福建元铠人防工程设备有限公司	212.13
174	福建漳州芗城区华兴小额贷款股份有限公司	211.73
175	漳州市五建工程有限公司	209.51
176	漳州市华仪电子有限公司	206.66
177	漳州唐和房地产开发有限公司	204.93
178	福建点景科技股份有限公司	203.51
179	闽南日报社	203.46
180	福建飞扬家具有限公司	201.39
181	厦门唐人物业管理有限公司漳州分公司	201.37
182	福建省华裕建设工程有限公司	201.00
183	福建新佳美智能家居用品集团有限公司	200.50
184	浙江华东工程建设管理有限公司漳州分公司	200.14
纳税 200 万元—500 万元（不含）企业共 93 家，合计税收 2.93 亿元		

索引

说 明

本索引采用主题词分析法，按主题词汉语拼音音序依次排列。主题词后的数字为页码，页码后字母 a、b、c 分别表示所在页码的左、中、右栏。专记、大事记、荣誉榜、附录等类目及综述、概况标题不列入索引。主题词中涉及本区的组织机构、会议、活动等，一般均省略“乡城”二字；涉及“2022 年”的，一般均省略。

主题索引

A

爱国卫生运动 147b
安全风险防范 199b
安全监管计划落实 177a
安全生产（天宝镇） 186b
安全生产（通北街道） 196c
安全生产（新桥街道） 192a
安全生产管理（东铺头街道） 188b
安全生产管理（国民经济与社会发展） 45c
安全生产管理（浦南镇） 187c
安全生产管理（西桥街道） 191a
安全生产监督 177a
安全生产检查 177c
安全生产专项整治（交通运输） 172b
安全生产专项整治（巷口街道） 194a
安商一体化建设 166b
安置房建设 165b
案件执行 111b

B

帮扶退役军人创业 119c
帮扶慰问 98b
保险业 134a
保障房运营管理 165b
保障粮食生产 140c
编制调剂 60a
不动产登记 135c

C

财政 129a
财政 税务 129a
财政监管 130a

财政经济审查监督　77a
财政收入（财政）　129b
财政收入（国民经济与社会发展）　41c
财政预算管理　130a
财政支出　129b
参政议政（代表工作）　78c
参政议政（九三学社）　91a
参政议政（台盟）　91b
参政议政（民进）　89b
参政议政（民建）　89a
参政议政（民盟）　88b
参政议政（农工党）　90a
参政议政（致公党）　89c
餐饮服务　184b
餐饮服务业联合整治　167c
残疾人帮扶解困　101a
残疾人就业服务　101b
残疾人居家托养　101b
残疾人权益保障　101c
残疾人文体活动　101c
产业发展建设　139c
产业发展项目建设　197a
产业服务　160c
产业链招商　120b
产业培育　185c
常委会会议　83c
诚信企业创建　128c
城区建筑综合治理　168a
城市基础设施建设　166c
城市基础设施维护　168c
城市建筑综合管理　193a
城市棚户区改造　166a
城乡建设　165a
城乡建设（南坑街道）　195a
城镇居民人均可支配收入　41b
出口信保合作　162a
储备粮管理　164a
传染病报告　149b
传统村落保护　139b
传统村落保护利用　169a
春耕备供　162b
村镇建设管理　169a

D

打击涉外刑事犯罪　108a
大气污染防治　136b
代表工作　78a
代表联系　78c
代表履职　78b
档案服务　66a
档案工作　65b
档案规范化管理　66a
档案家书征集　98c
档案设施管理　66b
档案收藏　65c
档案专题数据库　66a
党风廉政建设　196a
党建工作　189c
党史和地方志工作　63b
党史书籍进老区　63c
党外知识分子统战　58c
党校工作　62c
党员发展　55c
党员干部教育　55a
党员教育　60b
道路交通安全综合整治　107a
道路交通隐患排查治理　107b
道路交通整体社会防控　106c
德育工作　154b
地籍管理　176a
地理位置　38a
地理资源　38c
地情服务　64a

地区生产总值 41a
地质灾害防治 142a
电动自行车交通管理 107c
电商培训 161b
电商助农兴农 161c
电子商务 161b
调解体系构建 112b
调解信息宣传 113b
冬春修水利建设 143a
东铺头街道 188a
督查督办（政务协调） 80c
督查督办（综合事务） 54c
对外经济 45a
对外贸易 161c
对外文化交流 114a
对外宣传 64b

E

儿童保健服务 150a
儿童早期教育 103b

F

发展信息产业 160c
法 治 104a
法律实施情况监督 78a
法律援助 113b
法务建设 112a
法院 110c
法治工作 187c
法治政府建设 105a
反垄断工作 126a
防空项目审批 119a
防空知识宣传 119a
防震减灾 179c
防震减灾宣传 180a
房地产业管理 166c
房屋安全管理 167b
房屋安全排查 166a
房屋安全筛查与鉴定 169c
房屋设施抗震设防 180c
房屋征收安置 165a
非物质文化遗产保护 157b
分级分类救治 151a
服务保障 54c
服务经济社会发展 47a
服务民营经济 58c
服务企业 145a
服务区域经济发展 58b
服务站标准化建设 119c
福文化宣传 100a
福文化宣传推介 57b
妇女儿童关爱 96a
妇女生殖健康服务 150a
妇幼健康 149c

G

干部管理 55b
干部教育培训 62c
干部作风建设 86c
高标准农田建设 186a
高新技术企业培育 155b
个体私营经济管理 128b
耕地保护 135b
工程项目管理 185c
工地扬尘防治 170c
工会帮扶 93c
工会经费管理 94b
工商行政管理 124a
工业 145a
工业和建筑业 42a
工业和信息化 145a

工业源污染治理　136c
工作务虚会　51b
公安　106a
公共场所卫生监督　150c
公共法律服务　113c
公共服务设施　156b
公共卫生服务　147c
公共文化　156a
公墓管理　176c
公务行文　54b
公务员管理　55c
公益募捐　102b
公益事业　92c
公益诉讼检察　110b
公益宣传　65a
供销合作　162a
供销系统安全生产监管　163b
共青团芗城区委员会　94b
古城商圈经济发展　161a
固定资产投资　43b
固定资产投资审计　121c
关心下一代工作　66b
国防教育　117c
国民经济与社会发展　41a
国内贸易　44c
国内商业贸易　161a
国企退休人员移交管理　194c
国土空间规划建设　135b
国有企业财务收支审计　121c
国有企业管理　181a

H

海外联谊　115a
海峡两岸茶业交流协会成立　163a
河湖长制工作　143a
红军攻克漳州照片展示　63c
红色故事经典诵读　63c
红色廉政文化教育基地打造　63b
宏观经济管理　120a
户籍管理服务　108b
户外广告专项整治　167c
华侨归侨侨眷等身份确认工作　59b
华侨联系服务　98a
环境保护（国民经济与社会发展）　45b
环境保护（巷口街道）　193b
环境服务　184b
环境质量　38b
环境治理　198c
环评审批　136c
惠农合作　172c
惠农综合服务项目　162b
婚姻登记　176c
火灾防控　179b

J

机构编制管理　59b
机构改革　59c
机关党支部建设　60b
积案办理　82b
基层便民服务中心建设　81c
基层党建（巷口街道）　193c
基层党建（组织工作）　55a
基层党建工作（通北街道）　195c
基层党建工作（新桥街道）　192c
基层公共法律服务　197b
基层供销建设　162c
基层计生队伍组织建设　102c
基层科普建设管理　96c
基层培训　66c
基层维权服务　96a
基层政协工作　85c
基层组织建设　92a

基础设施建设　198c

基础邮务类业务　172c

疾病防治　149b

疾病监测　149b

疾病预防控制　149a

计量器具监管　127b

计生保险服务　102c

计生法律援助　103a

纪检监察　86a

家庭工作　96a

家庭健康工作　103b

家庭医生签约　149a

价格管理　126c

价格认定　127a

检察　108c

建设工程管理　170b

建设工程消防设计审验　170a

建设工程消防审验　165c

建置沿革　39b

建筑业发展扶持　170a

建筑业管理　169c

交通 邮政　171a

交通工程建设　167a

交通基础设施建设　171a

交通运输（国民经济与社会发展）　44b

交通运输（交通 邮政）　171a

交通执法　108a

交通综合执法　172a

教学研究工作　63a

教育　152a

教育 科学技术　152a

教育督导　153a

教育改革　154c

教育规划建设　155a

教育事业　44a

教育资源　153a

街道武装工作　189b

金 融　131a

金峰北路（北环城路至漳华路）道路改造工程　183c

金秋路（金安路至宝兴路）道路改造工程　183b

金秋助学　103c

金融领域监管　104c

金融领域诉源治理　111b

禁毒工作　108b

经济管理　120a

经济秩序维护　108c

经济总量　79a

经贸活动组织　100b

经贸交流活动　162a

精神文明创建　57c

精神文明建设　61b

竞技体育　158b

纠纷调解　196c

九三学社漳州市芗城区支社　91a

就业保障　194b

就业服务　173a

军 事　117a

军休干部服务管理　119b

K

康复工作　101a

科创能力提升　155c

科技服务　155c

科技研发　145c

科普宣传　96c

科学技术　155b

课题调研　85b

矿产资源　39a

L

劳动就业　173a

劳动力调查　123b

劳动维权　173b
劳模示范引领　93b
老干部工作　60c
老旧小区改造　189a
老年大学建设　61b
老年人健康服务　147c
老区建设　176b
离退休干部作用发挥　61a
理论宣讲新课堂　63a
理论研究　63b
历史文化遗产保护　157c
历史沿革　39b
历史遗留问题解决（供销合作）　163b
历史遗留问题解决（综述）　166b
粮储系统问题整改　164c
粮库升级改造　164b
粮食和物资储备　163c
粮油质量专项检查　164b
林业管理　141c
领导干部经济责任审计　122a
旅游　158c
旅游配套设施完善　159a
旅游品牌建设　159a
旅游项目建设　158c
旅游宣传　159b
旅游资源　39a
履职能力建设　70a

M

矛盾纠纷排查化解　108b
民办教育　154a
民兵队伍建设　117b
民间文化交流　115c
民商事审判　111a
民生保障（国民经济与社会发展）　45b
民生保障（通北街道）　196b
民生领域专项整治　126b
民生事业（东铺头街道）　189a
民生事业（浦南镇）　187c
民生事业（石亭街道）　199a
民生事业（天宝镇）　186b
民生事业（通北街道）　196a
民生事业（西桥街道）　190c
民生事业审查监督　77b
民事行政检察　110b
民营企业服务　92b
民政　175b
民主党派工作　58b
民主党派和工商联　88a
民主监督　85b
民族宗教工作　58c
模范机关创建　60b

N

南坑街道　194c
年鉴编纂　64a
农产品检查　125c
农产品质量安全管理　141a
农村工作　138a
农村公厕建设　169b
农村基础设施建设　139b
农村集体产权制度改革　139c
农村集体资产管理　140b
农村建房安全管理　169b
农村垃圾治理　163a
农村生活污水治理　169b
农村土地经营权流转管理　140b
农村卫生环境整治　139a
农贸市场巩固提升　160b
农贸市场监管　127c
农行漳州芗城支行　131c
农业　41c

农业 农村 138a
农业安全生产管理 141c
农业产业 139c
农业生产废弃物管理 141b
农业生产管理 140c
农业药肥管理 141a
农业优新品种推广 140c
农业资源 38c
农用土地专项清理整治 140a
女职工关爱行动 94a

P

排水设施建设 167b
平安芗城建设 104a
浦南新镇（石天线）道路改造工程 183c
浦南镇 186c
普法宣传（法治政府建设） 106a
普法宣传（司法行政） 113a
普惠托育机构服务 150a
普通高中教育 153c

Q

企业安全生产标准化建设 178a
企业安全隐患排查 146a
企业产品标准信息监管 127c
企业发展 182b
企业发展服务 186a
企业服务（东铺头街道） 188a
企业服务（芝山街道） 197b
企业节能体系建设 145c
企业品牌服务 161b
企业认证监管 127c
企业入库审批 123a
企业生产经营安全审批 178b
气候 38a
侨法宣传 115a
侨史馆筹建 115b
侨务 114b
侨务档案管理 115a
侨务工作 59a
青年创业服务 95a
青少年党史学习教育 66c
青少年法治教育 67a
青少年关爱活动 95b
青少年志愿服务 102b
区情概貌 38a
区委常委会会议 47c
区委工作会 51b
区委九届三次全会 47c
区委九届四次全会 47c
区委决策部署落实推动 69c
区委理论学习中心组学习会 53a
区政府常务会议 79c
区直机关党建 60a
全国市场主体活跃度抽样调查 128c
全民健身 158b
群众团体 93a
群众文化活动 156b

R

人 物 200a
人保财险芗城支公司 134a
人才工作 56a
人才建设 174a
人大常委会会议 70b
人大监督 77a
人道主义救助 102a
人居环境整治（东铺头街道） 188b
人居环境整治（新桥街道） 191c
人口 41b
人口变动情况抽样调查 123a

人口监测　148b
人力资源服务　184b
人民防空　119a
人民武装　117a
人寿芗城支公司　134b
入网餐饮检查　125c

S

扫黑除恶斗争　106a
森林保护　142b
森林资源　38c
商贸服务　160a
商务培训　100c
少先队工作　94c
社保基金监督管理　174b
社会保险　174b
社会保障（社会生活）　174a
社会保障（新桥街道）　192a
社会服务（九三学社）　91a
社会服务（台盟）　91b
社会服务（芗城区妇女联合会）　96b
社会服务（漳州市芗江物业服务有限公司）　184c
社会服务（民革）　88a
社会服务（民进）　89b
社会服务（民盟）　88c
社会服务（农工党）　90c
社会服务（致公党）　89c
社会活动　89a
社会救助（民政）　175c
社会救助（巷口街道）　194b
社会矛盾化解　104c
社会生活　173a
社会事业（南坑街道）　195a
社会事业（芝山街道）　197c
社会消防联勤一体化建设　179a
社会宣传　57a
社会志愿服务　62b
社会治安整治　106b
社会治理　192b
社会综合治理（东铺头街道）　188c
社会综合治理（天宝镇）　186b
社会综合治理（西桥街道）　191a
社会综合治理（芝山街道）　197c
社会组织管理　176b
社科基地建设　97c
社科课题研究　97c
社科普及工作　97b
社情民意信息宣传　83a
社区集体资产管理　189b
社区矫正　112c
社区矫正安置　112c
社区矫正帮教　113a
社区联络服务　109a
社区志愿服务　95b
社区治理　175c
涉假卷烟监管　105a
涉粮案件查处　87a
涉侨台联络站成立　98a
涉侨维权服务　98a
涉侨行政确认事项办理　114b
涉台案件　111a
审计监督　121a
审计整改　122b
审批服务　171b
生活待遇保障　61a
生活垃圾分类　168b
生态保护　137a
生态工程建设　167a
生态环境案件检察　110a
生态环境保护　136a
生态环境督察　137c
生态环境管理　187b
生态环境损害赔偿　136c

生态环境整治　196b
生态文明建设　195b
生育帮扶　102c
生育奖励　148a
师资建设　154b
十届人大二次会议　70b
石亭街道　198a
实践活动　60c
食品安全监管　124c
市场保供　160a
市场监督管理　123c
市场周边联合整治　168a
市容环境专项整治　167c
市容市貌管理　190c
市域社会综合检察　109a
市政管理　167b
事业单位改革管理　59c
收费管理　127a
兽药管理　141b
暑期系列夏令营活动　67a
数字经济核心产业发展　121a
双拥共建　119b
水旱防治　143c
水利　142b
水利发展规划　142c
水土保持　143b
水污染防治　136a
水资源　39a
水资源污染治理　144a
税费征管规范　130b
税收收入　41c
税务　130b
税务服务　130c
司法保障服务　116a
司法监督　105b
司法行政　112a
思想政治建设　69b
“四种形态”运用　87a
诉讼监督　110c
诉源执源治理　111c
随迁人员子女服务　67c

T

台胞帮扶　99a
台胞服务　99a
台胞信息采集　98c
台港澳事务　115b
台湾民主自治同盟漳州市委员会芗城区支部委员会　91b
台湾省青年就业创业　115c
台资项目建设　116c
特色活动开展（共青团芗城区委员会）　94c
特色活动开展（芗城区归国华侨联合会）　98b
特色品牌项目创建　104b
特色乡镇建设　139a
特殊教育　154a
特殊人员帮扶　104c
特种设备监管　127b
提案办理　85b
体育　158a
体育产业发展　158a
体育设施建设　158a
体育训练　158c
天宝镇　185a
通北街道　195b
通信服务　146a
统计调查　122c
统计分析服务领导决策　123b
统计业务培训　123a
统计执法督查　123b
统战工作　58a
土壤污染防治　136b
土壤质量监测　141b
团组织建设　94b

退休归侨职工生活补贴申请 114c
退役军人事务 119a
脱贫攻坚成果巩固（供销合作） 163a
脱贫攻坚成果巩固（农村工作） 138b

W

外国人入境申请服务 114a
外事 114a
外事 侨务 台港澳事务 114a
网络信访管理 82c
违法犯罪活动打击 196c
违纪干部处理 87a
委员会第二次会议 83b
卫生监督 150b
卫生健康 147a
未成年人检察工作 109b
未成年人思想道德建设 61c
文化 体育 旅游 156a
文化活动 199b
文化活动和典型选树 56c
文化遗产保护 157a
文旅融合发展 57c
文明城区创建 62a
文明城市创建 193b
文明实践行动 192b
文明实践阵地建设 193c
文史资料工作 83b
文体卫生 45a
文物安全检查 157b
文物安全修缮 157a
文物古迹 39a
文艺创作活动 156c
文艺作用发挥 100a
物业管理机制创新 192a
物业监督管理 168c
物业接管 184b

X

西桥街道 189c
辖区安全生产 197c
乡村振兴（浦南镇） 187a
乡村振兴（石亭街道） 198b
乡村振兴工作 162c
乡村振兴建设 138c
芗城区残疾人联合会 100c
芗城区妇女联合会 95c
芗城区工商业联合会（总商会） 91c
芗城区供销社系统财务管理中心成立 163b
芗城区归国华侨联合会 97c
芗城区红十字会 102a
芗城区计划生育协会 102b
芗城区建筑工匠协会成立 169a
芗城区金安片区棚户区改造项目 183a
芗城区科学技术协会 96b
芗城区青年企业家联合会成立 95a
芗城区人民代表大会 69a
芗城区人民政府 79a
芗城区社会科学界联合会 97a
芗城区台湾同胞联谊会 98c
芗城区铁塘片区棚户区改造项目 183a
芗城区文学艺术界联合会 99b
芗城区总工会 93a
芗城特色文化传播 64c
芗台联谊交流 99a
巷口街道 192c
项目管理 120b
项目建设（浦南镇） 186c
项目建设（石亭街道） 198a
项目建设（天宝镇） 185b
项目建设（通北街道） 195c
项目建设（新桥街道） 191b
项目开发建设 182c
项目投资建设（工业） 145b

项目投资建设（宏观经济管理） 120c
项目用地 182c
消防安全宣传教育培训 179b
消防救援 178c
消防救援演练 179a
消防执法 179c
消费需求促进 161b
消费者维权工作 124b
小流域流失综合治理 143c
校园安全管理 155a
协商议政 85a
新兵教育 118b
新档案馆启用 65c
新的社会阶层人士统战 59a
新冠疫情防控 151a
新媒体宣传 64c
新桥街道 191a
新区拓展工程建设 167a
新时代文明实践 61c
新闻工作 64a
新闻宣传 56b
信访工作（芗城区人民政府） 82a
信访工作（巷口街道） 194a
信息化建设 149a
兴业银行漳州分行 132c
刑事检察 110b
刑事审判 111a
刑事诉讼涉案财物管理 106a
行政调解 112b
行政复议与行政诉讼 105b
行政区划 39c
宣传工作 56a
宣传设备更新 65a
学会服务站建设 97a
学前教育 153b
学习教育活动 58a
学习宣传贯彻党的二十大精神 46b
巡察工作 87b
巡察整改 87c
汛期抢险管理 177b

Y

养老待遇 174a
养老服务 175c
药品安全监管 125c
野生动植物保护 142a
义务教育 153c
医保改革 175a
医保基金监管 174c
医疗保障 174b
医疗项目建设 148a
医药卫生体制改革 148c
疫苗接种 149b
疫情防控 151b
银行业 131a
应急管理 177a
应急救护知识培训 102a
应急演练 180c
拥军优属 118c
用地保障 198b
用水管理 144a
优抚安置 119b
优生优育指导 103a
邮政 172c
预算管理和财政政策执行审计 121b
园区基础配套建设 181c
园区行政服务 182b
运政管理 171c

Z

债务管理 130a
漳州国际商会芗城企业推荐加入 100b

漳州金峰经济开发区 181a
漳州金投集团有限公司 182b
漳州农商银行 133b
漳州市芗江物业服务有限公司 184a
招商引资（通北街道） 195c
招商引资（巷口街道） 193a
招商引资（新桥街道） 191b
招商引资（漳州金峰经济开发区） 182a
招商引资（芝山街道） 197b
招商引资（综述） 160b
着力推动经济城乡协调发展 46c
镇 街道 185a
征兵宣传 118b
政策扶持 161c
政法领域改革 105c
政法委及综治 104a
政府法治建设 80c
政府信息公开 81a
政务服务（西桥街道） 190b
政务服务（芗城区人民政府） 81a
政务服务改革 81c
政务服务中心整体搬迁 81b
政务协调 80c
政务异地联盟服务 81b
政协芗城区委员会 83a
政治待遇保障 61a
知识产权发展和保护 128a
芝山街道 197a
执法监察 135c
执行便民服务中心建设 111c
质量安全监督 170c
职工法律服务 93b
职工关爱 94a
职业技能竞赛 93a
职业健康监管 150c
中国电信股份有限公司芗城分公司 146c
中国共产党芗城区委员会 46a
中国国际贸易促进委员会漳州市芗城区委员会 100b
中国国民党革命委员会漳州市委员会
芗城区总支部委员会 88a
中国民主促进会漳州市芗城总支部委员会 89b
中国民主建国会漳州市委员会芗城区总支部委员会 89a
中国民主同盟漳州市芗城区总支部委员会 88b
中国农工民主党漳州市芗城区总支委 90a
中国移动通信集团芗城分公司 146b
中国银行漳州芗城支行 132b
中国致公党漳州市芗城区总支部委员会 89c
中医药发展 147b
种子工程 68b
重点车辆管理 107c
重点公共区域管理 104b
重点水利工程建设 142c
重点项目建设（南坑街道） 195a
重点项目建设（西桥街道） 190a
重点项目建设（漳州金峰经济开发区） 181b
重点行业领域专项整治 177b
重要会议（芗城区人民代表大会） 70a
重要会议（芗城区人民政府） 79c
重要会议（政协芗城区委员会） 83b
重要会议（中国共产党芗城区委员会） 47b
重要领域环节监督 86c
“重中之重”项目工作会 52b
主题活动开展 95c
主题文艺活动开展 99c
主题宣传 64b
主席会议 84b
住户调查 123b
助学活动 68a
专题会议 51c
专题培训 178b
专题宣传 65a
专题议政 85b
专项审计调查 122b
专项巡察 87c

资源要素保障　182a
自然地理　38a
自然资源管理　135a
自然资源和生态环境保护　135a
自主品牌培育　162a
综合服务　174c
综合事务　54b
综述
财政 税务 a　129
城乡建设 a　165
法 治 a　104
工业和信息化 a　145
国有企业管理 a　181
纪检监察 a　86
交通 邮政 a　171
教育 科学技术 a　152
金 融 a　131
经济管理 a　120
军 事 a　117
民主党派和工商联 a　88
农业 农村 a　138
区情概貌 a　38
群众团体 a　93
人 物 a　200
商贸服务 a　160
社会生活 a　173
外事 侨务 台港澳事务 a　114
卫生健康 a　147
文化 体育 旅游 a　156
芗城区人民代表大会 a　69
芗城区人民政府 a　79
应急管理 a　177
镇 街道 a　185
政协芗城区委员会 a　83
中国共产党芗城区委员会 a　46
自然资源和生态环境保护 a　135
走访慰问（关心下一代工作）　67c
走访慰问（民革）　88b
组织工作　54c
组织活动（老干部工作）　61b
组织活动（农工党）　90b

表格索引

表 1　2022 年芗城区行政区划内辖村（社区）情况统计表　40
表 3　芗城区 2022 年规模以上工业产值及增长速度表　42
表 2　2022 年芗城区户籍人口分布一览表　42
表 4　芗城区 2022 年区属规模工业主要工业产品产量及其增长速度表　43
表 5　芗城区 2022 年区属规模以上工业企业实现利润及其增长速度表　43
表 6　芗城区 2022 年房地产开发和销售主要指标完成情况表　44
表 7　2022 年芗城区人大常委会人事任免情况表　74
表 8　芗城区教育系统 2022 年教育资源分布表　152
表 9　2022 年芗城区各镇（街）下辖村（社区）负责人一览表　209
表 10　芗城区 2022 年度获市级以上表彰的先进单位一览表　216
表 11　芗城区 2022 年度获市级以上表彰的先进个人一览表　221
表 12　2022 年芗城区主要经济指标完成情况　226
表 13　芗城区 2022 年规上工业企业名单　227
表 14　芗城区 2022 年度纳税 200 万元以上企业名单　231